붉은 시대

The Red Decades
Copyright © 2023 University of Hawai'i Press

All rights reserved.
No part of this book may be used or reproduced in any manner whatever without
written permission except in the case of
brief quotations embodied in critical articles or reviews.

Korean Translation Copyright © 2025 by Hankyoreh En Co., Ltd.
Korean edition is published by arrangement with University of Hawai'i Press
through BC Agency, Seoul

이 책의 한국어판 저작권은 BC에이전시를 통해
저작권자와 독점계약한 한겨레출판에 있습니다.
저작권법에 의해 한국 내에서 보호를 받는 저작물이므로 무단전재와 복제를 금합니다.

THE RED DECADES

붉은 시대

독립을 넘어
쇄신을 꿈꾼
식민지 조선
사회주의
유토피아

박노자 지음
원영수 옮김

차례

서론 _ 1919년에서 1930년대 후반, 전 세계적 붉은 시대와 식민지 조선 7

1부 조직

1장 _ 조선 공산주의운동의 주체들 47

2장 _ 분파와 분파투쟁 97

3장 _ 공산주의 강령 129

2부 새로운 지식

4장 _ 박치우의 마르크스주의 철학 161

5장 _ 사회주의 민족 개념과 역사 193

6장 _ 1945년, 김사량의 중국 해방구 관찰 227

7장 _ 조선인 여행자의 눈에 비친 붉은 수도 모스크바 253

후기 _ 남한과 북조선의 사회주의 283

결론 _ 조선의 붉은 시대 310

감사의 말 330

옮긴이의 말 337

추천의 말_망각을 거부하라! 342

주 350

참고문헌 398

찾아보기 434

일러두기

1. 이 책은 *The Red Decades: Communism as Movement and Culture in Korea, 1919–1945*(2023)를 우리말로 옮긴 책이다.
2. 인용문 내 대괄호([ ])는 저자가 맥락을 보완하고 내용을 보충하기 위해 덧붙인 것이다.
3. 단행본·정기간행물에는 겹화살괄호(《 》)를, 논문·기사·영화·방송 프로그램 등에는 홑화살괄호(〈 〉)를 사용했다.

서론

1919년에서 1930년대 후반, 전 세계적 붉은 시대와 식민지 조선

사회주의란 무엇인가?

'사회주의'는 많은 의미가 담긴 단어이다. 현재적 맥락에서 사회주의는 재분배 메커니즘을 통해 경제를 보다 사회화하고 사회를 평등하게 만들려는 시도를 가리킨다. 식민지 시대 조선 좌파 문학을 훌륭하게 다룬 최근 저작에서 박선영은 사회주의를 "평등주의적 · 공동체주의적 비전으로 현대 자본주의사회의 비판에 참여하는 정치 이론"이라고 정의했다.[1] 이 정의는 상이한 버전의 사회주의 이론과 실천을 두루 포괄할 정도로 충분히 포용적이다. 폭력적인 방식으로 사회를 재구조화하려는 급진적 시도와 온건한 복지주의는 '사회주의'란 용어의 의미론적 스펙트럼 양극단에 속한다. 19세기 초반에 영어로 널리 알려진 socialism이라는 단어는 일본어에서 문자 그대로 샤카이-슈기社會-主義로 번역됐다. 1870년대와 1880년대에 이 용어를 일찍이 사용한 사례가 기록돼 있다. 1881년에 메이지 일본에서 가장 저명한 초기 개신교 성직자 가운데 한 명인 코자키 히로미치小崎 弘道, 1856~1938가 마르크스주의 학설을 다루는 논문을 발표했는데, 거기에서 '사회당社會黨, 샤카이토'과 '사회주의' 같은 용어를 사용했다.[2]

곧이어 사회주의란 용어와 사회주의의 의미에 관한 일반적 개념이 조선에 전해졌다. 현대 남한 무정부주의 연구자인 이호룡은 '사회주의'란 용어가 한국 현대의 개념적 패러다임에 어떻게 자리 잡았는지를 꼼꼼히 추적했다. 그가 밝혀낸 것처럼, 프랑스와 독일 사회주의자들[사회당, 일본어 社会党(샤카이토)의 조선어 번역]과 러시아 허무주의자들[허무당, 일본어 虛無黨(쿄무토)의 조선어 발음]이 1883~84년 조선 최초의 근대적 신문 《한성순보》에 처음으로 나왔다. 대부분 일본과 중국의 자료를 인용한 이 논문(기고문)들은 유럽 사회주의자들의 경제적·사회적 평등 추구와 그들에 대한 정부의 폭력적인 탄압에 관해 종종 언급했다.[3] 또한 20세기 첫 20년 동안 중국에서의 상황과 비슷하게, 1902년 저작집 《초코제츠長広舌》를 포함해 사회주의에 관한 코토쿠 슈스이幸德 秋水, 1871~1911의 유명한 저작들은 일본어 서적을 읽을 수 있었던 소수의 조선 지식인들에게 영향을 주었다.[4] 그러나 1910년 일본의 조선 식민화 이전과 초기 식민지 시기까지 이런 흐름은 여전히 무시할 만한 수준이었다.

20세기 전반, 자본주의 위기의 상징이 된 제1차 세계대전으로 상황은 대반전을 겪는다. 1914년 이후, 자본주의 체제의 고통스러운 문제들에 대한 해결책으로 다양한 경향의 사회주의를 인식하기 시작한 조선 지식인들이 최초로 등장한다. 정치와 예술 양쪽에서 급진적 사회주의로 명성을 얻은 일부 조선 지식인들은 제1차 세계대전 동안 이미 사회주의사상계와 접촉하게 됐다. 자연스러운 수사修辭로 짓밟히는 피착취자들의 창조적 잠재력을 노래한 상징주의 시인 황석우黃錫禹, 1895~1959도 그런 경우였다. 와세다대학 학생이었던 그는 일본에서 출판한 잡지를 조선에서 배포하려고 시도하다 1916년 일본 경찰에 체포됐다. 그 잡지에는 사회주의사상을 다룬 논문들이 포함돼 있었다. 1906~07년경에는 최초의 조선 무정부주의 조직들[5]이 등장했고, 10년 이상 앞서서 마르크스주의를 도입했던 중국의 경우와 비슷하게, 1910년대 중반에 등장한 것으로 알려진 최초의 조선인 사회주의자들은 도쿄 유학생 출신의 아나키스트 전향자들이었다.[6] 그들 가운데 하나가 훗날 급진적 논쟁가로 유명해지는 나경석羅景錫, 1890~1959이다. 그는 1922년에 아인슈타인의 상대성이론을 조선에 처음 소개한 인물이기도 하다.[7]

무정부주의와 마르크스주의적 사회주의가 조선에 소개된 초기에 두 사상은 이데올로기적으로 유사하고 서로 연결된 경향으로 여겨졌지만, 1921년경 조선 최초의 공산주의 단체들이 결성된 이후(1장을 보라) 두 사상의 연결성은 희미해졌다. 그렇다 해도 공산주의와 무정부주의 사이의 상호 침투성은 여전히 상대적으로 높았다. 20세기 초반 동아시아 전체에서 무정부주의 발전에 가장 강력한 영향력을 행사한 러시아 태생 무정부주의 사상가 표트르 크로포트킨Peter Kropotkin, 1842~1921은 수많은 공산주의 전향자들에게 영감을 줬고, 일부는 원래 무정부주의자였다가 마르크스식의 변증법적-역사적 유물론 학설을 점진적으로 내면화하기도 했다.[8] 야마카와 히토시山川 均, 1880~1958와 가와카미 하지메河上 肇, 1879~1946의 마르크스주의 대중서들은 1922년 하반기에야 번역되어 겨우 조선에 처음 등장했고, 마르크스주의적 사회주의와 무정부주의 사이의 거대한 분열을 가속화했다. 이 분열은 대체로 1922년 후반 또는 1923년 초반에 완결됐다.[9] 일본의 지식인 생활에 관한 황석우의 1923년 논문은 공산주의와 무정부주의를 서로 다른 경쟁하는 지적 경향으로 다루고 있는데, 그에 따르면 공산주의가 훨씬 더 강력한 경향이었다.[10]

이 책의 목적은 조선 무정부주의 역사를 탐구하는 것이 아니다. 조선에서 이뤄진 마르크스주의적 공산주의사상과 문화에 초점을 맞춘다. 영미권 학계에서 이 주제가 제대로 연구되지 못하고 있기 때문이다. 조선 무정부주의 전통에 관심이 있는 사람들은 최근 한국 무정부주의에 대한 관심이 증가하며 출판된 훌륭한 전문 저작과 논문을 살펴보면 된다.[11] 어떤 측면에서 무정부주의자들이 경쟁자인 공산주의자들과 닮았다는 것은 중요하다. 조선 무정부주의도 일종의 범계급적 동맹을 대표하며(이 개념에 대해서는 1장을 보라), 교육을 받아 다언어를 구사하는 지도자들(대개 특권 가문의 자손들)이 조선 본토와 중국령과 일본의 조선인 공동체에서 상당수의 풀뿌리 민중이 참여한 조직들을 주도했다.[12] 일본의 이주 조선인 노동자들과 조선의 국내 노동자들을 조직한 일부 전투적 노동조합은 무정부주의자들이 지도했다.[13] 중국에 망명한 조선인 무정부주의자들은 공산주의 망명객들과 마찬가지로 중국 동지들과 폭넓은 네트워크를 꾸렸고, 그들과 함께 공동 조직을 건설했다. 무정부주의자들은 공산주의자들과 마찬가지로 단순히 조선의 독립보다는 대안적 근대사회를 원했고, 자신의 프로젝트가 보편적으로 타당하다고 이해했기 때문이다.[14]

양측의 커다란 차이 가운데 하나는 소비에트 권력을 포함한 모종의 중앙 집중적 권력에 대한 무정부주의자들의 반감이었고, 이는 두 사회주의 경향 사이의 가열한 경쟁, 때로 폭력적인 물리적 대치로 귀결될 수 있었던 경쟁의 주요한 배경이었다.[15] 무정부주의자들이 민족주의자들과 동맹을 맺는 경향이 있었던 만주(1920년대 중후반 중국의 일부 무정부주의 단체와 인물들이 민족주의적 국민당에 통합된 것과 비슷하게)에서 공산주의자들과의 대치는 전반적으로 완전히 무법 상태였던 분위기에서 특히 폭력적 형태를 취했다.[16] 반일 무장투쟁에서 보여준 공적으로 유명해진 민족주의 군사 지도자 김좌진金佐鎭, 1889~1930은 1920년대 후반 무정부주의로 경도됐고, 끝내 젊은 공산주의 투사에게 암살당했다.[17] 같은 뿌리를 비롯한 많은 공통점에도 불구하고, 공산주의자들과 무정부주의자들은 1920년대 중반부터 서로를 철저하게 적대시했고, 무엇보다도 분열된 상태에서 격렬하게 대결하며 피를 뿌렸다. 실제로 일부 무정부주의운동의 생존자들이 1990년 이전 독재 정권 아래에서 남한의 경찰국가 체제와 대조되는 비권위주의적·자율적 형태의 정치체를 이론적으로 옹호했음에도 이들의 반공주의 성향으로 인해 1950~53년 한국전쟁 이후 공산주의를 악마화하는 남한 주류 사회에 적응해 다소 두각을 나타낼 수 있었다.[18]

앞에서 지적한 것처럼, 일부 무정부주의자들은 1920년대 초반 결국 마르크스주의적 사회주의로 전향했다. 보다 온건한 조선의 사회주의자들은 대개 어떤 시점에 조선이 먼저 사회 개혁을 실행할 의지와 능력을 갖춘 실질적 민주국가를 창출하는 데 집중해야 한다고 판단한 옛 공산주의자들이었다. 여운형呂運亨, 1886~1947은 처음에 상하이의 조선 공산주의자 사이에서 활동한 지도자들 중 한 명으로서 《공산당 선언》을 맨 처음 조선어로 번역했지만, 이후 1930년대에는 훨씬 더 온건한 사회주의를 신봉했다. 이 시점에 이르러 여운형은 '진보적' 민족국가에 초점을 맞추기로 선택했다.[19] 이 의제는 오늘날 우리에게는 광범위하게 사회민주주의적인 것으로 보이지만, 당시 이 용어는 전간기戰間期 조선의 사회주의자 사이에서는 회피의 대상이 되는 용어였는데, 부분적으로는 사회민주주의에 대한 코민테른Comintern: 공산주의인터내셔널, 1919~43의 적대 때문이었고, 또 다른 측면에서는 조선 식민지에 없었던 의회주의와 사회민주주의 사이의 연관 때문이었다. 식민지의 반제국주의 급진파들에게는, 유럽이나 일본의 사회민주주의자들이 제국주의 의회와 정부에 참여하며 식민지 해방을 서두르지 않는 모습이 멀고도 적대적으로 보였다. 예를 들어 조선의 선구적인 마르크스주의적 사회주의자 가운데 한 명이었던 김명식金明植, 1891~1943은 이른바 '친자본가적' 예산 삭감, '간디에 대한 기만', 영국제국 해체 시도에 대한 주저, 반소비에트 정책 등을 이유로 1929~31년의 영국 노동당 정부를 격렬하게 비판했다. 그는 또한 패배한 독일에 대한 노동당 정부의 가혹한 태도를 비판하기도 했다.[20] 1930년대 초반 공산당 재건운동(이 운동과 그 함의에 대해서는 〈결론〉을 보라)에 참여하지 않았던 김명식조차 영국 노동당(과 그들과 비슷한 대륙의 사민당들)에 대해 그토록 가혹하게 비판적이었다는 사실은 별로 놀랍지 않다. 어쨌든 조선 사회주의는 민중 반란의 모진 역사 속에서 시작되었다. 조선 사회주의 탄생의 촉매제는 1919년 3월 1일에 시작돼 한 달 내내 이어진 범민족적 독립 시위였다.

1919년: 전 지구적 반란의 해

1919년만큼 조선 근대사의 궤적을 바꾼 해는 없을 것이다. 그해 3월 1일에 시작한 중대한 독립 시위는 몇 주 동안 조선 전체를 삼켜버렸다. 수천 명이 목숨을 잃었고(정확한 수치는 논쟁의 대상이다), 수십만 명이 적극적으로 참여해 조선을 질적으로 다른 시대로 이끌었다. '근대'는 의미가 다중적인 모호한 용어이다. 그러나 대중 참여 정치의 탄생을 근대적 정치형태의 출현을 알리는 특징으로 여긴다면, 1919년은 의문의 여지 없이 이 나라에서 근대사회가 명확한 골격을 이룬 해이다.[21] 사실 이미 1896~98년에 독립협회가 가두집회(만민공동회)의 대중정치를 실험했지만, 참여하는 대중은 주로 한양(오늘날의 서울)에 거주하는 남성 주민에 한정됐고, 무엇보다 글을 읽을 수 있는 중상류층에 제한됐다.[22] 이와 대조적으로 1919년의 범민족적 시위 군중은 식민 당국과의 협력 패턴에 묶여 있던 상대적으로 극소수였던 엘리트층을 제외하면 여성, 청소년, 여전히 차별받는 과거의 천민 계급이던 백정을 비롯한 거의 모든 사람들이었다. 대중정치의 핵심 주체인 '인민'이 탄생했고, 지적 담론에서 등장하던 요소인 '민족'과 '민족주의'가 수백만의 현실적 삶으로 전환됐다.[23]

왜 이런 일이 1919년에 일어났는가? 그 시점의 국내 사건들은 거대한 전 지구적 흐름과 중첩되어 일어났다. 역동적으로 발전하던 일본제국의 후미진 식민지였던 조선은 상대적으로 덜 주목받았음에도 이미 전 세계적 무대에서 전 지구적으로 동기화되는 사건들의 일부가 됐다. 국내에서는 1910년 일본의 조선 식민화 이후 불만이 누적되고 있었다. 이 불만은 다소 이질적 요소들과 다양한 구성의 사회적·종교적 그룹을 한데 묶었다. 농민은 토지 소작 조건의 악화를 원망했고, 심지어 산업투자의 다양화에 관심을 가진 일부 지주와 부유한 상인도 식민 당국이 산업 발전을 제한하자 경악했다.[24] 개항 이후 등장한 도시 중간계급은 진보적·근대적 발전의 가시적 부재에 절망했고, 개신교 기독교인은 사립 미션스쿨에서 종교교육 제한에 분노했으며, 토착 천도교 신자는 자신의 종단을 정식 종교로 인정해주길 원했다(식민 당국은 그때까지 끈질기게 천도교를 '유사 종교'로 치부했다).[25] 게다가 식민 행정부가 '조선인'이라고 분류한 모든 사람에게는 그런 분류가 동반하는 차별에 분노할 충분한 근거가 있었다. 식민지 차별은 '인민'을 자기의식을 가진 역사의 주체로 만드는 기막힌 장치였다.[26]

한편, 전 지구적으로 1919년은 반란의 해였다. 1968년보다도 급진적이었다. 1968년에는 자본주의 세계체제*의 중심지에서 일어난 '반란들'이 이윤을 위한 생산, 자본축적, 공적 영역에서 대량소비 논리를 상징적으로 공격했지만, 자본주의 체제의 존재 자체를 진정으로 위협하지는 않았다.[27] 그러나 1919년에는 세계대전과 스페인독감 팬데믹 이후에, 그리고 전후 경제 불황 와중에 진정으로 세계체제가 최종적으로 폭발 직전에 있다는 뚜렷한 느낌이 존재했다. 폭발은 러시아에서 일어났다. 러시아는 세계 자본주의의 전 지구적 사슬에서 전쟁으로 황폐화된 '약한 고리'였고, 열강에 속하려는 야망을 지닌 종속적이고 저발전된 주변부 산업 경제 구조의 국가였다. 그러나 급진화의 물결이 유례없는 방식으로 자본주의 세계체제의 일부 핵심 지역까지 집어삼켰다. 1914년 제1차 세계대전 발발 이전에 유럽 산업의 동력실로 등장했다가 전쟁에 패배한 독일의 작센, 브레멘, 바이에른에서 사회주의(또는 노동자 평의회) 공화국을 수립하려는 시도가 일어났다. 심지어 1918년과 1919년 급진적 분출이 분쇄된 후에도 루르 지방과 함부르크(1923) 같은 산업적으로 가장 발달한 지역에서 노동자들의 봉기가 계속됐

• 민족국가의 발전이나 저발전 상태를 핵심부와 준주변부, 주변부로 나뉜 세계경제의 일부로 검토해야 한다는 관점. 자유주의적 조류와 마르크스주의적 조류가 있다. ─ 편집자주

다.²⁸ 독일에서 급진적 물결은 아주 강력해서 독일공산당은 1920년대 유럽 최대, 최강의 공산당이 됐다. 독일공산당은 1920년대 말까지 더욱 스탈린주의화하는 소비에트연방(이하 소련)으로부터 일정한 독립성을 유지한 채 엄청나게 다른 조직 문화를 이루어갔다.²⁹

여전히 압도적으로 농업 중심인 유럽 주변부에서도, 아일랜드의 리머릭Limerick과 헝가리의 부다페스트에서도 비슷한 사건들이 동시에 일어나고 있었다.³⁰ 이 두 도시에서 소비에트 공화국을 수립하려는 시도가 일어났고, 후자는 이후 제2차 세계대전 참전 이전 헝가리 역사의 대부분을 규정하는 대규모 폭력 사태로 일단락됐다.³¹ 동시에 지금까지 유례없는 동시적 격변이 유럽 자본주의 세계의 식민지와 반식민지 전역에서 일어났다. 1919년은 이집트에서 영국의 지배를 분쇄하려는 혁명적 사건이 일어났고, 영국의 인도 식민 지배가 도전을 받았으며, 중국에서 반제국주의적 민족주의에 대한 인민의 각성이 이뤄진(예를 들어 5.4운동) 해였다.³² 1919년 3월의 중대한 사건들은 이런 전후 반식민주의 봉기의 물결 가운데 일부였다.³³

1919~1923년: 붉은 물결의 주요한 특징

우리가 '사회주의 · 공산주의 봉기'의 정의에 관한 그다지 분석적이지 않은 고정관념의 한계를 넘어가고자 한다면, 제1차 세계대전 후 전 지구적인 붉은 물결의 주요한 본질적 특징은 무엇이라고 말할 수 있을까? 첫째, 투쟁은 광범위한 평민 '대중'의 가장 선진적인 층위라고 할 수 있는 급진적 인텔리겐치아가 이끄는 연합이 대부분 주도했다. 최소한 기본적 수준의 산업화가 진행된 사회에서 이들의 주된 구성원은 도시에 거주하고 글을 읽고 쓸 수 있으며, 극도로 빈곤한 것만은 아닌 숙련 공장노동자들이었다. 러시아와 마찬가지로 유럽의 주변부 국가인 헝가리에서 1919년에 일어난 혁명의 경우에는 부다페스트의 대공장들이 중심이었다. 그곳에는 헝가리 산업의 50퍼센트가 집중돼 있었고, 500인 이상의 노동자를 고용한 대공장이 전체 노동력의 37.7퍼센트를 흡수하고 있었다. 이와 대조적으로 농촌 지역은 혁명적 사건들에 중립적이거나 심지어 적대적이었다.[34] 오스트리아에서 산업적 '붉은 빈Rotes Wien'의 상대적 급진주의는 사회민주당이 지배한 시의회가 통제했고, 이는 농촌 대부분의 완고한 보수주의와 대조를 이뤘다.[35] 조선의 경우, 1919년 3월 사태에서 가장 적극적으로 현장에 참여한 사람들은 기독교 평신도들이었다. 그들은 대개 글을 읽고 쓸 수 있었고, 잘 조직돼 있었으며, 더러는 국제 정세를 누구보다 잘 인식하고 있었다. 1919년 6월까지 3개월의 격변 동안 일본 경찰이 주요 '폭동 교사' 혐의로 구속한 7,835명의 조선인 가운데 22퍼센트가 기독교인이었다. 그 시점에 기독교 신자는 조선 인구의 겨우 1.3퍼센트에 불과했다.[36]

둘째, 이런 사태는 엘리트 통제와 산업 경제 조직화 방식의 변화를 예고했다. 전후 유럽에서 '프롤레타리아 독재'와 유사한 종류의 슬로건들은 대체로 귀족적 중상층 계급 기득권 엘리트로부터 급진적 지식인, 정당이나 조합에서 조직 활동을 경험한 노동 투사 간부에게로 권력이 이동했음을 의미했다. '프롤레타리아트'는 급진파들이 늘 그 신조처럼 이야기했던 '헤게모니적' 지위를 거의 차지하지 못했지만, 정치권력의 상대적 '평민화'는 의심의 여지 없이 민주화 효과를 불러일으켰다. 이런 민주화는 그 이후에 급진파들이 권력을 유지했던 혁명 후 러시아

같은 사회에서 사회적 상향 이동의 거대한 물결을 일으켰다.

러시아의 급진파들은 사회주의사회를 건설할 의지를 품고 있었다. 카를 마르크스Karl Marx, 1818~83가 이해하는 사회주의(또는 공산주의)는 상품의 가치법칙wertgesetz der Waren이 그 작동을 중단하는 코뮌적 생산의 포스트 자본주의사회였다. 생산의 유일한 기준은 사용가치, 즉 자신의 노동을 더 이상 팔거나 사지 않는 자유롭게 연합하는 생산자 겸 소비자의 수요였다.[37] 물론 러시아의 급진파들과 그들의 해외 동맹자들은 정치적 현실주의자였으며, 그들이 희망하는 연합한 생산자들의 소외 없는 사회가 혁명의 성공과 함께 곧바로 등장할 것이라고 믿지는 않았다. 1917년 10월혁명 전야에 혁명의 지도자 블라디미르 레닌Vladimir Lenin, 1870~1924은 혁명의 성공 이후, 그리고 국가 자체가 완전히 사멸해 사회가 진정으로 사회주의적인 또는 공산주의적인 자유로운 생산자들의 연합으로 형태를 바꿀 때까지 앞서 언급한 '프롤레타리아 독재'라는 특수한 시기가 필요하다고 규정했다. 독재는 일차적으로 과거 지배계급들을 '분쇄'하고 질적으로 새로운, 완전히 평등한 사회의 기초를 마련하기 위해 필요했다.[38] 그가 말한 최종 목표는 조선을 비롯한 각국의 무정부주의자들에게도 바람직한 것으로 보였지만, '프롤레타리아 독재'는 그들을 레닌주의로부터 결정적으로 결별하게 만든 요소였다. 물론 이런 애당초의 계획은 혁명 과정의 구체적 상황에 따라 끊임없이 수정되어야 했다. 1919년에 정점을 찍은 유럽의 혁명적 물결은 점차 하향 국면에 들어갔고, 레닌 자신의 소련도 1921년 사실상 국가 통제 자본주의 정책인 '신경제정책NEP: New Economic Policy'을 따라야 했다. 현실주의자였던 레닌 자신도 이 새로운 사회의 성격을 '국가자본주의'라고 규정했다. 그러나 레닌은 NEP를 궁극적인 사회주의적 또는 공산주

의적 목표로 향하는 길의 과도적 단계로 봤다.[39]

과도적 단계에서도 정치 영역이 경제 영역보다 우위를 차지하게 됐다. 혁명가들은 산업 경제와 금융의 대부분을 접수하기를 열망했다. 이런 움직임은 1914~18년 제1차 세계대전 교전국들의 경제에 대한 국가 통제 경험을 고려하면 자연스럽고 논리적인 것으로 보인다.[40] 정치적으로 통제되고 관료적으로 운영되는 경제가 이미 삶의 경험이 되었기 때문에, 평민 급진파는 전시 폭리로 경멸받는 산업가들에게서 소유권을 박탈하고, 노동을 탈상품화하고, 잉여가치가 재분되는 등의 변화가 완수되길 원했다. 재분배는 공장 '일꾼들'이 과거 중간계급 전문가들과 같은 수준의 문화적 자본 또는 건강을 얻을 수 있도록 하는 방식으로 이뤄질 것이었다. 만약 러시아혁명의 노선을 따라 시행한다면, 붉은 물결 급진파들이 바라는 조치들은 특권 없던 그룹들의 대대적 '계급 상승'에 해당될 것이다. 또한 아래로부터의 대중운동이 지향하는 정치적 목적의 달성 아니면 경쟁적인 이윤 극대화로부터 산업 경제의 본질적 재조정을 의미했을 것이다.[41] 간단히 말해, 대중정치는 새 시대의 압도적 경향이 됐다. 식민화된 주변부, 조선과 다른 곳에서 민족 주권의 회복이 주요한 요구였다. 동시에 조선 왕정의 회복을 목적으로 하던 1910년대 독립운동 단체들(1915년 중국에서 설립된 신한혁명단 등)[42]과 달리 삼일운동 이후 망명지에 세워진 상하이임시정부는 조선이 민주공화국이라고 선언했음을 기억하는 것이 중요하다.[43] 세계체제의 주변부에서도 민주화는 붉은 물결의 가장 중심적 요구 가운데 하나였다.

셋째, 사회주의·공산주의 봉기의 무엇보다 중요한 의미는 이것이 제1차 세계대전 후 붉은 물결이 제기한 민주화 요구의 복합적이고 다충적인 발현이었다는 점이다. 대중 기반 정치가 권력의 회랑을 정복하고 산업 생산을 접수하는 경제적 민주화가 중심이었다. 그러나 그것은 아래로부터의 해방적 요구라는 거대한 흐름의 일부였을 뿐이다. 1917년 2월 페트로그라드(상트페테르부르크)에서 차르 당국을 타도하는 데 아주 결정적인 역할을 했던 여성들은 1917년 10월 이전에도 볼셰비키 선전가들에게 특별한 관심의 대상이었고, 볼셰비키 정부는 여성들에게 투표권을 부여했다.[44] 1919년 3월에 조선에서 일어난 사건에서도 여성들은 매우 눈에 띄는 역할을 수행하며 수 세기에 걸친 가부장제 규범으로부터 탈피했다.[45] 서울(경성)에서도 수백 명의 여학생을 비롯하여 전통적으로 상류계급 남성의 성적 유희의 대상이던 기생 약 800명이 시위에 나섰다.[46]

인종적 소수는 물론, 짓밟히던 모든 부류의 소수자가 힘을 갖게 됐다. 1919년 3월 조선에서 과거에 세습적 하층민이면서 '현대화한' 식민 지배 아래서도 여전히 차별당하는 백정들도 만세 시위에 적극적으로 참여했고, 그 직후 자신들의 해방운동인 '형평운동'•을 전개했다.[47] 볼셰비키가 동성애를 탈범죄화하고 유럽 현대사상 처음으로 일부 동성결혼을 허용하는 등 보수적 성 규범이 바닥까지 흔들렸다.[48] 초기 소비에트 학교들은 모든 형태의 체벌을 금지했을 뿐만 아니라 학생 자치 요소를 도입했고, 내재적으로 권위주의적이고 협동 대신 경쟁을 조장하는 성적 평가를 피했다.[49] 남녀공학, 학생들의 자치 조직화 시도, 노동교육 추진, 이타적 인격 형성 문제에 대한 관심 등 초기 소비에트 교

• 1923년부터 일어난 백정들의 신분해방운동. 1923년 4월에 일본에서 전개된 수평운동의 영향을 받아 조직이 결성되었고, 백정 출신은 물론 개화 양반들도 참여하는 등 많은 이들의 호응을 얻었다.
— 편집자주

육은 1920년대 조선 언론들의 뜨거운 관심사였다.[50] 소비에트 교육 이론과 실천뿐만 아니라 에드빈 회른레Edwin Hoernle, 1883~1952 같은 유럽의 해방적 공산주의 교육 이론가들이 행한 사업은 1920~30년대 프롤레타리아 청년문화 활동가들에게 중요한 영감을 제공했다.[51] 이들은 또 전형적으로 이주홍李周洪, 1906~87과 이동규李東珪, 1911~52 같은 전형적인 조선의 급진적 반권위주의 아동문학 작가들에게 영향을 줬다.[52] 전 지구적 역사에서 붉은 물결은 19세기 말과 19세기 초 민주주의 혁명과 자유주의운동으로 대표되는 첫 번째 물결을 잇는 두 번째 민주화 물결의 도래를 알리는 신호였다.

1923~1930년: 붉은 물결의 본질적 특징

1923~24년경, 대부분 과거에 민족주의자였던 급진파 그룹들이 지하 조선공산당 건설에 필요한 것을 준비하려고 시도했을 즈음, 전 세계적 격정의 정점은 결정적으로 지나갔다. 표면적으로 글로벌 자본주의와 글로벌 국가 간 시스템은 안정화됐고, 붉은 물결은 전설적인 '포효하는 20년대Roaring Twenties'로 전환됐다. 당시 유럽 최대 규모 공산당이 조직되어 유럽 혁명의 '기관차'로서의 잠재력을 지니고 있던 독일에서는 1923년 극우 폭동과 공산당 봉기 시도가 모두 실패했고, 이후 바이마르공화국은 상대적으로 안정을 누리는 얼마간을 맞이하게 되었다.[53] 세계에서 가장 인구가 많은 식민지인 인도에서는 차우리차우라에서 벌어진 폭력 충돌 사태 이후 비협력운동Non-cooperation Movement이 중단됐다. 1920년대 초반의 반식민주의 공세는 이제 끝났다.[54] 세계 주

변부 가운데 공식적으로 최대 독립국이었던 중국에서는 정치적 지방분권화('군벌 통치') 속에서 초기적 산업 경제가 호황을 맞았다. 산업의 성장은 1914~18년 전시 수요와 1919년 반제국주의투쟁의 고양(앞에서 언급한 5.4운동) 이후 외국 상품 보이콧의 도움으로 이뤄졌다.[55] 이미 1919년 중국에는 150만 명으로 추정되는 산업 노동자들이 존재했고, 1920년대 내내 이어진 그들의 급진주의는 이웃 조선의 급진파들에게 영감을 줬다.[56] 1920년대에는 세계가 1914년 이전과 유사한 번영을 다시 맞이하고 있다는 느낌이 있었다. 정말로 세계체제의 핵심부에서 눈에 띄는 진보가 나타나고 있었다. 예를 들어 1929년 프랑스는 1인당 소득이 1914년에 비해 5분의 1 증가했고, 수출은 전쟁 전 마지막 해에 비해 약 50퍼센트가 증가했다.[57]

그러나 이런 안정은 아주 기만적이었다. 1919년 베르사유 평화 조약도 주요 국가들의 전후 정책도 1919~23년 붉은 물결의 근본 원인을 아무것도 해결하지 못했다. 1918년에 독립한 아이슬란드, 1922년에 독립한 아일랜드, 러시아제국의 붕괴와 함께 독립한 그 식민지, 마찬가지로 붕괴한 오스트리아·헝가리 제국의 과거 속령 등 몇몇 경우를 예외로 하면, 유럽 대부분 국가에서 식민지들은 대개 그대로 식민지였다. 조선에서도 사회조직뿐만 아니라 경제와 문화 발전에 약간의 공간이 주어졌지만(식민 정부의 '문화정치'), 그 이상으론 아무것도 없었다.[58] 국가 간 시스템은 식민지 외부에서도 엄격하게 위계적으로 유지됐다. 제1차 세계대전 패전국 측 국가들, 주로 독일은 배상의 부담으로 고통받았고, 중국과 일부 다른 주변부 국가들도 치욕적인 '불평등조약'을 폐기하기 위해 여전히 분투하고 있었다.[59] 가장 궁핍한 범주의 노동자들까지 포함한 보통선거권(그러나 많은 국가에서, 특히 프랑스와 일본에서 이들은 여전히 배제됐다)은 점차 국제 규범으로 받아들여졌다. 그러나 비록 노동자들이 민주적 또는 반半민주적 국가에서 정치적 시민권을 얻었음에도, 사회적 시민권을 얻는 것은 여전히 머나먼 꿈이었다. 전후 유럽의 사회적 주택 프로그램(영국의 '시의회 주택council houses'과 당시 붉은 빈이라는 별명이 붙었던 오스트리아 수도 빈과 독일의 유사한 프로그램)과 실업보험은 이제 막 첫걸음을 내딛고 있었다. 그러나 세계체제의 주변부 또는 조선을 포함한 식민지는 물론 세계체제의 핵심부 지역에서도 복지국가의 발전은 여전히 초기 단계에 머물렀다. 민족적·사회적 긴장의 본질적 완화를 향한 어떤 중요한 조치가 없는 상태에서 1919~23년의 붉은 물결이 공중으로 사라지는 일은 거의 불가능했다. 붉은 물결은 오히려 전간기 대부분을 포괄하는 '붉은 시대'로 변했고, 1937년과 1939년 사이 새로운 전면전이 폭발할 때까지 계속 이어졌다. 이 책의 주제인 1920~30년대 조선의 사회주의운동과 그 문화적 표현의 배경이 된 것이 바로 이 붉은 시대였다.

 1923~37년 붉은 시대 이전에도 급진파는 있었지만, 그 이후 정치적 급진주의 폭발이 일어났다. 세 가지 특수성이 전간기 공산주의적 급진주의를 특징짓는다. 첫째, 이 시기 전후 전 세계의 주류 급진 정당들이 단일한 중앙에서 지시를 받아 움직인 적은 없었다. 그리고 일부 급진 정당은 광범한 비특권계층에게 진정한 지지를 받았다. 물론 전간기 공산주의 연구자들이 잘 알고 있듯이, 모스크바에 본부를 둔 전 지구적 공산주의 '총참모부'인 코민테른이나 전 세계의 가입 정당들도 실제로 그렇게 일괴암처럼 획일적이지 않았다.[60] 이 책에서도 증명해보겠지만, 조선에서도 그랬듯이 공산주의운동은 사실 다양하고 분파적인 운동이었다(보다 자세한 내용은 2장을 보라). 그러나 에릭 홉스봄Eric

Hobsbawm, 1917~2012이 설득력 있게 주장한 것처럼, 코민테른은 마르크스주의가 추동한 급진주의에 대한 무언가를 꽤 독점적으로 확립하려고 노력했다. "눈에 보이는 그 누구도 [코민테른처럼] 세계를 해석하고 변혁할 의지를 제시하지 못했고 또는 그렇게 더 잘할 수 있을 것처럼 보이지 않았다."[61] 사실 코민테른의 독점적 지위는 다른 동아시아 나라들과 비교해 1920~30년대 조선에서 더욱 명확했다. 중국이나 베트남과 달리 조선은 명확한 트로츠키주의운동이 없었고, 일본과 달리 언급할 만한 사회민주주의운동이 발전하지도 않았다(한국의 사회민주주의운동은 1950년대 남한에서 처음 나타났다. 보다 자세한 내용은 〈후기〉를 보라).[62] 앞서 논의한 것처럼, 식민지 시대 조선 사회주의자들, 심지어 더 온건한 사회주의자들에게도 사회민주주의는 우호적으로 보이지 않았다. 비마르크스주의 무정부주의자들을 고려하지 않는다면, 코민테른 정통은 전간기 조선에서 조직적 동맹자 수준이나 이 책에 보게 될 것처럼 지적인 측면에서도 별로 경쟁을 경험하지 못했다.

둘째, 붉은 시대는 '새로운 유형'으로 나타난 레닌주의 정당의 황금 시대였다. 그들은 중앙 집중적 조직이었고, 당원은 당비를 납부하고 당에 투표하고 당 강령에 동의할 뿐만 아니라, 당의 강령을 위해 활동을 해야 했고 심지어 자기 목숨을 거는 위험까지 감수해야 했다. 정말로, 식민지 시대 조선에서 어떤 합법적 반식민주의운동이 기본적으로 불가능한 상황에서, 지하 레닌주의 정당, 또는 그런 당의 건설을 지향하는 지하 그룹은 아마도 1920~30년대 조선 반도에서 반체제 급진주의에 가장 적합한 도구였을 것이다. 코민테른이 일부 지지자나 적대자가 상상하듯 '전 지구적 단일체'가 아니었던 것처럼, 레닌주의 정당들이 냉전 시대 반공주의 학자들이 비난하는 유형의 독재적 음모 집단일 필요는 없었다. 2장과 3장에서 논하겠지만, 조선 공산주의는 당내 토론과 자기반성의 활기찬 문화를 발전시켰다. 자신과 타인의 사업에 대한 비판적 태도는 공동의 대의를 위해 자신을 희생할 준비만큼이나 조선 공산주의에 요구되는 덕목이었다. 공산당, 심지어 지하 공산당은 공개적으로 발표한 상세한 강령 문건 외에도 복잡한 체계의 조직 규율과 내부 규칙을 갖춘 본질적으로 공적인 조직이었다. 동시에 토론, 자기반성, 비판의 문화는 결국 결집력과 규율을 약화하기보다는 강화하는 기제였다. 지적인 면에서 규율은 코민테른 이데올로기와 지침에 대한 충성에 기반했다. 지침은 다른 식으로 해석할 수 있고 또 해석되었지만, 이에 대해 공개적으로 반대할 수는 없었다. (1925년부터 1928년까지) 체계적인 코민테른 가맹 조직으로 존재했던 지하 조선공산당이나 당 재건을 지향한 공산주의 그룹들은 모두 수직적 구조를 갖추고 있었으며, 국제적으로 연결되어 있고 다언어를 구사하는, 교육받은 중상류층 출신 활동가와 그들로부터 운동의 대열에서 상급의 지도와 교육을 받는 '노동자와 농민'을 조직원으로 두고 있었다. 수직적 구조를 갖췄음에도 여전히 운동은 기층 참가자들에게 엄청나게 중요했고, 그들의 지역투쟁을 글로벌 맥락에 위치시키고 자신의 경험을 아무리 조악하더라도 '이론'의 언어로 전환할 기회를 제공했다. 다른 곳과 마찬가지로 조선에서도 붉은 시대는 정치의 민주화를 더욱 촉진했다.

셋째, '새로운 유형'의 붉은 시대 정당은 질적으로 새로운 유형의 국가, 즉 당-국가를 창출하기 시작했다. 에릭 홉스봄이 강력히 주장했던 것처럼, 레닌주의 정당은 보다 자유주의적이고 민주주의적인 경향으로, 느슨하고 덜 집중적인 형태를 취했던 1914년 이전의 사회민주주의 노동계급 조직의 전통보다는 인민을 대표해 일하는 계몽된 혁명가들의 규율 있는 조직을 신뢰하는 자코뱅 전통에 속했다.⁶³ 자코뱅은 당시 (철저하게 중앙 집중적인 국가와 가격 통제 형태의 경제적 개입을 포함하는) 가장 급진적인 의제에 해당하는 것을 실행하기 위해 주권 권력을 모두 장악한 중간계급 혁명가들의 응집력 있는 그룹이었고, 바로 20세기 초반부터 레닌의 일관되고 철저하며 급진적인 전위前衛의 원형적 모델로 기능했다.⁶⁴ 레닌 사후에 공고화된 이런 종류의 당-국가는 서유럽의 주류 사회민주주의 정당이나 노동조합과 달리, 노동계급의 사회경제적 지위를 개선하기 위한 노력의 도구가 되지 못했다. 실질 구매력을 기준으로 한 1인당 소득의 관점에서, 1930년대 후반 소련의 노동자는 1920년대 후반에 비해 평균적으로 더 잘살지 못했다.⁶⁵ 당-국가는 원칙적으로 자신들이 이끄는 '대중'에게 기본 생활을 보장할 의무가 있었지만, 심지어 이 의무조차 전간기의 세계사적 격변 와중에 항상 존중받기는 힘들었다.

그러나 어떤 유의미한 선거 절차에서 유리되고 어떤 유권자 통제(또는 어떤 다른 권력 견제)에 구속받지 않았음에도, 당-국가는 그래도 더 넓은 사회적·경제적·문화적 의미에서 세계의 민주화에 충실했다. 활동가뿐만 아니라 당의 평민층 지지 기반인 대부분의 노동자와 농민은 스스로 당원증을 얻고 당이 제공하는 교육 기회를 통해 더 나은 지위로 나아가면서, 근대적 산업 경제가 발전하고(그리고 그곳에서 관리직으로 올라갈 기회를 마련하고), 근대적 교육이 꽃을 피우고(그리고 과거의 마을 이웃, 친척, 친구에게 일부 신분 상승의 기회를 제공하고), 근대적 문화가 과거에 이를 거의 누리지 못했던 사람들에게 퍼져 나가기를 진정으로 원했다.⁶⁶ 당-국가를 건설함으로써 각국이 자본주의 위기에서 탈출하길 열망하는 전 세계 레닌주의 정당들의 정치적 실천은 식민지 시대의 조선 프롤레타리아 작가들의 문학적 노력만큼 본질적으로 근대적인 프로젝트였다. 조선의 작가들은 지배적인 사회경제적 조건 아래서 대중 빈곤화에 대한 사회주의적 비판을 고도로 발달된 페미니스트 감수성 또는 불운한 식민지 조건 아래 민족주체성 문제에 대한 통찰과 성공적으로 결합시켰다.[67] 1920년 세계체제의 핵심부에서 대량소비가 사회적 지형을 변화시키기 시작하면서, 소비에트 유형의 당국과 과거 차르 제국 평민의 문화적 또는 교육적 삶에서 눈에 보이는 개선이 일어나자 조선인을 포함한 주변부의 혁명가들이 영감을 받았다. 7장에서 이런 영감이 조선 대중에게 어떻게 도달했는지 보여줄 것이다. 동시에 중국공산당이 항일 저항 전쟁 동안 해방구에서 넓은 의미에서 비슷한 노선의 준국가를 건설하려고 시도한 이야기를, 한 조선인 좌파 목격자의 입을 빌려 6장에서 서술할 것이다.

붉은 시대: 기본 규범으로서 '비상사태'

앞으로 더 나아가기 전에 한 가지를 강조해야 한다. 급진주의 그 자체는 지금 우리가 사는 시대에도 살아 있는 장기적이고 지속적인 전통이지만, 붉은 시대 급진파들이 나아갈 길을 찾아나가야 했던 기본적 좌표 시스템은 오늘날 후기자본주의 현실과 다른 전간기 자본주의였다. 당시의 상황에서 동시대 급진파의 삶의 경험은 각기 달랐다. 아주 일반적인 수준에서 전간기 세계는 급진적 '전복 분자들subversives'에게 더 억압적이었는데, 말하자면 자본주의 세계체제의 전후 핵심부 지역(북아메리카, 서부와 북부 유럽, 일본)과 비교해 급진 그룹들을 사회적 주류로 통합할 의지가 더 약했다. 심지어 정치적 급진주의가 원칙적으로 합법적이었던 민주주의국가들, 이를 테면 전후 서유럽이나 북아메리카에서도 엄청난 규모의 유혈 탄압이 자행됐다. 몇 년 뒤 독일과 유럽, 전 세계를 집어삼킨 폭력의 엄청난 규모 때문에 이 사실은 오늘날 대부분 잊혔다. 그러나 사회민주당의 지도(?) 아래 있었던 독일 경찰이 공산당의 메이데이 행진에 대한 군대식 탄압의 일환으로 비무장 민간인 30여 명을 사살했던 1929년 '피의 5월Blutmai'은 1920년대 후반과 1930년대 초반 뜨거운 논쟁을 야기한 사건이었다. 심지어 자유민주주의적 바이마르 독일에서 심히 권위주의적인 국가 강제 장치의 지위가 얼마나 강력했는지, 그리고 온건한 노동당과 사회민주주의자가 급진적인 이견을 억압하기 위해 어디까지 나아갈 수 있는지 분명하게 드러났다.[68] 조선의 선구적 마르크스주의 학자들 가운데 하나인 신남철申南澈, 1907~58이 1932년 오스트리아의 위대한 사회민주주의 경제학자 루돌프 힐퍼딩Rudolf Hilferding, 1877~1941을 "사회파시스트"라고 비난했을 때, 다소 억지스러운 코민테른의 당 노선을 앵무새처럼 반복하긴 했다. 그러나 신남철의 비판에 대한 설명을 읽어보면, 문제가 단순히 코민테른의 극단적 급진주의 문제보다 훨씬 더 복잡했음을 이해하게 된다.[69] 당시 조선의 마르크스주의자들은 민주주의에 헌신한 힐퍼딩과 독일 사회민주주의자들이 바이마르헌법 제48조를 인용한 의회에 대한 지지 입장으로 선회해 "하인리히 브뤼닝Heinrich Brüning, 1885~1970 총통이나 파울 폰 힌덴부르크Paul von Hindenburg, 1847~1934 대통령 같은 자들에게" "비상대권"을 왜 부여했는지 의아해했다. 전간기 민주주의의 한계는 그 당시 조선인을 포함한 모든 동시대인에게 너무나 분명했다.

1920~30년대 공산주의자의 관점에서 보면, 그들의 상대는 자신

들에 맞서 가차 없는 계급투쟁을 수행하고 있었다. 국제 붉은 원조International Red Help, 1922~41의 대표이자 저명한 코민테른 간부였던 엘레나 스타소바Elena Stasova, 1873~1966가 그의 책에서 주장한 것처럼, '자본주의 나라의 부르주아지'는 1925~28년에 재판도 없이 23만 4,141명의 '빨갱이'를 살해함과 동시에 3만 5,786명의 '빨갱이' 활동가를 처형했고 41만 8,314명을 감옥에 가뒀다. 스타소바에 따르면, 이 3년 동안 급진 좌파의 전체 사상자는 고문으로 부상당하고 불구가 된 사람들을 포함해 약 90만 명에 이른다.⁷⁰ 중국에서만도 민족주의적 국민당이 1927~28년 5만 명 내지 10만 명의 공산주의자, 반정부 좌파 인사와 비판자를 학살한 것으로 알려져 있고, 이 주장이 과장되어 보일 수도 있지만, 전혀 불가능한 것은 아니다.⁷¹ 살해는 전형적으로 고문을 동반했다. 조선의 선구적 공산주의자 가운데 한 명인 남만춘南萬春, Pavel Nikiforovich Nam, 1892~1938(그에 대해서는 1장과 2장을 보라)은 조선의 일본 식민주의에 관한 1925년 보고서에서 일본 경찰서와 감옥에서 조선 급진파가 직면해야 했던 고문의 사례를 열거했다. 긴 고문 목록에는 손톱과 살 사이에 바늘을 찔러 넣는 고문, 고춧가루 탄 물을 콧구멍에 부어 넣는 물고문, 전기 충격, 일련의 기타 잔인한 고문이 포함돼 있었다.⁷² 많은 나라에서 급진주의에 대응할 때 체제 내 통합보다 적나라한 폭력이 눈에 띄게 더 두드러졌기 때문에, 중국과 주변부의 다른 나라들만이 아니라 중부, 동부, 남부 유럽에서도 급진파는 스스로 군사화해 대응했다. 전형적으로 독일공산당은 독자적 준무장 단체 붉은전선투사동맹Roter Frontkämpferbund을 유지했고, 1929년경 그 규모가 거의 13만 명에 이르렀다. 독일 공산주의자들은 1923년 독일에서 혁명을 조직하려 시도했을 때(결국 실패로 끝났지만) 자신들의 민병대 외에도 자체 정보기관과 테러 부대를 운영했다.[73] 폭력적 국가에 맞서 급진파들은 자신만의 준국가 폭력 기구를 건설해야 했다. 이런 필요성은 더 억압적인 국가들에서, 내전이 지속되는 상황 또는 외국군이 점령한 상황, 정의상 정치가 군사화될 수밖에 없는 상황에서 훨씬 더 부각됐다. 전간기와 전시 조선 공산주의의 유일한 군사 조직은 중국령에서 활동하는 무장 유격대 그룹들이었다. 본질적으로 민간인 도시 급진파인 작가 김사량金史良, 본명 김시창金時昌, 1914~50이 김일성金日成, 1912~94의 전설적인 게릴라 부대를 포함해 중국에서 싸우던 조선인 급진파 투사들을 높이 평가했던 것은 놀라운 일이 아니다(6장을 보라). 그러나 이 책에서는 이런 그룹들을 다루지는 않는다. 대신 1920년대 초반 조선 본토 내의 사회주의운동 또는 디아스포라들의 운동에 초점을 맞춘다.

칼 슈미트Karl Schmit식 '비상사태Ausnahmezustand'는 좌·우파 정치 양측의 본질적 요소이기에, 전간기 급진파들[특히 (반드시 식민지는 아닌) 대도시 급진파들이 일반적으로 용인되던 소수 국가(영국, 프랑스, 핀란드를 제외한 스칸디나비아와 극소수 다른 나라)]의 급진파들은 1914년 이전 서유럽 사회민주주의자들보다는 1793~94년의 자코뱅을 더 연상시키는 특수한 세계관weltanschauung을 발전시켰다. 군복도 없고 '우리'와 '적' 사이의 명확한 전선도 없는 전장에서 '적군 첩자' 또는 (전간기 급진파들의 희망이었던 소련처럼) '숨어 있는 반혁명 세력' '파괴 분자' '편향주의자'에 대한 편집증적 공포는 일상생활에 고착된 요소였다. 스탈린의 정파가 그 권력을 공고화하고 더 굳건히 하기 위해 도처에 퍼져 있는 첩자들에 대한 편집증을 교묘하게 이용한 것은 분명하다. 이는 결국 1937~38년 대숙청Great Purges 시기에 잠재적 권력 경쟁 세력(군사령부, 중공업 최고 관리자, 독자적 정치적 비중을 가진 베테랑 혁명가 등)을 파괴하며 정점에 올랐다.[74] 또한 소수민족, 특히 국가 또는 인구의 대다수가 국가의 경계 밖에서 가상의 적대 세력의 통제 아래 있던 소수민족은 그들을 둘러싼 명목상의 다수보다 더 취약한 상태에 내몰릴 운명이었다.

조선인이 바로 문제의 경우였다. 이미 1930년대 초반부터 만주의 중국공산당 간부들 사이에서는 동만주 공산당원의 90퍼센트 이상을 차지하면서도 중국어를 이해하지 못하는 조선인 동지들을 함께 투쟁하는 중국인 동지를 불신하고 무시하는 편협하고 완고한 민족주의자로 바라보는 편향된 시선이 있었다.[75] 공산주의 유격대에 대한 일본의 탄압이 격화되자, 중국공산당 간부들 사이에서 '첩자' 편집증이 격화됐고, 이는 결국 대규모 비극으로 귀결됐다. 소수민족 조선인 투사들은 1932~36년 만주 공산주의 유격대 사이에서 친일계 자경단인 민생단民生團에 대한 마녀사냥 시기에 같이 투쟁하는 중국인 동지의 공격 대상이 됐다.[76] 다음 해인 1937년 소련 연해주에 거주하던 거의 20만 명의 조선인 소수민족이 '일본 첩자'라는 죄명을 덮어쓴 채 집단적으로 중앙아시아로 추방당했다. 전체적으로 약 4,000명의 조선인, 대부분 간부, 베테랑 유격대원, 또는 초국경적 연계를 가진 것으로 의심받던 사람이 소련의 대숙청 시기에 사망했다.[77] 그러나 이토록 비극적인 상황에서도, 희생자들은 대개 가해자들의 세계관을 공유했다. 모스크바에 상주했던 조선인 공산주의자 망명자들은 놀랍게도 비슷하게 들리는 단어를 써가며 서로를 비난했고, 소련 비밀경찰은 비난하는 자와 비난받는 자 모두를 체포하고 '재판'을 받게 한 다음 처형했다.

그 유명한 사례가 김단야金丹冶, 1901~38이다. 1925년 4월 건설된 지하 조선공산당과 고려공산청년회의 창건자들 가운데 하나이며, 이 책

전체에서 여러 번 언급되는 인물이다. 원래 정통 화요회의 주축인 김단야는 1937년 9월 28일 자 코민테른 집행부의 비밀공작부(기본적으로 소련 비밀경찰의 지부)에 제출한 보고서에서 과거에 저명한 언론인이자 경쟁 상대인 서울파 소속이었던 이성태李星泰, 일명 김춘성, 1901~38에게 비난받았다. 이성태는 김단야의 가족이 (김단야가 스스로 중농의 자식이라고 주장한 것과는 반대로) '부유한 지주'로 분류할 수 있다고 진술한 다음, 나아가 김단야 자신, 그의 아내 고명자高明子, 1904~?, 화요회 동지인 박헌영朴憲永, 1900~56과 조봉암曺奉岩, 1898~1959(조봉암은 조선공산당 건설 과정에서 주동적 역할을 한 인물이다. 1950년대 남한의 사회민주주의적 성격의 진보당의 지도자였고, 결국 1959년 이승만 독재정권에 의해 처형당했다. 더 자세한 내용은 〈후기〉를 참고하라)이 일본 경찰의 첩자라고 주장했다. 이성태에 따르면 그것이 바로 김단야가 조선 본토에서 수행한 수많은 위험한 비밀 위장 공작에서 다치지 않고 복귀한 반면, 조선에 파견된 다른 수많은 조선인 투사들은 체포돼 감옥에 갇혔던 이유였다.[78] 이성태의 비난에 당한 또 다른 피해자로 양명梁明, 1902~36, 이강李江이란 이름으로도 불렸다이 있다. 양명은 공산주의 투사로 코민테른 출판물에 조선 문제에 관한 글을 많이 썼다(1장과 5장을 보라). 양명은 상하이에서 《아사히신문》의 한 일본인 기자와 만났는데, 나중에 그가 쓴 양명의 활동에 관한 짧은 기사는 1933년부터 일찍이 양명에 대한 '정치적 신뢰' 문제를 제기하기에 충분한 내용이었다.[79] 몇 년 뒤 그런 종류의 비난은 체포와 처형의 손쉬운 방아쇠가 됐다.

이성태의 비난은 거짓일 가능성이 아주 높다. 남아 있는 일본 경찰 문서고나 어떤 다른 자료에서도 모스크바에서 교육받은 저명한 공산주의 지도자인 김단야, 고명자, 박헌영, 조봉암 등이 비밀리에 일본 경찰과 협력했다는 증거가 전혀 발견되지 않았다. 어쨌든 김단야에게는 일본 첩자 마녀사냥이 낯설지 않았다. 소련 당국에 자신에 대한 오해를 불식시키려던 헛된 시도에서 김단야는 1929년 가짜 신분증으로 잠입한 비합법 서울 여행에 관한 장문의 보고서를 코민테른 집행부에 제출했고, 거기에서 일본 경찰이 자신을 체포하는 데 실패한 이유와 설명을 제시하면서 '일본 첩자'로 비난받았던 자신의 기록을 자랑하기도 했다. 김단야는 오히려 과거의 화요회 동지들 가운데 첩자일 가능성이 높은 인물로 여운형을 지목했다. 여운형은 공산주의운동의 베테랑이자 선구적으로 《공산당 선언》을 조선어로 번역한 인물이었다.[80] 결국 이성태와 김단야는 체포되어 '일본 첩자'라는 동일한 혐의로 스탈린의 비밀경찰에게 처형당했다.

김단야가 체포된 이후, 김단야와 화요회의 또 다른 경쟁자이자 구상해파(서울파의 해외 동맹 세력. 자세한 내용은 2장을 보라) 출신인 박진순朴鎭淳, Ivan Fedorovich Pak, 1897~1938은 적의 몰락을 이용해 자신의 죽음을 막으려고 시도했다. 1937년 12월 10일 자로 스탈린에게 보낸 필사적인 편지에서 다양한 "트로츠키주의자"나 다른 "좌우 편향파"에 맞선 투쟁에서의 자신의 공적을 열거했고, 이미 체포된 김단야를 "트로츠키주의, 부하린과 지노비예프 파시즘의 앞잡이"라며 비난했다.[81] 그러나 그런 비난은 도움이 되지 않았다. 박진순 자신도 편지를 보낸 뒤 닷새 만에 체포됐고, 이후에 사살당했다. 김단야, 이성태, 박진순은 모두 스탈린 사후에 명예가 회복됐다. 박헌영은 1950년대 초부터 권력을 공고화하고 모든 잠재적 도전자들을 숙청하기 위해 전시 '첩자' 편집증을 이용하고 있던 김일성 정권에 의해 '미제의 첩자'로 처형당했다.[82] 여운형은 1947년 극우에게 암살당했고, 조봉암도 1959년 조작된 '친북 간첩' 혐의로 남한 정부에 의해 처형당했다. 이 우울한 비극은 20세기 조선을 지배한 '첩자' 편집증과 정치적 폭력의 심각성과 편재성을 상기시킨다. 이 현상은 모두 정치적 좌파의 배타적 전유물이 아니었다.[83]

'우리'와 '그들'로 나뉜 세계: 국가 폭력 합리화의 불가피성

'비상사태'가 대체로 정상화되고 항상적 상태로 전환되자, 정치적 폭력과 그 불가피성에 대한 믿음이 조선 좌파의 외부 세계에 대한 인식을 변질시켰다. 자유주의적 민족주의 일간지 《동아일보》는 일찍이 1927년부터 혁명적 시기를 통틀어 당을 지도했던 '베테랑 혁명가' 트로츠키가 당에서 축출당하자 소비에트 국가의 독재적 실상을 개탄했다. 자유주의적 민족주의자들은 소련이 정책은 독재적으로 구현할지라도 최소한 정책 검토 단계에서는 일정한 민주주의 요소가 필요할 것이라고 했지만, 이런 생각을 조선 공산주의자들은 거의 공유하지 않았다.[84] 거기에서 소련공산당 내 좌익 반대파의 파괴는 거의 인식하지 못했다. 소련의 농업 집단화[•]는 조선에 상대적으로 폭넓게 보도됐고, 그 내용이 항상 전적으로 긍정적이지는 않았다. 왜냐하면 러시아 연해주의 보다 부유한 조선 농민들은 1929년부터 여전히 허술한 중국을 통해 이주해, 몰수와 집단농장의 강제적 참여로부터 도피하고 있었다. 좌파 성향 민족주의 일간지 《조선일보》는 서울 주재 소련 영사관의 외교관에게 설명을 요청했다. 이에 응한 그는 조선의 독자들에게 소련

• 사적 소유에 기초한 농촌의 개인 농민경영을 국가의 잉여 수취에 편리한 집단경영으로 개조하는 사회경제적 변혁을 의미한다. — 편집자주

당국은 조선인을 차별하지 않으며 집단화는 결국 농촌 주민에게 도움이 될 것이고, 러시아를 떠나 중국으로 넘어간 조선인은 국경 지역에서 흔히 발견되는 아편 밀수업자나 기타 "범죄 분자"일 가능성이 높다고 말했다.《조선일보》는 어떤 유의미한 비판 없이 그의 설명을 그대로 보도했다.[85]

스탈린이 소련 내에서 행한 국가 폭력의 정도가 조선 본토의 급진파들에게 제대로 알려지지 않았던 반면, 가장 유명한 일부 볼셰비키 지도자들에 대한 1936~38년 모스크바 재판과 1937년 소련 거주 조선인들의 중앙아시아 추방은 일본과 조선 양쪽 언론에 보도됐다. 인기 있는 월간지《삼천리》는 소련 거주 조선인들의 강제 추방에 관한 극도로 상세한 보고서를 발표했다. 특히 보고서는 연해주에서 일어난 조선인 군부대의 해체와 수많은 소련 거주 조선인 공산주의 간부들의 투옥을 언급했고, "그들의 이용 가치를 소련 당국이 더 이상 높이 평가하지 않는다"라고 지적했다. 보고서는 소비에트 당국이 소련-일본 국경 지역에 강력하게 민족주의적인 반일 조선인이 존재할 경우 일본을 자극할까 봐 두려워하고 있으며 동시에 조직적인 민족 소요의 가능성을 사전에 방지하고 국경 지역에 대한 통제를 강화하기 위해 소련 거주 조선인들을 그들의 동포들로부터 멀리 떨어뜨려놓기를 원한다고 암시했다.[86] 유명한 불교 지식인이자 자칭 '불교 사회주의자'[87]인 한용운韓龍雲, 1879~1944은 펜을 들어 1937년 소련에서 반종교적 박해의 격화에 관한 긴 글을 썼고, 명백히 반공주의자 또는 반소비에트 완고파라고 볼 수 없는 한용운은 이른바 '트로츠키주의자' '방해자' '파시스트' 등에 대한 마녀사냥이 전반적으로 억압적 분위기와 연결돼 있다고 암시했다. 한용운이 (올바르게) 이해하듯이, 마녀사냥의 희생자들은 많은 경우에 스탈린의 정치적 반대파, 진짜라기보다 실제적, 잠재적, 또 상상 속의 "파시스트와 방해자"였다.[88] 그래서 스탈린의 만행 정도는 조선 본토의 동시대인들에게 충분히 알려지지 않았지만, 최소한 일정한 정보는 알 수 있었다. 문제는 조선의 공산주의자들과 공산주의 동조자들이 이러한 만행을 불가피한 과도함 또는 심지어 자기방어의 '필요한 조치'라고 치부했는지 여부가 아니라, 자기 세계관의 기초와 모순되는 정보를 적절하게 소화하고 그 함의를 반성할 수 있는 위치에 있었는지 여부이다.

우리가 쉽게 알 수 있는 것처럼, 당시에는 숙청을 '불가피한 조치'로 인식하는 것이 일반적이었다. 1930년대의 세계는 붉은 시대의 주인공과 낡은 질서의 잡다한 세력들의 적대적 진영으로 분열돼 있었고, 일본군이 중국을 잔인하게 유린하면서(소련에서 스탈린주의 테러가 정점에 이른 바로 그 시점인 1937년에 일본은 중국을 침략했다) 새로운 세계 전쟁이 빠르게 다가오고 있었고, 이러한 '비상사태'가 영원히 지속될 것 같은 상황으로 내몰리고 있었다. 그러한 세계는 자기 진영의 내재적 한계를 비판적으로 반성하기에 적절한 장소가 아니었다. 예를 들어, 중국 트로츠키주의자들이 '중국 스탈린주의자들(중국공산당)'에 맞서 혁명운동의 지도권을 놓고 투쟁하기 위해 자신의 선전 매체를 활용했다는 소식은 1930년대 후반 조선에도 전해졌지만, 이웃 국가의 이런 소식이나 스탈린주의적 '배신'에 대한 트로츠키의 비판은 큰 주목을 받지 못했던 것 같다.[89] 물론 확증 편향은 조선 좌파만의 특징은 아니었다. 1930년대 후반의 분열된 세계에서, 파시즘의 위협이라는 '다모클레스의 검' 아래서 그 당시 유럽의 가장 저명한 작가 중 하나인 로맹 롤랑Romain Rolland, 1866~1944 역시도 소련의 벗, 그리고 개인적으로는 스탈린의 벗 대열에 합류했다.[90] 이웃한 중국과는 대조적으로, 1930년대 후반과 1940년대 초반 조선에서는 트로츠키주의운동이나 어떤 다른 명확히 반스탈린주의적 공산주의운동이 발전하지 못했다. 심지어 트로츠키와 '좌익 반대파'가 점차 보수화하는 당 주류에 맞서 정당한 정치투쟁을 벌이고 있던 1923~27년에도 조선인 공산주의자들 사이에서는 인지할 만한 진정한 트로츠키주의 활동 관련 자료가 발견되지 않았다. 중요한 조선계 러시아인 간부인 최성우崔成宇, 1898~1937. 그의 활동에 대해서는 1~3장을 보라는 러시아어를 못하는 블라디보스토크 조선인 공산당원들을 위해 당 지도부의 지침에 따라 트로츠키의 1923년 테제를 번역한 것으로 알려졌지만, 최성우나 그 주변인 누구도 트로츠키주의적 반대파의 편에 서려고 시도조차 하지 않았다.[91] 절대적인 최우선 목표는 '민족해방'이었고, 이를 위해서는 주류 분파의 편을 드는 것이 유일하게 현실적인 선택이었다.

　스탈린주의 국가 테러의 발발에 관한 보도는 때로 전향한 공산주의자들을 인용했다. 그들은 대개 그 대신 일본이 '동아시아의 새로운 질서'를 건설하는 데에서 거둔 '성공'을 찬양하는 것으로 마무리했다. 좋은 예로 인정식印貞植, 1907~?의 〈사상 전향서〉가 있다. 원래 공산주의 활동가였고 조선에서 가장 저명한 마르크스주의 농업경제학자였던 인정식은 신장新疆 등지에서 "소비에트의 제국주의적 움직임"을 비난하면서 "우리 일본제국의 영도"가 중국의 투쟁하는 농민들에게 최상의 희망이라고 선언했다.[92] 스탈린주의 폭력은 조선의 언론 매체가 수행한 선전전宣傳戰에서 적절하게 거론됐다. "김일성과 기타 반국가 수괴들"에게 "숲에서 나와" 제국의 대의에 충성을 맹세하라는 1941년의 호소문(실제로 김일성과 유격대의 생존자들은 1940년 말 이미 소련 국경으로 넘어가는 데 성공했다)은 지노비예프, 카메네프, 부하린 등 모든 옛 볼셰비키 지도자들이 스탈린의 잔인한 손에 몰락한 안타까운 운명을 언급했다.[93] 그러나 일본이 국가 선전에서 이용한 소련의 스탈린주의 탄압 이야기는 정반대 효과를 가져왔다. 반식민투쟁을 계속하기를 원하는 사람들은 정치적 폭력이 소련을 지배했다는 이야기를 일본의 과장된 선전으로 손쉽게 치부할 수 있었다. 공산주의 충성파들의 상당수는 결국 자신의 신념을 유지하기로 선택했다. 그들의 계산으로는 기존 전 세계 질서의 구조적 폭력 또는 일본의 식민 지배라는 압도적 상황 아래에서 '사상 전향'이 의미하는 민족적 배신은 일본제국의 소련 적대자들이 자행했던 과도함과 비교할 수 없을 정도로 명백히 더 가증스러운 것이었다.

더욱이, 그들은 또 7장에서 주장하듯이 대안적인 근대성의 맹아로 보이는 일부 진정한 성공 사례를 최소한 표면적으로 자랑할 수 있었다. '붉은 수도'인 모스크바는 유럽의 낡은 수도들과 달리 성평등과 인종 평등을 실현하고 있었다. 빈곤과 궁핍의 흔적에도 불구하고, 모스크바는 지금까지 사회적으로나 문화적으로 권리가 없던 '대중'이 식민지 조선의 모두가 아는 것처럼 조선에서 또는 식민 본국인 일본 본토에서도 그들이 결코 누리지 못한 고급문화에 접근할 수 있게 했다. 급진주의의 대항 폭력이 인류의 발전에서 질적 도약을 가져온 덕분에 사회와 문화를 민주화할 수 있게 된 것처럼 보였고, 동시에 조선, 일본 등지의 구체제ancient regime는 그 도전자들에 대한 치명적 폭력을 가하는 데 결코 주저하지 않은 데다 더욱이 제1차 세계대전의 믿기지 않는 살육에 대한 책임이 있었다. 조선의 급진파, 그리고 그들에 동조적인 상당수 대중의 소련에 대한 동조와 신뢰가, 반일적 대중으로서는 신뢰하기 힘든 친일 언론에 보도된 소련의 편집증적 체포와 경찰 테러에 관한 소식 때문에 과연 손상되었을까? 대답은 자명하다.

붉은 시대: 한계와 기여

붉은 시대의 한계는 결국 전간기 자체의 한계였다. 근대적 민족국가가 사회를 통제할 능력의 정점에 도달했다고 하는 시대에, 급진파들은 대부분 주류적 사상가들만큼 완고하게 국가주의적이었고, 조선 공산주의자들도 의문의 여지 없이 미래의 '진보적' 민족국가를 계획하고 있었으며, (조선의 '특수성'과 '발전 단계'에 관한 모든 불가피한 단서 조건이 있음에도) 소련은 명백한 이상적 모델이었다.[94] 인류 향상을 위한 최고의 도구로서 강력한 개입주의 국가, 어떠한 전前 산업 또는 비非산업 경제활동보다 내재적으로 더 '진보적인' 부문으로서의 산업, 그리고 '원시성'에서 '노예제'와 '봉건제'를 거쳐 산업적 근대의 고지에 오른 역사의 단선적 진보 등은 조선 급진파 세계관의 결정적으로 중요한 좌표들이었다. 이 좌표들은 본질적으로 근대주의적이었고, 정치적 스펙트럼 전체를 아울러 근대적 도시 인텔리겐치아 사이에서 폭넓게 공유됐다. 시대적 한계가 여전했음에도 불구하고 붉은 시대의 사회주의적 급진주의는 조선의 근대 문화에서 전에 본 적 없는 무언가 새로운 것에 기여했다. 이 책이 초점을 맞추는 것은 바로 이런 기여이다.

가장 중요한 기여는 아마도 조선 보통 주민들 대다수의 이해를 대변한 조선 공산주의자들이었을 것이다. 공산주의자들은 자신을 혁명의 길을 따라 조선의 대중을 "계몽하고 지도할" 전위로 여겼다. 그들은 '민주혁명'을 혁명의 첫 단계로 상상했지만, 혁명 후 조선에서 서구식 의회민주주의를 계획하지 않았다. 소수의 '계몽된 전위'는 견제를 허용하고 통제를 받아들일 것인가? 그러나 급진적 토지개혁, 성평등, 도시 노동자를 위한 여덟 시간 노동제, 보편적 복지(연례 유급휴가에서 산후휴가까지)를 내세운 공산주의 조직들의 강령들이 특권 없는 다수에게 단순히 자본축적을 위한 착취가 아닌, 그들에게 도움이 되는 근대성에 대한 희망을 제공했다(3장을 보라).

여러 곳을 다니면서 다언어를 구사하는 지식인들이 지도부의 대열을 지배한 반면, 중하급 간부들은 대부분 그람시적 유형의 '유기적 지식'을 대변했다. 그들은 노동자와 농민이었고, 독학자이거나 소학교 졸업자였고, 그들에게 정치 참여는 자기 공동체와 환경에서 오래 간직한 꿈을 위한 투쟁의 기회이자 지금까지 거부당한 보다 정교한 문화적 장(지적 논쟁, 정치 팸플릿, '프롤레타리아' 소설 등)에 들어갈 기회였다(1장을 보라). 마치 1945년 이전 일본공산당이 일본에서 그 강령에 일본 식민지인 조선과 타이완의 독립을 명기하고 중국공산당에 의해 추진되는 중국 내 혁명의 대의를 지지했던 유일한 정당이었던 것처럼, 조선 공산주의자들도 농촌에서 급진적 농업 개혁, 그리고 도시 노동자 근로 조건의 본질적 향상, 그뿐 아니라 일반화된 복지 시스템에 대한 요구를 명확하게 제시한 조선의 유일한 정치 세력이었다.[95] 조선과 일본 또는 다른 곳에서 전간기 급진파들의 한계가 무엇이었든, 그들은 많은 측면에서 농업의 재구조화, 탈식민화, 성평등과 복지국가가 구현될 1945년 이후 세계의 선구자였다.

그들은 또한 1945년 이후 지적 세계를 많은 면에서 예견하고 있었다. 1930년대 중후반, 전체주의적 국가 이데올로기가 유럽의 많은 나라, 일본제국, 중화민국에서 인기를 얻고 있었을 때, 조선의 선구적 마르크스주의자들은 파시즘의 지적·철학적·사회정치적 뿌리에 대한 비판적 분석을 제공했다. 그들은 '민족문화'의 보수적 본질화와 유사한 경로로 향하고 있던 조선 내 동시대 문화적 민족주의에 반대했다(4장을 보라). 그들은 처음으로 본질화된 '민족' 또는 '민족사'에 근본적인 문제를 제기했고, 민족은 근대 자본주의 발전 과정에서 태어나고 있으며, 인기 있는 민족주의적 글에서 흔히 '민족성'으로 표현되는 영구하고 탈역사적인 불변의 특성은 허구라는 점을 분명히 했다. 그들은 조선 고대의 원시적·원초적 '조선다움'의 무비판적 물신화와 1930년대 조선의 신화적 건국 군주 단군에 대한 민족주의적 숭배에 내재한 위험을 지적한 소수의 논쟁가들이었다(5장을 보라). 그들은 태평양에서 일어난 '새로운 제국주의 전쟁'을 당시의 가장 긴급한 위험이라고 예언적으로 언급했고(2장을 보라), 1930년대의 훌륭한 마르크스주의자였던 박치우朴致祐, 1909~49도 해방 후 첫해에 조선 반도에서 미래에 '피와 땅Blut-und-Bode' 유형의 극우 민족주의의 부상을 정확하게 예측했다(5장을 보라).

전간기 조선의 정치적 급진주의가 전능한 혁명 후 국가의 주체화를 통해 사회를 재건하려는 열망에서 자코뱅적이었기 때문에, 동시에 식민지 시대 조선에 나타난 우익 경향의 토착적·국가주의적 민족주의에 대한 다측면적 비판을 제공할 수 있었다. 활동가에서 문화비평가로 변신한 서인식徐寅植, 1905~? 같은 마르크스주의 사상가들은 유럽, 특히 유럽적 근대성이 상징하는 바와 직접적으로 대립하는 것으로서 '동양문화'를 파악하는 니시다 기타로西田 幾多郎, 1870~1945나 코야마 이와오高山 岩男, 1905~93의 접근에 맞섰고, 그 대신 끊임없이 발전하는 전 지구적 역사에서 보편적으로 공유되는 시간성과 공간성 속에서 조선과 아시아의 전통을 보다 진보적으로 이해하려고 시도했다. 자신이 비판한 교토학파에서 부분적으로 빌려 온 개념적 언어로 스스로의 사상을 표현했지만, 공개적으로 마르크스주의 문헌을 직접 언급할 수 없었음에도, 서인식 같은 사상가들은 1930년대 후반까지도 극도로 반동적인 파시즘과 유사 파시즘 독재가 대부분 통제하던 세계의 억압적 총체성과 인종화된 위계 서열에 계속 반대했다.[96] 이 책에서, 특히 2부에서 초점을 맞추는 것은 조선의 선구적 마르크스주의자들이 생산한 정치적·사회적·문화적·역사적·철학적 비판이다. 동시에 이 책은 식민지 시대 프롤레타리아문학 현상의 세부 사항은 다루지 않는다. 이 주제는 기존의 영미 학계 문헌에서 이미 폭넓게 다뤄졌기 때문이다.[97]

북조선: 민족주의적 반제국주의와 국제주의적 반제국주의

이른바 '사회주의' 북조선이 1993년 단군을 "실제로 존재했던 역사적 인물"이며, 심지어 그의 "유물"을 "발굴"했다고 선언한 것은 무척이나 역설적이다. 이는 명확하게 단군 서사를 신화로 간주했던 이전의 공식 해석과 실제로 모순된다.[98] 식민지 시대 공산주의 유산과 북조선의 관계는 다소 모순적이다. 1950년대 중반 이후 1930년대 김일성의 만주 유격대 활동과 무관한 식민지 시대 '국내파' 공산주의자들의 숙청 및 주변화와 나란히, 북조선 역사학계는 식민지 시대의 "종파투쟁에 찌들고 노동계급과 유리된" 국내파 공산주의운동을 김일성의 무장투쟁 공적과는 비교할 수 없는 촌극으로 취급하기 시작했다.[99] 하지만 이와 동시에 북한 반제국주의적 민족주의와, 1960~80년대 제3세계 민족해방운동과 이른바 반제국주의 정권들, 심지어 제1세계의 반체제 급진파에 대한 북조선의 명백한 지지 경향은 명백하게 1920~30년대 반식민 민족주의자들을 공산주의의 대의로 끌어들인 코민테른의 이념적 유산에 대한 반향처럼 보인다.[100] 1960~80년대 북조선이 국제적 혁명 노력에 초점을 맞춘 덕분에 '민족'이 거의 대부분 '계급'을 대체했고, 이런 노력이 제3세계 운동의 쇠퇴와 파편화, 그리고 북조선 내부의 유례없는 경제 위기와 더불어 1990년대와 그 이후에 대부분 사라졌다는 점은 부정할 수 없다. 그러나 북조선 이데올로기와 국가의 모든 특수성에도 불구하고, 북조선 국가 구조의 먼 원형이 조선인을 포함해 코민테른 급진파를 결집시킨 전간기의 소비에트 유형 당-국가였다는 사실도 마찬가지로 부정할 수 없다.

남한의 민주화운동과 1945년 이후 사회주의의 변형

조선 공산주의자들은 중국[101]부터 남아프리카까지 '식민지-종속 세계'의 다른 코민테른 가맹 조직 대부분처럼 2단계 혁명론을 지지했다.[102] 첫 번째 단계는 민족·민주혁명으로, '프롤레타리아 전위'의 지도 아래 대중이 잇따른 '사회주의혁명'을 위한 투쟁에 나설 수 있도록 할 민주적 형태의 독립 조선 국가를 만들기 위한 투쟁에 초점에 맞췄다(자세한 내용은 3장을 보라). '단계론'의 한계는 너무 잘 알려져 있고 명백해서 여기서는 자세히 다루지 않을 것이다. '민주적 민족국가'는 (1930년대 중반 독일이나 오스트리아의 운명에서 보이는 것처럼) 대공황 이후의 조건 아래에서 또는 다른 조건 아래에서 쉽게 우파적 방향으로 전환해, 더 이상의 급진화를 불가능하게 만들 정도로 보수화할 가능성이 있었다. 후자의 경우가 1980년대 후반 제도적 민주화 이후 남한의 경우였다(⟨후기⟩를 보라).

그러나 '단계론'은 모든 명백한 한계에도 불구하고 한 가지 이점이 있었다. 공산주의자들은 대중을 정치적 또는 지적으로 자신들과 동등한 대상으로 여기지 않았지만, 꼭 이뤄야 할 최종 목표까진 아니더라도 원칙적으로 정치적 민주주의를 1단계 목표로 삼았다. 어쨌든 코민테른의 이론적 토대가 있든 없든, 우익 권위주의에 반대되는 민주국가는 임시적 의미와 최종적 의미 모두에서 그들의 목표를 달성하는 데 유리한 조건을 제공한다는 점을 실질적으로 인식하고 있었다. (사회주의 건설을 위한 매우 유용한 최소한의 도구로서) 이 원초적인 식민지 시대의 정치적 민주주의에 대한 헌신은 1945년 이후 남한에서 사회주의 급진파가 민주주의투쟁에 결정적으로 참여함으로써 재현되었다. 남한을 '정상적' 의회민주주의로 전환시키는 데 결정적으로 중요했던 1987년 대규모 시위와 파업을 준비하고 있던 반정부 학생 그룹과 비합법 노동조합 내부에서 전통적 의회주의를 부르주아적이라고 거부하는 레닌주의가 가장 중요한 근저의 지적 요소였다는 점은 역설적이다.[103] '부르주아' 민주주의를 위해 투쟁하는 자칭 레닌주의자들은 역설적 현상이며, 여전히 1920년대 조선의 사회주의적 급진주의 역사의 초기 단계부터 지배적이었던 '단계론'의 역사적 맥락으로 설명할 수도 있다. 남한 급진파의 레닌주의는 1990년대 초반 소련과 동유럽 위성국가들이 사라지면서 대부분 소멸됐다. 사회민주주의로의 대규모 전환이 이어졌고, 형식적 민주화 이후 대중적 기반을 가진 좌파 정당을 조직하려는 최초의 대규모 시도는 2000년 급진 사회민주주의적 연합이라고 규정할 수 있는 민주노동당의 창당으로 결실을 맺었다. 1980년대 민주화운동은 레닌주의자에서 전환한 사회민주주의자들에게 '정치적 초기 자산'을 제공했고, 그것은 포괄적 복지국가에서 노동자의 경영 참여까지 수많은 진보적 의제를 위한 투쟁에 필요한 정당성을 부여했다(〈후기〉를 보라).[104]

복지국가나 노동자의 경영 참여는 식민지 시대 공산주의자들의 투쟁 목표였던 '사회주의 건설'이라는 최종 목표에 비해 급진적이지 않다. 그러나 분명한 공통점이 있다. 전에 분명히 밝힌 것처럼, 붉은 시대의 급진파들은 사회적으로 소외된 대중에게 국유화된 경제 시스템의 관리직까지 올라갈 수 있는 대규모 사회적 이동의 가능성을 허용함으로써 그들이 꿈꾸는 당-국가가 사회를 철저하게 민주화하기를 원했다. 현재 한국에서는 과거 급진주의 계승자들 대부분이 더 이상 당-국가 건설 및 경제 국유화를 꿈꾸지 않는다. 그러나 그들은 사회경제적 의미에서 더 민주적인 사회를 만들기 위한 개혁을 지향한다. 그들은 비특권층 출신의 계층 이동 가능성을 확보할 수 있도록 무상 고등교육을 보장하고, 노동자가 생산과정과 자신이 속한 현장의 문제에서 더욱 주인이 되게 함으로써 주체성을 강화할 현장 민주주의를 원한다.[105] 오늘날 한국 좌파운동의 급진성 정도는 전 지구적 상황과 마찬가지로 '붉은 시대'의 그것에 거의 접근하지 못하고 있다. 그럼에도 두 운동은 본질적으로 유사하거나, 관련한 영감에서 비롯되었다.

1부

조직

1장

조선 공산주의운동의 주체들

19세기 말에서 20세기 초반까지, 유럽의 급진적 좌파운동의 전형적인 모습은 크게 세 가지였다. 주로 카를 마르크스나 칼 카우츠키Karl Kautsky, 1854~1938 같은 중간계급 출신의 급진적 지식인 명망가들이 상층부에 있었고, 이들은 이론가와 지적 지도자로서 운동의 대의에 봉사했다. 그들과 함께, 최상층 조직가부터 중간층 관료까지 자수성가한 진정한 프롤레타리아 출신 지도자들이 있었다. 이들은 노동조합 활동의 연장선상에서 운동에 참여했다. 유럽 사회민주주의 역사에서 아마도 아우구스트 베벨August Bebel, 1840~1913이 이 유형의 가장 유명한 인물일 것이다. 마지막으로 가장 중요하게는, 기층과 중간층의 대부분을 차지하는 노동자들이 있었다. 대다수는 가난과 사회적 장벽으로 교육의 기회를 박탈당한 경우였다. 일반적으로 유럽 사회민주당과 공산당은 정말로 문자 그대로의 의미에서 노동자들의 정당이었다. 예를 들어 1920년대 독일공산당 함부르크 지부의 경우 당원과 활동가의 약 80퍼

센트가 산업 노동자들이었다.¹

유럽 사회민주주의는 러시아사회민주노동당RSDRP: Russian Social Democratic Workers' Party, 1898년 설립의 모델이었고, 1902년 이후에 RSDRP의 급진적 분파인 볼셰비키가 갈라져 나왔다. 1917년 이전의 볼셰비키도 압도적으로 노동자들의 당이었고 주요한 근거지가 대공장들이었던 반면, 농민이나 부유한 지식인(예를 들면 대학교수)의 지지는 다소 미미했다. 1917년 2월에 당원의 약 60퍼센트는 진정한 노동자들이었고, 나머지는 주로 가난한 도시 사무원들과 극소수 농민들이었다.² 그러나 볼셰비키는 서유럽의 원형과 구분되는 두 가지 중요한 특징을 처음부터 가지고 있었다. 첫째, 중산층 지식인 출신 마르크스주의자인 카우츠키로 대표되는 유형이 볼셰비키 지도부를 완전히 지배했다. 베벨 유형의 프롤레타리아 독학자들도 발견할 수 있었는데, 경험 많은 금속 노동자이자 혁명 후 신생 당-국가 과두제에 맞선 노동자 반대파의 지도자였던 알렉산드르 쉴랴프니코프Alexander Shlyapnikov, 1885~1937가 대표적이다. 하지만 그들은 당의 위계제 최상층부에서는 아주 드문 존재였다.³ 어쨌든 주변부 자본주의의 후발 주자인 러시아에서 급진적 인텔리겐치아는 어떤 규모를 갖춘 노동조합운동이 등장하기 훨씬 이전에 자의식적 사회계층으로서 자신을 정립했다. 둘째, 소수민족은 간부층에서 아주 두드러졌다. 유대인이 체계적으로 차별당하고 그루지야나 리플란디아(오늘날의 라트비아) 같은 지역이 심지어 기초적 자치권마저 없는 식민지였던 러시아제국에서 이는 별로 놀라운 일이 아니었다.⁴ RSDRP 제5차 대회에서 볼셰비키 대의원의 22퍼센트가 소수민족 출신 활동가였던 반면, 보다 온건한 멘셰비키 분파 대의원의 무려 66퍼센트가 비러시아계 민족(주로 유대인, 그루지아인 또는 라트비아인)이었다. 최대의 라이벌인 트로츠키Trotsky, 1879~1940와 스탈린Stalin, 1878~1953이 속한 사회적 범주인 '소수민족 출신의 주변부적 지식인 계급'이 바로 1917년 혁명 이후 조선인 혁명가들이 만났던 러시아인 파트너들인 가장 광범한 유형의 러시아 공산당 활동가들이었다.

식민지 조선은 근대적 사회민주주의와 그 급진적 공산주의 분파를 낳았던 대도시 산업사회와는 무척 달랐는데, 그 차이가 러시아보다 컸다. 1910년대 말까지 산업화는 별다른 진전이 없었고, 이 시점에 일본은 조선 식민지를 주로 지정학적·정치적 자산이자 쌀 생산지로 간주했다. 1919년경 조선에는 겨우 4만 2,000명 정도의 산업 노동자가 있었고, 언급할 만한 노동조합도 없었다.[5] 노동자들의 조직은 1920년대 초반 최초의 공산주의 서클들이 등장함과 동시에 나타났고, 뒤이어 살펴보겠지만, 심지어 기초적 형태의 자치도 이루어지지 않는 식민지였기에 초기 공산주의 활동가들의 다수가 과거의 민족주의 지식인들이었다는 사실은 놀라운 일이 아니었다. 러시아에서는 대부분 노동계급에 기반한 볼셰비키당의 지도부에 일부 노동자들이 있었던 반면, 조선에서는 1920년대 공산주의 조직들 안에 노동자들은 정말로 매우 적었다. 공산주의 조직들은 주로 대부분 중간계급 출신의 교육받은 청년들로 구성됐다. 더욱이 이데올로기로서의 공산주의는 외국산 수입품이었기 때문에 지식인들이야말로 새로운 견해 및 신념 체계와 접촉하고 이를 내면화하기에 가장 좋은 위치에 있었다. 선두에 선 것은 초국경적 지식인, 이주하는 지식인, 디아스포라의 조선인 지식인, 그리고 주로 일본이나 중국에서 공부하던 조선의 해외 유학생이었다. 연대기적 순서에 따라, 조선 공산주의운동의 인물들을 알아보자.

이주하는 혁명가

디아스포라

1920~30년대 조선을 좌파의 온상으로 만드는 데 기여했던 주된 요소들 가운데 하나는 전 세계적 붉은 혁명 폭발의 진원지 러시아가 조선에서 지리적으로 가까워서 러시아에 조선인 디아스포라가 존재했다는 점이었다. 조선인은 1863~64년경, 즉 1860년 러시아가 약화된 청 제국으로부터 연해주를 빼앗은 직후부터 이 지역으로 이동하기 시작했다. 1917년경 러시아에는 약 10만 명의 조선인이 있었고, 그 가운데 8만 5,000명이 연해주에 살았다. 42만 명에 이르는 중국 동북의 조선인 주민은 그 당시 해외 최대의 조선인 디아스포라였기에, 러시아의 조선인 디아스포라는 규모 면에서 두 번째로 컸고, 많은 면에서 비교적 잘 확립된 사회였다.[6]

1910년경, 연해주의 조선인 사회에서 새로운 사회계층이 점차 눈에 띄기 시작했다. 규모는 작았지만 영향력이 컸던 이 계층은 러시아에서 교육받은 2세대 조선인 이민자였다. 이들은 고등학교(김나지움) 수준 이상의 러시아 교육을 받았고, 기능적으로 이중 언어를 구사했으며(조선어와 러시아어에 유창하고, 주요 서유럽 언어도 읽을 수 있었다), 차르가 지배하는 억압적 제국의 하위 소수민족 지식인으로서, 1917년의 혁명 이전에도 급진주의의 성향을 발전시킨 사람들이었다. 태어나면서 러시아 시민권을 보유한, 수많은 젊은 2세대 원호原戶 조선인은 제1차 세계대전 동안 차르의 군대로 징집됐고, 1917년 제정 러시아 군대가 내파內破되자 빠르게 급진화했다. 1919~21년 시베리아와 연해주에서 결성된 일련의 공산주의 그룹에 이어 1921년 5월 이르쿠츠크파 고려공산당 창립의 선봉에 선 것은 바로 이 계층이었다. 1920년대 중반, 조선 공산주의운동의 중심축이 조선 본토로 이동했다.[7] 조선 내 운동의 발전에서 점차 멀어진 러시아-조선 디아스포라의 지도자들은 러시아에서 증가하는 조선 주민을 위해 노력했다. 그러나 일부는 코민테른 체제 내에서 영향력을 유지했고, 다수가 절대 방문하지 못했던 그들의 역사적 본국의 공산주의운동에 영향을 미칠 위치에 남아 있었다.

이 책의 다른 장에서도 많이 언급하는 인물인 남만춘은 아마도 러시아-조선 이중 언어 혁명가들이 겪은 러시아-조선 국경지대 환경을 가장 잘 대표하는 인물이다. 러시아 시민권을 갖고 상대적으로 잘 동화된 조선인 원호 가족(그의 아버지는 그 당시 러시아어-조선어 통역관으로 일했다)의 자손인 남만춘은 치타에서 러시아정교회 신학교를 다녔고 나중에는 러시아 고등학교(김나지움)에서 공부했으며, 거기서 이미 급진적인 정치 성향을 발전시켰다. 1916년 차르의 군대에 하급 장교로 동원되어 전선 병사들 사이에서 인기를 얻었고 1917년 2월 차리즘 타도 이후에 연대 소비에트 군사위원으로 선출됐다. 1920년 1월 러시아 내전에서 적군이 백군에게서 이르쿠츠크를 장악하자, 이미 경험 있는 간부로 간주되던 남만춘은 이르쿠츠크 볼셰비키당 지부의 조선인 부서로 승진했고, 그다음에는 (대부분 조선인과 중국인으로 구성된) 국제사단 참모본부장 지위에 올랐다.[8] 남만춘은 볼셰비키에 대규모 유입된 2세대 조선인 집단의 일부였다. 1921년 5월경 당은 시베리아와 연해주 조선 주민 사이에서 약 500명의 당원과 1,000명의 후보 당원을 자랑했다.[9] 1920년대 초반 남만춘은 러시아 극동에 위치한 오르그뷰로 Orgburo: 조직국의 핵심 인원들 가운데 하나가 됐고, 오르그뷰로의 다양한 조선인 분파 그룹들을 단일한 공산당으로 통합하도록 지도하는 역할을 맡았다. 이 역할 때문에 남만춘은 1920년대 조선의 공산주의운동에서 핵심 인물 가운데 한 명으로 평가된다.

남만춘의 분파였던 이르쿠츠크 고려공산당은 1921년 5월 이르쿠츠크에서 창당 대회를 열었기 때문에 이런 이름으로 불렸는데, 남만춘의 이력과 여러 면에서 경력이 중첩되는 많은 지도적 인물들이 이 당에 속했다. 연해주에서 가장 오래된 조선인 마을 가운데 하나인 지신허地新墟 출신인 한명세韓明世, Andrei Abramovich Han, 1885~1937는 1904~05년 러시아-일본 전쟁기에 러시아 군대를 위해 통역관으로 일했고, 이후에 카잔 정교회 신학교에서 공부했다. 원래 러시아 사회혁명당 당원이었지만, 남만춘이 그 당에 가입한 해인 1920년에 볼셰비키로 당적을 바꿨다. 1920년대 초반, 두 사람은 코민테른으로부터 단일한 조선공산당을 건설할 책임을 부여받았다.[10] 또 다른 이르쿠츠크파의 충성스러운 인물인 김만겸金萬謙, Ivan Stepanovich Serebryakov, 1886~1938은 러시아어-조선어 통역관이자 블라디보스토크의 조선인 학교 교사였는데, 1911~12년 일간지 《먼 전초기지Dalyokaya Okraina》의 식민지 조선 특파원으로 활약하여 유명해졌고, 1920년 5월에는 코민테른 전권위원 그리고리 보이틴스키Grigory Voitinsky, 1893~1953를 상하이까지 수행하기도 했다. 김만겸은 상하이에서 조선인과 중국인 급진파들을 보이틴스키에게 소개하는 과정에서 중요한 역할을 했다(우리가 아는 보이틴스키의 여행은 1921년 중국공산당 출범으로 귀결된 과정의 한 단계였다). 이번 장에서 살펴보겠지만, 김만겸은 상하이에 체류하던 수많은 조선인 망명자를 이르쿠츠크파 고려공산당의 다소 정통적인 볼셰비키 이론으로 전환시키는 데 기여했다.[11] 남만춘, 한세명, 김만겸보다 젊은 동시대 인물이자, 그들과 가까운 동지였던 최성우 역시 원호 출신의 러시아 학교 졸업생이자 유창한 러시아어 구사자였고, 1929년과 1937년 사이에 코민테른의 조선 관련 활동과 관련해 많은 부분에서 책임을 맡고 있었다. 1937~38년 대숙청은 그 시점에 그를 포함한 소련 영토에 있는 조선인 디아스포라 혁명가들을 집어삼켰다.[12] 1920~30년대 조선의 상황에 대한 최성우의 분석은 이 책의 다른 부분에서 폭넓게 다룰 것이다. 남만춘, 한명세, 김만겸, 최성우는 모두 1937~38년에 처형당했다. 그들 가운데 김만겸만 1911~12년에 러시아 기자로서 조선 본토에 잠시 체류했다. 나머지 활동은 주로 러시아나 중국 영토에 한정됐다(남만춘도 1920년대 코민테른 임무로 베이징과 상하이를 여행했다).

그런데 디아스포라 출신 이중 언어 사용자 2세대 활동가들이 반드시 이르쿠츠크파 고려공산당 소속이었던 것은 아니라는 점을 언급해야겠다. 일부는 1921년 5월 조선 임시정부의 '망명 수도'인 상하이에서 열린 창당 대회에서 출범한 경쟁 상대 상해파 고려공산당에 가입했다. 이후에 더 자세히 다루겠지만, 대부분의 상해파 지도자들은 실제로 망명객 권위자였다. 그러나 최소한 일부 상하이 활동가들은 러시아화된 2세대 조선인이었다. 〈서론〉에서 언급한, 1937년 12월 과거의 분파 경쟁자들을 또다시 '트로츠키주의자'라고 비난함으로써 처형을 피하는 필사적 노력을 펼쳤던 박진순이 그런 경우였다. 연해주 출신으로, 이중 언어를 구사하는 중학교 교사였던 박진순은 1918년 상해파 고려공산당의 전신인 한인사회당의 창건자 중 한 명이었고, 코민테른 집행위원회의 유일한 조선인 위원이자 1920년 코민테른 제2차 대회 대의원으로서 명성을 얻었다. 박진순은 대회 연설에서 조선이 결국 전 세계적 소련의 일부가 되는 비전을 열정적으로 역설했지만, 상해파의 실제 정치는 보다 건전한 '민족 볼셰비키' 경향이었다.[13] 남만춘은 보이틴스키에게 보내는 1922년 10월 29일 자 보고서에서 이르쿠츠크파와 상해파의 통합을 시도한 모임에서 벌어진 논쟁을 서술했는데, 거기에서 이르쿠츠크파는 상해파가 노백린盧伯麟, 1875~1926이나 김규식金奎植, 1881~1950 같은 민족주의 지도자들에게 소비에트 지원금을 통상적으로 나눠 줬다고 신랄하게 공격했다.¹⁴ 상해파 지도자들은 코민테른 전체가 1935년 광범하고 내포적인 통일전선 전술을 강조하기 오래전부터, 민족주의자와의 통일전선을 건설할 가능성에 대해 정말로 열성적이었다.³ 당시에 인기 있던 토착 신흥종교인 천도교와 공산주의의 동맹에 관한 박진순의 비전에 대해서는 이 책의 다른 장에서 자세히 다룰 것이다.

어쨌든 이르쿠츠크파 활동가들도 민족적 의제를 무시하지는 않았다는 것을 기억해야 한다. 남만춘과 최성우는 러시아 연해주 내부에서 일종의 소비에트 고려공화국인 고려인 자치구를 건설하는 생각을 철저히 지지했다는 이유로 러시아 간부들에게 "조선 민족주의자"라는 비난을 받는 것을 감수해야 했다.¹⁵ 1924년 코민테른 동방부는 이런 취지의 제안을 당 중앙에 제출했지만, 심각한 논쟁 끝에 거부되었다. 1925년경 소비에트는 여전히 러시아 극동에서 너무 취약하다고 느꼈고, 조선인 이민자들의 친소비에트 충성을 결코 완전히 신뢰하지 않았다. 그들은 최소한 조선인 이민자 가운데 일부가 친일본적 인식을 유지하고 있다고 의심했다. 그 대신 조선인 간부들을 향한 화해의 제스처로 고려인 민족 구역 한 곳과 171개 자치촌이 설치됐다.¹⁶ 물론, 국경에 설치될 것으로 기대했던 '소비에트 고려공화국'의 목적은 무엇보다도 조선 본토 내에서 혁명적 과정을 가속하는 것이었다. 그럼에도, 고려인 자치구는 조선의 축소판이 될 수 있었을 것이고, 무엇보다도 식민주의를 타도하고 독립국가를 재탈환하기를 원하는 조선 본토 내부의 모든 세력에게 영감을 제공했을 것이다. 결국 중국이나 러시아에 망명한 수많은 반식민주의 활동가들은 1917년 이후 공산주의로 돌아섰으며, 보다 정의로운 대안적 근대성과 조선의 독립투쟁에 대한 구체적이고 가시적인 소련의 지원 가능성에 매료됐다. 이 망명자들에 대해서는 다음 항에서 이어서 다룬다.

망명자들

19세기 후반 전 지구적 근대성의 도래는 조선의 정치적 주체들에게 지금까지 알려지지 않았던 하나의 선택지, 즉 조선에 머무는 것이 더 이상 가능하지 않을 경우 망명을 떠날 수 있다는 선택지를 제공했다. 자발적 망명을 선택한 선구자들은 1884년 갑신정변의 주모자들이었고, 그들은 먼저 일본으로 피신했다가 그중 일부는 나중에 더 멀리 미국으로 넘어갔다.[17] 일본은 군주나 지배적인 궁정 분파와 갈등하던 조선의 조신朝臣 망명객에게 최선의 망명지였다. 그러나 1910년 병합 이후 독립투쟁을 계속하기를 원하는 조선 민주주의자들은 자연스럽게도 다른 곳에서 망명지를 구해야 했다. 1904~05년까지만 해도 일본과 전쟁을 벌이던 러시아의 극동부 대도시 블라디보스토크가 논리적인 선택지로 보였다. 실제로 정치적 망명자들은 인접한 러시아 영토에서 자신의 운을 시험하려던 가난한 조선 농민의 이주 흐름에 합류했다. 러시아 극동의 조선인 인구는 1910년 5만 4,076명에서 1914년 6만 4,309명으로 늘어났다.[18]

그런데 러시아 극동의 조선인 이민자들의 절대다수가 이웃한 함경도 출신이었다는 것을 기억해야 한다. 부유한 조선인 주민들은 대개 함경도 출신 동부파에 속했으며, 세습 신분으로만 따지면 대부분 양민이거나 천민 출신이었지만, 블라디보스토크의 조선인 사회에서 어떤 사업이 성공하려면 결정적으로 이들의 후원이 필요했다. 이들은 조선 중부 지역에서 온 양반 출신 망명자들과 긴장 관계를 유지하고 있었다. 이런 긴장으로 1910년 두 분파 사이에 살인사건이 일어나기도 했다.[19] 이렇듯 여전히 불편한 환경이었음에도 이동휘李東輝, 1873~1935를 포함한 일부 민족주의적 유명 인사들이 1900년대 후반과 1910년대 초반에 블라디보스토크로 이주했다. 평민 출신인 이동휘는 1907년 일본에 의해 해체된 옛 조선 군대에서 참령(대위급)을 지냈고, 그 뒤 기독교 민족주의자로 활동하며 먼저 중국 북동부로 이동했다가, 1913년 10월에 블라디보스토크로 왔다.[20] 함경남도 출신이었던 이동휘는 함경도 출신이 주를 이루던 지역의 조선인 사회에서 비교적 쉽게 인맥을 구축할 수 있었다. (조선어와 한문에만 능숙했던) 이동휘에게 박진순의 러시아어 구사력은 필수 불가결했기에 그와 동맹을 맺었다. 기독교 민주주의자에서 공산주의자로 변신한 이동휘는 1918년 5월 차후 상해파 고려공산당의 핵이 될 선구적 한인사회당을 창립했다.[21] 그 당시 이르쿠츠크파 고려공산당 출신 경쟁자들이 끝없이 지적했던 것처럼, 이동휘는 사회주의가 무엇인지에 대해 아주 모호한 개념만 알고 있었다.[22] 그러나 이동휘는 조선의 독립을 회복하는 문제에서 소비에트의 후원이 결정적일 수 있다고 느꼈고, 이는 그의 극단적인 전환에 충분한 이유가 되었다.

한인사회당과 이후 상해파 고려공산당에서 이동휘와 가장 가까웠던 동지의 일부는 블라디보스토크에 체류하던 동료 망명자들이었다. 그중 한 명이었던 함경도 출신 김립金立, 1880~1922은 1900년대 후반 조선에서 입헌군주제를 지지하는 진보적 민족주의자로 활동한 인물이었다. 1910년 조선의 병합 이후 러시아에 거주하며 공산주의자로 일찍 전향했던 김립은 박진순과 그의 동지 한형권韓馨權을 통해 조선의 사회주의 독립운동을 추진하기 위해 소비에트 정부로부터 200만 루블에 상응하는 금을 받은 것으로 알려져 있다. 이 자금을 둘러싼 갈등으로 김립은 1922년 조선 우익 민족주의자 네 명에게 암살당했다.[23] 그러나 1910년대 이후와 1920년대 내내, 공산주의 급진파에게(무정부주의자와 민족주의자에게도 마찬가지로) 조선의 정치적 망명자들의 비공식적 메카로 명성을 얻은 지역은 블라디보스토크라기보다 상하이였다. 1910년대 후반의 세계사적 격변 때문에 망명지에서 급진화된 또 다른 기독교 민족주의자 출신 여운형이 이동휘를 만나 그의 그룹에 가입한 것도 상하이였다. 그로 하여금 결국 나중에 이르쿠츠크파 고려공산당 지지로 입장을 바꾸게 한 김만겸을 만났던 것도 1920년 5월의 상하이였다.[24] 그러나 《공산당 선언》의 최초 조선어 번역자이자(상해파 고려공산당 출판부는 이 책을 2만 부 인쇄했다), 모스크바에서 열린 극동노력자대회 참가자였던(여기에서 그는 레닌과 트로츠키를 만났고, 이후 1946년 평양에서 소비에트 대표들을 만났을 때 트로츠키를 언급하지 않는 것이 현명하다고 생각해 회담 주최자에게 "레닌과 칼리닌"을 만났다고 말했다고 한다) 여운형은 공산주의자라기보다는 여전히 민족주의자였다. 그는 상하이의 조선인 민족주의 망명자들과 광범한 접촉 네트워크를 유지했다.[25] 1929년 일본 영사경찰에 체포돼 조선으로 압송됐고, 1932년 감옥에서 풀려난 다음 신문 편집자로 일했고, 사회민주주의적이라고 규정할 수 있는 모호하게 진보적인 신념을 지지했다.[26]

상하이에 기반을 둔 급진적 조선인 망명자로서 민족주의에서 공산주의로 전향했다가 나중에는 일종의 온건한 사회민주주의적 입장으로 바꾼 인물이 여운형만은 아니었다. 1920년대에 활동한, 여운형의 후배이자 제자인 조봉암도 비슷한 부류였다. 1919~32년에 상하이에서 망명 생활을 하는 동안 그는 일본과 소련으로 유학을 다녀오고, 일정 기간 조선 본토에 체류하기도 했다. 조선에서 처음에 조봉암은 모호한 독립 지향의 민족주의자였다가 무정부주의자로 넘어갔고 결국은 마르크스주의적 사회주의자로 입장을 바꿨으며,[27] 1925년 지하 공산당을 창립하는 데 중대한 기여를 했다. 1920년대 후반 조선 공산주의운동의 주류에서 점차 소원해진 조봉암은 1932년 일본 영사경찰에게 체포된 다음 공산주의 활동을 거의 중단했다. 조선의 감옥으로 압송된 그는 1939년에야 겨우 석방됐다. 1946년에 공산주의와 공식적으로 결별한 다음, 〈후기〉에서 볼 수 있듯이 조봉암은 새로 태어난 남한에서 사회민주주의 정치를 선구적으로 이끌었지만, 결국 1959년에 허위 '간첩' 혐의로 처형당했다.[28] 그러나 이동휘와 여운형 세대의 고참 망명자들이 (상당수는 기독교) 민족주의 투쟁을 오랫동안 경험했고 모든 종류의 망명 민족주의자들과 광범위한 네트워크를 유지했던 반면, 신참 망명자들은 공산주의 정통주의에 깊이 빠져들기 전에 민족주의를 잠시 실험했을 뿐이다. 고등학생 시절 YMCA 영어과 학생이었던 박헌영과 대구의 기독교 학교를 다녔던(그리고 나중에 서울의 유명한 배재학당 학생이 되는) 김단야가 그런 경우였다. 1919년부터 1922년까지 상하이에 체류한 이들은 거기에서 김만겸을 만난 다음, 둘 다 이르쿠츠크파 고려공산당에 가입했고, 이후 이르쿠츠크파의 국내 지부인 화요회(1924년 설립)의 지도자로서 조선 본토에서 사실상 이르쿠츠크파의 주요 대표가 됐다.[29] 화요회의 활동과 관점에 대해서는 이 책 전체에 걸쳐 광범하게 다룰 것이다.

1932년, 상하이에 거주하던 조선인의 수는 1,352명이었고, 그들 가운데 상당수가 공산주의자를 포함한 여러 경향의 급진파였다. 일본의 상하이 점령기이던 1932년에는 수많은 망명자가 체포돼 식민지 조선의 감옥으로 이송됐다(위에서 언급한 조봉암도 그런 경우였다). 1932년 이후 상하이의 조선인 숫자는 실제로 증가했지만, 신규 망명자의 상당수는 경제적 기회를 찾아 상하이로 온 이들이었고, 급진적 정치와는 아무 관계가 없었다.[30] 1920년대 후반과 1930년대 초반 상하이에 거주하던 조선인 급진주의자들을 향한 일본 영사경찰의 위협이 점차 심각해지자, 일부는 모스크바로 이동해 "세계 프롤레타리아트의 본국"에서 정치적 망명을 했고, 코민테른과 다른 관련 기관에서 여러 직책을 맡았다.

그런 이들 중 한 명이 양명이다. 지하 조선공산당의 중요 간부였던 그는 체포 위협 때문에 1928년 상하이로 피신해야 했고, 1931년에는 모스크바로 망명했다. 1935년 10월 19일 소비에트 비밀경찰에게 체포되기 전까지 그는 최성우와 함께 코민테른의 동방노력자공산대학(1921~38)에서 조선 교수부와 연구부를 담당했다.[31] 코민테른 잡지들에 실린 조선 문제에 관한 최성우와 양명의 글들은 이 책의 다른 장에서 다룰 것이다. 양명이 체포된 후에, 최성우는 양명을 포함한 모스크바의 조선인 망명 혁명가들과 (정확한 날짜와 논의한 주제 목록까지 포함하여) 그가 최근에 가졌던 공식·비공식 상호 접촉에 관해 상세히 설명하는 네 쪽짜리 장문의 해명서를 제출해야 했다. 이 문서는 코민테른의 다양한 기관에서 조선인 공산주의 망명자들을 둘러싸고 점차 심해지는 망상적 편집증의 분위기를 전하고 있다.[32] 1937~38년의 대숙청 시기에 모스크바에 있던 조선 공산주의 망명자 다수는 양명과 마찬가지로 상황이 좋지 않았다. 다른 많은 망명자들 가운데 〈서론〉에서 언급했던 김단야는 1938년 체포돼 처형당했다. 화요회 창립자였던 그는 일본 영사경찰의 위협 때문에 1931년 상하이에서 모스크바로 도피해야 했고, 코민테른 임무를 수행하기 위해 다시 상하이로 갔다가, 결국 다시 모스크바로 간 후 외국노동자출판부(진보출판사Progress Publishers의 전신)에서 일하며 최성우와 긴밀하게 협력했다.[33] 스탈린이 직접 서명한 처형 대상자 명단에는 김단야의 이름을 포함하여 코민테른 소속 조선인 망명자들의 이름도 포함되어 있다. 그중 하나가 1914년부터 러시아에서 체류하면서 코민테른 중앙기구에서 조선공산당을 대표한 조훈趙勳, 1897~1938이다.[34] 또 다른 인물은 과거 화요회 활동가였던 박민영朴民英, Nikifor Alexandrovich Pak, 1904~38으로, 1930년부터 모스크바에 살면서 코민테른 소속 동방노력자공산대학의 조선인 학생들에게 역사적유물론을 가르치고 있었다.[35] 박민영과 같은 해에 태어나서 그와 함께 처형당한 김철산Ким-Чер-Сан, Kim Chersan, 1904~38 역시 외국노동자출판부의 조선어 번역가였고, 체포되는 해에 아들이 태어났다. 그의 아들 율리 킴Yuly Kim, 1936년생은 성장해 가장 인정받는 현대 러시아 시인 중 한 명이 됐다.[36] 역설적으로 1933년 상하이에서 일본 영사경찰에게 잡혀서 1939년 석방될 때까지 식민지 감옥에 갇혔던 박헌영이 "세계 프롤레타리아트의 본국"에 있는 모스크바의 동지들보다 조선의 감방에서 상대적으로 더 안전했다.

조선 공산주의자들에게 또 다른 (상대적으로) 안전한 피난처는 중국공산당과 인민해방군이 통제하는 지역이었고, 조선의 좌파 급진파는 그들과 밀접하게 협력하고 있었다. 그러한 협력의 한 가지 결과물이 조선의용군이었다. 조선의용군은 주로 좌파 민족주의 그룹들의 연합인 조선민족전선연맹에 의해 1938년 10월 창설되었다. 이 연맹은 1935년에 설립된 조선민족혁명당이 주도했다. 조선민족혁명당은 중국에 체류하는 조선인 망명자들로 구성된 상대적으로 큰 규모의 좌파 단체였고(초기 당원 수 약 2,000명), 무정부주의 급진파에서 사회주의로 전향한 김원봉金元鳳, 1898~1958이 실질적인 지도자였다. 조선의용대 화북지대는 1941년부터 중국 북부 타이항산太行山의 중국공산당이 통제하는 해방구에서 활동했다. 이 지대는 최창익崔昌益, 1896~1957 같은 노련한 망명 공산주의자가 지도했는데, 경험 많은 당 간부인 최창익은 정통 화요회에 대한 다소 비판적인 태도와 민족주의자와 협력하려는 의지로 유명했다. 1935년 상하이로 이동한 최창익은 1938년에는 옌안으로 갔다가[37] 1945년 이후에는 북조선의 저명한 관리가 되었고 결국 숙청됐다. 이 책에서(6장을 보라) 1940년대 조선에서 가장 유명한 작가들 가운데 하나인 김사량이 남긴 해방구와 조선의용군 활동에 대한 묘사를 분석할 것이다.

일부 망명객 공산주의자는 옌안에 머물렀다. 대숙청 시기의 모스크바보다 확실히 안전했지만, '친일 첩자'에 대한 근거 없는 의심은 거기에서도 망명한 조선인 공산주의자들을 집요하게 괴롭혔다. 그들 가운데 한 명인 장지락張志樂, 일명 김산金山 1905~38은 그의 인생을 다룬 님 웨일스Nym Wales의 일대기 덕분에 사후에 전 세계적인 명성을 얻었지만, 1938년 '트로츠키주의자이자 일본 간첩' 혐의를 받아 비밀리에 처형당했으며, 1983년에야 복권됐다.[38] 다국어에 능통하고 국제적 경험을 풍부하게 쌓은 코스모폴리턴이던 조선인 망명 혁명가들은 사회주의자와 급진적 민족주의자 모두와 광범위한 개인적 네트워크를 구축했기에 소비에트와 중국공산당 등 대국 후원자들의 의심을 피할 수 없었다. 그 본질상 초국경적 존재였던 그들은 고정된 민족국가의 틀, 심지어 공산주의의 틀에도 맞지 않았다. 이후에 살펴보겠지만, 그들 가운데 많은 망명자들이 조선 본토 밖에서, 특히 일본에서 유학했고, 그런 경험 때문에 모스크바와 심지어 옌안에서도 정치적 이민자들은 '신뢰할 수 없는 자'로 분류됐다.

해외 유학생 1: 일본과 그 너머

1920년대 초반, 조선에서 사회주의운동이 초창기 단계에 있던 시기에 대해 연구자들은 일본 경찰 자료에 기반해 약 520명의 공산주의자가 눈에 띄는 활동을 했음을 알고 있다. 그들 가운데 82명은 주로 일본이나 소련에서 유학했는데, 당시는 해외에 체류하던 조선인 유학생 수가 겨우 1,000명 정도에 불과하던 시기였다. 1924년 일본에서는 약 990명의 조선인이 교육 목적을 위해 체류하고 있었고(1918년에는 500~600명 수준이었고, 1919년 이후 학생 수가 급속히 증가했다), 수백 명이 미국, 유럽, 중국에서 유학하고 있었다.[39] 우선, 일본 식민지인 조선에서 엄격한 검열 체계가 존재했기 때문에, 일본 본토에 머물며 공부하면서 마르크스주의에 관심을 갖는 것이 훨씬 쉬웠다. 게다가 다이쇼大正 민주주의 시대의 전반적인 진보적 경향에 맞춰 1920년대 마르크스주의 문헌에 대한 접근성은 동시대 바이마르 독일과 대등한 수준이었다.[40] 다른 것으로는, 아주 자연스럽게 이미 공산주의 대의로 전향한 조선인들은 앞서 언급한 동방노력자공산대학이나 국제레닌학교(1926~38)에서 학습하기 위해 모스크바로 여행하는 경향이 있었다. 예를 들어 박헌영과 김단야는 1929년 국제레닌학교에 입학했다.[41] 국제

레닌학교는 학술 연구 기관이라기보다는, 글로벌 공산주의 지도자들을 이론적 문제와 조직적 실천에서 훈련시키도록 설립된 곳이었다. 동방노력자공산대학도 마찬가지였으며, 이 학교의 교육과정에는 가장 실용적인 과목인 군사훈련도 포함됐다.[42]

조선 공산주의운동의 역사를 연대기순으로 엄격히 기록한다면, 모호하게 사회주의적이고 다소 진보적인 반제국주의 단체인 신아동맹단 新亞同盟團에서 시작해야 한다. 이 단체는 1916년 15~20명의 조선인 유학생이 중국과 베트남 동지들과 협력해 조직했다. 명백히 1900년대 일본 사회주의자와 무정부주의자의 저작에 영감을 받은 이 그룹은 한국 측에서 와세다대학 학생 김철수金錣洙, 1893~1986가 이끌었는데, 그는 나중에 조선 공산주의 지도자들 가운데 가장 중요한 인물이자 가장 오래 살아남은 지도자 중 하나가 됐고, 박헌영과 화요회의 강력한 경쟁자가 됐다. 이 단체의 또 다른 단원으로, 나중에 식민지 조선 좌파 담론에 상당한 족적을 남긴 인물이 제주도 유림 명문가의 자제인 김명식이었다. 김명식은 이미 도쿄로 유학해 와세다대학에서 1915년부터 1918년까지 공부하기 전에 이미 비밀 민족주의 조직들에 참여한 경험이 있었다. 이 책의 다른 장에서 보겠지만, 김명식은 1920~30년대 조선 언론에서 조선 민족과 민족문제에 관한 논쟁에서 두각을 나타낸 인물이었다.[43]

1920년 6월, 1919년 삼일운동 이후 조선을 집어삼킨 전반적 급진화 분위기 속에서 신아동맹단의 조선인 핵심 단원들은 새로 모집한 활동가들까지 포함해 모두 30여 명을 모아 서울에서 만났고, 원래 조직의 조선 지부를 사회혁명당으로 재출범시켰다. 예상대로 김명식과 김철수는 여전히 지도부에 속했지만, 거기에서 그들만 저명한 인사인 것은 아니었다. 1920년대에 열린 식민지의 공적 공간에서 자칭 지도적 인물의 일부는 과거 일본에서 유학했던 사회혁명당 간부의 일원이었다. 직업상 의사로서 이후 1932~33년 중요한 사회주의 월간지《신계단新階段》의 편집장이 된 유진희兪鎭熙, 1893~1949, 메이지대학에서 유학했고 1920년대 초반《동아일보》경제부 편집자로 일했던 이봉수李鳳洙, 1892~?도 거기에 있었다. 와세다대학 유학생이자 나중에《동아일보》주위로 결집한 온건한 민족주의 그룹에서 가장 영향력 있는 인물 가운데 하나가 된 장덕수張德秀, 1894~1947도 참석했다(1921년 그는 코민테른 자금을 유용했다는 비난을 받았고 그 계기로 공산주의운동을 떠나 온건한 민족주의 입장으로 이동했다). 사회혁명당은 1921년 5월 상해파 고려공산당 창립 대회에 대표단을 파견했고, 이후 조선 본토 내부에서 상해파의 지부로서 활동했다. 후일 조선 내 이르쿠츠크파 고려공산당의 대표 분파로 활약한 이들의 경쟁 상대 화요회도 동일한 방식이었다.[44]

일본, 특히 도쿄의 조선인 학생 수는 1920년대 내내 꾸준히 증가하고 있었다. 일본에는 1920년대 이미 제국대학 다섯 곳, 공립대학 세 곳, 사립대학 여덟 곳이 있었던 반면, 식민지 조선에는 1924년에야 경성京城제국대학(경성제대)이 설립됐다. 1920년 일본의 고등학교와 3차 교육기관에 재학 중인 조선인은 453명이었지만, 1930년 이 수치는 1,969명으로 증가했다. 중학교와 전문학교 학생을 포함한 전체 숫자는 1930년에 3,793명까지 늘어났다.[45] '위험한 사상'에 대한 경찰의 통제는 1930년대 중후반에 비해 상대적으로 느슨했고, 조선인 사회주의 단체, 클럽, 조합 등이 대안적 근대 프로젝트에 대한 전반적인 열풍 속에서 급격히 늘어났다. 이러한 단체 중 하나가 1922년부터 시작된 북성회北星會였다. 북성회를 조직한 김약수金若水, 1890~1964는 파란만장한 삶을 살았는데, 이는 조선 근대사의 주된 궤적을 그대로 반영한다. 부산 근교의 유생 지주 집안에서 태어난 김약수는 난징과 도쿄에서 공부했고, 유학 후 조선으로 돌아온 비슷한 성향의 사람들과 함께 1924년 서울에서 새로운 공산주의 서클 북풍회北風會를 만들었다. 김약수는 1925년 4월 지하 조선공산당 창립 대회에 참석했고, 화요회의 헤게모니적 영향에 맞서 싸웠지만 성공하지 못했으며, 북조선에서 숙청당한 다음 '혁명화'를 위해 농촌으로 쫓겨나 생을 마감했다.[46] 하지만 소멸한 북성회의 또 다른 후계 단체가 있었는데, 이는 다양한 그룹과 단체를 유일당으로 합칠 분명한 목적으로 도쿄의 북성회 전 회원이 1925년에 세운 일월회一月會였다. 이 단체는 의사 출신으로 공산주의 전략과 전술에 관한 글을 썼던 (이 책에서 자세히 다룰) 안광천安光泉, 1897~?을 지도자로 삼았다. 유림 출신으로 민족주의적 성향의 와세다대학 유학생이 된 최익한崔益翰, 1897~?도 회원이었는데, 훗날 그는 1930년대와 1940년 초 조선 유교사 연구에서 가장 중요한 좌파 학자들 가운데 하나가 된다. 그의 저술에 대해서도 책에서 자세히 다룰 것이다.[47]

해외 유학생 2: 모스크바 코민테른 학교의 조선인

급진적 그룹들의 확산에도 불구하고, 일본에 있는 조선인 학생 대부분은 조선 귀국 이후의 지위 상승을 꿈꾸며 이에 필요한 문화적 자산을 얻기 위해 일본에 머물렀다. 경제학, 법학, 정치학, 행정학 학부를 졸업한 조선인에게는 판임관判任官급 임용 자격이 주어졌지만, 1923부터 1943년까지 고위직 임용 행정과에 통과한 조선인 134명은 대부분 명성 높은 제국대학 졸업생이었다.[48] 이와 대조적으로, 동방노력자공산대학에서 수학하기 위해서는 이미 활동가가 되었거나 될 의향을 보여쭤야 했고, 지하 공산당 또는 가맹 청년동맹의 추천을 받아야 했다. 코민테른의 1933년 내부 문서에 따르면, 1921년과 1933년 사이에 조선 출신 학생 총 201명이 동방노력자공산대학에 다녔다. 그 가운데 거의 절반은 노동자나 농민 출신으로 등록되었다. 나머지는 1920년대 운동을 지배한, 대부분 부유한 집안에서 태어난 지식인이었다. 졸업생의 42퍼센트가 조선에서의 공산주의 사업을 위해 파견된 반면, 나머지는 코민테른 체계 내에서 임무 수행 또는 러시아 극동의 조선 민족 주민 사이에서 당 사업을 위해 소련에 남았다.[49] 조선인은 학생들 사이에서 수적으로 규모가 큰 그룹이었다. 1922년에는 전체 학생의 26퍼센트를 차지했고, 1928년에는 그 비중이 16퍼센트였다. 1928년 동방노력자공산대학에 등록한 조선인 학생은 32명이었다. 오직 몽골인(34명)만이 조선인보다 더 많았고 일본인(7명)은 훨씬 적었다.[50]

일본 경찰 보고서는 조선인 학생들이 대부분 기숙사에서만 생활했지만, 그것을 제외하면 상대적으로 편안했다고 묘사한다. 학생들은 모든 생필품을 제공받았고, 생활비도 후하게 받았다. 예비 과정은 1년 동안 진행된 반면, 본 과정은 3년이 걸렸다. 학생들은 1년 동안 러시아어를 배우고 그런 다음 러시아어-조선어 통역 없이 강의를 이수해야 했다. 주마다 교사들과 일대일 교습 면담을 했고, 월례 토론 모임도 진행됐다. 학생들은 외국 국적임에도 (자격이 있다고 생각되는 경우) 소비에트 볼셰비키당에 가입할 수 있었고, 강의가 불만족스럽다고 판단될 경우 집단적으로 교육 개선을 요구하는 것도 가능했다.[51] 1933~34년에 거기에서 공부했던 이화영李華永, 1905~?의 심문 기록에는 조선인 교사 다섯 명(앞에서 언급한 최성우를 포함해), 러시아인 여교사 두 명과 비러시아계 '서양' 교사 세 명의 이름이 나오는데, 이들은 자연과학, 볼셰비키의 역사, 레닌주의의 기초 예비 과정에 등록한 조선 학생들을 가르쳤다.[52] 1927~32년에 학교를 다닌 재학생 김용범金鎔範, 1902~47의 현존하는 졸업장은 러시아어와 정치교육 외에 첫 2년 동안 수학과 자연과학도 배워야 했음을 보여준다. 많은 학생들의 학업 배경이 취약했기 때문에 공산주의 교육 외에도 일반 교육을 보강할 필요가 있었다.[53] 1921년 11월 이미 동방노력자공산대학은 약 1,200명의 학생과 500명의 교직원을 자랑했고, 학생들은 아시아의 수십 개 나라와 식민지, 그 밖에 소련 자체의 비유럽 지역에서도 왔다.[54] 네트워킹과 교류의 기회는 엄청났다. 학생들은 조선을 포함해 본국에서 코민테른 요원으로서 자신의 목숨과 자유를 희생할 준비가 되어 있었고, 그에 따라 합당한 대우를 받았다.

일부는 다른 이들에 비해 더 큰 위험을 무릅썼다. 조선으로 귀환한 이후 개인적 안전 측면에서 고학력자들은 노동자 출신 활동가들보다 상황이 더 나았다. 노동자 출신은 조직 사업을 계속한 경우 가혹한 조건 아래서 오랜 감옥 생활의 위험을 무릅썼다. 지식인 출신은 언론계나 학계(식민지 조선에서는 언론계와 학계가 엄격하게 분리되어 있지 않았다)에서 출세 가도를 달릴 수 있었다. 좋은 사례로 의사인 김세용金世鎔, 1907~66이 있는데, 1926년에 모스크바에서 공부하고 돌아온 인물이다. 소련 체류 시절에 대한 그의 회고록은 이 책에서 다시 다룰 것이다. 김세용은 1930년부터《조선일보》에서 기자로 일했고, 경제학자이자 역사학자인 그의 매제 이여성李如星, 1901~?과 함께 일본 식민 지배 아래서 조선이 겪은 극히 문제적인 "발전"에 대한 통계 보고서《숫자조선연구》를 1931년부터 1935년까지 연재하고 다섯 권의 책으로 출간하여 유명해졌다. 조선총독부 자체의 통계에 기초한 이 연구는 1920년대 초반부터 조선 마르크스주의자들이 주장하던 바를 문서로 정리한 것이었다. 식민 지배 아래서 '근대화'는 본질적으로 조선을 일본의 상품 시장이자 일본 기업들의 투자처로 전락하게 하는 것이었다. 이 책을 축약해 재편집한 버전이 최근 서울에서 출판되었는데, 80년이나 지난 자료였지만 통계집으로서 그 가치를 잃지 않았음을 생생하게 보여줬다.[55] 1945년 해방 이후 김세용은 조선인민당 지도자들 가운데 한 명이 됐고, 조선인민당은 1946년 남조선노동당(남로당)으로 통합됐다. 김세용은 미국 점령군 문서에서 남한에서 '공산주의 첩보 활동'의 조직가들 가운데 한 명으로 지목됐고(《미국과 남한 정부에 대한 첩보 활동》, 1945~48), 1940년대 후반 이여성이 (1958년 숙청당할 때까지) 김일성종합대학 교수로 근무하던 북한으로 넘어갔다.[56]

김세용보다 비천한 출신의 활동가 대부분은 코민테른 지침에 따라 공장-현장 노동운동에 기초해 아래로부터 조선공산당 재건을 위한 사업을 시도했고, 그 결과 식민지 감옥의 암울한 암흑세계에 갇히는 결말을 자주 맞이했다.[57] 이런 전형적 사례로 권영태權榮台, 1908~?를 이야기할 수 있을 텐데, 이 노동자는 함경남도에서 노동조합 활동가가 되었다가, 1930년 11월에 고향에서 어용 노동조합 조직가를 구타해 처음으로 체포당했다.[58] 이후 감옥에서 석방되자 모스크바로 가서 동방노력자공산대학에서 1931년 5월부터 1932년 5월까지 1년 동안 공부했고, 이후 공산당 재건의 기초인 적색노동조합을 조직하는 임무를 맡아 급하게 조선으로 파견됐다. 1933년 1월 불법으로 조선에 들어온 권영태는 일본 경찰의 반복되는 탄압에서 살아남은 지하 급진파의 기존 네트워크를 활용해 조선을 누빌 수 있었다. 그는 처음에 동방노력자공산대학 동문인 김인국이란 사람의 도움을 받았고, 그다음에 함경남도 공산주의 청년운동의 지도자들 가운데 하나인 강목구姜穆求, 1910~35와 연결되는 데 성공했고, (강목구가 다녔던) 서울의 명문 보성전문학교와 식민 교육체계의 정점인 경성제대의 급진적 활동가들과도 연결됐다. 그가 접촉한 경성제대의 정태식鄭泰植, 1910~53은 마르크스주의 경제학자로, 나중에 후기 식민지 조선에서 공산당 지하조직을 재건하려는 움직임에서 핵심 역할을 했다. 권영태는 또 자기 주위에 서울고무공장, 경성섬유공장, 카와카미전기공장과 수많은 다른 기업의 헌신적 노동 활동가 그룹을 모아 서울고무공장 파업을 지도했고 여러 종의 팸플릿을 출판했다. 그는 1934년 5월 일본 경찰에 체포됐는데, 이후에 그에게 어떤 일이 있어났는지에 대한 자료는 현재 없다.[59] 만약 조선인 망명자 대부분이 대숙청 기간에 사라진 모스크바에 권영태가 머물렀다면, 그의 생존 가능성은 훨씬 더 희박했을 것이다.

이주와 귀환: 복합적 궤적

지금까지 언급한 범주는 고정된 것도 아니고 명확히 분리된 것도 아니다. 이주와 귀환 사이의 경계는 다소 흐릿했다. 일부 디아스포라 조선인은 조선 본토에서 파견된 학생들과 함께 동방노력자공산대학에서 필요한 훈련을 받고 나서 비합법 사업을 위해 조선에 파견됐다. 일부는 다른 곳에서 교육을 받았지만, 결국 지하조직가로서 조선에 침투했다. 특히 유명한 사례는 소련 거주 조선인 여성 최베라일명 박정애朴正愛, 1907~98인데, 우수리이스크 보통학교를 다니고 모스크바 소재 대학을 졸업한 인물로 1932년에 비합법적으로 조선에 파견됐다. 박정애는 가난한 농민 가정에서 태어나 도시로 이주했고, 모스크바에서 한때 유명했던 39호 항공기 공장에서 일했으며, 임무를 받아 조선으로 떠나기 전인 1931년에 소련공산당 당원증을 받았다.⁶⁰ 박정애는 1946~66년 북조선 정치국원이었고, 1950년 스탈린 평화상을 수상했으며(그런 명예를 받은 최초의 아시아 여성이었다), 결국 국제 무대에서 처음에는 진정으로 혁명적이었던 북조선의 젠더 정책을 대표했다. 평안도 안주군 출신인 김용범은 1927~32년 동방노력자공산대학에서 교육을 받고 박정애와 함께 조선으로 귀환한 것으로 보인다.⁶¹ 박정애와 마찬가지로 빈농 가정에서 태어난 김용범은 그가 말하길 모스크바에 올 때까지 모국어인 조선어로 읽고 쓰는 법을 제대로 배우지 못했다. 그는 1920년부터 1924년까지 만주의 조선인 민족주의 유격대의 보병으로 활동했고, 이후에 만주에서 새로 만들어진 공산주의 청년 조직에서 활동가로 전환했다.⁶² 조선에 도착한 그는 1935년 일본 당국에 체포될 때까지 평양에서 공산주의 노동운동에 참여했다(소비에트 문서에 따르면 그는 1938년까지 감옥에 갇혀 있었고, 1941~44년에는 만주에서 활동했으며, 1944년 3월에 체포되어 1945년 4월까지 투옥돼 있었다).⁶³ 원래 김용범과 박정애는 식민 경찰을 속이기 위해 부부로 위장했다. 그러나 시간이 지나면서 위장 부부 관계는 진정한 애정과 결혼으로 발전했다. 식민지 시대 지하활동가이자 진짜 노동자 활동가 베테랑으로서 김용범은 소련 당국에 의해 1945년 10월 조선공산당 북조선 총국의 첫 지도자 지위에 올랐지만, 소련 군사 점령 아래서 그의 실질적 권력은 다소 제한적이었던 것으로 보인다.

흐릿한 경계의 또 다른 흥미로운 경우는 라브렌티 강Lavrenty Kang, 일명 강진姜進, 1905~66인데, 그는 포시예트 지역 출신으로 블라디보스토크의 극동대학(지금의 극동연방대학) 기계공학과를 중퇴했고, 1925년에 만주로 가서 독자적으로 공산주의 청년 조직 콤소몰Komsomol 사업을 수행했다. 이런 정도의 개인 주도 사업은 (소련 국경이 더욱 강력하게 통제됐던) 1930년대 소련에서는 생각하기 힘든 일이었지만, 보다 너그러웠던 1920년대에는 가능했다. 강진은 1927년에 블라디보스토크로 돌아왔고, 코민테른 소속 주요 기구인 KIM(청년 공산주의인터내셔널)에 의해 공식적으로 조선에 파견됐다. 한 달 만에 그는 함경남도에서 100여 명의 헌신적 활동가로 구성된 간부 조직을 결성했다. 군 단위 라이콤 raikom: 지구위원회(강진은 익숙한 러시아어 용어를 계속 사용했다)과 공장 또는 마을 단위의 야체이카(yacheika: 세포)로 퍼져 있는 간부 기관을 통합하는 데 성공했다. 1931년 말 강진의 가장 긴밀한 협력자인 이문홍 李文弘, 1905~?은 1930년대 동아시아 최대의 비료업체인 함흥의 유명한 조선질소비료주식회사 공장에 침투하는 데 성공했다.[64] 1932년 4월 그곳에서 메이데이 팸플릿이 널리 배포됐고, 이로 인해 이문홍이 체포됐다. 강진은 이미 1931년 봄 서울로 가서 경성제대 학생들의 신생 반제국주의 조직과 네트워크를 구축했는데, 이는 4장에서 더 자세히 논할 것이다. 경성제대 학생들은 1931년 9월 일본의 만주 침략 후에 서울 전역에 반전 유인물을 뿌렸고, 강진은 1931년 11월에 체포됐다. 강진은 1930년대와 1940년대 초반 반복적 투옥에서 살아남아 1945~48년 남조선 공산주의운동 내에서 박헌영의 핵심 반대자들 가운데 하나가 됐다.[65]

더욱 모호한 것은 망명자와 유학생 사이의 경계였다. 1917년, 거주하던 나라인 러시아에서 10월혁명이 일어났을 때 당시 이미 47살이었던 이동휘 같은 베테랑은 자신이 후배들과 함께 공부하게 될 것이라고는 아무도 생각하지 않았다. 그런데 젊은 망명자들은 해외에서 더 많은 문화적 자산을 획득하고 중국어, 일본어, 러시아어, 영어 구사력을 향상하기 위해 노력했다. 1920년대 상하이에 체류하는 조선인 망명 혁명가들의 비공식적 최고참이 된 여운형은 1914~17년 선교회가 운영하는 난징대학 영어과에서 공부했다. 졸업하지는 못했지만, 1917년 상하이의 미션북컴퍼니Mission Book Company에 채용될 수 있을 만큼의 중국어와 영어에 대한 실용 지식을 습득했다.[66] 역설적으로 그는 기독교 학교에서 배운 영어 덕분에 모스크바로 와서 극동노력자대회에 참가한 뒤에 1922년 1월 21일 크렘린에서 만난 레닌과 같은 언어(영어)로 소통할 수 있었다.[67] 여운형의 향학열은 젊은 동료와 후배에게 좋은 귀감이었다. 1919년부터 상하이에 망명한 조봉암은 세이소쿠 카쿠엔正則學園 영어 학교에 다녔고, 1921~22년에는 주오대학中央大學, 그다음 1923년에는 잠시 동안이지만 모스크바에서 동방노력자공산대학에 다녔다.[68] 조봉암의 후배인 박헌영과 김단야도 일본과 중국, 모스크바에서 여러 학교에 다녔다.[69] 이 책은 '망명자'를 가까운 미래에 자발적으로 조선에 돌아온다는 현실적 기대도 없이 독립운동을 위해 조선을 떠난 사람들로 정의한다. 이와 대조적으로 해외 유학생은 대부분의 경우 조선으로 돌아오겠다고 생각한 사람들이었다. 그러나 많은 망명자들은 국외 생활의 특정 시점에서 기술적으로 학생이 되기도 했다.

해외에서 태어났거나 외국 경험이 풍부한, 다언어를 구사하는 활동가들은 조선 공산주의운동에 엄청난 자산이었다. 갓 시작된 조선의 운동은 독자적으로 이론을 생산할 능력이 거의 없었기에 공산주의 이론은 바로 그들을 통해 수입해 소화해야 했다. 도쿄, 상하이와 모스크바에서 그들은 방대한 국제적 혁명 네트워크의 일원으로 활동했다. 여운형과 이동휘는 레닌을 만났던 것으로 알려져 있고, 여운형은 쑨얏센孫逸仙, 쑨원孫文, 1866~1925과 협력 관계를 맺었으며, 여운형과 조봉암은 각

각 인생의 다른 시점, 즉 1927~28년과 1930~31년에 사실상 중국공산당 지도자였던 추취바이瞿秋白, 1899~1935와 접촉했다.[70] 이민자, 망명자, 유학생 등을 포함한 수백 명의 외국 체류 활동가가 없었다면, 조선 공산주의는 외부 동향으로부터 고립되어 금방 사라졌을지도 모른다. 그러나 레닌을 비롯한 망명 지도자들이 러시아 내 노동자들과 학생 활동가의 방대한 네트워크 없이는 거의 활동할 수 없었던 1917년 이전의 사회민주노동당과 마찬가지로, 조선인 망명 활동가들은 조선 내부 투쟁의 절대적 중요성을 결코 의심하지 않았다.[71] 그러나 혁명 전 러시아와 달리, 자칭 지식인, 즉 조선 본토의 여러 학교 학생들은 노동자와 농민 그룹에 비견될 만한 중요한 역할을 했다.

국내 혁명가들

앞서 언급한 것처럼, 조선 공산주의의 창건자들 가운데는 베벨이 대표하는 유형, 즉 진정한 노동자 출신으로 독학가 유형에 속하는 사람은 거의 없었다. 심지어 코민테른 집행부의 조선 문제에 관한 1928년 12월 18일 결의안 이후에도 현장에서 이 지침을 실행해야 하는 활동가들의 다수는 교육받은 간부들이었다. 코민테른 결의안은 공식적으로 조선공산당이 사실상 더 이상 활동하지 않는 것으로 간주하고, 조선 공산주의자들에게 적색노동조합에 기초해 현장 세포로부터, 즉 아래로부터 당을 재건하는 임무를 지시했다. 공장에서 그들이 벌인 혁명적 사업은 수많은 식민지 시대 문학 작품에 묘사됐고, 대표적으로 당시 주요 급진 작가이자 이후 북조선 문학계에서 지도적 인물이 된 이기영李箕永, 1895~1984의 1930년 작 《종이 뜨는 사람들》에 잘 드러난다. 그 작품에서 스스로 프롤레타리아계급으로 전환한 지식인이 주도하는 실패한 파업이 묘사된다. 그는 노동자들이 이해하기 쉬운 현실적인 언어를 사용해 파업을 이끌지만, 실패한다. 이후 결국 감옥에 갇히지만, 급진화 사업에 대한 열정을 잃지 않는다.[72]

학생과 지식인

1920년대 후반과 1930년대 활동가의 전형을 꼽으라면 이재유李載裕, 1905~44를 들 수 있다. 그의 선전 선동 자료에 대해서는 뒤에서 분석할 예정이다(3장을 보라). 이재유는 1930년대 조선에서 가장 성공적인 노동 조직가 가운데 한 명으로 평가된다. 그러나 이기영 소설에 등장하는 파업 지도자처럼 원래 그는 노동자가 아니었다. 하급 사무원 가정에서 태어난 이재유는 1927~28년 일본 유학 시절을 고생하며 보냈고, 이곳저곳에서 일용직을 전전하며 가까스로 생계를 유지했다. 그가 공산주의운동에 가담한 곳이 바로 도쿄였다. 그래도 그의 공식적 신분은 니혼대학日本大學 학생이었다.[73] 이후 1930년대 초반 서울에서 공산주의 투사로 활동하던 이재유는 노동자들 사이에서의 사업을 병행하며 여러 학교 학생들의 조직화에 특별한 관심을 기울였다. 그는 학생들을 잠재적 반전·반제국주의 투사라고 봤다. 1931년 9월 일본의 만주 침략 이후에 반제국주의 문제가 주요한 쟁점이 된 상황이었다. 이재유의 전략은 여러 학교에서 학생 독서회를 조직하고, 그들을 반제국주의 선동의 중심이 되도록 서서히 이끄는 것이었다. 이재유와 그의 팀이 집중한 학교의 다수는 여학교였다(용곡, 숙명, 동덕 등). 이재유와 식민지 시대 조선 공산주의자 일반은 여성이 식민지 억압과 경제적 착취 외에

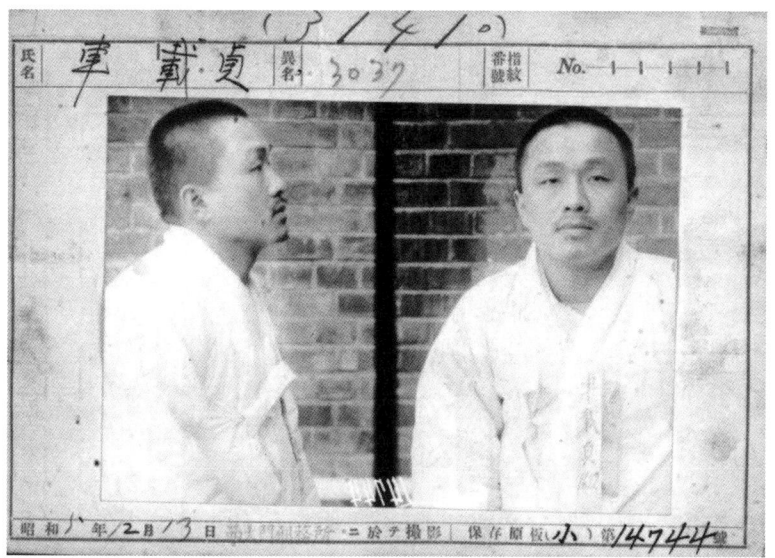

사회주의 학생운동의 지도자인 차재정車載貞, 1902~63의 1930년 경찰 감시 카드. 서울파 공산주의자였던 차재정은 1929년 4월 조선학생전위동맹의 총서기로 선출됐다. 1929년 12월 체포된 차재정은 1929년 11월 광주 학생들의 반식민 시위를 "찬양"하고 추가 "소요"를 "선동"하는 유인물을 만들어 배포했다는 혐의로 기소됐다. 1931년 4월 2년 징역형을 선고받았다. 출처: 국사편찬위원회.

도 성차별을 겪고 있으며, 따라서 반란의 중요한 잠재적 원천을 대표한다고 확신했다. 대체로, 이재유와 그의 협력자들은 (현재까지 존재하는) 배재와 보성 같은 유명한 학교를 포함해 12개교에서 학생 서클을 조직하고 급진화시켰다. 그들은 또한 4장에서 자세하게 다룰 예정인 경성제대 학생들의 반제국주의 조직과 밀접한 네트워크를 구축했다.[74]

이재유의 협력자들이 상대적으로 쉽게 학교에 침투할 수 있었던 한 가지 이유는 그들의 학적 배경이었다. 그들 가운데 많은 사람들이 과거나 현재 학생이거나 심지어 교사였다. 이후 1939년부터 1945년까지 경성콤그룹(이 그룹에 대해서는 이 책의 다른 곳에서 다룬다)에서 중요한 역할을 했던, 이재유의 동지이자 가난한 소작농의 아들 김삼룡

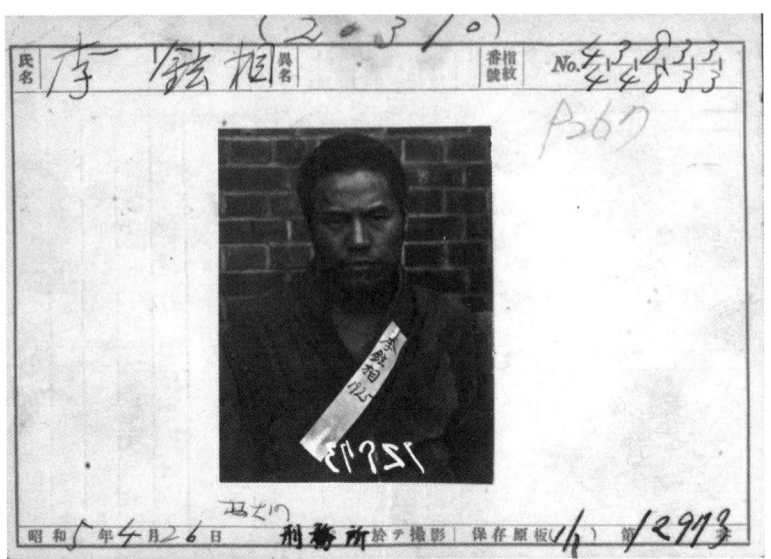

공산주의 학생 활동가 이현상의 1930년 경찰 감시 카드. 그는 나중에 이재유의 핵심 동지가 된다. 1945년 이후 가장 유명한 공산주의 게릴라 지도자 가운데 한 명이기도 했다. 남한 군대에 추적당해 1953년 9월 17일 살해당한 뒤, 그의 시체는 서울 중심가에 몇 주 동안 전시됐다. 출처: 국사편찬위원회.

金三龍, 1908~50은 기독교 민족주의자들이 운영하는 야학인 고학당苦學堂, 1923~31에 등록했다. 그곳에서 급진화된 김삼룡은 이후 전업적 혁명가로 변신했다.[75] 이와 대조적으로, 이재유의 또 다른 핵심 동지로서 나중에 경성콤그룹에서 활동했고, 1945년 해방 이후에는 공산주의 게릴라 지도자가 된 이현상李鉉相, 1905~53은 양반 출신 부유한 지주의 아들이었다. 그러나 이현상 역시 1920년대 후반, 앞에서 언급한 명문 보성전문학교에서 법학을 공부하던 학생 시절에 급진화됐다.[76]

결정적으로 중요한 인물인 이재유의 세 번째 조력자 이관술李觀述, 1902~50은 경상북도 울산의 유명한 양반 가문 자제이자 도쿄고등사범학교 졸업생으로 1929~33년 동덕여자학교(오늘날 서울에 있는 동덕여고)에서 교사로 일했고, 거기에서 일본인과 조선인 학생을 모두 포함한 독서회를 조직해 반제국주의 그룹으로 전환시켰다.[77] 그의 학생이었던 세 사람, 이복동생 이순금李順今, 1912~?, 또 다른 경북 출신 이효정 李孝貞, 1913~2010, 그리고 가난한 함경북도 농민 가정 출신으로 재능이 넘쳤던 박진홍朴鎭洪, 1914~?은 나중에 지하 공산주의 핵심 간부로 성장했다. 경험 많은 지하 투사인 박진홍은 이재유의 애인이었고, 나중에 이재유의 아이를 가져 감옥에서 출산했으며(아이는 박진홍의 어머니에게 맡겨졌지만 어려서 죽었다)[78] 이 과정에서 언론의 조명을 크게 받았다.[79] 나중에 박진홍은 경성제대 조선 국문학자이자 1930년대 후반 공산주의자로 전향한 김태준金台俊, 1905~49과 사랑에 빠졌다. 1944년 11월 두 사람은 전시 조선에서 과감한 탈출을 시도해 중국 전선을 넘어 마오쩌둥의 공산주의 수도 옌안으로 갔다.[80] 이 에피소드는 이 책 뒷부분에서 다룰 것이다.

학창 시절의 급진화는 광범위한 현상이었던 것으로 보인다. 상하이 체류와 이후 모스크바(그가 사망한 곳. 〈서론〉을 보라) 유학과 관련해 앞서 언급했던 김단야는 1915~16년에 다녔던 대구의 장로교계 계명학교에서 공산주의자들이 '제국주의와 식민주의의 모순'이라고 일컫는 경험을 처음 겪었다. 한 일본인 교사가 조선인 학생들에게 가한 무리한 체벌에 항의하고, 문제의 일본 교사의 잔인한 체벌로부터 조선인 학생을 보호하는 데 무관심한 미국인 선교사 교장에게 항의한 것을 계기로 김단야는 학교에서 제적당했다.[81] 10년 뒤인 1926년 이재유는 '사회과학' 서클을 조직해 동맹휴교(맹휴)를 이끌었다는 이유로 개성의 고등보통학교에서 쫓겨났다. 그는 결국 도쿄로 가서 니혼대학 학생이 됐고, 거기에서 더욱 급진화됐다.[82] 그 후 5년 뒤인 1931년에 김

1933~35년경 사가고등학생이었던 김사량. 출처: 사가대학교 통합 10주년 기념식 간행위원회 편, 《사가대학이야기佐賀大學の物語》(사가: 昭和堂 佐賀 営業所, 2014, 18쪽).

사량도 맹휴를 조직했다는 이유로 평양고등중학교에서 쫓겨났다. 그는 나중에 유명 작가가 되어 1945년 공산당이 통제하는 중국의 해방구를 여행했고, 이에 대해서는 6장에서 논할 예정이다. 김사량의 학력은 일본 본토의 사가佐賀고등학교와 도쿄제국대학(도쿄제대) 독문학과로 이어졌다. 이미 평양에서 반항적 학생이 된 김사량은 일본에서 급진적 경로를 계속 이어갔다. 도쿄제대에 제출한 그의 졸업논문 〈하인리히 하이네, 최후의 낭만주의자Heinrich Heine, der letze Romantiker〉(1939)에서 그는 자신이 미래의 롤 모델로 생각한 독일의 혁명적 낭만 시인을 다루었다.[83] 흥미롭게도, 1930년대의 저명한 학문적 마르크스주의자 신남철(〈서론〉에서 언급했다) 역시 하이네에 관한 논문을 썼고, 독일의 혁명적 낭만주의자 하이네를 사회주의문학의 선배로 칭찬했다.[84]

김사량, 신남철, 이재유 또는 김단야 같은 이들이 급진화된 식민지 시대의 학교는 원래 사회적 지위의 재생산과 사회적 상향 이동을 위한

김사량의 중국 여행기 《노마만리駑馬萬里》(평양: 양서각출판사, 1948) 표지. 출처: 한상언(한상언 영화연구소 소장).

도구적 장소였다. 그러나 동시에 식민지 차별과 학생에 대한 교사의 폭력(원칙상 불법이었지만, 신체적 체벌이 널리 행해졌다)을 향한 학생 저항의 장이었다. 학창 시절 쌓은 우정은 급진적 지하 네트워크의 일부로 지속됐다. 학생이었거나, 졸업생 또는 (자발적·비자발적) 중퇴생들은 활동가, 급진화된 유학생 또는 정치적 망명자로서 경력을 이어나갔다.

노동자

독일공산당을 대표하는 노동자 중심 운동이 바로 코민테른이 조선이나 일본 본토에서 나타나기를 희망한 운동이었다.[85] 그러나 그들이 기대했던 '프롤레타리아혁명의 주역hegemon'이 1920년대 조선 공산주의 간부들 중에서는 눈에 띄게 부족했다. 이르쿠츠크파와 상해파 고려공산당의 초기 활동가 간부들 사이에 공장노동자는 거의 없었다. 물론 그것이 이 공산주의 그룹들이 의지했던 러시아나 중국으로 이주한 조선인 사이에 도시 노동자가 없었다는 의미는 아니다. 오히려 1910년대 후반부터 러시아 극동 지역을 중심으로 조선인이 비농업 부문으로 점차 이동하기 시작했다. 예를 들어, 러시아 연해주에서는 제1차 세계대전이 시작될 무렵 금광에 고용된 조선인 노동자가 2,117명에 달했다.[86]

실제로 숙련된 공장 프롤레타리아트 중에서 조선인은 거의 없었지만, 비농업 부문 육체노동자의 비율과 그들의 저항 정도는 점차 증가하고 있었다. 예를 들어 1917년 블라디보스토크에서 일어난 5월 1일 시위 기간에는 적기를 든 약 500명의 조선인 노동자가 러시아혁명 가요를 불렀다고 보도됐다.[87] 만약 러시아의 혁명이 1917년과 그 이후 격동의 시절에 거기에 있던 조선인 노동자에게 영감을 주지 않았다면 이상한 일이었을 것이며, 실제로 커다란 영향을 미쳤다. 1918년 12월 페트로그라드(1914년 이전에는 상트페테르부르크라고 불렸고, 1924년 이후에는 레닌그라드로 불린다)에 거주하는 수백 명의 조선인 노동자는 '러시아의 2만 조선인 노동자'를 대표한다고 주장하는 국민회國民會를 건설했고, 초기 볼셰비키 정부로부터 상당한 지지를 받았다. 국민회는 러시아 거주 조선인 노동자의 대표 기관으로서 공식적으로 인정받았다.[88] 그러나 이르쿠츠크파 고려공산당 지도자들 사이에서 노동자 조직의 배경을 가진 사람은 거의 없었다. 거의 모든 이들이(앞서 언급한 전주 출신 조훈을 포함한 극히 드문 예외를 제외하고) 러시아어를 구사하는 2세대 조선인 원호 인텔리겐치아였다. 이르쿠츠크파가 지배하는 조선 공산주의 단체 중앙위원회가 1920년 회의를 열었을 때, 회의 의사록은 조선어가 아니라 러시아어로 작성됐다.[89] 이와 대조적으로 공산주의 신문과 선전 자료는 조선어로 발행해야 했다. 시베리아에 있는 조선인 다수의 러시아어 실력이 기껏해야 초보 수준이었기 때문이다.⁹⁰ 상해파 고려공산당의 경우, 그들의 망명 지도부는 러시아어를 하지 못했기에 1921년 11월 레닌이 크렘린 면담을 허가했을 때 아파나시 킴Afanasiy Kim, 1900~38이라는 통역가의 도움을 필요로 했다. 레닌은 몇 년 안에 조선의 철도와 전차 노동자들이 급진 정치의 무대에 들어올 것이라고 예언했다. 정말로 조선 본토의 전차 노동자들은 1920년대에 여러 차례 파업으로 주목받았다.⁹¹

1920년대 초중반 조선 본토 내 공산주의운동의 상황도 크게 다르지 않았다. 조선공산당은 1925년 4월 17일 서울 중앙의 중국집 아서원에서 열린 19명의 주요 활동가 모임에서 정식으로 출범했다. 이 모임에서 활동가 일곱 명이 중앙위원으로 선출됐다. 김재봉金在鳳, 1890~1944, 김약수, 유진희, 주종건朱鍾建, 1895~1936, 조동호趙東祜, 1892~1954, 정운해鄭雲海, 1893~1945, 김찬金燦, 1894~?⁹² 등 가운데 진정한 공장 프롤레타리아라고 할 수 있는 사람은 아무도 없었다. 의과대 중퇴생으로서 1910년 후반 메이지대학과 주오대학 학생이었던 김찬이 생계와 학비를 위해 도쿄의 한 직물 공장에서 1년 정도 일하기는 했다. 이런 사실 때문에 그의 동지들은 공산주의를 단지 책을 통해 배운 것이 아니라 개인적 경험의 산물로 체화한 사람으로 김찬을 칭찬했다.⁹³ 그런 칭찬은 단시간의 공장 경험이 그들 사이에서 얼마나 특별한 것이었는지를 드러낸다. 유진희는 조선에서 교육받은 의사였고 조동호는 난징대학 중국어과를 졸업한 뒤 중국 신문사에서 일한 인물이었다. 이른바 프롤레타리아 당의 중앙위원 그 누구도 조선 본토 내에서 프롤레타리아 생활을 직접 경험해보지 못했다.⁹⁴ 전형적인 사례인 새 당의 책임(제일)비서인 김재봉은 경상북도 안동의 뼈대 있는 유학자 가문의 자제로 (기능공을 양성하기 위해 설립된) 경성공업전문학교를 졸업한 뒤 교사가 됐다. 1923년에 소련에서 돌아온 뒤 1924~25년에는《조선일보》기자로 일했고, 그 당시 대부분 조선 노동자가 버는 것보다 많은, 다소 후한 60원의 월급을 받았다. 그러나 노동자가 아니었음에도 김재봉은 조선의 신생 노동운동에서 지도적 역할을 했다. 그는 5만 명의 회원을 보유한 조선노농총동맹(1924~27) 설립에 결정적으로 기여했다.[95]

1920년대 조선 공산주의 활동가들은 스스로 노동자는 아니었지만, 빠르게 발전하는 노동운동에 대한 조직적·이데올로기적 헤게모니를 확립하는 데 최선을 다했다. 조선의 상황은 1917년 이전 러시아 볼셰비키의 상황과 크게 다르지 않았다. 볼셰비키 역시 현장 노동자 중심의 당 조직을 기반으로 영향력을 행사하려 노력했지만, 중앙 지도부는 결정적으로 인텔리겐치아가 지배했다.[96] 1917년 10월혁명 직전 볼셰비키 중앙위원회의 위원 21명(1917년 7~8월에 열린 제6차 당대회에서 선출된) 가운데 단 두 명만이(빅토르 노긴Viktor Nogin과 표도르 세르게예프-아르티욤Fyodor Sergeev-Artyom) 공장 현장의 노동운동 출신이었다. 나머지는 인텔리겐치아 활동가였고, 그들 가운데 많은 수는 서유럽에서 긴 시간 혁명적 망명을 한 경험이 있었다.[97] 그러나 코민테른은 조선의 당 지도부와 간부들이 더욱 프롤레타리아화되기를 원했고, 조선의 공산주의 지도부 자체도 처음부터 노동운동 경력을 중시하면서 필요한 노동자 배경을 갖춘 동료들을 승진시켰다. 1925년 걸출한 디아스포라 공산주의 지도자인 남만춘(앞서 이야기한 내용을 참고하라)은 10명 이상의 임금노동자를 보유한 기업에 4만 148명의 조선인 노동자가 고용돼 있고, 일부는 조직돼 있어 활발한 파업 행동을 수행할 수 있다고 언급했다. 예를 들어 1925년 서울에서 파업에 들어간 전차 노동자들은 전차를 무료로 운행했고, 손님의 요금을 거부했다.[98] 1920년대 후반 조선의 조선인 공장노동자 인구는 이미 9만 9,574명 정도로 급속히 증가하고 있었고, 굶주림을 감당해야 할 수준의 임금과 가혹한 노동조건, 민족적 차별로 인해 파업 건수도 1921년 36건(3,403명 참가)에서 1930년 160건(1만 8,972명 참가)으로 증가했다.[99] 공산주의 인텔리겐치아는 더욱더 전투적인 노동자들에게 다가갈 긴요한 필요가 있었고, 당원 모집과 노동계급의 배경을 확실히 가진 이들의 간부 승진은 이 목표로 향하는 하나의 길이었다. 진짜 노동자이고 나중에 노동 투사가 된(그리고 조선노농총동맹의 지도자 가운데 한 명) 차금봉車今奉, 1898~1929은 1928년 3~7월 조선공산당 책임(제일)비서를 역임했다. 그는 나중에 체포되어 잔인한 심문과 고문 끝에 감옥에서 사망했다.[100]

　차금봉처럼 노동자에서 공산주의 투사가 된 이들은 1930년대에 더욱 흔해졌다. 이 책은 문화적·이데올로기적·철학적 표현 양식으로서의 사회주의에 초점을 맞추기에 이들에 대해서 길게 다루지는 않는다. 그러나 노동자가 투사로 성장하는 환경에 주목하는 것은 중요하다. 이 책에서 주로 만날 사회주의 지식인이 그들의 존재를 상당히 의식했기 때문이다. 노동자는 정치적 주체일 뿐 아니라, 급진적인 글들을 가장 열성적으로 읽는 독자였다. 고학력자이거나 중간 정도의 학력을 소유한 간부들이 노동자를 조직하기 위해 스스로 프롤레타리아화하는 사례도 자주 있었으며, 이들의 활동은 더 확고한 지위를 가진 지식인 동지들로부터 지원을 받았다. 이주하李舟河, 1905~50가 그런 경우였는데, 함경북도 빈농의 아들로 태어나 니혼대학을 중퇴한 그는 1928년 조선에 돌아와 원산(강원도) 공산주의 세포에서 지도자가 되었고, 항만 노동자 일자리를 구해 새로운 동료들 사이에서 적색노동조합을 조직하기 시작했다(모스크바는 그가 1928년부터 공산주의자가 됐다고 간주했

감옥에서 차금봉이 사망한 소식. 이 기사는 차금봉이 과거에 앓았던 장티푸스로 사망했다고 주장하는 간수들의 말을 인용했다. 실제로 차금봉은 고문 후유증으로 사망했다. 출처: 《동아일보》.

다).¹⁰¹ 처음에 그는 김호반金鎬盤, 1902~?을 통해 코민테른과 연결됐는데, 김호반은 강원도 출신으로 블라디보스토크에서 자랐고, 1925년 동방노력자공산대학을 졸업한 다음 1930년 급진적 노동조합을 조직하라는 프로핀테른Profintern: 코민테른의 노동조합 조직의 지령을 받고 1930년에 조선으로 온 인물이었다. 이주하는 1931년부터 1936년까지를 감옥에서 지낸 뒤 다시 원산의 철도 노동자, 화학산업 노동자, 금속 노동자, 항만 노동자 사이에서 중요한 노동 조직가가 되었고, 그 과정에서 경성제대 출신의 저명한 공산주의 지식인 두 명에게 큰 도움을 받았다. 당시 보성전문학교 교수였던 최용달崔容達, 1902~?과 베를린 유학에서 막 돌아온 이강국李康國, 1906~55이 그 지식인들이었다. 이강국은 독일에 있는 동안 독일공산당 일본인 지부에 가입해서, 빌헬름 피에크Wilhelm Pieck, 1876~1960를 비롯한 다른 독일 공산주의자들과 개인적으로 알게 됐고, 프랑스 파리와 덴마크를 방문한 독일 동지들의 비밀 임무를 위해 연락책으로 활동했다.¹⁰² 이강국은 조선으로 돌아오는 길에 그가 유럽에서 구한 코민테른 제7차 대회(1935년 7~8월) 자료를 이주하에게 가져다줬다. 코민테른이 통일전선 전술로 노선을 선회하자 이강국은 이주하에게 보다 광범한 반제국주의 연합의 필요성을 강조했다. 이주하처럼 프롤레타리아화한 간부를 통해, 코민테른의 새로운 노선에 대한 이강국의 해석이 이주하가 지도하던 급진화된 노동자들에게까지 더욱 아래로 확산될 수 있었다. 그리고 그들의 숫자는 상당했다. 1938년 10월 18일 식민 경찰이 원산 노동자 급진화의 배후 역할로 이강국을 체포했을 때, 그와 함께 300명의 노동자가 체포됐다.¹⁰³ 최용달도 체포되어 1942년까지 감옥에 갇혀 있었는데, 나중에 그의 인격과 경험에 대한 소비에트의 (다소 긍정적인) 평가서에서 이 사실도 언급되었다.¹⁰⁴ 최용달은 1950년대 초반 어떤 시점에 숙청되기 전 1946~47년 북조선 임시인민위원회에서 진행했던 법률 작업으로 유명했다.[105]

만약 "잃을 것이 사슬밖에 없는 노동자"라는 마르크스의 표현이 가시적으로 적용되는 곳이 있다면, 그것은 바로 식민지 시대 조선이었다. 독일이나 심지어 (1905년 혁명 이후 대의제가 도입됐고 노동자도 제한적인 투표권을 얻었던) 러시아와 달리, 조선의 노동자는 시민이 아니었다. 그들은 투표권 없이 지배당했으며 세금도 내야 했다.[106] 대부분의 경우 고용은 불안정했고, 임금은 일본인 동료 노동자보다 상당히 낮지만, 일본의 공장법은 일본 식민지 조선에는 적용되지 않았고, 최초의 총독부 내무국 노무과는 1941년에야 겨우 설립됐다.[107] 노동자의 급진주의는 자발적이면서 강력했고, 따라서 대안적 근대성에 대한 인텔리겐치아 급진파의 비전과 공장 생산과정에서 노예가 아니라 주인으로 자신을 재창조하려는 노동자의 자연스러운 열망은 결합할 수밖에 없었다. 인텔리겐치아 급진파에게 조선에서 사회주의 문화 비전을 발전시키는 사업에서 희망과 영감을 준 것은 공장 현장에서의 급진적 경향이었다.

농민

식민지 시대 대부분의 조선인은 농촌에 거주하며 농업에 종사했다. 식민지 자본주의의 도래와 함께, 쌀이 조선의 주요한 특화 수출품이 되면서 농업은 더욱더 상업화되고 있었다. 1930년경 조선은 연간 70만 톤을 일본에 공급했고, 이는 일본 전체 쌀 소비의 약 7.4퍼센트를 차지했다. 1938년에는 이 수치가 12.6퍼센트로 올라갔다. 반면, 조선의 농촌에서 1인당 쌀 소비는 점차 감소했다. 수출용 쌀 생산의 증가는 일정 부분 식민 당국이 직접 건설하거나 식민 당국과 정치적으로 연결된 일본 대기업이 건설한 교통 인프라(철도, 항만 등)의 대규모 증설에 의한 것이었다. 그러나 동시에 수출 호황은 조선 내 일본인의 대규모 상업적 토지 소유에 기반하고 있었고, 빈곤한 조선 농민은 그들의 토지를 점차 일본인에게 팔게 됐다. 상업화와 고리대금의 증가 또한 가난한 농민이 지주의 소작인이 되도록 내몰았고, 일부 조선인 지주는 점차 대규모 쌀 수출업자로 변신하고 있었다.[108] 이러한 농민의 곤경은 1920~30년대 조선 문학의 공통 주제였다. 앞서 자발적으로 프롤레타리아화한 지식인의 초상을 다룬 소설가로 소개된 이기영은 1920년대 그의 대표작 《민촌民村》(1925)에서는 가족의 생계를 책임지던 아버지가 병으로 쓰러지자 치료비를 마련하기 위해 부유한 지주에게 딸을 첩으로 팔아야 했던 농민의 절망을 묘사하기도 했다.[109]

소작료는 식민지 시기 내내 증가했다. 소小소유자와 경작자가 1913년에는 조선 농민의 21.8퍼센트를 차지했지만 1939년에는 19퍼센트로 감소했고, 소작을 겸한 경작자의 비율은 1913년 38.8퍼센트에서 1939년 25.3퍼센트로 감소했다. 빈곤화와 더불어 조선 쌀 수출 산업의 기초가 된 저임금 농촌 일꾼 노동이 증가하자 자연 발생적 저항도 늘어났다. 1922년 2,539명의 농민이 참여한 24건의 소작쟁의는 1928년 4,863명의 농민이 참여한 1,590건의 쟁의로 확대되었다.[110] 선구적 디아스포라 공산주의자인 남만춘은 식민지 조선의 사회정치적 상태에 관한 1925년의 설명에서 1924년에만 소작인의 집단 시위가 200건 벌어졌고, 총 2만 4,000명이 시위에 참여했다고 언급했다. 일부 항의에는 수십 명이 참가해 체포됐고, 항의하는 시위대와 지주의 대리인과 경찰 사이에 열띤 격투가 벌어졌다.[111] 진보적 자유주의 경향의 연구자인 이훈구李勳求, 1896~1961는 1924년에 벌어진 164건의 소작쟁의에 6,929명이 참여했다고 집계했지만, 남만춘의 수치가 다소 부풀려졌다고 해도, 소작인들의 대규모 조직화와 지주들의 대리인과 경찰과의 폭력적 충돌은 어디까지나 현실이었다.[112]

조직적 저항 외에도 농촌의 빈곤화는 예상대로 가난한 마을에서 일상적 폭력의 급증을 초래했다. 농촌의 빈곤과 절망은 식민지 시대 산문의 뚜렷한 주제였다. 만주에서 떠돌이 노동자의 삶을 직접 경험했던 최서해崔曙海, 1901~32 같은 동반자작가의 글을 통해 영양실조와 결핍의 압박 아래서 필사적 저항을 벌이거나, 때로는 장기적 절망에서 벗어나려고 강도·방화·살인 등의 범행을 저질러야 하는 주인공들의 모습을 볼 수 있다. 예컨대 동네 의사가 가난한 가족을 돕지 않아 아이를 떠나보낸 엄마의 이야기가 있다. 반쯤 미친 엄마는 의사의 살점을 물어뜯었다(《박돌의 죽음》(1925)). 알코올중독인 남편은 아내를 폭행해 죽인 다음 슬픔에 절규하고(《폭군》(1926)), 반대로 아픈 아내의 병원비를 마련하려 무장 강도를 저지르는 착한 남편의 이야기도 있다(《큰물 진 뒤》(1925)).[113] 1929년 대공황의 습격으로 더욱 악화된 조선 농민들의 참을 수 없는 고통은 장혁주張赫宙, 1905~97의 일본어 소설《아귀도 餓鬼道》(1932)의 배경이 됐다. 이 소설은 일본 문학계에 작은 파문을 일으켰고, 저자는 일본의 가장 명성 높은 잡지 가운데 하나인《카이조 改造》문학상 부문에서 2등상을 수상했다.[114] 공산주의가 농촌의 상황에 개입하기 위한 적절한 공간이 존재했다는 것은 명백했으며, 실제로 1920~30년대 내내 그런 개입이 진행됐다.

1920년대 초반부터 조선 전역의 농촌에서 우후죽순으로 생겨난 적색농민조합은 이 책의 주요 관심사는 아니지만, 국내외 고학력자 공산주의 투사들, 노동자 조직가들, 노동자들 중 많은 수가 농촌 출신이었다는 사실을 기억해야 한다. 일부는 보다 부유한 농민 가정의 자녀였고, 가족의 충분한 경제적 능력 덕분에 좋은 교육을 받았다. 양명(앞서 서술한 내용과 5장을 보라)은 거제도의 부유한 농민의 아들이었고(그는 자신이 쿨락kulak: 부농 가문의 후손이라고 러시아어로 소개했다)[115] 이는 결국 스탈린주의 대숙청 시기에 양명에게 가해진 숙청의 근거가 됐다(그가 '대지주 집안' 출신이라고 과장됐다).[116] 그러나 공산주의운동에 참여한 대부분의 농민 자녀들은 더 불리한 농촌 가정 출신이었다. 자기가 태어난 마을에서 그들이 급진적 농민운동에 적극적으로 가담하는 것은 너무나 자연스러운 일이었다. 전형적 사례로, 1925년 새로 결성된 조선공산당의 책임(제일)비서인 김재봉은 안동 지역 유학자의 자제로 모스크바에서 교육받았지만, 고향 마을과 가까운 풍산에서 소작인 조합을 조직하는 데 직접 참여했다. 1923년 설립되어 등록된 이 조합에는 소작인뿐만 아니라, 많은 수의 소유자-경작자와 심지어 '신사상'의 후광에 매료된 일부 소지주까지 가입했다.[117] 이 조합에서 활동한 또 다른 저명한 안동 공산주의자는 권오설權五卨, 1897~1930로, 그는 나중에 1926년 6월 10일 독립 시위의 주요한 조직가 가운데 하나로 명성을 얻었다(이 시위에 대해서는 다음 장에서 자세히 다룬다). 권오설의 가족은 다소 궁핍했지만, 권세 있는 안동 권씨 가문에 속했고, 그 가문의 부유한 일부 가족은 권오설의 고향 마을의 부유한 이웃들과 함께 (그들이 부자였음에도 불구하고) 농민조합을 지원했다. 기본적으로 일종의 농촌 계급투쟁이었던 이 운동은 동시에 민족운동의 일부로 여겨졌고, 이 운동에 참여하는 것이 민족주의적 명분을 강화했기 때문에 권씨 가문은 소작인 조합에 참여하는 것을 명예로 느꼈다.[118]

적색농민조합은 1930년대 내내 합법적으로 또는 반半합법적으로 (급진적 성격을 드러내지 않으면서) 지속적으로 조직됐다.[119] 농촌 잔반殘班의 아들로 처음에는 공산주의 간부가 됐다가 1930년대 후반에는 조선 전통사 연구 분야에서 가장 활발히 활동한 마르크스주의 필진 가운데 한 명이 된 최익한의 두 아들은 경상북도 울진의 또 다른 적색농민조합 조직가였다. 농민조합들은 1931~34년에 활동했는데, 결국 식민 경찰의 탄압을 받아 100명 이상의 조합원이 구속됐다. 이 단체의 회원들은 전직 농촌 교사와 최익한의 아들들(하나는 고등보통학교 중퇴자였고, 다른 하나는 소학교 졸업 이후 독학한 인물) 등 농민뿐만 아니라 장래의 지식인을 포함한 다양한 계층으로 구성되어 있었으며, 조선어와 일본어로 된 마르크스주의 관련 서적과 일반교양 서적을 다수 소지하고 있었다. 일반교양 서적들은 마르크스주의 교육을 더욱 심화하기 위해 필요했고, 조합원들이 조합 야학에서 공부할 과목이었다. 이 조합은 단순히 조합원의 경제적 이익을 방어하고 그들의 '계급의식'만을 발전시키기보다 (다른 많은 유사한 적색농민조합들처럼) 농민을 계몽하고 교육해서 오늘날 문화 자본이라고 부르는 것을 증진하는 기회를 제공하기 위해 설립되었다. 또한 농민들이 자신을 부각시켜 외부 세계와의 관계를 재구축할 수 있게 했다. 조합은 자체적인 (필사본) 간행물을 발행했다. 거기에 기고하는 것은 조합원의 핵심 의무에 속했다. 두 권의 간행물이 편집되어 조합원들 사이에서 배포되었는데, 향후에는 울진 밖 유사한 성향의 단체들에서 더 많은 사본을 배포하는 것이 목적이었다. 이 식민지 시대 지하출판물samizdat은 오지 마을 무명의 농민들을 문화적 주체로 변모시켜, 문화적 행위자로 바꿔놓았다. 최익한의 아들인 최학소는 그 간행물에 막심 고리키Maxim Gorky, 1868~1936의 역작 《어머니》(1906)의 정신을 이어받아 한 농촌 소년이 사회주의 활동가로 성장하는 과정을 그린 (미발표) 소설을 기고했다. 1950~53년 한국전쟁 이후 최학소의 소재는 알려지지 않았고, 그의 형은 고문 후유증으로 식민지 감옥에서 1937년에 요절했다.[120]

한마디로, 대부분 농촌에서 태어난 공산주의자들은 사회적으로나 문화적으로 다양한 의미에서 농민들이 스스로 힘을 키우도록 투쟁했다. 농민 문맹이 오랫동안 일반적인 현상이던 사회에서, 이들을 급진화시키려는 노력의 일환으로 문해율을 높이고 독서 문화를 확산시키려는 좌파의 끊임없는 노력은 심오한 해방적 함의를 지니고 있었다.[121] 이기영의 유명한 《고향》(1933~34) 같은 1920~30년대 좌파 문학의 고전적 작품은 자신의 힘을 자각한 주체로서 조직화된 농민들을 묘사하는데, 이들은 급진적 학생들(그들 가운데 일부는 역설적으로 착취적 지주나 그들 마름의 급진화된 자식들이었다)의 지도를 받아 집단적 항의(소작쟁의 등)를 수행하고 더 강력한 위치에서 지역 권력자들과 협상할 수 있었다.[122] 러시아 볼셰비키가 농촌에서 그다지 정치적 지지를 받지 못했고, 농민을 (토지가 없는 가장 가난한 농민을 제외하면) 잠재적 프티부르주아 적대 세력으로 자주 간주했다면, 그들의 조선 동료들은 1920~30년대 내내 농촌에서 지지 기반을 아주 성공적으로 구축했다.[123] 경찰은 물론 공산당 지하조직이 만들어낸 적색농민조합들의 네트워크를 파괴하느라 바빴지만, (앞서 언급한) 최학소 같은 농촌 조직화 사업에 참여한 중하급 간부들은 1945년 해방 때까지 살아남았고, 이후 좌파 성향의 인민위원회(관련해서는 〈후기〉를 보라)가 전국 네트워크를 형성하는 데 중추를 담당했다.

결론: 범계급적 동맹으로서의 조선 공산주의

1945년 조선 해방 이전 조선 공산주의 역사 20여 년 동안, 핵심부·주변부의 운동 참여자들은 아마도 수만 명에 달했을 것으로 추정된다. 만약 (주로 특권층 출신의) 고도로 교육받고 다언어를 구사하는 전업적 투사들부터 적색노동조합과 농민 단체의 일반 조합원, 그리고 한때 공산주의자가 지도하는 독서회나 파업에 참여한 사람까지 집계한다면 말이다. 지금까지 필자는 운동 참여자들을 분류하고 각 참여 범주의 가장 본질적인 특징과 가장 중요한 기여를 일반적 방식으로 설명하려고 시도했다. 그러나 이러한 범주 간의 경계는 자주 모호해졌다는 점을 기억해야 한다. 앞에서 논했던 라브렌티 강, 일명 강진의 경우에서 알 수 있는 것처럼, 소련 거주 조선인은 코민테른이 지원하는 임무를 띠고 조선 본토에 들어와 국내 지하 투사로서 자신을 재창조할 수 있었다. 국내와 중국에서 학력을 쌓은 양명은 모스크바에 체류하는 망명 혁명가가 됐고, 조선 문제를 다루는 코민테른 간부 가운데 한 명이 됐다(5장을 보라).

디아스포라 조선인이 때로 혁명 사업을 위해 모국으로 돌아오고, 유학생이 망명자로서 해외 체류를 계속할 수 있었던 것처럼, 노동자와 농민의 자식도 때로 학력을 획득하고 공부하는 동안 급진화되어 선전활동을 하기 위해 공장과 농촌으로 되돌아왔다. 주요 공산주의 지도자로 성장한 빈농의 아들 이주하가 바로 이런 경우였다. 그러나 계급 이동의 모든 패턴에도 불구하고, 전업 혁명가들이 지도하고 조직하려던 주로 교육 수준이 낮은 대중과 더 좋은 교육을 받은 지도자 사이의 차이는 항상 두드러졌다. 공산주의운동 전체는 식민지 사회의 여러 계급을 아우르는 다계층적 동맹이었다. 이 동맹의 한 축에는 경성제대 학력과 1932~35년 독일공산당에서 활동한 경험을 가진 부유층 출신의 이강국 같은 인물들이, 다른 한 축에는 적색농민조합의 지하 간행물에 자신의 존재 조건에 대한 분노와 더 나은 세계에 대한 열정을 담은 기고문을 자필로 써 내려간 거의 문맹에 가까운 울진 농민들이 참여하고 있었다. 마르크스나 루돌프 힐퍼딩을 원어로 읽을 수 있는 이론가인 이강국과 울진 농민의 생활세계는 각각 완전히 분리돼 있었다. 대안적 근대성을 위한 붉은 시대의 운동은 그들을 한데 묶었다.

세대적으로, 그들은 대부분 상대적으로 젊었다. 1920~30년대의 일반적인 조선 공산주의 간부들은 20대 후반이나 30대 초반이었다. 1925년 4월 17일 조선공산당을 출범시킨 19인의 활동가 가운데 가장 나이가 많았던 김재봉과 김약수는 그해 35살이었다. 1920년 박진순이 코민테른 제2차 대회에서 불같은 연설을 통해 조선의 대의를 전 세계에서 온 투사들에게 알렸을 때, 그는 겨우 23살이었으나, 수많은 투사들이 그보다 더 어린 나이에 운동을 시작했다. 일부 운동에서 지도자와 이론가 역할을 했던 김재봉과 최익한은 어린 시절 한학을 익히고, 한문을 읽고 쓰는 훈련을 받았다. 권오설은 1926~30년 식민지 감옥에 갇혀 있는 동안 《노자》와 《장자》의 한문본을 다시 읽었다.[124]

그러나 더 젊은 동지들은 근대화된 식민지 교육의 산물이기도 했다. 근대성은 사회적 이동의 새로운 패턴과 범계급적 사회적 집합체를 형성했을 뿐만 아니라 더 많은 이동을 가능케 했는데, 공산주의자는 누구보다 여행을 더 많이 했다. 공산주의자들이 지도하는 노동조합, 독서회, 야학과 세포에 모인 많은 노동자는 시골에서 올라온 이주민, 일자리를 찾아 서울이나 다른 고성장 산업도시로 온 농촌 일꾼이었다.

더욱이, 식민지 모국인 일본 본토로 여행하는 것은 공산주의자 사이에서 상대적으로 흔한 일이었다. 심지어 이주하나 이재유같이 상대적으로 궁핍한 농촌 출신 혁명가도 일본 대학에 다녔다. 1926년 결성된 지하 공산당 일본 지부의 전위 조직인 신흥과학연구회에는 약 50명의 회원이 있었다. 이들 다수는 학생이었고, 대부분은 가난한 가정 출신이었다.[125] 공부하기 위해서나 혁명 사업을 하기 위해서 또는 두 가지를 다 하기 위해서 상하이로 이동하는 것은 1932년 일본군이 상하이를 침략하기 전까지는 상대적으로 흔한 일이었다. 그리고 1931~45년에 만주부터 공산주의 수도인 옌안까지, 중국 곳곳에서 조선 공산주의자들의 존재는 여전히 중요했다. 더 먼 지역에서는 최소한 1930년대 초반까지 소련 국경을 쌍방향으로 끊임없이 넘나드는 투사들의 흐름이 지속적으로 존재했다. 200명 이상의 조선 출신 혁명가가 모스크바로 가서 동방노력자공산대학에서 공부했고, 이 대학 졸업생 약 100명과 다른 학교 출신인 일부 소련 거주 조선인이 반식민투쟁에 참여하기 위해 조선으로 갔다. 박정애처럼 그들 가운데 일부는 1945년 해방 이후 수십 년에 걸쳐 정치적 출세 가도를 달렸다. 한마디로 공산주의자들의 사회는 공간적으로나 사회적으로나 이동성이 아주 강했다.

이러한 환경은 확실히 처신하기 쉬운 곳이 아니었다. 지역적·교육적·사회적 배경이 상이했던 조선 공산주의자들은 반식민투쟁에서 누구와 동맹을 맺어야 하는가에 대해서도 생각이 서로 달랐고, 그에 따라 악명 높을 정도로 분파화가 심했다(2장을 보라). 경찰 탄압이 만연한 분위기 속에서 경찰 정보원의 침투, 투옥과 고문은 어느 투사에게나 실제적이고 가시적인 위험이었다. 그런 분위기에서 상이한 분파의 열성분자들은 자주 피해망상에 빠져, 코민테른 측에 서로를 일본 경찰의 첩자로 고발했다(〈서론〉을 보라). 분파적 노선을 가로지르는 협력은 1930년대에 점차 강화되었는데, 이는 풀뿌리 혁명가들이 기능이 정지된 조선공산당을 아래로부터 재건하려고 투쟁하면서, 풀뿌리 수준에서 적색노동조합과 지역 세포조직을 위해 노력한 덕분이었다. 동방노력자공산대학 졸업생 권영태는 운동 내에서 공통의 소속감이나 개인적 친분이 없었음에도 이재유에게서 협력 약속을 받아낼 수 있었다(둘 다 함경도 출신이기는 했다). 그러나 여전히 상호 불신감은 고조되어 있었다. 공산주의 투사들의 세계는 명확한 전선이 없는 영원한 전쟁의 세계이자, 적이 동지로 위장하기 쉬운 전장이었다. 포용과 관용을 실천하기 쉬운 환경이라고 말하기는 어려웠다.

그럼에도, 이 책의 다른 장에서도 주장하듯, 식민지 시대 공산주의 사회는 근대 조선의 형성에 엄청나게 긍정적 기여를 했다. 여성이 겨우 공적 무대에 들어가기 시작한 때에, 공산주의운동은 상층 지도부가 대부분 남성으로 구성되어 있었음에도(1925년 4월 17일 조선공산당을 출범시킨 19인의 활동가는 모두 예상대로 고등교육을 받은 남성이었다), 하급 및 중간급의 여성 간부를 포함시켰다. 박진홍이나 박정애 같은 여성 활동가들은 앞서 설명한 것처럼, 1930년 지하운동에서 상당히 중요한 역할을 했다. 조선의 공산주의는 조선 인텔리겐치아의 근대주의적 상상력의 지평을 확대했고, 혁명가들이 국경을 초월해 전간기 붉은 시대 전 지구적 반란의 세계와 직접 접촉할 수 있게 했다. 조선 공산주의자들은 러시아 볼셰비키당에 들어갔고(남만춘이나 최성우의 경우), 중국 공산당 대열 내에서 투쟁했고(장지락, 일명 김산의 경우), 또는 도쿄에서 공부하면서 급진화됐다(이재유의 경우). 모스크바의 코민테른 기구들에서 조선인은 수십 개 소비에트 소수민족 대표자들과 더불어 전 세계에서 온 급진파들과 조우할 수 있었다. 조선 공산주의 강령은 소비에트와 바이마르 독일의 경험에 기초해 성평등과 복지 발전에 대한 요구를 포함했던 반면(3장을 보라), 단일한 세계사에 대한 마르크스주의적 요청은 식민지 이전 시대로부터 물려받은 민족 개념의 재검토를 요구했다(5장을 보라). 한마디로, 공산주의는 조선의 식민지 시대 반제국주의 지하운동에 국경을 초월한 이동과 반체제 글로벌주의를 가져왔고, 그뿐 아니라 수많은 급진적인 사회적 요구도 가져왔다(경제적 평등, 성평등 등). 공산주의는 결국 근대와 현대 조선을 형성하는 데 결정적인 경험을 가져왔다(〈후기〉를 보라).

2장

분파와 분파투쟁

이번 장은 1920년대 조선 공산주의운동 내부에서 널리 논쟁이 된 분파주의 문제에 초점을 맞출 것이다. 코민테른으로서는 신생 조선 지부의 주요한 문제가 분파주의였다. 분파주의는 조선 공산주의 지도부의 대부분이 프티부르주아계급 출신이라는 점과, 그들이 신생 노동계급과의 유기적인 연결고리가 부족했다는 점에서 비롯된 것으로 인식됐다. 1970년대 이후 남한의 진보적 저널리스트와 역사가는 이 견해를 승인하는 경향을 보였다. 송건호宋建鎬, 1927~2001는 1920년대 말 분파주의의 점진적 약화를 조선 공산주의자들의 조직적 성숙의 징후로 간주했다. 유사한 맥락에서 강만길姜萬吉, 1933~2023은 20세기 한국사 개설서인 자신의 저서에서 1920년대 공산주의운동에서의 분파주의를 조선의 신생 노동계급의 취약성과 대부분 프티부르주아 또는 인텔리겐치아 출신이던 공산주의자의 계급성 때문에 발생한 것이라는 코민테른의 분석을 재확인했다.[1] 물론 사회학적으로 검증 가능한 사실에 기반한 분석이지만, 이런 견해는 두 가지 중요한 점을 간과한다. 첫째, 1920년대 공산당 대부분에서 분파적 차이는 존재했으며, 심지어 노동자계급을 기반으로 한 당들(독일공산당이 좋은 사례일 것이다)도 예외는 아니었다. 실제로 이런 정당들은 초기에는 다양한 사회계층, 그룹, 경향의 합동체amalgamation였고, 대안적 근대성에 대한 갈망으로 단결했지만, 정치적 문화, 급진성의 정도, 전술 등의 차이로 자주 분열했다.[2] 둘째, 분파주의를 단순히 '소아병'*으로만 치부해버리면 조선의 신생 좌파 내에서 이론적 논쟁을 심화시킨 분파투쟁의 생산적 역할을 간과할 위험에 빠진다. 잘 알려진 것처럼, 분파투쟁은 전술적 차이만이 아니라, 상이한 공산주의 그룹들의 다양한 배경에 그 원인이 있었다. 이런 차이[3]는 1919~21년 형성기에 나타난 조선의 분파적 발전과 관련된 기존 연구 문헌에서 자세하게 검토됐다.[4] 이 장에서는 기존의 연구 문헌을 바탕으로, 전술에 대한 분쟁이 공산주의운동의 조직적 통일을 향한 길에서 단순한 장애물 이상이었음을 보여주고자 한다. 확실히 분파주의는 조선에서 공산주의자들의 활동을 덜 효과적으로 만들었지만, 동시에 공산주의 이론과 조선의 민족-계급 해방운동에 미치는 영향을 더 깊이 이해하는 데 도움이 됐다. 또한 마르크스주의 이론의 기초와 공산주의 정통성, 그뿐 아니라 코민테른 지도부에 대한 충성을 유지하면서도, 특정한 이슈에 대한 이견을 정리하는 기회를 제공하기도 했다. 조선의 선구적 공산주의 지도자들 가운데 한 명인 김단야(그에 대해서는 1장을 보라)는 조선 공산주의운동의 역사에 대한 개요에서 분파들은

---

* 레닌이 사용한 뒤 공산주의운동에서 널리 쓰이던 단어로, 혁명을 둘러싼 객관적이고 현실적인 조건을 고려하는 대신 교조주의적 태도를 고집하는 경향을 미숙한 태도라고 꼬집는 표현이다. ─편집자주

가장 근본적인 정치적 문제에서는 처음부터 차이가 없었다고 썼다.[5]

남한의 일부 정치학자들은 한국 현대 정치에서 지도자 중심의 파벌이 지속적으로 두드러지는 현상(공산주의운동에만 한정된 것이 아닐 수 있다)을 유교적 후견주의clientelist 규범의 잔재 때문인 것으로 파악한다.[6] 그런 영향을 부정할 수는 없지만, 문화적 본질주의의 함정에 빠지지 않도록 주의해야 한다. 실제로 분파와 분파주의는 문화적으로 또는 지역적으로 특수한 현상이라기보다는 보편적인 현상으로, 조선이나 동아시아에 한정되지 않았다. 근대 유럽에서 분파와 분파주의 문제를 이론화한 인물 중 한 명은 유명한 철학자 데이비드 흄David Hume, 1711~76이었다. 그는 영국 의회에서 정당 내부 분파 역학의 작동을 관찰할 기회를 가졌고, 잘 알려졌듯이 분파를 (개인적 친소 관계를 둘러싸고 응집한) '개인적' 분파와 '현실적' 분파, 즉 '이익' '원칙' 또는 '호의' 같은 유의미한 변수로 분열하는 분파로 구분했다.[7] 흥미롭게도, 흄은 원칙에 따른 분파적 경쟁이 이익에 기반한 경쟁보다 더 유해하다고 생각했는데, 이는 이해 갈등은 자연스럽고 불가피한 반면, 이데올로기적이고 종교적인 적개심은 증오, 편견, 박해의 폭력적 극단으로 끝날 수 있다고 이해했기 때문이다. 흄의 분류는 정치적 분파주의의 결정적 기반인 이데올로기적 분열과 철저한 이익 갈등뿐만 아니라, 연계와 후원의 인적 네트워크 같은 정치적 분파주의의 결정적 토대를 강조한다는 점에서 중요하다. 그런데 1920년대 조선 공산주의자들을 포함한 많은 경우에서 이런 요소들은 복잡한 방식으로 중첩된다. 앞서 1장에서 설명한 것처럼, 조선 공산주 중상급 간부들은 국내외 고학력자 지도자 주위로 구조화된 상대적으로 작고 폐쇄된 집단에 속해 있었다. 코민테른 대표들이 올바르게 지적했던 것처럼, 이 지도자들은 대개 엘리트 출신이었고 상대적으로 소수였다. 1920년대 조선 사회에서 잘 교육받은 엘리트는 상대적으로 얇은 층이었다. 그런 사정 아래에서 분파는 필연적으로 쉽게 알아볼 수 있는 지도자와 그의 추종자들로 구성된 인적 네트워크로 기능했다. 코민테른 승인과 재정 문제를 둘러싸고 그들은 격렬하게 경쟁했다. 동시에 이 장에서 보여주려는 점은, 이런 경쟁은 이데올로기적으로 추동되는 경쟁의 모든 특징을 가지고 있었다는 것이다. 전략과 전술의 차이, 조선 반식민주의운동의 본질과 발전 단계, 긴급한 과제에 대한 일반적 이해와 관련된 이견은 모두 흄의 용어대로 '실제적'이었으며, 조선 공산주의의 핵심 문제와 관련돼 있었다.

건설적 실천으로서의 분파주의

그러나 흄이 주장한 것처럼 분파주의가 반드시 파괴적인 것은 아니었다. 프랑수아즈 부첵Françoise Boucek이 근대와 현대 분파주의 연구를 요약한 논문에서 주장한 것처럼, 이데올로기적으로 추동되는 분파 갈등은 의제 설정 과정에서 필요한 정치적 논쟁의 채널을 제공하는 데 중요한 역할을 할 수 있다. 분파주의는 일정한 경계 내에서 통제되지 않을 경우 조직을 분열시키고 당이나 운동의 효과를 저해한다. 그러나 분파의 존재를 허용하면 다양한 이데올로기와 이익집단이 단일한 당 조직의 보호 아래 협력하도록 도와서, 당의 정치적 잠재력이 강화될 수 있다.[8] 필자는 분파주의의 협력적 측면이 분파 간 분열의 모든 측면에서 이데올로기적 정리 과정을 자극하는 역할을 제외하고도 조선 공산주의운동의 초기 역사에서 충분히 중요했다고 주장할 것이다. 실제로 분파주의는 매우 이질적인 초기 공산주의 단체들을 하나의 운동이나 당의 일부로 통합하는 과정에서 공산주의운동이 지불해야 했던 대가였다. 동시에, 분파주의는 다양한 단체들이 조선으로 들어온 레닌주의 이데올로기와 당 조직론의 틀 내에서 차이를 표명하고 이를 정식화·정형화할 수 있는 정치적 논쟁의 틀을 제공했다. 이들의 논쟁은 격렬했지만, 동시에 조선의 신생 공산주의자들이 수용하려고 했던 이데올로기와 그들의 활동 무대인 조선의 구체적인 상황을 더 깊고 세밀하게 이해하는 데 도움이 됐다.

조선과 가장 가까운 지리적·문화적 이웃인 중국의 공산주의운동 분파 동학dynamics을 주의 깊게 살펴보며 조선과 비교하면 시사점을 많이 얻을 수 있다. 중국은 조선 공산주의자들에게 단순한 이웃을 훨씬 뛰어넘는 존재였다. 일본 공산주의운동 내의 급진파 조선인 유학생 3인, 이청원李淸源, 1914~?(나중에 마르크스주의 역사가로 유명해진 인물이다), 송군찬宋君瓚, 황병인黃炳仁이 공동으로 (1936년 이전에) 작성한 〈조선혁명론〉(《사상휘보思想彙報》, 제19호, 1939년 6월)에 따르면, 중국에서 공산당 주도 '민족해방운동'의 진척은 조선 혁명이 민주주의 단계에서 사회주의 단계로 나아가는 것을 더 용이하게 할 주요 요인 가운데 하나로 언급된다.[9] 코민테른 제7차 대회(1935년 7~8월)의 조선공산당 대의원 김하일(러시아식 가명은 블라소브, 1904~)은 그 당시 마침내 중국공산당의 대장정(1934~35)의 막바지에 도달한 "영웅적인 중국공산당의 승리"를 반제국주의투쟁의 찬란한 사례로 언급했다.[10] 중국혁명은 조선 공산주의자들에게 엄청나게 중요했지만, 조직과 투쟁 방법에서는 다른 경로를 따라갔다. 조선 공산주의운동은 처음부터 아주 다양한 도시 기반 지하 그룹들과 그들 주위의 합법적 표면 조직들의 합동체였고, 이는 현 상황에 관한 상이한 비전과 전술적 접근을 가진 뚜렷이 구분되는 조직적 분파로 쉽게 발전했다. 이와 대조적으로 중국 공산주의 운동은 1927~28년 국민당 쿠데타로 도시에서의 합법적 당 사업이 불가능해진 1920년 말부터 수많은 농촌 근거지에서 공작을 수행해야 했다. 각 기지의 지도자들은 자기 지역에서 자신만의 권력 기반을 구축해서, 중간 간부나 지지자의 신뢰를 기반으로 인적 관계(꽌시关系)를 수립해야 했다. 즉 어떤 면에서는 지역 주민의 군사·정치적 보호자 역할을 해야 했다.[11] 그런 활동 양식modus operandi에 기반한 분파주의는 모든 분파들이 혁명의 성공을 통해 갖는 공동 이익에 의해 일정 정도 억제됐다.[12] 그러나 혁명 후 일당 지배 상황에서 집권당 내부의 유일한 분파는 당내에서 개인의 출세를 가능케 하는 후견주의 집단들뿐 아니라 그룹과 부문의 이해를 조율하는 유일한 채널이 됐다.[13] 이 경우에도 분파주의는 다소 파괴적인 당내 투쟁의 배경이자 중요한 정책 조율의 장으로서 동시에 등장하며, 정치적 역동성의 원천이 되기도 했다. 1950년 북조선에서 김일성 주도의 정치적 계보 외부에 존재하는 분파가 파괴된 것은 북조선 정치에서 몹시 필요했던 내적 역동성의 원천을 박탈했고, 중국이나 베트남과 대조적으로 북조선이 1970~80년대 자신의 발전 궤적을 수정할 수 없게끔 만들었다.[14]

조선에서 공산주의 분파의 기원

앞서 언급했듯이, 분파주의의 뿌리는 일차적으로 상이한 조선 공산주의 그룹들의 이질적 기원에 있었다. 한인사회당(1918년 4월 결성)

의 지도적 당원 다수가 민족주의적 저항 활동가 출신이었기 때문에,[15] (1921년 5월 이르쿠츠크에서 열린 창당 대회에서 결성되어 명칭으로 굳어진) 이르쿠츠크파 고려공산당은 대부분 러시아에 동화된 연해주 출신 조선인 이민자로, 사회주의 이론에 더 익숙했다.[16] 두 그룹 사이의 투쟁은 대부분 현실에서 절실한 이해관계, 즉 모스크바가 조선 공산주의운동을 지지하기 위해 사용할 자원의 배분을 중심으로 진행된 반면, 경쟁은 이데올로기적으로 표현돼야 했다. 이 과정에서 민족, 민족주의, 종교 및 종교 단체의 역할이 계급과 민족 투쟁에서 차지하는 위치가 전면에 부각됐다. 이런 문제들을 둘러싼 논쟁은 식민지 사회에서 사회주의적 독립운동과 민족주의적 반제국주의 사이의 복잡한 상호 관계에 대한 조선 공산주의자들의 입장을 더욱 발전시키는 데 기여했다. 예를 들어 이르쿠츠크파 고려공산당 창립 대회에서 채택된 남만춘의 테제는 '진정한' 해방 지향적 민주주의자와의 전술적 동맹을 지지했지만, 동시에 종교 단체들의 '중세적' 영향력뿐만 아니라 자신을 공산주의자로 위장하려는 '기회주의적' 민족주의자들에 대해 강력한 반감을 표현했다. 동시에 당시 코민테른 이념에 완전히 동의하는 이르쿠츠크파 공산주의자들은 조선의 반일운동 내에서 헤게모니를 획득하기 위해, 즉 '부르주아 민주주의적 민족주의'에 대한 투쟁을 전개하기 위해 '프롤레타리아운동'의 조직적 자율성을 유지하겠다는 의향을 선언했다.[17]

그러나 상해파 고려공산당으로 재편한 한인사회당에 동조하는 수많은 러시아 거주 망명한 조선인 혁명가들은 1921년 6월 코민테른 지도부에 장문의 편지를 보내 이르쿠츠크파 공산주의자들의 전술과 전략에 대항하려고 시도했다. 그들이 보기에 이르쿠츠크파 공산주의자들이 가하는 반민주적이고 권위주의적인 압력에 아주 비판적이었던 상해파 고려공산당 동조자들은 조선의 상황이 얼마나 특수한지 잘 파악하고 있었다. 조선 근대사를 해석하는 그들의 관점에 따르면, 산업 자본주의가 발전할 기회를 얻기 전에 조선이 식민화됐기 때문에 부르주아지와 프롤레타리아트 사이의 적대가 일본 식민지 지배자들과의 민족적 모순보다 덜 발전한 것이었다. 따라서 광범한 반식민 범민족 동맹을 조선 공산주의 활동가들이 나아가야 할 길로 보았다.[18] 그런 동맹의 개념은 물론 이르쿠츠크파 공산주의자들이나 그들의 동맹자들에게 완전히 낯선 것은 아니었다. 1920년대 초반 이르쿠츠크파 공산주의자들과 관계를 맺은 민족주의 명망가 김규식은 1922년 1월 4일 모스크바에서 열린 극동노력자대회에서 긴 시간 강령적 연설을 하며 초超민족주의적 대종교까지 포함한 모든 세력을 공산주의자와 코민테른 주위로 연대시키자는 제안을 했다.[19] 그러나 이런 생각은 상해파 공산주의자들의 전술에서 훨씬 더 뚜렷이 드러났다.

순수한 계급투쟁을 진보적·혁명적 운동의 주요 내용으로 삼는 세력과 외국 제국주의에 맞서는 투쟁을 목표로 하는 보다 광범한 범민족적 동맹을 주장하는 세력 간의 논쟁은 남한에서 1980년대까지 계속됐다. 어쨌든, 남한의 종주국 미국과의 비대칭적 관계는 일본 식민 지배의 현대적 대체물로서 신식민주의의 한 형태로 쉽게 이해되었고, 1970~80년대 산업 노동계급의 성장과 그들의 현장운동은 계급투쟁의 우선적 중요성을 지지하는 주장에 충분한 근거를 제시했다. 1980년대 후반 미국 제국주의에 반대하는 좌파 민족주의자와 남한에 내재한 사회적 모순에 더 관심을 갖는 경향 사이의 토론은 지하 반체제운동의 NL National Liberation: 민족해방 분파와 PD People's Democracy Revolution: 민중민주주의 분파 사이 논쟁의 핵심을 이루었다.[20] NL 지도자들은 상대적으로 약한 상대인 PD 경향과의 이데올로기적 전투에서 종종 후자를 '종파주의자'라고 언급했고, 그렇게 해서 1920년대 코민테른의 어법이 부활했다. 그래도 1920년대 공산주의 분파와 유사하게 양측은 자주 대규모 캠페인과 항의 시위를 위해 힘을 합쳤다. 더 나아가 상해파 공산주의자들과 다르지 않게, 그들은 '미 제국주의'라는 주적을 집중 타격할 목적으로 다양한 '애국' '구국' 세력과의 광범한 토대를 갖는 민족 동맹을 제안하기도 했다.[21] 물론 NL 좌파 민족주의자와 PD 마르크스주의 정통파 사이의 담론 전투는 급속하게 산업화되고 있는 포스트 식민지(물론 미국에 종속돼 있지만) 남한이라는 질적으로 다른 배경에서 일어났다. 그러나 이런 논쟁에서 다시 등장한 일정한 이데올로기적 틀은 반세기 훨씬 전에 이르쿠츠크파와 상해파 지지자 사이의 토론에서 형성되었다는 머나먼 역사적 기원이 있다.

정통파 대 민족주의파:
1920년대 중반 이후 조선 공산주의운동의 분파투쟁

1920년대 초반 주로 해외에 기반을 둔 이르쿠츠크파 고려공산당과 상해파 고려공산당 사이의 논쟁으로 시작해, 민족적 접근 대 계급적 접근을 둘러싼 논쟁은 1920년대 중반 조선 공산주의운동 내 상이한 분파들 사이에서 계속됐다. 논쟁의 주역은 이르쿠츠크파 공산주의자들과 직접 연계된 (비합법 조직인) 화요회,[22] 엄격한 레닌주의 이데올로기에 기반해 1925년 도쿄의 조선인 유학생들이 세운 일월회, 상해파와 연계된 (비합법) 서울파와 (비합법) ML(마르크스-레닌주의)파 등이었다.²³ 투사들의 느슨한 네트워크였던 ML파는 1926년 말 정통 이론 위에서 분파를 극복한 (통상적으로 '제3'이라고 불리는) 통일된 조선공산당을 조직하려고 시도했다.²⁴ 모든 분파들은 조선의 공적 공간에 마르크스주의의 기초를 소개하는 거대한 사업에 기여하려 했다. 정백鄭栢, 1899~1950, 이성태李星泰, 1901~38, 그리고 다른 서울파와 상해파 활동가들은 1923~25년에 마르크스주의 출판사 민중사民衆社를 운영했고, 이 출판사는 예를 들어 마르크스의 중요한 1849년 저작인 《임금노동과 자본Lohnarbeit und Kapital》의 조선어 번역을 최초로 출판했다. 대부분 기존의 일본어판에 기초한 것이었다.²⁵

경쟁자인 일월회는 마르크스주의 원전을 소개하여 위신을 얻는다. 도쿄에 소재한 그들의 출판사 권독사勸讀社, 1926~27는 마찬가지로 기존의 일본어 번역을 적절히 활용하여 프리드리히 엥겔스Friedrich Engels, 1820~1895의 《유토피아에서 과학으로 사회주의의 발전Die Entwicklung des Sozialismus von der Utopie zur Wissenschaft》(1880) 조선어판을 선구적으로 출판했다.²⁶ 마르크스-레닌주의의 일부 요소는 교육을 잘 받은 도시인 사이에 상식적인 지식으로 발전하고 있었다. 서울의 대중잡지에서 출판된《신어대사전新語大事典》은 레닌의 '좌익소아병'을 '코민테른'이나 '개척단(소련 공산주의 소년 조직인 소년개척단young pioneers)'과 나란히 일반적인 신조어 목록에 올렸다.²⁷ 기초적인 마르크스주의 이론 자체는 분파적 논쟁의 주제라기보다는 주도면밀한 학습과 근면한 대중화의 대상이었다.

논쟁의 주요한 뼈대는 여전히 민족주의 단체, 특히 종교 단체와의 관계 맺기에 관한 것이었다. 상해파 공산주의자들이 수립한 전통을 따르고 코민테른의 권고대로 행동하는 서울파는 그런 전술적 동맹을 조심스럽게 환영한 반면, 다른 분파들은 보다 회의적이었다. 분파 갈등은 때로 직접적인 물리적 폭력 수준까지 치달았다. 예를 들어 서울파 공산주의자들과 더 정통적인 반대파 사이의 주먹싸움과 난투는 화요회 지도자인 김단야가 작성한 자기소개서에 사실적으로 묘사돼 있다. 그는 1937년 모스크바에서 소비에트 비밀경찰에 체포되기 전에 이 문서를 작성했다(그런 다음 처형당했다).[28] 체포의 공식적인 명분은 모스크바의 다른 조선 공산주의 망명객 이성태가 작성해 제출한, 김단야를 '일본의 밀정'이라고 비난한 고발장이었다. 이성태는 원래 앞에서 언급한, 초기에 마르크스주의 기초 저작을 대중화시킨 선구 조직이라 언급한 경쟁 상대 서울파의 회원이었다.[29]

물론 조선의 모든 공산주의자들은 분파 소속에 관계없이, 먼저 조선의 주권 회복을 최우선 목표로 삼은 민족 독립 활동가였다. 1927년 다소 정통적인 화요회 회원 권오설이 일본인 심문관에게 말했던 것처럼, 조선의 공산주의는 조선인 자신의 손으로, 조선인의 통치 아래서 실현돼야 하며, 따라서 조선을 일본제국의 영역에서 분리하는 것이 첫 번째 임무였다.[30] 화요회 동료 회원 김찬도 1931년 일본인 수사관에게 똑같이 말했다. '타도! 일본제국주의!' '타도! 봉건세력!' '국제공산당 만세!'가 모든 공산주의자들의 주요한 슬로건이었다.[31] 그러나 공산주의자들이 동일한 최초의 목적을 폭넓게 공유하는 비사회주의자들과 어느 정도로 협력해야 하는가는 또 다른 문제였다. 다른 중요한 문제에는 경제투쟁과 정치투쟁의 연계, 그 밖에 일본 식민 당국이 설치한 합법적 틀 안에서 정치적 참여의 허용 가능성, 즉 행정적으로 관리되는 전혀 자유롭지 못한 공적 영역의 현실과 용인 가능한 타협의 한계 문제 등이 포함됐다. 이런 모든 문제는 최근까지 한국 진보운동에서 중요하게 다뤄졌다.

1920년대 식민지 검열의 상대적 이완 덕분에 급진적 운동의 전술적 문제를 심지어 공개 언론에서 논쟁할 수 있었다는 사실은 흥미롭다. 그런 논쟁이 신문과 잡지의 지면에서 진행됐다는 사실은 이런 논쟁이 독자들에게도 흥미로운 주제였다는 것을 의미했다. 예를 들어, 1925년 일본이 극도로 억압적인 치안유지법 시행을 준비하고 있을 때, 대중 잡지인 《개벽開闢》은 새로운 법률의 잠재적 영향과 동시에 급진적 ('사회')운동과 일반적 민족운동 사이의 협력 전망에 대하여 영향력 있는 공산주의 지도자들의 의견을 조사했다. 그런 협력이 필요하다는 점은 보다 정통적인 화요회 지도자들을 포함해 조사에 응한 모든 지도자들에게 명백했다. 화요회의 중추적 기수 가운데 한 명인 권오설은 민족주의자들과 '사회운동' 활동가들이 동일한 압력에 부딪힐 때 협력해야 한다고 언급했다. 당시에 모스크바에서 학업을 마치고 막 돌아온 또 다른 화요회 투사는 조봉암이었다. 조봉암은 권오설의 주장에 원칙적으로 동의했지만, 한 가지 단서를 달았다. "'타협적인(온건한)' 민족주의자들은 배제되어야 한다." 서울파는 어떤 면에서는 더 열정적 방식으로 자신들의 의견을 표현했다. 창립자 가운데 한 명인 김사국金思國, 일명 김해광金解光, 1892~1926은 원래 민족운동과 사회운동은 동일한 이해를 갖고 있고, 따라서 이 경우 (온건한) 민족주의자들이 '신일본주의(친제국적 이념)'로 전향한다면, '우리(공산주의자들)'는 진정한 민족주의운동의 재건을 도와야 한다고 말할 정도까지 나아갔다.[32] 서울파 공산주의자들은 (조선에 '진정한 해방을 가져올' 수 없는 이들로 이해되는) 민족주의자들과 아주 명확하게 자신을 구별하는 점에서 정통파와 거의 다르지 않았지만, 그들은 제한적인 역사적 시기 동안에라도 민족주의자들을 동반자이자 협력자로 인정할 것을 훨씬 더 명확하게 강조했다. 같은 해(1925년) 동일한 《개벽》의 지면에서 유명한 공산주의 정치평론가인 김경재金璟載, 1899~?(차후 친일파로 전향)는 상이한 '사회운동(공산주의)' 분파들에 단결을 호소했고, 그들의 차이는 전략적이라기보다 전술적이며, 단결은 운동 전체를 크게 이롭게 할 것이라고 주장했다.[33] 공산주의 분파 사이의 토론 주제는 1920년 조선의 교양 있는 독자층에게 명백히 흥미로운 관심사였다.

신간회를 둘러싼 논쟁

박진순 대 남만춘

민족주의적 지향과 정통파 마르크스주의 좌파 사이의 차이는 조선 공산주의운동이 누구와, 어떻게 동맹을 맺어야 하는가의 문제에만 국한되지 않았다. 내부인을 위한 덜 공식적인 메시지에서는 조선 공산주의운동의 현주소가 뜨거운 논쟁의 대상이 됐다. 민족주의적 좌파가 다양한 민족주의 단체들과 더 폭넓은 동맹을 제안하면서 사용한 주장들 가운데 하나는 조선 공산주의운동의 '미성숙함'으로, 대중과 연결되어 독자적으로 그들의 투쟁을 주도할 능력이 부족하다는 것이었다. 상해파 공산주의자들의 핵심 사상가 중 한 명인 박진순은 코민테른 집행위원회의 조선위원회에 보내는 편지(1926년 2월 16일)에서 조선에는 노동계급에 기반한 강력한 공산주의운동을 발전시킬 근대적 노동자가 약 4만 명으로 여전히 극소수에 불과하다고 주장했다. 박진순에 따르면 99퍼센트까지는 아닐지라도 조선 공산주의 활동가의 95퍼센트 정도는 노동계급이 아닌 지식인 계층 출신이었다. 이것으로 극좌주의 '소아병'이 만연했던 현상을 설명할 수 있었던 한편, 토착 종교인 천도교를 포함한 대중 단체들과 폭넓은 통일전선이 필요한 명분을 만들었다. 흥미롭게도, 박진순은 코민테른에서 보편적 기준으로 간주되는 용어, 즉 러시아 혁명사의 용어로 조선 공산주의운동의 간략한 역사를 보편화하기 위해 특히 러시아의 역사적 어휘를 솜씨 좋게 활용했다. 조선의 혁명적 지식인들을 라즈노친치raznochintsy: 문자 그대로 '잡계급 사람들'로 규정했는데, 이는 귀족 혁명가들(데카브리스트Decembrists)의 후예이자 프롤레타리아트에 기반한 선배 사회민주주의자인 19세기 러시아의 라즈노친치(비귀족, 잡직인雜職人) 혁명가를 동류로 간주한 개념이었다. '대중의 자발적 운동'에 대한 조선 좌파 지식인의 경멸적 태도는 1920년대 소련에서 제법 유행한 자기비판 용어인 콤차반스트보komchvanstvo 공산주의적 자만自慢'의 특징이었다.³⁴ 조선은 '프롤레타리아혁명'이 가능해진 시대보다 훨씬 오래전인 과거의 러시아로 묘사되고 있었다.

박진순이 조선 공산주의운동의 과거와 현재에 대한 다소 진지한 설명을 제시하고 나서 몇 달 뒤, 그의 영원한 적수인 이르쿠츠크파의 남만춘이 지하 조선공산당의 해외뷰로가 위치한 상하이에서 보고서를 제출했다(1926년 5월 17일). 그의 해석에 따르면, '소아병'을 겪던 과거, 즉 대중과의 직접적인 연결고리가 없는 공산주의 지식인들이 즉각적인 '프롤레타리아혁명'을 꿈꿨던 시기는 이제 옛일이 됐다. 조선의 지하 공산당은 '대중적 기반을 갖춘 볼셰비키'가 되고 있었다. 과도하게 낙관적인 남만춘의 평가에 따르면 조선공산당은 "2~3년 안에 코민테른의 가장 강력한 지부들 가운데 하나가 될" 것이었다. 남만춘은 "대중을 일으켜 세우고 교육하기" 위해 조선의 마지막 황제 순종純宗,

박진순이 1920년 7월 코민테른 제2차 대회(식민지·민족문제 위원회 회의)에서 레닌 및 다른 참석자들과 식민지 문제에 대해 토론하고 있다. 출처: 임경석(성균관대학교 사학과 명예교수).

1907~10의 장례식에 맞춰 계획한 1926년 6월 10일 시위가 계기가 될 수 있기를 희망하고 있었다. 1919년 삼일운동이 순종의 아버지 고종高宗, 1863~1907의 국장 기간 이후에 일어났기 때문에, 남만춘은 7년 뒤 똑같은 성공이 7년 뒤 재현되기를 희망했다. 대중 시위가 '봉기의 연습'이 되면, 도시 파업과 지주에 대항하는 소작쟁의에 대한 당의 지도는 당에 대중적 기반을 제공할 것이었다. 파업이 일어나는 경우 "조선 사업가들이 일본 기업가들과 연대하는 경향이 있기" 때문에, 남만춘은 천도교 좌파 그룹과의 동맹을 어느 정도 지지했음에도 "부르주아" 민족주의자와의 동맹보다는 '대중 사업'을 강조했다. 남만춘의 평가는 확실히 더 낙관적이었고 그의 정치 노선은 박진순보다 더 급진적인 것처럼 보였지만, 코민테른에 그의 수사가 충분히 보편적으로 들리게 만들기 위해 그도 러시아에서 사용하는 특유의 표현을 솜씨 좋게 사용했

2장 분파와 분파투쟁 111

다. 예를 들어 그는 1920년대 초반 공산주의자들의 부적절한 지도력을 일종의 대중 추수주의라고 규정했는데, '혁명적 지도력을 결여한 기회주의'를 가리키는 레닌의 이 표현은 1920년대 러시아 공산주의자들 사이에서 널리 쓰였다. 좌우간, 남만춘이 보기에 조선은 1917년 혁명 직전의 러시아와 점점 더 닮아가고 있었다.[35]

남만춘의 다소 낙관적인 분석은 1926년 조선 공산주의운동의 전반적인 상승 추세에 기반한 것이었다. ML파의 주요 이론가인 한위건韓偉健, 1896~1937이 과거의 "분파적 오류"에 대한 1930년의 분석에서 썼던 것처럼, 1926년은 커다란 희망으로 시작했다. 노동운동과 농민운동이 앙양했고, 공산주의자들 그룹 내 일반 간부와 투사 사이에서 분파적 기반을 벗어난 통일된 당 건설에 대한 강한 요구가 있었다.[36] 코민테른은 1926년 3월 31일 결의안에서 아직 조선공산당에 들어오지 않은 비주류 분파들을 지원하고 지도해야 할 연대적sochuvstvuyushchie 공산주의 그룹들로 간주하는 데 동의함으로써 분파 갈등을 완화하려고 시도하고 있었다.[37] 그런 분위기에서 가장 중요한 비주류 분파인 서울파의 저명한 인사들이 화요회의 핵심 회원인 김찬1894~?과 조용히 비밀 회담을 갖고, 그 당시까지 대개 화요회가 지배하고 있던 당에 들어가기 시작했다. 앞서 언급했던 마르크스주의의 대중적 보급자였던 정백도 그들 가운데 하나였다. 곧 서울파는 화요회와 힘을 합쳐 단일 당을 건설한다는 생각을 지지하는 '신'서울파와 독자적인 정치적 경로를 완강히 고집하는 '구'서울파로 분열했다. 이 분열은 화요회가 주도하는 당을 조선 공산주의운동의 정당한 중심축으로 인정하는 더 폭넓은 수용을 의미했다.[38] 그러나 의견 차이와 열띤 논쟁은 계속되었고, 격동의 한 해였던 1926년, 당 지도부는 점차 이질적으로 변했으며, 과거의 화요회 모임과는 더욱더 달라졌다.

1926년 6월 10일, 그리고 그 이후

조선인 대다수가 일본의 지배를 외래적이고 강제로 강요된 것으로 인식하고 있음을 증명한 1926년 6월 10일은 1920년대 조선 역사에서 중요한 전환점이 되었다. 화요회는 조선 공산주의자를 대표하는 주요한 세력 가운데 하나로 사건 배후에서 활동했으며, 사건 전후로 경찰의 혹독한 탄압을 견뎌내야 했다. 화요회의 많은 지도자들이 감옥에 갇히거나 망명을 떠났다. 지하 당 기구의 지도부 공백을 비주류를 포함한 다른 분파의 당원들이 메웠다. 1925년 4월 당 창건 때부터 화요회와 기꺼이 협력하려 했던 상해파의 베테랑 김철수는 그해 9월 총서기란 핵심 지위에 올랐다. 일월회 시절부터 그의 동료였던 안광천은 이 다음에 논의할 〈정우회政友會 선언〉을 작성하는 책임을 맡았다. '구'서울파 회원들은 대부분 이 선언을 거부한 반면, '신'서울파 회원들은 이를 계기로 대거 당에 가입했다. 경찰의 감시에도 불구하고, 김철수는 안광천의 도움을 받아 1926년 12월 6일 조선공산당 제2차 대회를 개최했다. 곧 모스크바의 코민테른 본부에 전달된 당대회 의사록을 보면 전해와 비교해 당원의 규모가 2배로 늘어났음을 알 수 있다. 전체 당원은 535명이 되었으며, 그 가운데 95명이 감옥에 갇혀 있었다.[39] 순수한 계급 기반적 투쟁보다는 민족투쟁에 참여함으로써 당은 희생을 감수해야 했지만, 당의 가시적 위상은 크게 향상됐다.

기실 6월 10일 선전 선동 자료의 슬로건은 대체로 민족주의적이었다. 공산주의자들은 "총독 통치에서 자유로운 조선" "조선인 중심의 교육"을 외치며 일본인의 조선 이주 금지 등을 주장했고, 일본산 제품의 대중적 보이콧을 호소하기도 했다.[40] 전략적·전술적 목적만 생각한다면 정통파 공산주의자들도 이런 종류의 대중적 민족주의적 태도를 쉽게 채택할 수 있었지만, 그들의 분파적 견해의 주요 차이는 여전히 완전히 사라지지 않고 있었다. 남만춘은 데이비드 홈이 "개인적"이라고 분류한 분파주의가 조선에서 극복되고 있으며, 내부투쟁은 이제 단순한 그룹 또는 개인 간의 말다툼이라기보다 정치 노선을 둘러싼 원칙적 차이에 더 초점을 맞추고 있다고 지적했다. 이는 어느 정도 사실이었다. 분파는 여전히 존재했지만, 그들의 상호 이데올로기적 차이는 주로 공산주의자와 반식민운동 세력 사이의 관계에서 발생하는 실질적 문제에 초점을 맞추며, 레닌주의적 이론 논쟁의 아주 정교한 언어로 정리되고 있었다. 1920년대 초반의 분파투쟁은 대부분 실천적 차이의 문제였고, 민족주의적 공산주의자들과 정통파 공산주의자들은 신생 운동이 처한 현 상황과 임무, 바람직한 동맹에 대해 의견 차이를 보였다. 1920년대 후반에도 주요한 의견 차이의 영역은 여전히 같았지만, 공산주의자들이 조선에 마르크스주의 이론을 소개하는 작업이 결실을 맺기 시작하면서 그들의 표현 방식은 점차 이론적 측면에서 점점 더 정교해졌다. 다양한 마르크스-레닌주의 이론에 대한 언급은 이제 조선의 급진적 대중 독자에게 더욱 이해하기 쉽게 다가갔고, 동시에 분파 토론은 공산주의자 사이에서 더욱 심화된 이론적·수사적 정교화를 반영했으며 그 발전에 기여했다.

정우회 대 전진회

이미 1920년대 중반부터 조선 공산주의자들 사이에서 발전한 토론 문화의 한 가지 중요한 사례는 신간회新幹會, 1927~31 결성을 둘러싼 논쟁이었다. '민족 단일당'으로 여겨졌던 단체인 신간회는 식민지 조선에서 중국의 1927년 이전 국공합작에 비견됐다. 결과적으로 신간회 결성으로 이어진 토론을 촉발한 돌발적 사건 가운데 하나는 1926년 11월 17일 〈정우회 선언〉이었다. 정우회는 정통 화요회와 일월회가 공동으로 만든 합법적 표면 단체로, 조선 공산주의자들에게 분파적 분열을 극복하고 최소한 일시적이더라도 "비타협적 민족주의자들"의 대열에 참여할 것을 촉구했다.[41] 이 선언의 레토릭에서 주목할 부분은 좌파적 정치 스펙트럼을 통틀어, 그리고 대부분의 민족주의자들도 일반적으로 공유하는 기표signifier와 이데올로기적 표현을 광범하게 사용했다는 점이다. 예를 들어 정우회는 "대중을 무지로부터 해방시키고 … 교육을 통해 그들을 조직할 것"을 제안했는데, 이는 좌파뿐만 아니라 민족주의자도 전통적으로 희망해온 내용이었다. 동시에 급진적 좌파의 핵심 신조들인 "일상투쟁" "이론투쟁" "계급과 대중에 기반한 정치투쟁" 등도 언급됐다. "이론투쟁"과 "경제투쟁의 정치투쟁으로의 전화轉化"에 대한 특별한 강조는 후쿠모토주의福本主義의 영향으로 보이는데, 후쿠모토주의는 당시 일본공산당 내에서 인기 있던 급진적 조류로서 일본 자본주의가 궁극적인 자기파괴로 향하고 있으며, 급진파들은 정치투쟁에 노력을 집중할 필요가 있다는 다소 과장된 믿음에 기초하고 있었다.[42] 그러나 "투쟁"의 중요성과 "그 특정 형태의 바람직함"("이론" "대중" "계급" "일상생활" 모두를 포함하는 투쟁)에 관한 공산주의자들의 일반적인 합의는 어떤 새로운 실천적 제안을 제기하기 위한 전제 조건이었고, "(일제에) 비타협적"인 (따라서 공산주의자들이 동맹으로 받아들일 수 있는) 민족주의자들과의 일시적 동맹이 그 제안이었다.[43] 이런 동맹은 결국 신간회로 발전했고, 이는 공산주의자들이 급진적 민족주의자들의 분파와 협력해 순수한 계급 기반의 운동보다 범민족적 운동에서 통제권을 장악하려는 중요한 시도였다.

이 선언에 대한 보다 민족주의적인 '구'서울파의 대응은 거의 한 달 만에 나왔다. '서울'파 간부들의 합법적 표면 단체인 전진회前進會는 동일한 매체(《조선일보》)에 경쟁 파벌의 선언에 대한 장문의 답변을 발표했다. 정우회는 레닌주의적 정신에 충실히 (그리고 후쿠모토주의의 원칙에 따라) '정치투쟁'을 회피하는 것을 '소아병'이라고 규정한 반면, 전진회 측은 그들을 레닌주의 이론의 또 다른 주요한 죄목인 '우익 편향'을 들며 정우회를 비난했다. 어쨌든 식민지 시대 조선에서 '정치투쟁'은 일본제국에 조선 신민에 대한 자치 또는 선거권 부여를 위한 청원을 하는 수준으로 쉽게 "타락"할 수 있었다. 도덕적 비난을 가하는 용어('타락')는 공산주의자들과 민족주의자들이 공유하는 수사적 특성으로, 〈정우회 선언〉과 전진회의 답변 양쪽에서 찾아볼 수 있다. 요약하자면, 양측은 정치적 수사에서 동일한 문법을 따르고 있었고, 공통의 정치적 가치에 호소하면서도 분명히 구분되었다. 예를 들어 정우회는 조선의 사회운동이 경제주의적이고, 따라서 저발전됐다고 봤다(양 분파가 공유하는 레닌주의의 정치적 가치 체계에서 '정치운동'은 사회운동 발전의 진화적 정점이었다). 동시에 보다 민족주의적인 전진회는 식민지 해방을 위해 투쟁하는 상황에서 민족 지향적인 사회운동의 불가피성을 강조했으며, 기존의 조선 사회운동을 주로 민족적 영감에 기반을 둔 것으로 규정했다.⁴⁴ 정우회는 기존 대중운동의 '자연 발생성'을 개탄한 반면, 홍양명洪陽明, 1896~1950 같은 서울파 이론가들은 순수한 이론투쟁보다는 실천투쟁의 중요성을 더 강조했다. 동시에 최익한(그와 그의 가족에 대해서는 1장을 보라) 같은 정통 마르크스주의자는 일부 민족주의자의 대열에 합류하려는 정우회의 의향을 무원칙적 "절충주의"로 규정했다. 정통파의 다른 열성파들은 민족주의자와의 어떤 전술적 결합이 이뤄지기 전에 경제운동과 궁극적 정치운동 내부에서 '마르크스주의 분자'가 강화되기를 원했다.[45] 〈정우회 선언〉의 작성자인 안광천과 그의 일월회 동지들은 자신들이 양측에서 공격받고 있음을 알아차렸다.

신간회와 '프롤레타리아 헤게모니'

앞서 언급했듯, 민족주의파와 정통 공산주의자 사이의 열띤 토론의 핵심 쟁점은 공산주의자와 반식민 민족주의자의 통일전선인 신간회 문제였다. 동시대 중국에서 코민테른이 주선해 이뤄진 공산주의자와 민족주의자 사이의 협력을 모델로 한 합법적 단체인 신간회는 1927년 2월 15일 결성됐다. 1931년 5월 마침내 신간회가 해산할 당시, 신간회의 지역 지부는 126개였고, 회원은 3만 9,914명이었다. 지역 지부의 절반 정도가 사실상 공산당의 통제 아래 있었다.[46] 신간회 지도부에서 공산주의를 대표한 사람은 김준연金俊淵, 1895~1971이었다. 그는 도쿄제대 졸업생으로 1925년에는 《조선일보》 모스크바 특파원이었고, 1927년 9~11월에는 공산당 책임비서로 일했다.[47] 공산당이 대중 동원에 명백하게 유용하지만 완전히 공산주의적이지는 않은 이 조직과 관계를 어떻게 유지할 것인가는 이제 공산주의 논쟁가들에게 핵심 이슈가 됐다.

주류의 관점은 일월회의 보다 정통적인 설립자이자 한때 공산당 책임비서였던 안광천이 정리했다. 그는 신간회 사업에 대한 공산주의자의 의무에 관한 논문을 발표했고, 거기에서 당시 코민테른 노선에 따라 신간회 내부의 "프티부르주아 분자"에 대한 '헤게모니 획득'을 이 통일전선 조직의 일원으로서 공산주의자의 주된 임무로 제시했다. 연이은 코민테른 결의안과 지침들의 정신에 따라, 안광천은 공산주의자가 통일전선의 틀 안에서 '프롤레타리아적 성격'을 유지할 것을 요구했다.[48] 그의 주요한 이론적 적수인 서울파의 홍양명은 조선의 사회정치적 운동의 특수성에 관한 더욱 긴 논문을 1928년 1월 《조선일보》에 연재하며 이 테제를 반박했다. 홍양명은 '프롤레타리아 헤게모니'에 관한 논의가 아직은 취약한 신생 통일전선운동을 분열시킬 것이기 때문에 전술적으로 잘못되었다고 지적했다. 더 깊은 차원에서 홍양명은 식민지 조건 아래서 범민족적 이슈를 우선으로 해야 했기에, 조선 프롤레타리아트가 민족운동에서 헤게모니를 행사할 만큼 충분히 강하지 않다고 보았다.[49] 신간회 도쿄 지부의 보다 온건한 회원들 150여 명이 서명한 〈1928년 1월 선언〉에서 '극좌적'[50]이라고 규정한 안광천의 테제는 공산주의 대오에서 상대적으로 지지가 약했다. 사실, 일부 서울파 회원, 특히 공산당 지도부에 속한 또 다른 《조선일보》 기자인 신일용辛日鎔, 1890~?(해방 이후 그는 우익 정치인이 됐다)은 심지어 당 자체를 "청산(즉 해산)"하고 "우리 운동이 계급에 기반해야 한다는 도그마를 버리고" 공산주의운동을 민족 통일전선의 일부로 재정의할 것을 제안했다.[51] 신일용과 함께, '청산주의[러시아어 Ликвидаторство(Likvidatorstvo)의 차용어]'가 조선의 당 조직론 논쟁 어휘록에 들어왔다.

한위건의 후배이자 ML파 지도자로서 청년 정통 마르크스주의자인 고경흠高景欽, 1909~63도 곧 논쟁에 뛰어들었다. 그는 홍양명과 다른 서울파 회원과 지지자들이 "나로드니키 같은 입장"을 취하고 노동계급의 특수한 역사적 역할과 비공산주의적 민족운동의 "프티부르주아적 성격"에 대한 이해를 결여하고 있다고 비난했고, 홍양명과 그와 비슷한 부류들이 민족운동에 충분히 비판적이지 못하다고 주장했다.[52] 그로부터 1년 뒤인 1929년 5월, 안광천은 상대적으로 안전한 베이징 망명지에서 글을 써서, 더 많은 "노동자와 농민"이 신간회에 들어오게 독려할 것을 제안했다. 그 목적은 신간회를 "부패한 우익" 지도자들을 고립시키고 배제할 만큼 충분히 민주적으로 만들고, "전투적" 강령을 구체화해 반제국주의투쟁을 수행할 역량을 "극대화"하도록 하는 것이었다. 안광천은 오직 "프롤레타리아트와 그 전위당"만이 심지어 반제국주의적 "부르주아-민주주의적" 단계에서도 조선 혁명을 지도할 역량이 있다는 점을 분명히 했다.[53] 흥미롭게도, 1929년 가을에 쓴 통일전선 문제에 관한 논문에서 한위건은 공산주의자들이 정말로 신간회를 필요로 하는 한 가지 이유는 바로 조선에서 전위당의 상대적 취약성 때문이라고 언급했다. "전위당"은 "혁명을 지도"해야 하지만, 동시에 합법적 "민족당" 형태의 매개 없이 정치적 대중 동원의 목적을 실현할 수는 없었다.[54]

그러나 1930년 봄, 고경흠과 한위건, 다른 ML파 지도자들은 신간회의 유용성이 끝났다고 판단했다. 한편, 이제 새로운 "계급 대 계급" 전략으로 무장한 코민테른은 조선을 포함한 모든 곳의 통일전선에서 공산주의 전략과 요구를 따르든지 아니면 포기할 것을 요구하고 있었다. 코민테른의 핵심 조선인 간부 가운데 한 명인 최성우(그의 이후 활동에 대해서는 3장을 보라)는 이란, 튀르키예, 중국, 조선의 자료에 기반해 "식민지와 종속 사회에서" 부르주아지가 대개 지주계급과 중첩되고 지주들이 도시 투자에 손을 뻗치고 도시 자본가들이 농촌 토지를 구매해 소작인에게 임대하는 현상을 이론화했다. 부르주아지는 "제국주의적" 외국 자본가들의 매판 중개인으로 쉽게 "전락"한다는 것이다. 이로 인해 부르주아지는 농민의 농업혁명이나 반제국주의투쟁을 지도할 수 없다. 따라서 "프롤레타리아 헤게모니"는 유일하게 실행 가능한 선택지다.[55] 다른 한편, 김병로金炳魯, 1888~1964가 이끄는 신간회의 민족주의 지도부는 대공황 이후 풀뿌리 투쟁의 급진화에도 불구하고 보다 온건한 전술로 전환하고 있었다. 그 결과, 이번에는 수많은 서울파 간부를 비롯한 공산주의자 다수는 신간회 해산을 위해 캠페인을 벌이고 농민조합과 노동조합 사업에 집중하기로 결정했다. 노동조합은 '적색화' 될 수 있었지만, 신간회 내부의 훨씬 급진적인 비타협적 민족주의자는 여전히 공산주의적 비전과 동떨어진 채로 남아 있었다.[56] 일부 반대 목소리도 있었는데, 예를 들어 1930년대 초반 전반적으로 좌파 성향 언론인으로 활동했던 전 화요회 열성 회원(그는 비밀리에 일본 경찰을 위해 일하고 있다고 의심받았다) 김경재 같은 인물이 있었다. 김경재는 조선 프롤레타리아트가 여전히 비프롤레타리아 동맹자를 절실히 필요로 하고 있고, 진지한 풀뿌리 지지를 결여한 "부르주아 개량주의자"는 민족운동에서 공산주의자의 지도력에 별 위협이 되지 못한다고 주장했다.[57] 그러나 이런 목소리는 조선 좌파 내에서 소수였다. 고경흠이나 한위건 같은 ML파 투사의 논리가 훨씬 더 강한 영향력을 행사했다.

  신간회 안팎에서의 공산주의자의 전술이라는 실천적 문제를 다루면서, 안광천, 홍양명, 신일용, 고경흠 등은 보다 폭넓은 문제들에 대한 입장을 명확히 해야 했다. 이는 노동자 파업에서 나온 요구를 통해 조선 노동계급 의식의 성숙도를 평가하는 것부터 노동자의 "전위적" 잠재력, 다양한 계급들의 세력 균형과 혁명을 성공으로 이끄는 과정에서 객관적 요소와 주관적 요소의 역할이라는 폭넓은 문제에 대한 입장까지를 포함했다. 그들의 논쟁 기조와 스타일은 조선의 공산주의자들 사이에서 심화되는 성찰·토론 방식을 보여줬다. 조선 본토에서 조선 공산주의운동이 존재한 지 10년이 지나는 시점에 그들은 자신이 대변하는 계급이 무엇인지, 그리고 노동자계급으로서 정체성을 구축하기 위해 광범한 반식민운동의 요구와 어떻게 투쟁을 결합할 것인지의 문제를 정리할 경험을 충분히 쌓게 됐다. 1927~31년의 신간회 논쟁은 이후에도 계속됐다. 1934~35년 모스크바의 코민테른 기구에서 일하던 정통파 조선 마르크스주의자들(예를 들어 최성우가 있다. 그의 활동에 대해서는 1장과 3장을 보라)은 신간회 같은 "부르주아" 조직에 공산주의자가 참여한 것을 정치적 오류로 간주하게 됐다. 그들의 관점에서 보면, 신간회 해산을 주장하는 것으로는 충분하지 않았다. 이는 궁극적으로 일본제국 내에서 제한적 자치만을 바라는, 궁극적으로 "친제국주의적인" 조선 부르주아지의 이익에 봉사했기 때문이다. 신간회와 맺는 어떤 연결고리도 그 자체로 오류였다.[58] 그러나 1936년부터 새로운 바람이 불었다. 코민테른이 반파쇼 통일전선으로 선회했고, 이는 "민족 부르주아지"에 대한 우호적 태도를 전제로 하고 있었다.[59]

어떻게 당을 재건할 것인가: 자기 운동에 대한 공산주의자의 성찰

코민테른이 1928년 12월 조선공산당의 승인을 취소하고 조선인 지지자들에게 대중에 기반한 아래로부터의 당 재건을 호소한 다음, 상이한 분파들은 과거의 운동에서 무엇이 잘못됐는지를 충실히 분석하여 미래 운동의 재건에 대한 다양한 비전을 제시했다. 분파주의 비판은 이 모든 분석의 공통 실마리였다. 그러나 이런 분석을 주의 깊게 읽어보면 공통된 의무적 레토릭의 층위 아래 중요한 내용상의 차이가 보인다. 예를 들어 이동휘의 협력자로서 상해파와 서울파 출신의 수많은 당원들과 함께 1929년 6월 25일 간도 지역(중국 동북부)에서 자칭 조선공산당 재건준비위원회를 조직했던 김규열金圭烈, 1890~1934은 조선 공산주의운동이 여전히 "대중에게 뒤처져" 있다고 봤다. 일본제국주의가 "심화되는 위기" 속에서 탄압을 강화함에 따라 대중은 더욱 혁명적 방향으로 진화하고 있다는 것이었다. 여전히 "특수한 조직 형태를 가진 … 지식인 집단"인 공산주의 분파들은 급진화된 대중을 지도할 준비가 제대로 되어 있지 않았다. 혁명적 고양의 "이행기"의 임무에 대처하기 위해 분파들을 "기계적으로" 합치기보다는 완전히 해산해야 한다는 논리였다.[60] 또 다른 서울파 간부이자 구 전진회 활동가였던 이운혁 李雲赫, 1895~1937은 (1930년 12월 일본 경찰이 그를 체포했을 때 발견한) 당 재건에 관해 적은 유명한 노트에 그 자신의 서울파는 "룸펜 프롤레타리아트와 뒤섞인 프티부르주아 지식인"으로 구성된 반면, 경쟁 상대인 화요회의 구성원은 주로 고학력 청년이었다고 썼다. 이운혁이 보기에, ML파는 보다 견고한 부르주아적 지적 배경을 갖고 있었다. 그에 따르면, 1920년대 분파들은 기껏해야 진정한 프롤레타리아적 볼셰비키당을 건설하기 위한 준비를 하는 데 그쳤다. 부르주아 지식인은 "프롤레타리아혁명의 승리가 임박했다고 예상했기에, 또는 개인의 이기적 욕망에 추동돼" 1920년대 공산주의 분파들에 가입했지만, 이 모든 "비계급적" 분자들은 이제 일본 경찰의 "점차 만연해지는 백색테러"에 겁을 먹고 운동을 떠날 것이었다.[61]

(많은 경우 자기비판의 형태로 이뤄진) 분파주의에 대한 비판이 흔한

일이 된 것처럼, 1920년대 후반부터 1930년대 초반까지 조선 공산주의자들 사이에서는 급진적 고조가 임박했다는 기대가 널리 퍼져 있었다. 그러나 김규열의 준비위원회 선언이 있던 해인 1929년에 발표된 조선의 정치 상황과 공산주의자들의 임무에 관한 논문에서, 안광천은 조선 공산주의운동에서의 지식인의 역할에 대해 더 긍정적으로 강조했다. 대중운동의 기반이 여전히 형성되는 과정이었고, 노동계급이 막 정치투쟁의 장에 들어온 시점에서, 안광천은 러시아어에서 유래한 특정한 함의를 지닌 용어인 '인텔리겐치아'가 민족주의운동과 공산주의운동 모두에서 "중요한 역할"을 해야 한다고 강조했다. 안광천은 인텔리겐치아의 취약성, 즉 끊임없는 조직적 분란과 보다 온건한 지식인이 "개량주의자로 전락해 부르주아지와 타협하는" 경향 등을 인정하면서도, 강점을 강조했다. 어쨌든, "선진국"의 지식인과 달리, 산업적으로 덜 발전된 식민지 조선의 지식인은 자본주의적 생산과정과 직접적 관련이 별로 없었기 때문에, 자본가에게 굴종적 태도를 취하지 않았다. 반대로 그들은 "다양한 사회적 모순에 대한 상대적으로 강한 불만을 품는" 경향이 있었다. 지식인의 지배가 조선 공산주의의 약점이었다는 점에 동의하면서도, 안광천은 지식인의 과장된 역할의 불가피성을 일정 부분 인정했다. 어쨌든 조선에서 노동자 조직과 그들의 정치 참여는 파업의 빈도와 참가자 수가 증가함에도 불구하고 아직 "청소년과 같은 성장 단계"에 머물렀다.[62] 남만춘과 마찬가지로 안광천은 "대중을 지도함"에 있어 혁명적 인텔리겐치아의 잠재력을 다소 낙관했고, 〈정우회 선언〉과 유사한 방식으로 이뤄지는 아래로부터의 자연 발생적 운동에 불신을 표현했다. "부르주아 민족주의자"는, 심지어 《조선일보》 주위로 결집한 보다 급진적인 민족주의자조차 혁명적 잠재력을 갖지 못했다고 보았다.

정통 레닌주의 노선을 따르는 다른 열성파들은 민족주의적 성향의 상대들을 비판하는 것을 전 지구적 맥락에 놓으려 열심이었다. (그 일부가 모스크바의 코민테른 학교들을 교육적 배경으로 하는) 보다 정통적인 투사들을 통합한 ML파의 주요 이론가이자 과거 〈정우회 선언〉의 공동 작성자였던 한위건은 1929년 〈조선 혁명의 특수성과 노동계급 전위의 당면한 임무〉라는 긴 논문을 발표했다. 이 시점에 그는 (안광천처럼) 중국에 망명하고 있었다. 일본이 만주를 점령하기 2년 전에 기득권 열강과 신흥 열강 사이의 대규모 세계 전쟁이 도래할 것을 예언했고 심지어 태평양을 미래 전장으로 언급하기도 했던(원문에는 "미래의 태평양전쟁"이라는 선견지명이 있는 표현으로 적혀 있다) 한위건은 가장 본질적인 "프롤레타리아 전위의 임무"는 국제주의라고 정의한다. 전쟁 위기에 반대하고 임박한 제국주의 전쟁을 혁명적 내전으로 전화시키는 것 외에도, 이 의무에는 "세계 사회주의의 본국 소련의 방어"와 "중국의 노동자와 농민 혁명의 지지"가 포함됐다. 1930년 직접 중국공산당에 입당해 이후 거기에서 중요한 역할을 했던 한위건은 중국혁명이 동방에서 세계혁명의 중심지라고 생각했다. 한위건에 따르면, 지금까지 "조선 프롤레타리아운동"의 가장 큰 실패 원인은 바로 국제주의적 관점과 태도, 선전 사업을 발전시키지 못했기 때문이었고, 이는 명백하게 조선 공산주의투쟁의 국제적 맥락에 대한 민족주의 분파들의 무관심을 지적한 것이었다. 한위건은 분파 지도자들이 자신의 당파적 목적을 위해 코민테른의 권위를 악용했고 코민테른의 지침을 충실하게 따르지도 않았다고 비난했다. 중국 운동과 일본 운동의 연계는 강화돼야 했고, "[조선] 민족 우선주의"는 새로운 열정으로 "이론적으로, 그리고 정치투쟁에서" 반대해야 했다. 조선에서 정치투쟁의 지도는 (농민 동맹자와 함께) 노동계급이 행사해야 했지만, 아직 노동계급은 "극도로 어리고" 수적으로 적었다. (중국과 일본의 노동자와 기술자 외에) 조선인 노동자는 대략 7만 명에 불과했다. 경제적 빈곤이 심화되고, 정치적 표현을 가능케 하는 합법적 공간이 부족해지면서, 조선 노동계급이 "사회민주주의와 민족개량주의" 편향에 빠질 가능성은 낮았다. 여전히 노동계급은 지식인을 필요로 했고, 지식인의 "조선 혁명에서의 역할"은 "극도로 중요했다". 인텔리겐치아의 최상층은 이미 일본제국주의에 포섭된 지주들과 너무 밀접해서 혁명적 대열에서 '이탈'을 피할 수 없었지만, '인텔리겐치아'의 일부는 여전히 "끝까지 노동계급의 이익을 위해 투쟁할" 것으로 예상됐다.[63] 혁명에서의 '프롤레타리아 헤게모니'에 대한 마르크스주의적 테제를 고수하면서도 한위건의 논문은 조선 공산주의운동의 국제적 임무를 완수함에 있어 사실상 대부분 지식인으로 구성된 '전위'의 역할도 강조했다. 그러나 정통 공산주의자들이 보기에 이 국제적 임무는 보다 민족주의적인 분파의 우선순위에서는 밀려나 있었다.

분파주의 청산을 전투적 현장 운동에 기반해 아래로부터 당의 성공적 재조직화의 주요한 선결 조건으로 봤기 때문에, 1930년 초반 분파 문제에 대한 심도 깊은 이론에 기반한 접근이 일부에서 시도됐다. 그런 시도의 한 예를 한위건의 또 다른 장문의 분석에서 볼 수 있는데, 이 논문은 1926년경 조선 프롤레타리아운동이 범한 '이론적-실천적 오류에 대한 비판'에 구체적 초점을 맞췄다. 이해는 코민테른이 조선의 공산주의자들이 '방향을 전환'해, 지식인의 모임이 아니라, 조직적 독립성을 유지하면서도 반식민 민족주의자와의 광범한 동맹 건설에 참여할 능력과 의지를 갖춘 전투적 노동계급 조직으로서 당을 재건할 것을 요구했던 해였다. 한위건은 자신의 ML파도 그 유산을 물려받았던, 1925년 4월 조선공산당 결성에 책임 있는 정통파의 태생적 결점을 인정해야 했기 때문에 이는 자기비판이기도 했다. 한위건이 아주 현실적으로 목도했던 것처럼, 분파들은 제국주의 적들에 맞선 투쟁을 하면서 그들이 대변한다는 대중에게 침투할 능력도 의지도 부족했다. 야심 찬 분파 지도자들은 마르크스주의 이론에 대한 이해가 제한적이어서, 대부분 거의 '봉건적' 방식으로 단체를 운영했고, 회원과 영향력을 확보하기 위해 항상 서로 경쟁하기 바빴다. 한위건은 조선 운동의 문제점을 외부 식민자들이 강제한 식민지 시대 조선의 자본주의 발전이 갖는 '비정상성' 탓으로, 그리고 국내 계급투쟁의 경험에 기초하지 않고 사회주의 이론이 조선에 수입됐다는 사실 탓으로 돌렸다. 여전히 한위건은 조선공산당의 정치 노선이 저지른 모든 과오에도 불구하고 민족주의적 공산주의 그룹의 '기회주의적' 경향과 비교해 '올바른' 마르크스-레닌주의 경로에 상대적으로 더 충실했다고 간주했다. 그는 민족주의 경향이 당을 파괴하려는 시도를 했다고 비난했고, "비공산주의적 전통"을 극복하지 못했다고 비판했다.[64]

결론: 분파 논쟁과 사회주의 담론의 심화

요약하자면, 이 장에서는 1920년대 조선 공산주의운동의 다양한 분파들 사이에 일어난 논쟁의 내용과 그런 논쟁이 진행된 방법을 다뤘다. 이 장의 목적은 논쟁 대상이 된 이슈의 맥락과 중요성을 이해하고 동시에 1920년대 공산주의자 사이에서 의견 차이가 정당하게 표출되는 방식을 설명하는 것이었다. 이 논쟁들은 이후 수십 년 동안 한국 반체제운동의 이론적·담론적 발전을 위한 기반이 되었고, 다기한 이데올로기적 뉘앙스와 이해를 가진 관련 집단들을 고려하면 초기 공산주의운동의 발전에서 불가피한 요소였다. 이는 급진적 투쟁의 이데올로기적·정치적·전술적 성숙을 크게 가속화했다.

논쟁가들은 정말로 조선의 근대적 발전 일반의 문제와 조선의 해방운동에 참여한 상이한 사회 세력들의 역학에 대해 광범위하게 비슷한 관찰을 했다. 레닌주의적 방법론과 용어를 공유한 민족주의적 공산주의자와 정통 공산주의자 양측은 모두 식민주의를 조선의 경제·사회적 후진성의 근본 원인으로 인식했고, 자본주의 발전의 '유아적' 단계, 노동자 의식과 운동의 저발달, 그리고 노동계급의 투쟁에서 지식인의 역할이 필연적으로 과장된 현상을 '식민적 기형'의 결과로 파악했다. ('프티부르주아' 또는 '부르주아') 지식인은 노동자가 아니라는 점에서 결격사유가 있는 것으로 여겨졌다. 이는 대중에 침투하고 조직하는 능력의 결여부터 '봉건적' 과욕과 그에 따른 '작은 수령들'의 분파 정치까지를 포함하는 것이었다. 동시에, 좌파 민족주의파와 정통파 공산주의 양측은 조선의 급진좌파운동이 극도로 어려운 상황에서 다른 종류의 긍정적 측면을 발견하는 경향이 있었다. 전자는 민족 억압에서 비롯된 대중적 반식민투쟁의 가능성을 강조한 반면, 후자는 정치적으로 억압받는 가난한 조선인 노동자 사이에서 사회민주주의적 개량주의 기반의 부재와 자본주의적 생산과정에 대한 직접적 연결의 결여로 저발달된 조선의 지식인을 매수할 조선 부르주아지 능력의 한계를 강조하고 있었다. 다른 대안이 없었기에, 조선의 상황에서 여전히 급진화된 인텔리겐치아는 노동계급에 기반한 공산당 건설의 주요한 도구로 간주됐다. 비공산계 민족주의자 그리고 그들이 공산주의자와 결합해 결성한 신간회 같은 광범한 대중 기반 조직은 상대적으로 취약한 조건 아래서 공산주의자가 대중 동원의 임무를 수행하는 유용한 매개로 간주됐다. 그러나 그런 광범한 대중 기반 조직에 대해 어떤 노선을 취할 것인가에 관해 민족주의와 정통 공산주의자의 의견이 일치하지 않았다. 그들은 또 (종교계를 포함한) 비공산주의 민족주의 세력과의 동맹에서 허용 가능한 한계가 어디까지인지에 대해서도 합의에 이르지 못했다. 외국 식민 지배에 대한 민족주의적 적대감이 복잡하게 중첩된 조선의 특수한 사정을 고려하면, 즉 급진적 인텔리겐치아의 대안으로서의 사회주의적 근대성 추구, 변화에 폐쇄적인 조선과 외국 엘리트에 맞선 그들의 투쟁, 농촌과 도시 환경에서 토지와 노동조건을 둘러싼 다중적 갈등을 고려하면, 1920년대 분파 논쟁이 제기한 문제들에 대한 단 하나의 올바른 대답은 거의 존재할 수 없었다. 사실, 1930년대 조선에서 공산주의의 심화된 토착화는 정통 공산주의자가 주장한 공장 대중으로의 침투, 민족 언어와 문학, 문화 문제에 대한 마르크스주의적 입장을 정식화하려는 시도를 모두 포함했다. 1920년대의 논쟁은 본질적 문제를 공개적으로 제기하고 공산주의적 자기 성찰과 이론적 분석을 벼릴 수 있는 장을 제공했다는 점에서 일차적으로 중요했다. 그런 방식으로 논쟁은 조선의 신생 사회주의 문화의 어휘와 문법 양자가 발전하는 데 상당히 건설적인 역할을 했다.

3장

공산주의 강령

　공산주의는 제1차 세계대전과 제2차 세계대전 사이의 '붉은 시대'를 특징짓는 주요한 사회정치적 운동 중 하나로, 역사학도에게 심각한 정의의 문제를 제기한다. 공산주의의 목적은 정확히 무엇인가? 이미 〈서론〉에서 언급했듯이, 이 질문에 대한 대답은 문제의 공산주의운동이 자본주의 세계체제에서 지리적으로 어디에서 일어났는가에 따라 크게 달라진다.[1] 세계체제의 지역에 따라 공산주의자들이 강력하게 내세웠던 각각의 목표가 상당히 달랐다. 물론 (이윤을 추구하는 자본 세력에 의해 통제되기보다) 사회가 경제를 민주적으로 통제하는 산업자본주의사회의 변증법적 안티테제인 공산주의의 종국적 승리는 모든 공산주의 운동의 공통된 이상적 목표였다.[2] 그러나 그 이상으로, 명시된 목적은 매우 다양했으며, 보통 공산당 간부의 최상층 다수를 구성하는 급진화된 지식인(〈서론〉과 1장을 보라)이 대중의 진보적 요구로 여긴 모든 것을 포괄했다. 급진적 지식인과 그들이 동원하려는 기층 다수는 모두 세계경제의 다양한 지역에서 서로 무척 다른 열망과 요구를 품고 있었기에, 이는 필연적으로 갈라져 다양하게 존재할 수밖에 없었다.

핵심부와 주변부의 공산주의

러시아사회민주노동당 내부의 분파였다가 독립 정당(1912년 이후)이 된 러시아 볼셰비키는 일반적으로 1917년 10월혁명의 성공 이후 보다 온건한 사회민주주의와 결정적인 결별을 주도한 선구적 공산주의자로 여겨진다.[3] 그러나 10월혁명 이전의 볼셰비키 강령을 대략 훑어보면, 볼셰비키의 궁극적 목적인 계급 없는 사회주의 또는 공산주의 사회의 구체적 내용에 대한 관심이 결여되어 있다는 사실을 발견할 수 있다. 그 대신, 예를 들어 RSDRP 제5차 당대회(1907년 런던) 결의안 초안에서 볼 수 있듯이, 볼셰비키는 농민의 적극적인 참여를 이끌어 "프롤레타리아트 헤게모니 아래 민주주의혁명을 최종적으로 완수하는 것"에 노력을 집중하기를 원했다. 볼셰비키는 러시아에서 민주주의 공화국을 수립하고 그런 공화국의 틀 내에서 8시간 노동제를 비롯한 노동계급의 요구들을 쟁취하고, 농지를 평등하게 재분배하는 등 농민의 요구를 충족시키기를 원했다. 사회주의를 향한 투쟁은 급진적 민주화가 쟁취된 이후에 비로소 일어나야 한다는 것이었다.[4] 볼셰비키와 그들의 온건한 경쟁자 멘셰비키 사이의 가장 열띤 논쟁은 농업 강령을 둘러싸고 벌어졌다. 볼셰비키는 농민 공동체에 토지 사용권을 분배하기 위한 전제 조건으로서 모든 농지의 국유화를 요구했던 반면, 멘셰비키는 이를 모든 토지에 대한 명목상의 국가 소유를 유지한 18세기 이전 '아시아적' 무스코비Muscovy로의 복귀라고 간주했고, 그 대신 토지의 '지자체 소유municipalization'를 지지했다.⁵ 당대 용어로 흔히 '후진적'이라고 하는 반#주변부 나라인 러시아에서⁶ 공산주의운동은 무엇보다도 가장 깊은 평민적 열망과 가장 급진적(민주주의적) 근대화 경향을 대변하지 않을 수 없었다. 최상급 볼셰비키 간부들 상당수는(역사사회학자 릴리아나 리가Liliana Riga에 따르면 약 3분의 2) 러시아제국의 주류 사회에서 배제되거나 자주 탄압받는 소수민족에 속했고, 따라서 '민족문제'에 관한 민주적 결의안은 볼셰비키 요구 목록에서 주요하게 고려됐다.⁷ 실제로 소수민족의 곤경에 대한 초기 볼셰비키의 관심은 이후 억압적 다민족 제국에서 소수민족이었던 식민지 시대 조선인 지식인 사이에서 공산주의의 인기를 높이는 데 중요한 역할을 했다.

  1919년 제8차 당대회에서 채택된 혁명 후 볼셰비키의 그다음 당 강령은 사회적 급진주의와 개발주의적 주제가 흥미롭게 결합된 내용이었다. 화폐 교환을 기존의 협동조합에 기초한 전 국가적 계획적 분배 네트워크로 대체하고, 노동조합이 국유화된 산업 경제의 관리 업무를 인수하도록 촉구했던 것이다. 사회주의의 즉각적 달성보다는 '생산력의 최대 발전'이 당 경제 강령의 핵심이었다.⁸ 승리한 볼셰비키가 세계전쟁, 내전과 전쟁 동원으로 대부분 파괴된 농업 중심 경제를 통제하던 반주변부 국가에서 다른 것을 기대하기는 어려웠다. 반면 독일공산당의 초기 강령(1918)은 당시를 생산력이 이미 충분히 발전된 상태로 인식하고 구성되었기에 생산력 발전에 관해서는 언급하지 않았다. 그 대신 순수하게 사회주의적인 경제적 제안에 초점을 맞췄다(중대 규모 기업들의 몰수와 이후 노동자 평의회가 생산을 통제하는 사회화 등).⁹ 세계체제의 핵심부 지역에서 공산주의는 일반적인 근대화 열망이나 개발주의적 비전의 흔적 없이 순수한 형태의 사회주의적 급진주의를 대표했다.

20세기 초반 유럽 열강은 세계체제 주변부 대부분을 식민지 영토로 점하고 있었고, 국제 공산주의의 전략은 일관되게 민족해방을 우선시했다. 식민지와 다른 주변부 사회의 공산주의운동이 학문적으로 일종의 대중 기반 좌파 민족주의라고 분류될 정도로 강조되었다. 전간기 공산주의운동의 지도 기관인 코민테른은 그 출범 때부터 식민지와 (식민화되지 않고 종속된) '반半식민지' 사회의 통일전선 전략과 전술을 강조했다. 신생 공산당과 공산주의운동은 민족해방 문제를 최우선으로 삼고, 조직적 독립성을 잃지 않으면서도 민족해방투쟁에서 공산주의 헤게모니를 확보할 비전과 함께 비사회주의적 급진 세력과 심지어 '부르주아 민족주의자'와도 동맹을 추구해야 했다.[10] 이런 관점에서 보면, 1930년대 후반 중국 공산주의가 농민 민족주의의 정치적 도구로 진화했다는 차머스 존슨Chalmers Johnson, 1931~2010의 유명한 테제(1962)는 단지 자명한 것을 진술하고 있을 뿐이다. 중국 공산주의는 바로 처음부터 민족적 과제를 정면으로 강조해야 했다. 비록 1921년 중국공산당 창당 이후 당의 강령과 정강이 당의 궁극적 목표로서 '노동자와 농민의 독재'를 변함없이 언급했을지라도, 당면한 우선적 과제로서 '군벌 도당의 타도'와 '국제 제국주의자들의 억압으로부터 해방'을 강조하는 것을 결코 소홀히 하지 않았다.[11] 1928년 이후 국민당의 탄압으로 도시에서 농촌으로 내몰렸던 중국공산당은 도시 노동자층을 향한 사업보다는 농민을 동원한 사업에 더 의존할 수밖에 없었다. 따라서 그들은 필요에 의해 민족 주권, 안정적 질서와 사회정의에 대한 농민의 요구를 수용해 이를 공산주의 간부들의 개발주의적 비전과 결합시켰다.[12]

기존의 연구에서 입증되었듯, 민족주의적 인텔리겐치아의 대열에 대부분 뿌리를 뒀던 선구적 조선 공산주의자들은 1920년대 코민테른의 통일전선 전략을 기반으로 사업을 벌이며, 그들의 제1 목표인 민족해방투쟁을 촉진하기 위해 급진적 민족주의자들과의 동맹을 지속적으로 시도했다.[13] 1920년대 후반에서 1930년대 초반에 걸쳐 공산주의 강령의 급진적 전환은 기존의 연구에서 광범위하게 논의되어왔고, 흔히 외부적 요소(코민테른의 노선 변화)와 내부적 요소(기층의 급진화, 파업과 폭동의 고양 등)의 영향을 함께 받은 것으로 간주된다.[14] 많은 연구자들이 공산주의 강령을 분석하며 '부르주아 민주주의혁명'에 대한 강조에서 민족해방 직후 소비에트를 더 강조하는 사회주의국가 체제로의 전환을 지나, 1930년대 후반에 이르러서는 반파쇼 통일전선 전술을 수용하는 움직임이 드러나는 것에 주목했다.[15] 그러나 덜 주목을 받는 것처럼 보이는 현상은, 1920~30년대 조선 공산주의 강령과 정세를 분석한 문서들에 분명히 드러나는 전반적인 근대화 열망뿐 아니라 앞에서 언급한 혁명적 볼셰비키 강령에서 민주주의를 강조한 것처럼 이들 문서에 공통적으로 드러나는 민주주의적 열망이다. 이번 장에서 필자는 이 초기 단계에서 조선의 공산주의자들이 독립과 근대화, 사회복지 발전에 대한 대중 동원에 기반한 민주적 혁명 투쟁 강령을 정식화하려 시도했으며, 이러한 시도가 조선 사회의 기존 담론 지형에 정교하게 부합하며 꽤 성공을 거두었다고 주장할 것이다. 그들의 강령은 국내외 상황 변화에 따라 중요한 변화를 겪으면서도 어떤 지점에서는 여전히 일관됐다. 강령은 식민지 사회의 다양한 하위 계층의 광범한 근대적·민주적 요구들을 종합하고, 보편주의적·탈민족주의적 세계관과 조화시키고, 주류 조선 사회의 보수적 분자들을 밀어내면서 광범한 반식민 동맹을 향해 나아갈 의도를 보여줬다. 공산주의자는 토지의 급진적 재분배를 요구한 유일한 세력이었으며, 보다 보수적인 '문화적 민족주의자'는 기껏해야 '조선의 생산 장려' 문화 발전, 극도로 제한적인 농촌 발전, '농촌 재건'에 초점을 맞추었다.[16] 물론 식민지 경찰 탄압 기구가 공산주의자들이 자신의 힘으로 혁명에 성공하지 못하게 막았지만, 대중을 동원하고 대중의 이익을 위해 노력했던 그들의 역사는 민주적이고 급진적인 근대화운동의 시작을 의미하는 것이었고, 그들의 운동은 20세기 후반 조선 반도의 역사에 결정적인 영향력을 행사했다.

조선 공산주의 강령: 민족해방과 '인민민주주의' 사이에서

초기의 낙관주의

초기 공산주의 조직들의 강령은 과도하게 열정적인 혁명적 낙관주의 색채를 띤다. 러시아에서 내전이 계속되고 1919년 3월 1일 거대한 대중 봉기가 최근 기억 속에 생생했기 때문에((서론)을 보라), 민족주의 활동가에서 전향한 공산주의자들은 자신들의 강령을 최대 목표, 즉 가장 급진적 요구와 격렬한 수사로 채웠다. 베테랑 민족운동가였다가 전향한 공산주의자(예를 들어 이동휘)와 일부 러시아 태생 조선인 급진파(예를 들어 박진순)가 함께 이끌었던 상해파 고려공산당은 1921년 5월 상하이 창당 대회에서 채택한 〈창립 선언문〉에서 조선에서 "프롤레타리아 독재 아래서 조선 소비에트 정부"를 수립할 것을 요구했다. 그러나 이 "조선 프롤레타리아 정부"가 수립되면 어떻게 나아가야 할지에 대해서는 구체적 내용이 거의 없었다. 〈조선공산당 강령〉은 "모든 생산 시설과 운송 수단의 국유화" "무상 의무 초등교육, 만인의 노동 의무, 여성해방" 등을 언급했지만, 조선의 특수한 상황 아래서 이를 어떻게 모두 실현할지에 대해서는 구체적 언급이 없었다. 그러나 조선 독립만큼은 조선에서 사회주의혁명을 촉진할 주요한 전제 조건으로 언급됐다.[17] 대체로 선언문과 강령은 실천적이기보다는 선언적인 성격이 강했다.

상해파 고려공산당의 라이벌인 이르쿠츠크파 고려공산당은 주로 기존 민족주의운동과 별다른 연계 없이 러시아에서 태어나 러시아어를 구사하는 연해주 원호 조선인이 주도했고, 마찬가지로 열정적으로 급진적이었지만, 조선의 사회주의적 미래에 대한 계획의 세부 사항에 좀 더 주의를 기울였다. 이르쿠츠크파 고려공산당 창립 대회(1921년 5월)에 채택한 〈농업 문제에 관한 테제〉는 독립한 조선에서 '노동자와 농민의 소비에트 공화국'을 건설하는 일과 세계 소비에트 공화국 연방에 가입하는 것에 관해 언급한다. 모든 지주들의 토지와 (일본의) 국유지 몰수 외에도, 〈농업 문제에 관한 테제〉는 "서구의 소비에트 공화국들로부터" 소비에트 조선으로 농업 기계가 실려 올 경우, 국가 주도로 농민에게 기계를 공급하는 일을 언급했고, 유휴지 활용에 한정되는 수준이긴 하지만 농민의 집단화 개시에 관해서도 이야기한다. 조선의 가난한 일본인 정착민도 최상의 국제주의 정신에 따라 조선에 잔류해 합류하기를 청했고, 그들에게 조선인 농민과 동등한 권리를 약속했다. 노동자에 대해서는 〈노동 문제에 관한 테제〉를 통해 모든 산업의 국유화(임금노동자를 고용하지 않는 가장 작은 상점은 제외), 8시간 노동제, 건강이 위험해질 만한 산업에서 여성과 아동의 노동 금지, 국가가 운영하는 연금, 성인을 대상으로 한 무상교육, (개별 공장 기반이 아닌) 산업별 노동조합의 결성 등을 약속했다.[18] 이런 강령들은 실천적 계획보다는 수사적 열정을 보여준다. 이는 1921년 7월 중국공산당 창당 대회에서 채택된 〈중국공산당 강령〉과 비교해볼 수 있다. 당시 전체 53명의 당원을 확보한 이 당은 노동계급에 기반해 중국 민족국가를 복원하고 계급제도와 함께 자본주의를 완전한 폐지하는 것을 당면 임무로 상정했다.[19] 러시아혁명의 성공과 제1차 세계대전 후 전 지구적 반란의 전반적 분위기(〈서론〉을 보라)에 영감을 받은 동아시아의 공산주의자는 1920년대 초반 과도하게 열정적인 경향이 있었다. 그러나 최초의 강령에서 언급된 수많은 항목들(노동자 복지 등)은 이후 조선 공산주의자의 강령에도 계속 등장했고, 조선에서 산업자본주의가 진행되면서 실현 가능한 실천적 요소로 자리잡았으며, 분배 정의를 일부 실현하는 것을 현실적으로 가능하게 했다.

2단계 혁명을 향하여

1925년 4월 17일 경성에서 (지하) 조선공산당이 조직된 시점에, (그들의 중국 동지들과 마찬가지로) 조선 공산주의자는 코민테른의 2단계 혁명론을 완전히 받아들였다. 이 이론에 따르면 이러한 혁명의 첫 단계는 충분한 수준의 민주화와 결합된 민족해방이며, 이는 진정으로 사회주의적 혁명을 위한 이후의 투쟁을 용이하게 할 것이었다.[20] 사실, 코민테른은 조선의 식민지 본국인 일본에서 일어날 혁명조차 제국 체제와 '농촌의 봉건적 토지 보유 제도' 같은 일본 메이지 이후 체제의 '봉건적-전제주의적 요소'를 폐지하는 것을 목표로 하는 '부르주아 민주주의' 혁명으로 보는 경향이 있었다. 이와 반대로 일본의 일부 급진파(이른바 노농파勞農派)의 견해는 즉각 사회주의로 나아가는 혁명적 변혁을 추진하는 것이었다.[21] 한편, 중국에 대한 1925년 코민테른 집행부의 결정은 국민당을 '인민주의적 혁명 정당'으로 규정했고, 국민당이 공산당을 하위 파트너로 삼아 (즉각적인 사회주의혁명이 아니라) "민족 독립과 혁명적 민주 정부"를 가져오기를 기대했다.[22] 이와 대조적으로 독일공산당의 〈1924년 행동강령〉은 코민테른의 축복 아래 독일을 소비에트형 국가로 전환시켜 '공장의 사회화'를 통해 생산과정을 통제할 노동자 평의회를 도입하고, 붉은 수비대를 결성하고, '부르주아지의 무장해제'를 성취할 임무를 강조했다.[23] 즉, 독일은 조선이나 일본과 달리 사회주의혁명을 앞둔 성숙한 선진 자본주의사회로 판단됐다. 따라서 신생 조선공산당은 '조선 소비에트 공화국'의 미래에 대한 상세한 묘사를 수고스럽게 하지 않았고, 그 대신 반식민혁명의 세부 사항에 집중했다.

불행하게도 그 계획의 많은 부분은 여전히 베일에 싸여 있다. 조선공산당은 창당 대회(1장을 보라)에서 공식 강령을 채택하지 않았고, 그 대신에 이 임무를 중앙집행위원회에 위임했다.[24] 모스크바에 대표로 파견된 조동호는 보고서를 통해 코민테른에 창당 대회 결의안이 범민족적 반제국주의운동을 용이하게 하고 일본과 조선 자본가 모두에 맞서 투쟁할 공산주의자의 의지를 표현했다고 전달했다. 또한 공산당 지지자들이 코민테른의 깃발 아래 뭉쳐, 독립의 대의를 위해 일본 자본주의에 맞서 농민과 노동자를 조직하여 투쟁하고, 증오스러운 동양척식주식회사[25]와 기독교에 맞서 투쟁할 뜻을 밝혔다.[26] 그러나 식민지 지배자 대부분은 기독교인이 아니었고, 기독교는 식민 권력의 직접적 통제를 받지 않는 소수 종교 가운데 하나였기에 이러한 시도는 조선의 상황에 적합하지 않았다.[27] 실제로 1925년 9월 21일 코민테른 동양뷰로의 조선에 관한 결의안은 반기독교운동을 거부하고, 그 대신 조선

공산주의자가 종교 단체에 침투해 종교 지도자의 기회주의적 태도에 맞서 평신도를 선동할 것을 요구했다.[28]

그 결과, 그다음 등장한 강령적 문서인 〈조선공산당 선언〉[상하이로 망명한 조선 공산주의자 그룹이 기관지 《불꽃》(제7호, 1926년 9월 발행)에 발표했다]은 내용이 훨씬 더 일관되고 풍부해졌다. 〈조선공산당 선언〉은 프롤레타리아 헤게모니 아래서 민족혁명을 통해 회복될 조선 독립의 비전을 제시했지만, 이 과정에서 조선 부르주아지의 참여를 허용했다. 그 결과, 군사정책에서 "인민 민병대의 무장"을 추가로 실시하는 민주공화국은 성평등, 노동조합과 파업의 자유, 8시간 노동제, 16세 이하 학생에게 모두 적용되는 무상 조선어(일본어가 아니다) 교육 등을 보장하도록 했다. 새로 태어날 민주주의적 조선은 소련과 우호적 동맹을 맺을 것이고, 일본과 준국가조직(동양척식주식회사 등)의 토지 보유분과 대지주의 토지를 토지 부족에 시달리는 조선 농민에게 분배할 것이다. 그러나 완전한 토지개혁은 혁명의 추가적 성공 이후에만 이뤄질 것이며, '민주혁명' 시기에 소작인은 수확량의 30퍼센트로 소작료를 인하하는 것에 만족해야 하고, 미래의 완전하고도 전면적인 토지 재분배를 기다려야 할 것이다. 산업 국유화와 완전한 토지 재분배에 대한 항목이 당면한 혁명의 임무에 언급되지 않았다는 건, 조선의 유산계급을 조선 공산주의자와의 반식민 통일전선으로 끌어들이기 위한 것이었다.[29] 1926년 상하이에 체류하면서 《불꽃》 편집을 감독했던 이르쿠츠크파 공산주의자들의 지도자인 남만춘은 동아시아 문제를 다루는 코민테른의 핵심 간부 가운데 한 명인 그리고리 보이틴스키에게 보내는 편지에서 공산주의적 수사를 다소 완화함으로써 보다 온건한 민족운동 단체들과 심지어 종교 단체들을 끌어들이려는 희망을 언급한다.³⁰ 1926년은 여전히 동아시아 공산주의운동에서 중국 국공합작의 영향력이 지속되던 시대였고, 코민테른은 동아시아의 가맹 조직들이 온건한 정책을 견지하기를 원했다.

1931년 일본 경찰에게 심문을 받는 과정에서 고위 당 간부 김찬이 언급한 조선공산당의 17대 슬로건에도 당면한 조선의 혁명적 미래에 대한 유사한 공산주의적 비전이 등장한다. 이 슬로건에는 당연히 조선의 완전한 민족해방을 요구하는 내용이 포함되어 있다. 그러나 동시에 공산주의자들은 농민에게 일본인 지주한테만 소작료 지불을 거부하라고 촉구했다(암묵적으로 조선인 사이의 소작 계약은 여전히 존중해야 했다). 사회적 측면에서는 8시간 노동제(미성년자는 6시간), 최저임금, 실업수당, 출산수당, 여성의 모성 휴가 등이 의무적 무상교육과 직업교육 등과 함께 언급됐다.³¹ 조선 공산주의의 복지 이상에 관해서는, 1920년대 사회복지 발전의 선구자 가운데 하나였던 소련이 해외의 참고 모델이었을 가능성이 높다. 소련은 1920년대에 도시 공식 부문의 노동자를 위한 실업수당(평균 급여의 약 95퍼센트 수준)과 모성 휴가(육체노동에 종사하는 여성의 경우, 출산 전후 6주) 외에도 도시 노동자에게 적용되는 노령연금(남성은 60세, 여성은 55세 이후)을 도입했다. 8시간 노동제와 미성년자 노동시간 단축도 혁명 후 사회정책의 가장 자랑스럽고 독창적인 성과에 속했다.³² 예를 들어 초등교육 의무화와 성인 문맹을 퇴치하려는 소련의 노력은 식민지 시대 조선 주류 일간지들에 종종 보도됐다.³³ 또 다른 해외 참고 모델로는 좌파가 사회적 요구를 통해 중요한 정치적 역할을 했던 자본주의국가 바이마르 독일이 있었을 것이다. 1927년 이후 독일은, 일하는 모든 여성에게 적용하는 것은 아니었지만, 12주의 모성 휴가제를 도입했다.³⁴

1925~26년 공산당 강령 문서에 형상화된 범민족적 반식민혁명과 독립 조선이 매우 명확한 복지 요소를 갖춘 민주주의국가로 재건되는 계획은 남은 식민 기간을 지배했던 공산주의적 미래 비전이었다. 공산주의운동의 궁극적 목적인 사회주의사회는 대부분 단지 아주 일반적인 묘사로만 제시됐다. 이와 대조적으로 다가올 조선혁명의 민족해방적-민주적 단계는 풍부하고 상세하게 묘사되었는데, 이는 민족운동의 대열 내에서 공산주의의 목표를 대중화하고 권위를 확립하기 위한 것이었다. 시간이 경과하고 공산주의자의 대중조직 사업이 진행되면서, 혁명 후 조선의 민주적 미래에 대한 그들의 묘사는 더욱 정교해졌고, 대중적 매력을 갖게 됐다.

새로운 급진화

그러한 묘사들 가운데 하나인, 어떤 면에서는 1925~26년 강령보다 더 급진적인 문서는 1928년 2월 27~28일 (서울 근교 고양의 개인 집에서 비밀리에 열린) 제3차 당대회에서 채택된 〈전반적 정세와 조선에서 당의 당면한 임무에 관한 테제〉였다. 코민테른에 보내는 당의 보고서로 모스크바로 송부될 예정이었지만, 현재는 일본 경찰 문서에 일본어 번역본으로만 남아 있다. 이 테제들은 '소비에트 공화국'을 건설하는 데 필요한 전제 조건이 아직 갖추어지지 않았다는 데 근거해, 가까운 미래에 조선에서 대중적 반식민혁명과 "인민공화국"을 향한 투쟁이 일어나야 한다고 강조했다. 이 "인민공화국"은 일본 군대와 경찰을 철수시키고, 조선의 '귀족'과 과거 일본 기업이 소유했던 토지를 몰수한 뒤 (조선 농민에게) 재분배하는 것을 보장해야 했다. 특히, 소작인은 소작료를 더 이상 내지 않고도 이전에 임차한 토지를 무기한 보유할 수 있었다.³⁵ 이런 급진화는 〈전반적 정세와 조선에서 당의 당면한 임무에 관한 테제〉의 분석적 내용에서 언급된 "중국혁명의 교훈"과 밀접하게 연관되어 있었다. 공산주의를 무찌르기 위한 국민당의 쿠데타가 최고조에 달한 시점이었기에,³⁶ 조선 공산주의자는 반식민투쟁의 잠재적 파트너인 조선 유산계급의 신뢰도를 재평가하고, 가장 자연스러운 지지 기반인 토지 부족 농민층에 대한 레토릭을 재조율해야 했다.

그런데 조선 지배계급의 근대적 분파가 이 문서에서 지주보다 다소 더 나은 대우를 받았다는 점에 주목해야 한다. 문서에서는 (조선 자본가가 경영하는) 산업이 일본 식민 행정가의 방해 없이 자유롭게 발전할 것이라고 구체적으로 언급한다. 임금노동자에 대한 자본가의 복지 약속은 기본적으로 1925~26년 문서들과 같은 수준으로 유지되었고(성인 8시간, 미성년자의 6시간 노동제, 고용주 부담의 질병 및 실업 보험 등), 조선 내 일본 및 서양 노동자 또한 조선인 동료와 동일한 노동권을 누리고 동일한 급여를 받을 것이라고 구체적으로 명시했다. 그 밖에도 민주주의와 인권에 관련한 내용이 더욱 늘어났다. 예를 들면 당은 모든 체벌과 비밀경찰의 감시, 교육제도에서 조선인에 대한 차별을 폐지하는 데 찬성한다는 내용이 추가됐다.³⁷ 분명히, 피식민자의 인권 보장에 대한 당의 관심은 정치적 스펙트럼을 가로질러 꽤 널리 공유됐다. 예컨대 공산주의자가 참여했지만 그들이 완전히 장악하지 못한 신간회 도쿄 지부도 1927년 12월에 고문 폐지, 대중에게 완전히 공개되는 법률 절차, 완전한 양성평등을 지지한다고 선언했다. 추가로 그들은 성매매를 철폐하고 형무소 재소자에게 독서와 통신의 자유를 허용할 것을 요구했다. 노동권과 관련된 요구 사항, 즉 8시간 노동제, 법적 최저임금, 파업권 등은 공산주의자의 요구와 대체로 유사했지만, 아마도

다소 덜 급진적이었다.[38]

그러나 1928년 중반 일본 경찰에 의한 일련의 체포는 이미 분파투쟁으로 분열된 조선의 중앙 집중적 공산주의 활동을 거의 마비시켰다. 1928년 7월에만 주요 간부 상당수를 포함해 170명의 당원이 체포되었다.[39] 기존 공산주의운동이 대중적 반식민투쟁의 전위 역할을 수행하지 못하는 한계와 이런 대량 체포 때문에 코민테른은 조선공산당을 코민테른 지부로 승인하는 것을 철회했다. 유명한 1928년 12월 결의안에서 코민테른은 조선의 당원들에게 노동자와 농민 조합과 기존의 합법 조직들(심지어 종교 단체까지 포함했다)에 더 잘 침투해 정치적 줄타기를 최대로 수행하라고 지시했다. 비사회주의적 민족운동과 협력하면서도 조직적·이데올로기적 순수성integrity을 유지하고, 민족주의 지도자의 개량주의와 기타 "부르주아 민주주의적" 환상의 근거 없음을 폭로하는 데 최선을 다하라고 지시한 것이었다. "범민족 동맹 겸 계급투쟁"의 변증법이 식민지 국가들에서 공산주의투쟁을 이끌기 위해 코민테른이 출범 이후 강조한 대표적인 노선이었지만, 1928년 12월 결의안은 이전의 코민테른 지침보다 반부르주아적·반개량주의적 전투성을 더욱 강력하게 강조하고 있었으며, 이는 중국에서 국공합작이 실패한 영향일 가능성이 높았다. 동시에 농업혁명을 전면에 내세우고 이를 공산주의 선전 선동의 중심에 두도록 했다. 공산주의자는 도시에서는 복지 개혁을, 농촌에서는 소작인 권리 증진(소작료의 법률적 제한 등)을 선전하면서, 동시에 "완전한 민족 독립과 프롤레타리아트와 농민의 민주적 독재, 즉 노동자와 농민 소비에트 정부"를 요구했다.[40]

그래서 1920년대 전반에 걸쳐 조선 공산주의자에게 민족혁명과 민주혁명을 우선하도록 한 코민테른은 중국에서의 실패와 세계 자본주의의 불안정화 및 다른 지역에서의 "프롤레타리아혁명"[41] 시대의 도래에 대한 일반적 인식에 의해 급진화되면서 1920년대 초반 이후 보이지 않던 "조선 소비에트 정부"라는 슬로건을 다시 전면에 내세웠다. 이에 대한 조선 공산주의자의 반응은 어떠했을까? 새로운 급진화는 다소 열렬하게 받아들여진 것처럼 보인다. 어쨌든 1년 뒤인 1929년 후반, 대공황이 시작돼 조선의 종속적 식민지 경제에 엄청난 타격을 줬고, 노동자 파업과 소작쟁의의 횟수와 규모가 폭증했다.[42] 그런 분위기 속에서 가장 급진적인 해결책은 가장 현실적인 것으로 보이기 쉬웠다. 그러나 코민테른 노선 일반을 따르면서도 조선 공산주의자는 그들의 필요와 우선순위에 대한 독자적 이해에 따라 항상 그 뉘앙스를 파악하려고 애썼다.

코민테른의 급진주의에 대한 조선인들의 반응

좋은 사례로는 안광천이 발표한 조선혁명의 현 상황과 임무에 관한 논문들이 있다. 안광천은 일월회 지도자 가운데 한 명이자 이후 ML파에 속했으며, 이론적 정교함과 국제적 지향성을 지닌 급진주의로 유명했다.[43] 〈조선 공산주의자들의 당면한 임무〉라는 제목의 더 긴 논문에서[44] 그는 코민테른의 노선에 따라 일본제국주의를 타도하고 "완전하게 독립적인 통일된 민족국가"를 수립하는 것뿐 아니라, "대토지 소유를 몰수해 농민에게 토지를 분배"할 "노동자와 농민의 민주적 정권"을 수립하는 것을 주요한 혁명적 임무로 적시했다. 동시에 안광천은 그런 발전이 오직 특정한 조건("노동자와 농민의 혁명적 봉기"등) 아래서만 가능하다고 생각했으며, 더 나아가 혁명가들이 혁명 후 독립 조선에서 건설하려는 프롤레타리아 독재와 성숙한 사회주의를 분명하게 구별했다. 성숙한 사회주의로의 길은 심지어 "프롤레타리아 대중"이 권력을 장악한 이후에도 충분히 오래 남아 있었다. 당장의 실천적 수준에서 안광천은 대부분 농민 출신인 지식인과 프티부르주아를 혁명적 진영에 끌어들이고, 실제적 요구들(노동법 채택, 노동자 복지의 도입, 성인 8시간 노동제, 미성년자 6시간 노동 등)을 전면에 내세워 노동자의 지지를 모으고, 신간회를 "프롤레타리아와 농민의 토대" 위에서 재편할 필요성(이에 관해서는 2장을 보라)을 제안했다.⁴⁵ 이 논문은 코민테른의 영향을 받은 열정적 급진주의와 광범한 반식민 동맹, 그리고 궁핍한 식민지를 민주주의적 선진 복지사회로 전환시킨다는 전망을 통해 잠재적으로 대중을 끌어들이려는 전략을 결합시켰다는 점이 돋보인다.

조선공산당과 (1930년 이후) 중국공산당 양측에서 마르크스-레닌주의 이론가이자 활동가로 알려진 동료 ML 투사인 한위건은 안광천의 논문이 나온 지 약 반년 뒤에 공산주의자의 정치 강령에 관한 논문에서 조선 공산주의자의 당면한 임무에 대한 자신의 비전을 요약했다.⁴⁶ 강령은 조선에 임박한 혁명이 "부르주아 민주주의혁명"이라는 점을 분명히 했지만, 동시에 마찬가지로 그 주된 성격을 농업혁명이라고 강조한다. 어쨌든 땅에 굶주린 농민은 도시 프롤레타리아트와 함께 혁명의 주요한 추동력이 될 것이었다. 1920년대 공산주의 강령에서 사회주의 단계의 조선혁명은 대부분 더 미뤄졌지만, 거대하고 철저한 토지 재분배만큼은 1929~30년대 공산주의 강령에 강력하게 등장했다. 그 이후로 이는 조선 독립을 희망하는 이행기에 공산주의의 주요 요구 사항이 됐다. 한위건의 분석으로는 조선의 부르주아지가 극도로 약하며, 대부분 도시 투자로 사업을 다변화하고 있는 지주로 구성돼 있기 때문에, 독립 후 조선의 권력은 결국 "노동자와 농민의 민주적 독재"의 손에 들어갈 것이며, 이 독재체제는 어쨌든 "프롤레타리아 독재 국가"(소련을 의미하는 것으로 보인다)와 "세계 프롤레타리아혁명운동"의 지원을 받으며 진전될 것으로 예상되었다. 그러나 한위건의 강령은 대규모 산업과 일본 소유 산업의 국유화만을 계획했다. 중간 규모의 조선 민간 기업은 혁명이 사회주의 단계로 발전하지 않는 한 용인될 것으로 보였다. 토지에서도 이와 유사하게, 대규모 토지 소유자들의 토지만이 몰수되어 재분배되도록 하였다. 민족·민주혁명 단계에서 도시의 프티부르주아와 농촌의 소유자-경작자를 (하위) 파트너로 필요로 하는 이런 유의 현실주의는 노동자의 경제투쟁을 무시하지 말라는 한위건의 훈계로 더욱 보완됐다. 공산주의는 노동조합에 침투하는 공산주의 활동가들이 "노동자에게 가르치는 유일한 이론"이지만, 노동조합은 아주 구체적인 경제적·일상적 성과를 위해 투쟁함으로써 "대중[의 충성]을 획득"해야 했다.[47] 농지개혁을 중심에 두는 독립 후 미래의 다소 급진적 비전과, 공산주의자가 지지자들의 대열에 결집시켜야 하는 대중의 일상적 삶에 대한 세심한 관심의 이런 결합은 1930년대 초반 내내 공산주의 강령 문서들의 명확한 특징이다.

풀뿌리 조직가와 그들의 강령

조선공산당이 현장 조직, 노동자의 가입, 주요한 공장 세포의 우선적 조직화를 통해 재건돼야 했기 때문에, 1930년대 초중반 전형적인 국내 공산주의 활동가는 모스크바나 망명 공산주의자 그룹과의 연결이 없거나 다소 일시적인 연결고리만을 가진 풀뿌리 조직가였다(1장을 보라). 그런 국내파 투사의 전형적 사례가 이재유였고, 그의 그룹은 서울과 근교에서 수십 개의 공장 세포와 학교 세포(그 가운데 하나는 경

1934년 형무소 등록카드의 이재유. 이재유는 그해 1월 22일 체포됐지만, 은밀하게 그의 급진적 사상에 동조한 한 일본 경찰의 도움으로 4월 13일 일본 경찰서에서 탈출했다. 출처: 국사편찬위원회.

성제대에 있었고, 거기에서 이재유는 일본인 공산주의자인 미야케 시카노스케三宅鹿之助, 1898~1982와 협력했다)를 조직하는 데 성공했으며, 1932년과 1936년 사이에 여러 건의 중요한 노동자 파업과 학생 동맹휴업을 주도했다(1936년에 이재유는 마지막으로 체포됐고, 8년 뒤 감옥에서 사망했다).

감옥에 있는 동안 이재유는 조선의 사회정치적 상황과 공산주의운동의 전망에 관한 아주 상세한 논문인 〈조선에서 공산주의운동의 특수성과 그 발전 문제〉를 썼다.[48] 뛰어난 조직가이자 논쟁가였던 이재유는 1919년 삼일운동의 경험을 통해 자신의 테제를 정당화했다. 그의 테제에 따르면 조선의 민족·민주혁명은 조선 부르주아지가 아니라 프롤레타리아-농민 블록이 지도해야 했다. 삼일운동 당시 유산계급 지도자들은 토지개혁 슬로건을 전면에 내세워 운동을 급진화시키지 않았고, 심지어 지속적인 풀뿌리 반식민 조직을 건설하려는 시도조차 하지 않았으며, 대부분의 경우 결국 조선 민족을 배신하고 친일

파로 변모했다. 결국 "노동자와 농민 대중"이 조선의 독립을 쟁취하고, 소비에트 정부를 세우고 토지개혁과 산업 국유화를 수행할 것이었다. 그러나 그들은 대규모 토지와 산업 시설만 몰수했다. 새로운 조선 소비에트 정부는 노동자에게 7시간 노동제(1시간은 점심 식사 시간)와 기타 "노동자의 상황 개선"을 보장할 것이었다. 이 계획은 기본적으로 1929~30년 안광천과 한위건의 비전을 이어받은 것으로 보이지만, 이재유의 논문은 식민적 근대성의 "비정상성"이라고 스스로 칭한 것에 대해 놀랄 만큼 정교한 증거를 제시한다. 이재유가 보기에, 조선은 주로 일본 자본가에게 잉여가치의 원천이자 일본제 상품의 독점 시장이었으며, 교육과 이데올로기적 진보로부터 인위적으로 차단되어 있었다. 예를 들어, 이재유는 일본이 유교 기관과 식민정부가 통제하는 무속인협회(경신교풍회敬神矯風會)를 지원한 것을 고의적인 우민정책의 사례로 인용한다. 공장의 여성들은 종종 미성년자로, 가족의 강요로 일본인과 조선인이 소유하는 섬유공장에서 사실상 노예 계약과 다름없는 6~10년 계약을 맺었고, 18~19시간 노동의 대가로 먹고살기도 힘든 10~18원의 월급을 받았으며 공장과 기숙사에서 수시로 구타당했다. 이는 '혁명적 대중'이 청산해야 할 "반봉건 자본주의"의 해악의 더없이 극악한 사례였다.[49]

그러나 노예제와 '봉건적' 학대를 청산하는 것은 지하 노동조합 조직가로서 이재유가 선전 사업에 사용한 수많은 실천적 슬로건 가운데 단지 하나였을 뿐이다. 일본 검찰이 남긴 이재유의 심문 기록(1937)에서 알 수 있는 다른 슬로건은 7시간 노동제(1시간의 점심시간과 주 40시간 노동), 기혼 남성 노동자의 최저임금 보장, 동일노동 동일임금, 그리고 산업별 노동조합을 포함한 노동자의 조직화와 행동의 자유뿐만 아니라, 심지어 노동자가 생산과정을 통제하는 공장위원회를 조직할 자유와 노동자의 자기방어용 민병대 결성까지 포함했다. 그러한 자유는 독립 후 조선에서 보통의 의회주의 정부가 아니라 급진적(프롤레타리아-농민) 동맹이 정권을 장악하는 데, 아니 최소한 우월한 정치적 영향력을 행사하는 데 필요했다. 이재유와 그의 동료들이 학생 사업에 사용한 슬로건은 훨씬 더 상세했고 그 수는 모두 60개를 넘었다. 예를 들어 학생들의 자기방어용 민병대 결성 같은 일부 슬로건은 명백하게 다소 급진적인 혁명 후 정권 아래서 또는 그런 혁명의 과정으로서 실현 가능한 것이었다. 그러나 대부분의 요구들은 일반적으로 민주주의적이라고 분류할 수 있었다. 예를 들어 이런 요구에는 "군사주의적·국가주의적 국수주의 조직"의 해체(해체 대상에 포함된 조직에는 재향군인회와 애국여성회가 있었으며, 주목할 점은 걸스카우트와 보이스카우트도 반동 조직으로 규정되어 그 대상에 포함되었다는 것이다)뿐만 아니라 의무적 수업 출석과 군사화된 병식체조 시간 폐지, 교사 임용 및 해임 절차의 민주화(임용과 해임 위원회에 학생 대표 참석), 기숙사에서 군대식 규율의 자유화, 기숙생 식사 개선, 그리고 명백하게 아주 중요한 내용인 학생에 대한 교사의 "지배, 억압, 학대, 관료적 언어"의 사용금지 등이 포함되어 있었다. 학교는 외부 교육 관료들의 관료적 미시 통제로부터 해방되어야 했고, 내부적으로는 "암기 위주의 교육 방법"에서 벗어나야 했다. 이재유의 지하 서클에 속했던 공산주의 학생 활동가들은 학생들이 중국 소비에트, 식민화된 타이완의 "특별한 탄압 피해자", 심지어 "몽골과 티베트(?) 빨치산"만이 아니라 일본 학생운동과 연대하도록 촉구한 반면, 대부분의 슬로건은 조선 학생들이 일상생활에서 부딪히는 문제를 다뤘고, 교육 부문의 급진적 민주화라는 궁극적 목표와 일

부 당면한 실천적 요구(예를 들어 학비 50퍼센트 인하)를 포함했다.[50]

이재유의 강령적 요구는 광범하고 정교하고 무척 상세했지만, 그의 지하 공산주의 그룹이 비밀리에 주도한 노동자 파업 과정에서 파업에 참가한 노동자의 요구 사항은 대개 현실적이고 극도로 실제적이었다. 코민테른은 조선어로도 발표한 〈집행위원회 제12차 전체 회의의 테제〉(1932년 8월 27일~9월 15일)에서 전 세계 공산주의자에게 모든 지역 또는 공장 노동자의 진정하고 가장 절실한 필요를 명료하게 인지하여 반영해달라고 요구했고, 조선 공산주의자들은 이 임무를 위해 최선을 다했다.[51] 공산주의 활동가는 노동자가 원하는 것을 잘 알고 있었다. 공산주의운동의 일반 간부들은 어쨌든 현장 출신 노동자 활동가였기 때문이다. 예를 들어, 1933년 6월 초 서울의 카타쿠라片倉명주방적회사에서 여성 노동자 320명이 지하 공산주의 그룹의 두 지도자인 이재유와 김형선金炯善, 1904~50의 비밀 지도를 받아 파업을 조직했을 때 그들은 (당시 하루 13시간이던) 노동시간의 단축, 일본인 노동자와 조선인 노동자 간 점심 급식 차별 폐지, 노동자가 저녁에 외출을 금지하는 억압적 기숙사 규칙의 개혁을 요구했다.[52] 일본인 사업가인 고용주는 이 요구 사항을 모두 받아들이지 않았고, 파업은 경찰에 진압되었다. 그러나 1933년 8월 22~23일 일본인 소유 쇼와昭和명주방적회사에서 이재유의 지하 그룹이 관여한 다음 파업은 적어도 부분적인 승리를 거뒀다. 고용주는 노동자의 요구에 따라 기숙사 식사를 개선하고, 지체 없이 임금을 지급하고, 잔인한 감독관이 노동자에게 사과할 것을 약속했다.[53] 현장의 요구와 소망을 정확히 파악하는 공산주의자의 능력은 그들의 강령을 단순히 코민테른 이념의 산물이 아닌 현장의 평민적 숙망의 표현으로 볼 수 있게 한다. 코민테른 이념은 확실히 공산주의 열성

당원들에게 영향력을 행사했지만, 동시에 그들은 자신들이 조직화하려는 노동자의 현실적이고 일상적인 투쟁을 대변하기 위해 최선을 다하고 있었다.

안광천이나 한위건 같은 공산주의 이론가가 확립한 기본 강령은 이재유 같은 서울 기반의 주요 투사에 의해 실제 조직 활동과 선전 활동에 활용되었으며, 지역 기반의 풀뿌리 활동가 사이에서도 공유되었다. 일부 활동가들은 실제로 실용적인 요구들, 즉 경제·사회적인 요구 사항을 정교화하는 것에서 더 나아가 대중 사이에서 잠재적으로 인기 있는 민주주의적 비전을 정식화하기 위해 최선을 다했다. 예를 들어, 1933년에 ML파 공산주의 활동가 이기택李起澤, 1904~?은 조선의 완전한 독립을 이루면서 다가올 반제혁명에 등장할 "노동자와 농민의 조선 소비에트 공화국"의 특징을 설명했다. 그는 1920년대 후반 일본에서 이재유와 함께 조선 공산주의운동에 참여하고, 나중에 공산당 재건 전남 동맹을 이끈 인물이다(그와 동지들은 1934년 일본 경찰에 체포됐다). "조선 소비에트 정부"는 "다른 기생적 지주"의 토지 외에도 "일본제국주의자"가 소유한 기업을 몰수할 계획이었다. 다만 다가올 혁명에서 노동자와 농민의 동맹으로 묘사되는 프티부르주아지는 분명히 재산을 유지할 수 있도록 허용될 예정이었다. 대중을 혁명으로 이끌기 위해 일련의 정치적 요구들이 정식화됐고, 거기에서 노동자의 경우에는 "반노예적 노동조건"과 "노예적 노동계약 제도", 억압적 기숙사 제도와 "여성, 청년, 중국 노동자" 초착취의 폐지가 포함됐다. 그 밖에도 공산주의자들은 성인의 8시간 노동제, 16~18세 청소년의 6시간 노동제, 16세 이하 미성년자의 4시간 노동제, 매년 2주간의 유급 여름휴가, 기혼 노동자의 최저임금 보장, 모성 수당, 공장 소유자의 지출로 실업, 질병,

노령연금 보험 등을 요구했다. 고용주들은 또한 노동자에게 주택을 제공하고 상수도와 전기 요금을 지원하도록 요구받았다. 복지 모델은 농촌에도 확대될 예정이었다. 비료와 종자의 무료 배급, 모든 농업 장비 무료 대여, 심지어 가격 폭락으로 영향을 받는 농민에 대한 보조금이 다음 요구 사항으로 제시되었다.[54]

이웃 전라북도에서는 김철주金鐵柱, 1908~?가 지도하는 공산주의자 그룹이 1930년대 초반에 아래로부터의 당 재건을 위해 비슷한 강령을 기초했다(김철주는 1934년에 징역형 선고를 받았지만, 살아남아 1945년 해방 이후 좌파 활동가로 재등장했다).[55] 그들의 강령도 농민에게는 토지를, 노동자에게는 8시간 노동제를 보장하고, 만인에 대한 사회보장과 상상 가능한 모든 자유(언론, 결사, 출판 등)를 약속하고 공개재판과 공개 심리 등을 실시하는 "프롤레타리아 정부"를 갖춘 독립 조선의 비전을 제시했다. 노동자는 특히 야간조 노동에 대한 특별 임금, 청소년의 야간 노동 금지, 미성년자(16세 이하)와 연장자 시민(45세 이상) 노동 폐지, 그리고 흥미롭게도 모든 조선인 노동자의 일본 노동시장 진입에 대한 완전한 자유를 위해 투쟁하도록 지도받았다. 전북 강령은 특별한 범주의 사회정책 요구를 제기해 돋보였는데, 모든 시민의 무상의료, 무상 의무교육, 국영 노인요양원과 국영 고아원, 인민이 선출한 대배심 재판 도입, 공창제公娼制 폐지와 사적 토지의 몰수(행정적으로 정한 가격으로 강제 매수)가 포함되었고 심지어 석방된 정치범의 생계를 국가가 보장해야 한다는 내용까지 있었다![56] 이런 요구들은 그 중심에 철저하게 민주적·복지적 국가를 상정해 일종의 대안적 근대의 이상적 상을 묘사했고, 식민지 피지배층은 이를 실현하기 위한 격렬하고 장기적인 투쟁에 관심을 갖게 됐다.

모스크바에 기반을 둔 조선 공산주의자와 그들의 강령

하지만 혁명 후 미래에 대한 전형적인 공산주의 비전에 중요하게 추가된 내용이 또 있었는데, 이는 〈조선공산당 행동강령〉에서 찾아볼 수 있다. 이 문서는 원래 1934년 코민테른 잡지 《국제언론통신 International Press Correspondence》에 발표됐고, '발의initiative 그룹'이라는 잘 알려지지 않은 그룹이 서명했는데, 아마도 이 그룹은 조선인 코민테른 간부이자 연해주 출신 러시아계 조선인인 최성우와 모스크바에 기반한 그의 조선인 동료들로 구성됐을 가능성이 높다. 최성우는 1930년대 초반 동방노력자공산대학에서 학생들을 가르쳤고, 스탈린의 대숙청 과정에서 '일본 첩자'로 몰려 처형당했다(1장을 보라).⁵⁷ 1934~35년 최성우는 코민테른 언론에 러시아어로 수많은 논문을 썼고, 강령의 내용을 번역했다.⁵⁸ 이는 아마도 1920~30년대 조선 공산주의운동이 생산한 가장 포괄적인 강령이었을 것이며, 명백하게 기존 강령에 기초해 쓰였다(그러나 국내 활동가들이 이 강령에 대해 얼마나 알고 있었는지는 불확실하다). 강령은 예상대로 "프롤레타리아트와 농민의 소비에트 정부", 토지 재분배 등 완전히 발전된 복지국가의 특징을 갖춘 혁명 후 조선을 그리고 있지만, 동시에 조선 사회의 완전한 재건을 위한 '과학적' 계획이란 인상을 주는 포괄적이고 잘 정리된 구체적 요구 사항들을 제시한다. 예를 들어, 최저임금과 사회보험은 최저생계비 통계에 기초해 계산된 것이었다. 당시 조선의 노동자는 노동자 위원회의 통제 아래 세워질 청결한 식당 시설, 연간 작업복 무상 지급, 노동자를 위한 공장주택• 건설을 위한 투쟁에 나서라는 지침을 받았다. 앞서 본 것처

• 노동자들이 숙식할 수 있도록 공장에서 제공하는 일종의 사택. —편집자주

럼, 공장주택과 현장의 식량 제공은 조선 내에서 공산주의자가 작성한 요구 목록에서도 두드러졌던 특징이었다. 강령의 혁신성은 도시 프티부르주아지와 수공업자를 위한 일련의 특별한 요구에 있었는데, 강령은 그들에게 모든 사채업자 부채의 완전한 탕감과 단일 누진세로의 세제 개편을 약속했다.[59] 공산주의자는 우군이 필요했는데, 보다 부유한 자본가는 식민 당국에 너무나 철저하게 포섭됐다고 판단된 반면, 소자본가는 결국 범민족적 반식민투쟁에 동참할 것이라고 예상되었다.

공산주의자의 희망과 요구: 전시와 해방

잘 알려진 것처럼, 1928년 이후 그렇게 많은 공산주의 투사들의 투쟁 목표였던 조선공산당의 재건은 1945년까지 이뤄지지 않았다. 그 시점에 (1943년 스탈린의 지령으로 해산된) 코민테른도 역사 속으로 사라졌다. 그러나 여전히 망명 활동가(안광천, 한위건, 최성우)와 국내의 지하 투사(이재유, 이기택, 김철주 등)가 작성한 강령에서 정교화시킨 민족혁명과 혁명 후 미래에 대한 비전은 조선 정치사의 발전에서 중요한 역할을 수행했다. 학자들이 일반적으로 인정하는 것처럼, 전시 경찰 테러의 분위기 속에서 적어도 수년 동안 살아남은 소수의 공산주의 지하조직 가운데 하나인 경성콤그룹은 대체로 기존 공산주의 강령과 1930년대 강령에 기초해 활동했다. 경성콤그룹의 활동가들은 혁명의 성공을 통해 '인민민주주의'를 수립하고 그다음에 지주의 토지를 획득하려는 농민의 소망과 노동권 개선과 복지제도 수립에 대한 도시 노동자의 열망을 실현하기를 희망했다.[60]

'인민민주주의'는 재건된 조선공산당(1946년 11월 남조선 분국은 다른 여러 사회주의 정당들과 함께 남로당으로 통합됐다)의 주요 슬로건이 됐고, 식민지 시대의 공산주의 노동자 활동가들이 대부분 주도한 전국노동조합평의회(전평)에서도 주요 슬로건이 됐다. 함경북도 성진군(오늘날의 김책시) 출신의 노동 조직가 허성택許成澤, 1908~?은 모스크바의 동방노력자공산대학에서 공부했고, 심지어 1935년 코민테른 제7차 대회에 참석하기도 했다.[61] 해방 후 공산주의자와 그들의 동맹 세력은 노동자와 농민, 그들의 동맹자들(심지어 일부 '양심적' 자본가를 포함해)이 희망하는 '새로운 조선' 정부에서 헤게모니를 장악해, 현장의 노동조합들이 국유화된 대규모 산업을 운영하는 데 참여하고 농민이 지주로부터 몰수한 토지를 획득하기를 원했다. 그러나 1948년 말, 공산주의자와 좌파적 노동조합은 분단된 조선 남부에서 불법화됐다.[62]

그럼에도 한국전쟁 이전의 북조선 정권이 수행한 많은 '민주개혁'은 대개 식민지 시대 공산주의운동이 개발한 미래의 시나리오를 따랐다. 1946년 3월 토지개혁은 그중 가장 주요한 개혁이었다. 이 개혁의 청사진을 새 정부의 소비에트 후견자들이 만든 것은 사실이다. 그러나 연구자들이 설득력 있게 주장하는 것처럼,[63] 그런 청사진의 구체화와 현장에서의 실행은 오직 조선의 좌파 정치 진영 내부에 급진적 토지 재분배와 기타 "민주개혁"의 의제가 이미 뿌리내렸기에 가능했다. 러시아 역사가들도 북조선의 소련 점령군 당국이 급진적 토지개혁을 최우선 과제로 설정했던 것은 바로 현장 활동가들과 소비에트 점령 지역의 신생 정부 기관들 내부에서 김일성을 포함한 친소비에트 협력자들이 그런 개혁을 강력하게 요구했기 때문이라고 인정한다.[64] 1946년 3월 소련은 북조선에서 토지개혁을 위한 두 가지 청사진을 준비했다. 첫 번째는 원래 소련 외교부 내에서 준비해 당시 외무차관 솔로몬 로조프스키Solomon Lozovsky, 1878~1952가 그의 상사인 소련 외무장관 뱌체슬라브 몰로토프Vyacheslav Molotov, 1890~1986에게 제출한 것이었는데, 개혁의 수혜자인 농민이 오랜 기간(15~25년)에 걸쳐 지주로부터 받은 토지의 값을 상환하도록 규정하는 비교적 덜 급진적인 내용이었다. 다른 하나는 소련 군사 점령 당국이 현지에서 준비한 것으로, 지주의 과잉 토지(가구당 5헥타르 이상)에 대해 어떤 보상도 없는 완전한 무상 몰수와 재분배를 요구하는 보다 급진적인 조항을 포함했다. 결국 조선 활동가들의 요구와 기대라는 무게 아래 후자가 선택됐고,[65] 이는 대개 식민지 시대 공산주의운동의 강령적 요구에 의해 형성된 내용이었다. 토지 재분배는 전체 농촌 가구의 70퍼센트에 도움이 됐고, 새 정부는 더욱 가난한 농민 다수에게 인기를 얻었다. 조선노동당의 농민 당원 숫자가 개혁 후 2년 동안 3배로 늘었다.[66] 동시에 소련이 점령한 조선 북부의 사실상 임시정부인 북조선임시인민위원회는 1946년 10월 법령을 통해 중소 자본가의 사유재산이 당분간 몰수되지 않을 것임을 재확인했다.[67] 따라서 식민지 시대의 또 다른 강령적 요구, 즉 중소 규모 토착 부르주아지와의 (일시적) 동맹에 기초한 생산력 발전의 요구는 완수되었다.

다른 '민주개혁'도 더없이 중요했다. 8시간 노동제, 아동 노동 금지, 동일노동 동일임금 원칙은 1946년 6월에 법제화됐다. 양성평등은 1946년 7월에 법률로 확립됐고, 그해 8월에는 주요 교통수단, 은행, 우편서비스의 국유화가 이뤄졌다. 특히, 초등학교 의무교육이 1949년 9월에 도입됐다(비록 1950~53년 한국전쟁이 끝난 1956년에 와서야 실행되었지만 말이다). 신속한 대규모 '문맹 퇴치' 캠페인의 도움으로 과거에 문맹이었던 약 90퍼센트의 성인 시민이 1948년 말까지 읽고 쓸 수 있게 됐다. 더 낮은 의료서비스 수가가 1947년 입법화되었는데,[68] 이는 1952년 무상의료 도입의 전주곡이었다.[69] 소비에트의 보호와 영향 아래서 가능해진 '민주개혁'은 대개 조선 공산주의 선구자들이 식민 지배 아래서 이미 선포한 미래 비전을 따라 진행됐다. 이런 비전의 법률적 실행은 조선 북부에서 새로운 정권의 대중적 기초를 단단히 하는 중요한 요소였다. 이는 1949년부터 사실상 징집을 시행하고, 1950년 6월 한국전쟁 발발과 함께 법적으로 징병제를 도입하는 것을 가능하게 했으며, 전쟁 기간 인적·물적 자원의 대규모 동원도 실현했다.[70]

해방 직후 전면에 제기됐던 진보적 민주주의의 비전은 1960~70년대 북조선에서 새로운 주체사상에 기반을 둔 수령제의 위계가 발전하면서 대부분 잊혔다. 하지만 이와 동시에, 해방 후 북조선의 소비에트화 과정에서 강조되었던 식민지 시대 공산주의의 미래 프로젝트의 중요성은 심지어 공식적 수준에서도 기억되고 있었다. 1978년 4월의 사회주의 노동법 제13조는 "조선민주주의인민공화국의 사회주의적 노동정책은 혁명적 반일 저항의 위대한 시기 동안 원래 제기된 노동문제에 관한 혁명적 강령의 항목들을 실행한다"라는 것을 분명히 했다.[71] 해방 이후 모든 정치적 변화에도 불구하고, "민주개혁"이 식민지 시대로부터 기원하고 있다는 사실은 여전히 기억되고 있다. 심지어 오늘날까지도 적어도 문서상으로 교육과 의료 서비스는 북조선에서 당위적으로 무료이다. 물론 현실에서는 공공병원이 심각한 장비와 의약품 부족을 겪고 있고, 공립학교와 대학이 학문적 훈련과 함께 정치적 세뇌에도 초점을 맞추며 정치적 출신 성분이 "불량한" 입학 신청자들을 차별한다.[72] 반식민 좌파 전투의 시대와 해방 후 개혁의 시대 이래로 복지국가 개념은 아주 깊이 각인되어, 1990년대 중반 이후 북조선에서 사실상 시장화가 진행됐음에도 국가의 개념적 복지 제공 의무는 아무것도 제한되지 않았다.

결론

결론적으로 조선 공산주의운동의 미래 비전은 1920~30년대 내내 운동 자체와 함께 발전해왔다. 1920년대 초반의 혁명적 붉은 물결에 기원을 둔 초기 미래 비전의 내용(1장을 보라)은 다가오는 조선혁명을 러시아의 1917년 10월혁명과 유사한 사회주의혁명으로 봤던 반면, 1920년대 중후반의 공산주의 강령은 조선혁명의 첫 단계를 철저히 민주화된 사회와 결합된 민족국가의 건설로 구체화했다. 민주적·해방적 근대사회에 관한 호소력 있는 비전은, 기본적 인권 보호도 없이 고도로 통제되는 경찰국가에서 살아가는 신민이 꿈만 꿀 수 있는 어떤 것이었지만, 1930년대 공산주의 투사의 강령과 슬로건에서 특히 구체적으로 제시됐다. 이러한 요구들은 예를 들어 암기 중심의 교육과 엄격한 규율 체제로부터 해방된 비권위주의적이고 자유로운 학교는 식민지 환경에서는 상상하기 어려운 것이었고, 이런 해방적 근대성은 현재까지도 남한과 북조선 모두 획득하지 못했다.[73] 그런 심도의 "민주적 개혁"을 실행하기 위해, 1929년 이후 모든 공산주의 강령은 해방 후 조선에서 심지어 중소 자본가까지 포함한 수많은 잠재적 반식민 세력과 연대해 "인민의 민주주의" 또는 "노동자와 농민의 정부" 권력이라는 비전을 제시했다. "인민의 민주적 정부"는 대규모 산업과 일본인 소유의 산업을 국유화하고, 중소 규모의 토지를 소유한 조선인의 재산은 그대로 두면서 대규모 또는 일본인 소유 토지는 재분배할 것이었다. 그런 다음, 이 정부는 복지정책과 건전한 노동법을 강력하게 실행하며 본질적으로 시장에 기반한 경제를 운영할 계획이었고(완전히 중앙 집중적인 계획경제는 이 책에서 살펴본 어떤 공산주의 강령에서도 결코 언급되지 않았다), 이는 외견상 1920년대 소련의 NEP를 모델로 한 것이었다. 공산주의자는 민족주의와 국제주의 카드를 모두 이용했다. 한편으로 그들은 강령에서 중국과 일본(그리고 심지어 유럽)의 노동자가 '인민의 조선'에 머무는 것을 환영하기로 했고, 다른 한편으로는 모든 강령에서 독립을 쟁취하는 즉시 공식적 소통과 교육 언어를 일본어에서 조선어를 바꾸어야 한다고 강조했다.[74] 해방 후 1946년 3월에 채택한 민족문화에 관한 공산주의 강령은 "우리 민족의 특수성의 표현"과 더불어 "옛 문화의 강점의 지속" "외국의 진보적 문화의 수용"을 모두 강조했다.[75] 공산주의 강령은 사회적 급진주의(토지개혁, 보편적 무상의료와 연금제도의 실행 등), 정치적으로 포용적 태도(프티부르주아 계층과의 동맹 강조 등), 경제적 실용주의(농업 기반의 사회에 대체로 적합하지 않은 중앙 집중적 계획 시스템이 아닌 발전의 첫 단계로서의 사회적 시장경제의 비전을 이야기했다), 그리고 민주적이고 해방적인 모더니즘(작업장과 학교의 민주화 요구 등)의 유기적 결합을 의미했고, 이는 최대한의 대중적 지지를 받아낼 수 있도록 계산된 것이었다. 그런 과감하고 극도로 상세하며 광범한 계층의 근대적이고 해방적인 기대에 부응하는 강령은 공산주의운동의 강점 가운데 하나였다. 러시아의 혁명적 볼셰비키 강령과 유사하게, 조선 공산주의 강령은 1945년 전후로 좌파의 대의에 대한 상대적으로 강력한 대중적 지지를 획득하는 데 중요한 역할을 했다. 공산주의 강령과 해방된 북조선 개혁의 핵심적 특징인 복지제도는 비록 사실상 축소된 형태이기는 하지만, 여전히 북조선의 사회경제적 구조의 중요한 일부로 남아 있다.

2부

새로운 지식

4장

박치우의 마르크스주의 철학

1930년대는 식민지 조선에서 모순의 시대였다. 한편으로는 이미 전쟁의 시대였지만, (동북부 지역을 제외한) 중국 본토에 대한 일본의 전면적 침략은 1937년에야 시작되었다. 그러나 1931년 중국 동북 지역(만주)에 대한 일본의 전면적인 공격 개시는 식민지 사회에 깊은 영향을 주었다. 만주 시장이 조선산 상품에 개방되었고, 일본의 자본이 식민지로 과잉 투자되면서 수입이 일정 정도 대체되자 1933년부터 1937년까지 산업 생산이 급격히 증가했다. 1937년경 조선의 산업 제품 생산량은 1914년에 비해 6배나 많았다.[1]

1930년대: 탄압 속의 지적 진보

그러나 전쟁이 시작되자 1920년대의 상대적 자유주의는 쇠퇴하기 시작했다. 급진파에 대한 탄압은 점진적으로 강화됐고, 1937년 중국 동북부 지역을 넘어 본토에 대한 일본의 전면전 개시 이후 1937~45년 전시 동원 분위기 속에서 절정에 도달했다. 그러나 급진적 지식인들은 심지어 중일전쟁 이전의 시기보다 퇴행적인 체제가 도래했다는 것을 느낄 수 있었다. 예를 들어, 식민지에서 예술가 급진파의 가장 대표적 조직이었던 조선프롤레타리아예술가동맹KAPF: Korea Artista Proleta Federacio은 수년에 걸쳐 경찰의 혹독한 압력을 받은 이후에 1935년 5월 해산을 선언해야 했다. 사실 KAPF가 해산될 시기에 회원 대부분은 감옥에 있었는데, 대부분 에리히 마리아 르마르크Erich Maria Remarque, 1898~1970의 《서부 전선 이상 없다Im Westen nichts Neues》(1929)를 공연한 KAPF 계열 신건설사 연극단의 지방 공연 이후 치안유지법 위반 혐의로 기소당한 것이었다. 파시스트 독일에서 금지된 이 책은 동시대 식민지 조선의 좌파 지식인에 대한 대규모 탄압을 정당화하기 때문에 매우 위험한 책으로 간주됐다.[2]

다른 한편, 1930년대는 조선에서 마르크스주의 철학이 처음 발전한 시기이기도 했다. 물론 마르크스주의가 조선의 담론적 공간에 제시된 시점은 더 이르다. 잘 알려진 대로 러시아의 1917년 10월혁명은 조선에서도 마르크스주의적 사회주의, 나아가 마르크스주의에 대한 관심을 불러일으켰다. 서울에서 최초로 지하 공산주의 단체(예를 들면 김명식과 김철수의 사회혁명당이 있다. 관련해서는 1장을 보라)가 결성되었고, 이들이 1920년 여름 중국과 러시아의 망명자 사회주의 그룹들로 연결된 이후 그런 관심은 더욱 발전했다.[3] 빠르게 확대되는 이 신생 운동은 명확히 정리된 일련의 이데올로기적 기반이 필요했고, 기본적인 마르크스주의 문헌을 번역한 내용이 그 기초를 제공했다. 이미 1921년

9월, 조선공산당 중립파라는 야심 찬 이름을 지은 서울 기반의 작은 공산주의 서클이 《공산당 선언》을 조선어로 번역해(일본에서 교육받던 젊은 지식인이 이 서클의 핵심을 이루고 있었기에 일본어 번역본을 옮긴 것이었다) 비합법적으로 85부를 발행했다. 조선 본토 최초로 마르크스 원전을 출판한 것이었다.[4] 파란 많던 1920년대 초반에 상하이에 체류하던 조선 혁명가들의 비공식적 수장이자 이르쿠츠크파 고려공산당의 활동가였던 여운형은 당의 번역위원회 위원이었고, 1년 전 별도로 《공산당 선언》을 번역했다. 그러나 이 번역본 500부는 모두 조선 본토가 아니라 만주에 배포됐다.[5] 2장에서 언급한 것처럼, 잉여가치론의 기초를 마련한 카를 마르크스의 중대한 노작 《임금노동과 자본》이 조선어로 번역돼 1923년에 합법적으로 출판됐다.[6] 이 조선어판 역시 기존 일본어 번역본의 도움을 크게 받았다.[7] 번역에 대한 노력과 함께 신문과 잡지에 실린 논문, 읽기 쉬운 팸플릿을 통해 마르크스주의 대중화가 진행됐다. 1920년대 후반 조선의 공산주의자들은 심지어 단순한 번역 이상으로 나아가, 마르크스주의 이론을 다루는 독창적인 소논문을 발표하기도 했다.[8] 그러나 여전히 1920년대 마르크스주의 저작들은 주로 일본어 번역과 해석, 특히 카와카미 하지메河上肇, 1879~1946와 사카이 도시히코堺利彦, 1871~1933의 영향을 강하게 받은 매우 기본적인 마르크스주의 이론 소개에 불과했다.[9]

    1930년대 초반부터 상황이 급격하게 변하기 시작했다. 주로 조선과 일본 본토의 고등교육기관에 있던 젊은 조선 지식인들이 학술적 마르크스주의에 더욱 깊이 관여하게 되었기 때문이다. 이 과정에서 특히 중요한 역할을 한 것이 경성제대였다. 서울에서 1924년에 예과가 개설되었고, 이어 1926년에 본과가 개설됐다. 경성제대 학생 대부분은 일본인이었고, 전체 학생의 3분의 1도 안 되는 조선인 학생(교수진에는 조선인이 거의 없었다)은 식민지 중상류층의 자제로, 졸업 후 정부 관직에 오르거나 사업이나 학술 연구로 출세하기를 희망했다.[10] 다수의 철학과 교수는 자유주의자였고, 그중 일부는 일본 본토에서 학자와 사상가로서 높은 평가를 받았다. 미군정시대에 자유주의적 교육개혁을 주도했던 전후 문부대신 아베 요시시게安倍能成, 1883~1966는 다른 여러 저명한 연구자들과 함께 경성제대에서 학생들을 가르쳤다.[11] 정말로, 경성제대 철학과의 상대적 자유주의는 전간기 일본 제국대학들의 일반적인 특징과 크게 다르지 않았다. 소수의 자유주의 명망가들과 좌파 자유주의자들이 일본 본토의 제국대학들에서 학생들을 가르치고 있었고, 그중 일부는 강의를 들은 조선인 학생들에게 깊은 영향을 줬다. 예를 들어 1945년 이후 남한 사회민주주의의 대부이자 조봉암과 함께 1950년대 중도좌파 진보당의 공동 조직가(〈후기〉를 보라)였던 이동화李東華, 1907~95는 도쿄제대의 유명한 사회민주주의 경제학자 카와이 에이지로河合栄治郎, 1891~1944의 학생이었다.[12]

그러나 경성제대를 비롯한 제국대학들에는 보다 급진적인 일부 극좌파 교수들이 있었다. 그들 가운데 가장 유명한 사람은 미야케 스카노스케三宅鹿之助, 1899~1982로, 경성제대에서 1926년부터 조교수(1932년에 정교수로 승진했다)로 재직한 마르크스주의 경제학자였다. 그는 강의에서 마르크스의 이론에 기반해 자본주의의 불가피한 몰락을 예견한 것으로 유명했고, 코민테른의 경제 브레인 오이겐 바르가Eugen Varga, 1879~1964를 자주 인용했다.[13] 미야케는 임용 직후부터 경제연구회의 지도교수가 됐고, 이 연구회는 공식적으로는 무해한 학생 클럽이었지만, 실제로는 경성제대 마르크스주의 학생 서클의 표면 조직이었다. 이강

미야케 스카노스케의 1934년 주요 감시 대상 인물 카드. 1934년 체포됐다가, 재판 과정에서 전향한 후 1936년 석방됐다. 그러나 경성제대 교수직은 되찾지 못했다. 그가 감옥에 있는 동안 그의 아내는 중고 서점을 운영했다. 석방 후 일본으로 돌아가 경찰의 엄격한 감시 아래 소규모 기업 활동을 하며 살아가야 했다. 출처: 국사편찬위원회.

국, 최용달, 박문규朴文圭, 1906~71, 정태식과 수많은 다른 학술적 마르크스주의 투사들이 모두 미야케의 제자였다.[14] 이들은 북조선 국가 건설의 초기 단계에서 여러 중요한 역할을 했다(최용달은 1948년 북조선의 첫 헌법 초안을 작성한 것으로 알려져 있다). 일본인 좌파 교수 미야케는 이재유를 자기 집 지하실에 37일 동안 숨겨줬다가 1934년 5월 체포당했다. 이재유는 일본 경찰의 수배를 받던 조선 공산주의 지도자였다(이재유의 지하활동에 대해서는 1장과 3장을 보라). 경찰이 심문하는 동안 경제연구회가 수집한 조선의 식민지 경제와 사회에 관한 자료들이 미야케의 유럽 연구 휴가 시절(1929~31)부터 밀접하게 연결되었던 쿠니사키 테이도国崎定洞, 1894~1937와 베를린의 다른 일본 공산주의자들을 통해 코민테른 본부로 보내졌다는 사실이 밝혀졌다. 이 사건은 식민지의 일본인 정착민 사회에 충격을 줬다.[15]

급진파에 대한 압박이 강화된 1930년, 경제연구회는 경찰의 종용으로 대학 당국에 의해 해산되었다. 그 이후 경성제대 학생 급진파들은 지하활동 전술로 전환해야 했다. 베를린에 본부를 둔 '제국주의반대동맹League Against Imperialism and Colonial Oppression'(코민테른의 강력한 영향 아래 1927년 결성됐다가 1937년 해산되었다)[16]의 조선 지부로 발전하려는 비합법 조직인 반제국주의동맹은 1931년 3월 당시 법학과 학생 신현중愼弦重, 1910~80(나중에 남한의 저명한 교육가가 된다)이 결성했다. 신현중은 노련한 공산주의 간부들의 지도 아래 활동했다. 라브렌티 강(러시아 태생 공산주의 투사로, 나중에 초기 북조선에서 정치투쟁 활동으로 유명해졌다. 1장을 보라)과 ML파의 핵심 회원 이종림李宗林, 1900~77이 신현중의 멘토였다.[17] 흥미롭게도, 신현중의 일본인 동급생 일부도 그의 마르크스주의적 신념에 따라 이 지하 단체에 가입했다. 급진파 조선인 학생과 다르지 않게, 일본인 학생 활동가도 대부분 중간계급 정착민의 자식이었다. 한 명(이치카와 아사히코市川朝彦)은 교사의 아들이었고, 다른 한 명(사쿠라이 사부로櫻井三良)에게는 변호사 아버지가 있었다. 일본인 참여자 가운데 한 명은 심지어 일본인 간수의 아들이었다! 그들은 모두 대공황과 일본 내에서 점증하는 사회정치적 불안 때문에 급진화됐다.[18] 학생 급진파들은 자체적으로 잡지 《붉은 각모》 제3호를 20부씩 인쇄해 배포했고, 1919년 9월 19일 일본의 만주 침략 이후 경찰에 체포되기 전까지 반전 삐라 4,800장을 뿌렸다.[19] 청년 반제국주의자 22명은 1932년 11월 징역형(대개 비교적 경미했다)을 선고받았지만,[20] 경성제대 청년 지식인 일부는 계속 마르크스주의에 심취했다. 1930년대와 1940년대 초반 박치우의 철학적 작업과 언론 활동에 관한 이어지는 설명에서 알게 되겠지만, 급진적 사상에 대한 열정은 탄압 분위기가 고조되는 가운데 더욱 학술적 형태를 취했다. 환영할 만한 점은, 이로 인해 조선에서 마르크스주의 이해가 심화되었다는 것이었다. 1920년대 혁명운동의 이데올로기적 도구로 수입된 마르크스주의는 1930년대에는 복잡하고 미묘한 사상 체계로 진화했다. 경성제대 철학과의 뛰어난 졸업생인 박치우는 이 과정의 핵심 인물 가운데 하나였다.

박치우 약전

근대 조선의 수많은 다른 좌파 급진파와 마찬가지로, 박치우는 나중에는 소련이 되는 러시아와 국경을 접한 함경도 북서부 출신이었다. 그는 1909년 8월 22일 함경북도 성진군에서 태어났다. 아버지는 장로교 목사인 박창영朴昌英, 1880~1940으로, 러시아 연해주에서 선교 사업을 펼쳤다.[21] 1928년 3월 고향인 함경북도 경성의 고등보통학교를 졸업한 다음, 같은 달 경성제대의 2년 과정 예과에 들어갔다. 졸업 후 박치우는 아버지의 종교적 영향으로 어린 시절부터 품어온 소망에 따라 철학과에 입학했다. 예과 시절 그는 뛰어난 축구선수로 명성을 날렸지만, 경성제대에서 비합법적 지하활동에 참여한 흔적은 거의 없었다.[22] 더욱이 철학과 시절 박치우의 지도교수는 미야모토 와키치宮本和吉, 1883~1972였는데, 그는 급진파가 아니라 아주 유명한 칸트주의 학자이자 자유주의적 신칸트주의 정신으로 쓰인 대중적 철학 소개서 《암파철학사전岩波哲學辭典》(1922)의 저자였다.[23] 박치우의 졸업논문 주제로 당시 유행하던 니콜라이 하르트만Nicolai Hartmann, 1882~1950의 철학을 정한 것이 미야모토였을 것이다. 1933년 4월에 졸업한 후 박치우는 미야모토의 조교로 일했다.[24] 아이러니하게도 미야모토의 동료 조선인 제자가 바로 박종홍朴鍾鴻, 1903~76이었는데, 그는 1930년대 하이데거 실존주의에 깊은 관심을 가진 신칸트주의의 열렬한 지지자였고, 이후 1950~70년대에는 남한 보수적 철학계의 주요 인사 가운데 하나가 됐다.[25]

학생이던 박치우를 급진화로 이끈 것은 미야모토가 아니라 다른 학생들과의 접촉이었을 가능성이 높다. 학생들이 주도해 펴낸 철학 잡지 《신흥新興》(1929~37)이 특별한 역할을 했을 것이다. 이 잡지의 마지막 호에는 박치우도 참여했다.[26] 잡지 편집자 중 한 명은 미야케의 수제자 이강국이었다. 그는 1934년 베를린에서 공부하면서 독일공산당에 가입했고 코민테른과 조선의 지하 공산주의운동 사이에서 연락책 역할을 했다. 그 외에 수많은 기고자들도 마르크스주의적 견해를 지지했다.[27] 그러나 박치우의 급진화에 가장 강력한 요소일 가능성이 높은 것은 바로 1930년대의 위기 분위기였다. 조선 식민지에서 심화되던 일본의 억압적 정책은 유럽에서 확산되던 종말의 느낌과 중첩됐다. 특히 독일에서 파시즘의 등장은 (대부분의 교수와 동료 학생에게 그랬던 것처럼) 독일어에 능통하고 독일철학 고전을 공부한 박치우에게 큰 영향을 주었다. 자유주의적·개인주의적 가치의 전 지구적 위기를 고통스럽게 깨달은 박치우는 구조적 개념으로 이 위기를 설명하고 전 세계적 문명의 대파국에서 벗어날 비전체주의적 방식을 제시할 방법으로서 마르크스주의를 채택했다. 이어서 살펴보겠지만, 변증법적 역사 방법과 극우 전체주의 비판을 강력하게 강조하는 마르크스주의에 대한 휴머니즘적 해석은 박치우의 고뇌에 찬 철학적 모색의 결과였다.

박치우의 철학적 탐구는 의심의 여지 없이 조선의 현실 자체와도 관련돼 있었다. 유망한 신진철학자였던 그는, 1934년 9월 비교적 보호적인 환경의 제국대학 학계를 떠나 조선의 현실을 경험하게 되었다. 그의 첫 직업은 평양 숭실학교의 철학 교사였는데, 숭실학교는 미국인 선교사들이 세우고 운영하는 상대적으로 자유주의적인 장로교 학교였다.[28] 1938년 3월까지 유지한 이 자리는 순수하게 물질적인 의미에서 그에게 확실히 도움이 됐다. 가난했던 그에게 드디어 안정적 수입원이 생긴 것이다. 1930년대 초반까지 박치우의 가족은 가난에 허덕였다. 실제로 박치우는 학비를 내지 못해 경성제대에서 이미 여러 번 학업을 중단했었다.[29] 상대적으로 가난한 지식인이었던 박치우는 1936년 초에 결혼한 이후 가족을 부양할 직업이 필요했다.[30] 비교적 행복했던 직장 생활로 몇 년 동안 조선의 지식인 사회에서 자신의 존재감을 알리며 고요함과 안정감을 누릴 수 있었다. 그러나 이는 오래가지 않았다. 의무적 신사참배를 거부했다는 이유로 학교가 강제로 폐쇄된 것이다.[31] 그 후 1938년 3월, 박치우는 다시 서울로 와서 전혀 다른 종류의 직업을 갖게 됐다. 일간지《조선일보》기자가 되어 처음에는 사회면에, 그다음에는 학술면에 글을 썼다.《조선일보》장학금의 초기 수령자였던 박치우는 1938년 이전에도 신문에 에세이를 발표한 경험이 있었기에, 이런 변화는 전혀 예상치 못한 일은 아니었다.《조선일보》기자로 활동하며 박치우는 일련의 이슈를 다뤘다. (그가 시대의 전반적 위기를 드러낸다고 봤던) 식민지의 교육받은 청년들의 성적 문란함부터 조선의 역사와 문화에 대한 민족주의적 접근의 문제까지 다룬 것이다. 그러나 1940년 8월《조선일보》는 발행을 중단했고, 박치우는 다시 직장을 잃었다.[32] 이후 그는 모교인 경성제대 철학과 대학원에 등록했는데, 아마도 그렇게 해서 전시 노동 동원과 태평양전쟁 징집을 피하려고 했던 것 같다. 1943년 그는 일본이 점령한 중국 북부로 장기 체류하기 위해 떠났다. 아마도 중국 국민당 또는 공산당과 함께 일본에 맞서 투쟁하는 조선 독립 활동가들에게 가기 위해 전선으로 통하는 경로를 찾으려는 시도였던 것 같지만 결국 실패했다. 1945년 8월 일본이 패배한 후에야 그는 서울로 돌아왔고,[33] 그때는 아주 다른 진로를 선택했다. 철학자 겸 정치인이자 궁극적으로는 무장 투사의 길이 그것이었다.

식민지 시절 박치우는 이데올로기적으로 개입하면서도 정치적 활동을 활발히 하지는 않았다. 그러나 해방 직후 그는 좌파 정치 인사로 자신을 재창조했다. 아마도 식민지 시대에 자신의 마르크스주의적 신념을 실천하지 못한 데 죄책감을 느꼈을 것이고, 정치 참여를 통해 이론가로서 조선 자체의 불행한 식민지 유산뿐만 아니라 자본주의적 근대성의 다양한 문제를 해결하는 데 기여할 수 있기를 희망했을 것이다. 박치우는 재빨리 박헌영과 친밀한 관계를 맺었다. 박헌영은 남조선 국내파 공산주의자들의 지도자였고, 그의 주변에는 (이강국, 최용달, 박문규 등) 경성제대 출신의 좌파 지식인이 여럿 있었다. 1940~41년 박헌영의 파트너는 정순년鄭順年, 1922~2004이었고, 그녀는 미야케의 학생이자 박치우의 경성제대 동료였던 정태식의 먼 친척이었다.[34] 박치우는 박헌영의 비서가 되어 (비밀리에) 여러 번 평양을 방문했다. 첫 방문은 1945년 12월이었다.[35] 이외에도 박치우는 조선의 지적 스펙트럼의 좌파 대오에서 지도적 인물 가운데 한 명으로 각광받았다. 1946년 1~2월 박치우는 좌파 단체들의 최상층 연대체인 민주주의민족전선(민전)을 조직하는 데 참여했고, 조선문학동맹의 문학 비판 부문에서 책임을 맡았고, 심지어 조소문화협회를 조직하는 데에도 관여했다. 이후 조소문화협회는 북조선에서 소련의 문화적 성과를 도입하는 데 중요한 역할을 했다.³⁶ 그러나 박치우의 가장 중요한 기여는 1946년 3월 25일 창간된 좌파 성향 일간지 《현대일보現代日報》에서 편집을 맡은 것이었다. 유명한 소설가 이태준李泰俊, 1904~70이 주필을 맡았던 이 신문은 협소한 의미의 공산주의보다는 급진적 민주주의를 지향했지만, 극우 민족주의 세력에 대한 비판으로 우익 강경파 진영에게 혐오의 대상bête noire이 됐다. 동료 좌파 지식인 김남천金南天, 1911~53의 증언에 따르면, 극우들은 박치우의 사무실에서 그를 여러 번 잔인하게 구타했다.³⁷ 공격당하는 좌파를 보호하는 대신 미군정 당국은 1946년 9월 박치우의 신문 발행을 (점령 당국에 비판적이었다는 이유로) 중지시켰고, 박치우를 수배자 명단에 올렸다. 당시 소비에트 영사관 관리였고 이후에 조선사에 관한 저명한 소비에트 전문가가 된 파냐 이사코브나 샤브쉬나Fanya Isaakovna Shabshina, 1906~98는 1946년 여름과 가을에 미군정 당국과 조선 극우파의 실질적 동맹 세력에 의해 좌파에 대한 압박이 명확히 고조되었다고 회고했다.³⁸ 다른 많은 남한 좌파들과 마찬가지로, 북으로 가는 것은 이제 박치우에게 유일한 대안처럼 보였다. 1946년 말경 박치우는 우익이 그의 신문을 접수해 재출범시키는 동안 북으로 넘어갔다.³⁹

1947년 초 박치우는 이태준과 시인이자 문학비평가인 임화林和, 1908~53를 포함한 다른 거물급 좌파 지식인들과 함께 남북 국경과 가까운 북조선 도시 해주에서 남조선에서 비합법적으로 이용할 선전 문건들을 제작하느라 지치지 않고 열심히 일하고 있었다.⁴⁰ 동시에 박치우의 최초이자 유일하게 현존하는 단행본이 1946년 말 서울에서 출판됐는데,⁴¹ 1947년과 1948년에 같은 출판사에서 중쇄됐다.⁴² 좌파 계열 월북 지식인의 책을 몇 쇄나 인쇄한 것이 한국전쟁 이전 시대에 일

박치우가 살아 있는 동안 출판돼 유일하게 남아 있는 단행본. 1946년 서울의 백양사가 출판했다. 출처: 윤대석, 윤미란 공편, 《박치우 전집: 사상과 현실》(인천: 인하대학교출판부, 2010, 3쪽).

정하게 남아 있던 자유주의적 분위기를 반영한 것인지 아니면 1940년대 후반 남한의 혼란스러운 상황의 영향을 받은 것인지 분명히 말하기는 어렵다. 당시 남한에서 반공주의적 분위기는 점차 심화되어갔지만, 아직 검열 체제가 완벽하게 작동하지는 않았다. 어쨌든 몇 차례 중쇄가 되었다는 건 남한 지식인 사회에서 철학자 박치우가 지속적으로 인기 있었다는 의미였다. 심지어 앞서 언급한 박치우의 동문이자 보수적 하이데거주의 철학자 박종홍(1950년대 이후 남한의 지도적 철학자 가운데 한 명이 되었다)은 이 책을 아주 긍정적으로 평했다. 박종홍은 특히 박치우가 이미 내려진 판단을 선전주의적으로 강요하지 않고, 독자의 정신을 "지배"하기를 꺼리며 독자가 독립적인 결론을 내리도록 돕는다고 언급했다.[43]

불행하게도 이런 글이 쓰인 지 1년 만에 박치우는 본인이 애당초 선호했던 뉘앙스가 풍부한 스타일의 추론보다 이데올로기적 주입을 더욱 요하는 위치에 서게 됐다. 1947년 말 남쪽에서 우익의 탄압과 좌파의 지하투쟁이 격화되면서, 평양 근교에 남북 휴전선을 넘어 침투할 게릴라를 양성하는 특수학교가 세워졌다. 소련계 조선인 장교 니카노르 박Nikanor Pak, 일명 박병률, 1906~98(원래는 학교 교사였다)[44]이 신설된 강동정치학원의 책임자로 임명됐다. 1949년 9월까지 강동정치학원은 미래의 투사 1,200명 이상을 교육시켰다.[45] 박치우는 이제 게릴라의 정치교양을 책임지게 되었는데,[46] 비권위주의적 유형의 좌파적 사고를 따를 수 있는 지위는 아니었다.

몇 가지 중첩되는 상황으로 1949년 9월 이후 게릴라투쟁이 격화됐다. 국공내전에서 공산당이 승리하고 소비에트가 핵무기를 확보하면서 북조선 지도부는 과감해졌다. 그러나 북조선과 대조적으로 남한은 5월에 미군이 철수한 후로 아주 불안정했다. 북조선에서는 탈식민 이후 다소 순조로운 발전이 이루어지며 정부가 가난한 농민과 도시 주민에게 상당한 지지를 받고 있었고, 경제적 성과도 가시적이었다. 1948년 9월에서 1949년 9월 사이에 새로 조직한 남한 군대 내에서 5,268명의 사병과 장교가 탈영했고, 일부는 바로 북조선으로 향했다. 그런 상황에서 북조선 지도부는 게릴라투쟁을 강화함으로써 미래의 경쟁 상대인 남조선을 붕괴시키고 대중 봉기를 일으킬 수 있다고 내다봤다.[47] 1949년 9월 중순, 서울 보성전문학교(오늘날의 고려대학교) 졸업생으로 유명한 좌파 활동가 이호제李昊濟, ?~1950의 지휘 아래 360명 가량의 강동정치학원 출신들로 조선인민유격대 제1연대가 구성됐고, 성공적으로 남한 영토로 침투했다. 여기서 박치우는 연대 정치위원으로 임명되어 12월까지 강원도 태백산맥 일대에서 활동했다.[48] 그러나

11월 이호제의 연대는 미군 무기로 무장한, 수적으로 압도적인 남한 군대에 의해 거의 전멸했다. 박치우는 가까스로 죽음을 피했고, 김달삼金達三, 1923~50의 제3연대 게릴라에 합류했다. 전직 교사인 김달삼은 제주봉기(1948년 4월 3일부터 1949년 5월까지)를 이끈 전설적 공산주의 지도자였는데, 당시 제주에서 태백으로 이동해야 했다. 그러나 1949년 11월 말, 제3연대도 전멸되었다. 1949년 12월 4일 남한 신문들은 "적의 수괴 박치우"가 사살됐음을 확인했다는 군의 공보문을 발표했다. 당시 참모총장이었던 신태영申泰英, 1891~1959이 직접 나서 그의 사망 소식을 발표할 정도로 박치우는 중요한 인물이었다.[49]

한마디로, 비극적으로 끝난 박치우의 상대적으로 짧은(45년) 삶은 조선의 근대에 대해 많은 것들을 말해준다. 동북 조선의 개신교 목사 가정에서 태어나 자랐고, 1934~38년 평양의 개신교 학교 교수였던 박치우는 조선 외부의 세계에 대한 예리한 인식을 갖추게 되었고, 보편주의적 사고에 익숙해졌다. 그의 삶과 경력에서 이런 보편주의적 경향은 경성제대의 철학적 학풍의 영향을 받으며 더욱 강화됐다. 대학 그 자체는 국가주의적 민족주의사상을 강조하는 식민지 교육 인프라의 일부였지만, 동시에 근대의 초국경적인, 내재적으로 유럽 중심적인 세계에 속해 있었다. 경성제대 의학부는 교내 영문 잡지인 《경성의료저널The Keizyo Journal of Medicine》에 연구 결과를 발표했고, 박치우의 지도교수인 미야모토 와키치와 아베 요시시게는 신칸트주의자였다. 독일어와 영어 원전을 읽는 것은 경성제대 학자들에게는 의무 사항이었다.[50] 조선의 식민 본국인 일본에서 초민족주의적 분위기가 심화되면서, 그나마 (일본이 아닌) 유럽에서의 극단적 민족주의의 등장을 진지하게 다룰 수 있었다. 이와 같은 코스모폴리턴적인 지적 분위기 속에서 박치우를 포함한 수많은 똑똑한 청년 학자들이 자신의 의견을 정리하는 방식으로 특수주의적 민족주의보다는 마르크스주의 쪽으로 경도됐다는 것은 별로 놀라운 일이 아니다. 정말로 마르크스주의적 급진화는 일본의 다른 제국대학들의 유사한 연령대 조선인 학생들 사이에서도 일어나고 있었다. 잘 알려진 사례는 1934년에 교토제국대학 경제학과를 졸업한 박영출朴永出, 1907~38이 조선 귀국 후 결국 이재유의 지하 공산주의 그룹과 협력했던 것이었는데(1장을 보라), 다른 제국대학들에서도 그와 비슷한 사례가 많이 있었다.⁵¹ 박치우의 경우, 지금부터 설명하겠지만, 마르크스주의는 개신교 성직자 집안의 자손이자 경성제대 학자였던 그가 여러 가지 측면에서 친연성이 있는 자유주의적 부르주아 문명이 부딪히고 있는 전 세계적 난국을 보편화하여 사유하는 도구였다. 동시에 마르크스주의는 1930년대 조선의 식민 본국 일본과 유럽 국가들 상당수가 실행하던 (자유주의를 전면 부정하는) 우익 전체주의에 대한 대안을 제시했다. 부르주아 근대성의 전간기 파열에 대한 박치우의 비판적 분석은 오늘날에 읽어도 흥미롭다. 이는 박치우의 글로벌 비전이 갖는 깊이와 폭뿐만 아니라, 동시대 철학적 발전에 대한 역사적 맥락화가 잘된 분석, 역사적 사건들의 변화무쌍한 파노라마 속에서 본질적 특징을 파악해내는 능력 때문이다. 결국 마르크스주의는 1945년 조선의 분단 이후 박치우가 북쪽을 선택하게 하는 동기가 된다. 남한이라는 반공주의 냉전형 국가에서 박치우가 마르크스주의적 지적 탐구를 계속할 기회를 이어나갈 가능성은 거의 없었기 때문이다. 그러나 박치우가 속한 박헌영 분파가 1953~56년에 숙청당하자, 북조선 출판물의 지면에서도 박치우의 이름이 사라졌다.⁵² 고도로 통제되는 두 권위주의 체제로 분열된 조선에서, 독자적이면서 보편주의적이고 비판적인 마르크스주의적 사고는 결국 북과 남 주류적 사고에서 동시에 배제되고 말았다.

박치우의 사상:
역사주의, 변증법과 세계, 그리고 자유주의 이후의 인간

1930년대 국제적 급진파의 관점에서, 대공황 이후 대두된 전체주의적 민족주의라는 주요한 위험을 맞닥뜨렸다는 점에서 조선인이나 일본인은 유럽인과 거의 차이가 없었다. 좌파 정치 지도자들에게는 이런 위험을 일차적으로 사회정치적 용어로 정리해보려는 경향이 나타났다. 불가리아 공산주의 지도자이자 코민테른의 공식적 대표였던 게오르기 디미트로프Georgi Dimitrov, 1882~1949는 파시즘을 질적으로 다른 유형의 자본주의국가, 탈법적이고 무제한적인 폭력을 강력한 ("궤변적인") 대중적 호소력과 결합한 "비정상적" 국가, 즉 "테러리스트적 독재" 체제로 정의했다. 그런 독재는 세계를 재분할해 영구히 노예화하고, 계급투쟁을 통한 역사 진보에 대한 가능성을 모두 파괴하는 것을 목표로 했다.[53] 1930년대 코민테른의 좌파 비판자였던 레온 트로츠키는 역사적으로 파멸될 프티부르주아지를 파시스트운동의 주요 동력으로 봤다. 트로츠키는 파시스트운동을 지배적 금융과두제가 가장 반동적인 중간계급을 동원해 노동계급을 파괴하려는 시도로 간주했다.[54]

그러나 파시즘의 함의를 자본주의적 지배 방식의 단순한 변화 또는 단순히 반혁명적 폭력의 유례없는 격화로 제한할 수 있었을까? 이제는 파쇼적 광기에 휩쓸린 과거 사회민주주의운동의 요람, 중부 유럽의 마르크스주의적 분석가들은 파시즘이 기존 부르주아적 질서와의 단절을 어느 정도 대표하는가에 관해 의견이 분분했다. 민족문제에 관한 초기 저작으로 유명해진 오토 바우어Otto Bauer, 1881~1938는 중간 계급의 극악한 반노동자적 폭력의 도움을 받은 파시즘의 권력 독점을 독점 자본주의 시대 금융·군수 산업 과두제의 경제적 지배가 정치적으로 표현된 것으로 간주했다. 한마디로, 파시즘은 독점 자본주의 시대에 내재된 국가주의étatisme의 가장 원형적인 표현이었다.[55] 그러나 이와 동시에 오스트리아 마르크스주의 학파의 또 다른 유명한 인물인 루돌프 힐퍼딩은 1940년 파쇼 권력 체제에서 새로운 전체주의적 질서를 발견했다. 그것은 경제적 이해가 더 이상 정치권력을 통제하지 못하는, 오히려 그 반대가 되는 질서였다. 경제는 이제 전체주의적 정치권력의 단순한 도구로 전락했고, 이는 과거의 부르주아 정치와 질적으로 달랐다.[56] 이에 대해 유럽 대륙 사회민주주의의 대원로인 칼 카우츠키는 19세기 역사적 상승기 동안 유럽 부르주아지의 특징이던 "평화적" 또는 휴머니즘적 지향이 20세기의 전면전과 대중 동원 시기에 완전히 사라진 것처럼 보인다고 애석하게 분석했다. 과거 부르주아지의 적대자였던 봉건적 군주와 귀족의 군사주의적 잔혹성은 이제 "후기자본주의 세계"의 지배적 경향이 됐다. 민주주의 역시 이제는 유럽의 지배계급으로부터 외면당했다.[57]

동시대에 대한 박치우의 분석은 1930년대 조선의 신문과 잡지에 출판돼 알려진 바와 같이, 근대성의 역사적 발전에 대한 그의 일반적인 마르크스주의적 이해의 일부였다. 1934년 박치우는 아직 경성제대 철학과 학생이었지만, 강령적 논문인 〈위기의 철학〉에서 과거의 자유주의적 질서가 붕괴하는 시대에 개인은 본질적으로 볼셰비즘과 파시즘

사이에서 선택에 직면하고 있다고 주장했다. (심지어 철학 잡지마저도 검열받고 있었기 때문에) 결코 명확하게 진술하지는 않지만, 박치우는 볼셰비즘이 "올바른", 진실된 선택이라고 믿었다. 그 진실성은 사회적 모순을 극복하려는 어떤 시도에도 필수적인 전제 조건인 이성logos의 기능을 통해 이해되어야 했다. 모순의 해결책은 사회적 실천의 영역에서 발견해야 하지만, 오직 이성(아리스토텔레스를 인용한 박치우의 표현에 따르면 meta logou)이 강조하는 행동 또는 이성에 기반한 이론만이 철학적 의미에서의 실천에 해당했다. 객관적 모순을 대표하는 사회적 모순에 맞선 투쟁의 형태인 실천은 박치우에 의하면 아리스토텔레스가 파토스pathos, 즉 개인의 자기희생으로 이어질 만한 강렬한 감정이라고 정의한 분위기 속에서 일어난다. 아리스토텔레스주의 용어를 적절하게 사용하는 박치우가 좌파의 반파쇼투쟁의 사회적·개인적 전제 조건(이론에 기반을 둔 자기희생적 행동이 반파시즘의 실천을 구성한다)을 철학적으로 묘사하려 시도하고 있었다는 것을 파악하기는 어렵지 않다. 동시에 이 논문에서 또 주목할 만한 점은, 박치우가 사회적 실천에 개입한 개인과 집단이 사회적 모순의 진정한 성격에 대해 "주체적" 이해를 하는 것이 중요하다고 언급한 내용이다.[58] 1960년대부터 북조선 공식 이데올로기의 기초가 된 개념인 '주체'subjectivity는 박치우의 개인과 집단의 변증법에서 독창적으로 중요한 개념이었다.[59] 부르주아 개인주의가 1930년대 전체주의의 대범람에 무너진 것처럼 보였던 반면, 초집단주의적 극우에 맞선 사회주의적 투쟁은 주체성을 필요로 했고, 이때의 주체성은 위기의 시기에 시험과 시련을 동반하며 성공적으로 투쟁해 나가기 위해 이성에 기반해 판단을 내리고 그 판단을 실천의 영역으로 가져올 수 있는 능력으로 이해됐다.

1930년대 이후 소련을 "전체주의적" 또는 적어도 엄격한 권위주의적 성격으로 보는 통념적 시선에 익숙한 사람들에게는 역설적으로 들릴 수 있지만,[60] 1920년대와 1930년대 초반의 소비에트 문화에서 주체성은 아주 중심적인 개념이었다. 이는 초기 소비에트 사회와 밀접하게 연결된 유럽 좌파 급진주의 문화의 일반적인 경향이 반영된 것이었다.[61] 혁명적 세계 변혁의 주체로 여겨진 프롤레타리아트는 먼저 자신을 변혁해, "교양"과 "의식"을 갖추어 문화적·정치적 "성숙"의 단계에 도달해야 했다.[62] 소련과 다른 곳에서 좌파 급진주의는 집단주의를 주창했지만, 동시에 자신이 바라는 집단을 형성하기 위해서는 높은 수준으로 깊이 내면화된 신념, 즉 개인적 주체성을 필요로 했다.

진보적 급진주의의 문화 속에서 주체성 개념이 중요했던 만큼, 박치우의 철학이 개인과 주체의 문제에 초점을 맞췄던 것은 별로 놀라운 일이 아니다. 박치우가 이해하는 사회적 실천은 새로운 유형의 개인을 창출하는 것으로 이어져야 했다. 이 "새로운 인간형"은 동시대 급진 사상의 원형적 특징이었다.[63] 역사주의적 정신으로 무장한 박치우는 기존의 근대적 개인과 미래의 탈자본주의적 개인이 모두 자기 시대 역사적 조건의 산물이라고 늘 지적했다. 박치우는 르네상스를 특징적 합리성과 (부르주아) 개인주의를 동반한 근대적 개인이 등장한 시대라고 간주했다. 따라서 자유주의적 자본주의 질서가 최종적 죽음의 시기로 향하고 있기에 "새로운 르네상스"가 "진정한 주체성"으로 무장한 "새로운 인간을 발견"해야 한다는 것이었다. 그런 "새로운 인간"을 창조하기 위해 필요한 철학은 단순히 관찰하기보다는 "요구"(박치우 자신이 사용한 독일어 개념으로는 fordernde)해야 하며, 단순히 비판적이기보다는 잠재적 지지자에게 "호소"(박치우 자신의 말로는 appellierende)해야 한다. 철학은 단지 현실을 이해하고 비판하는 도구라기보다 행동의 철학이 되어야 한다. "새로운 인간"은 자기 주위의 모순에 맞서 "투쟁할 역량에 자부심"을 가져야 하고, 자신의 사회적 실천에서 감정과 이성 양자를 결합할 수 있고 역동적이어야 한다. 실천은 단순히 개인적이기보다는 오히려 집단적이어야 하고, 더 정확하게 말하자면 집단적이면서 동시에 개인적이어야 했다. 즉, 여기서 개인과 집단의 이분법은 지양aufheben, 止揚된다. "유럽의 개인주의"를 "일본" 또는 "동양"의 집단주의와 대조하는 것은 1930년대 일본 철학에서 흔한 일에 속했다.[64] 그러나 박치우는 사상 또는 "주의"isms가 개성個性의 기조를 갖되 반드시 개인의 주체성에 의해 제한되어야 하는 것은 아니라고 말함으로써 그런 대조를 본질화하는 함정을 피했다. 일반적으로 사상이 같이 공유하는 객관적 현실에 대한 감각에 기초한 것인 반면, 이런 사상은 그들의 열성적 지지자들에게 "집단적 자아"를 가져다준다. 이 지지자들은 니체류의 초인Übermenschen 또는 전통에 뿌리를 둔 도덕주의자가 되어서는 안 되고, 반대로 자신의 내적 모순을 인식하고 모순에 맞설 방법을 배워야 한다.[65] 이런 식으로 박치우는 개인주의 대 집단주의 이분법 그 자체를 지양하고, 자신의 철학을 특정 문화와 무관하게 보편적으로 적용할 수 있는 가능성을 지닌 것으로 분명히 한다. 동시에 그는 "새로운 인간" 개념에 뉘앙스를 부여해, 역사의 새로운 주체가 내적 모순 자체로부터 결코 자유롭지 못하다는 것을 충분히 밝힌다. "새로운 인간"의 내재적으로 모순적인 성격을 인정하고, 일련의 투쟁과 갈등을 통해 그들 자신이 발전한다는 점을 받아들이며, 박치우는 자신의 변증법적 경향을 보여준다. 깊고 철저한 역사주의와 함께, 변증법적 이해의 경향은 박치우 철학의 또 다른 특징이었다.

박치우가 보기에 인류가 자유주의적 자본주의의 당면한 위기를 극복하기 위해 버려야 할 "주의들" 가운데 하나가 "부르주아 개인주의"였지만, 그는 동시에 우익 전체주의 이데올로기가 함의하는 개인의 부정에 명확하게 반대했다. 1930년대 정치철학적 담론에서 "전체주의적"이란 단어는 반드시 1945년 이후에 획득한 오로지 부정적인 의미만을 가졌던 것은 아니었다는 사실을 기억해야 한다. 파시스트 이탈리아의 신헤겔주의 철학자 지오반니 젠틸레Giovanni Gentile, 1875~1944는 "전체주의"를 자신이 자랑스럽게 섬기던 파시즘 국가에 대한 자기 묘사의 일부로 사용했다. 그는 시민의 삶에 대한 국가 개입의 총체성과, 사적 영역과 공적 영역 양자를 조합주의 국가corporate statehood로 통합해야 한다고 강조했다.[66]

"전체주의"는 1930년대 조선 우익 사이에서도 반드시 부정적인 단어는 아니었다. 식민지 조선의 베스트셀러 소설가이자 무솔리니와 히틀러의 노골적인 숭배자였던 이광수李光洙, 1892~1950는 이미 1932년에 "이기적인 영미 개인주의"와 대조되는, 가족과 마을 집단의 이름으로 자기희생을 강조하는 조선의 "건전한" 집단주의를 "전체주의"라고 정의했는데,[67] 이는 명백하게 긍정적인 의미였다. 전시 동안 전체성과 무관한 개인적 존재의 무의미함과 개인의 삶에 어떤 의미라도 부여할 수 있는 유일한 주체로서 국가 공동체의 역할은《국민문학國民文學》(1941년 11월~1945년 5월) 같은 잡지에서도 주기적으로 논의됐다.[68] 이 잡지의 편집자인 최재서崔載瑞, 1908~64는 "의미와 가치를 부여하는" 국가의 총체성에 대한 절대적 충성을 주창한 대표적 인물 중 하나였다.[69] 동시에 조선총독부의 공식 기관지인《매일신보》는 일본의 "독특한" 국체國體, 코쿠타이こくたい, "대일본제국의 제도" 등이 서양의 전체주의 이데

올로기와 비교해도 훨씬 더 우월한 방식으로 전체성을 체현하고 있다는 점을 명확히 하기를 원했다.[70] 그럼에도 일본 국체 이데올로기의 조선인 지지자들은 서양 극우의 총체성 이데올로기에 그들이 빚지고 있음을 인정하는 데 전혀 부끄러움이 없었다. 예를 들어 이광수는 처음에 이탈리아 파시즘 발전의 영향 아래 있었지만, 1940년에 접어들어 경애하는 "히틀러 총통"에게 바치는 찬가에서 자신이 "전체주의"라는 용어를 조선어로 처음 도입한 조선인 작가라고 자부심을 표현했다.[71] 그 시대의 조선인 철학자와 이데올로그 사이에서, 확고한 철학적 기반 위에서 우익 전체주의 세계관을 가장 체계적으로, 노골적으로 비판한 것은 정말로 박치우였다. 1930년대에 시작해 처음에 독일과 이탈리아 파시즘을 겨냥했던 박치우의 작업은 1945년 조선이 식민주의로부터 해방된 이후에도 계속됐고, 이 시점에는 해방 후 남조선의 우익 이데올로그 사이에서 아주 인기 있던 권위주의적 집단주의에 대한 철학적 비판으로 이어졌다.[72]

물론 박치우는 인간 집단성 자체의 역할을 부정하려 하지 않았다. 자유주의에 관한 1936년의 에세이에서 그는 근대적 자유를 "시민의 자유"로 정의했다. 사회적 집단의 자유는 개인의 자유를 위한 전제 조건을 제공해야 한다. 시민이란 절대주의 체제로부터 자신의 자유를 쟁취하려고 했던 부르주아 시민사회 구성원을 의미했다. 자유의 획득은 상이한 형태의 운명이란 개념(기독교의 '원죄' 또는 고대 그리스인이 생각했던 인간 운명의 내재적 비극성 등)이 지배하던 고대사회로부터 근대사회를 구분했다. 이런 획득은 부분적으로 운명이란 개념의 점진적 진화와 이후 '자연법' 개념과 그 법적 틀 내에서 '인간의 자유' 개념을 철학적으로 해부한 내용에 힘입은 것이었다. 또한 부분적으로는 시민 집단이 억압적 구질서로부터 자유를 쟁취한 보다 선진적 사회에서 부르주아혁명이 성공함으로써 힘을 얻기도 했다. 그럼에도 이때의 '시민의 자유'는 주어진 역사적 시기에 부르주아 시민 공동체에 속하지 않는 모든 이들의 부자유를 함의하고 있었다. 근대적 부르주아 시민사회의 약점은 동시에 이윤 추구에 기반한 자본주의적 시장에 의해 운영됐다는 사실이다. 공급과 수요의 불가피한 불균형(과잉생산)으로 이윤율이 감소하는 경향이 극적으로 드러나자, 자본주의경제는 통제되는 국가주의적 작동 방식으로 전환해야 했다. 그 지점에서 파시즘이 당대 정치적 의제의 중심을 차지하게 됐다. 지나간 시절의 자유주의는 백러시아 망명 장교의 가슴 위에 달린 차르 시대의 훈장 같은 것이 되었다. 기껏해야 이제는 과거의 영광에 대한 희망 없는 그림자였다. 박치우가 표현한 것처럼, 부르주아 시민사회는 변증법적으로 말해서 자신의 낡은 자아를 부정했고, 자기가 옛날에 누렸던 과거의 모든 자유와 함께 자유주의를 "폐기"했다. 그리고 자유주의의 위기가 단지 부르주아 질서의 전반적 위기의 한 징후였기 때문에 앙드레 지드Andre Gide, 1869~1951의 방식처럼 자본주의에 대한 대안을 제시하지 않고 자유주의를 무조건적으로 방어하는 것은 아무 의미가 없었다. 그러나 파시즘의 고조로 과거보다 더 전투적인 태도를 취해야 했던 자유주의의 말기적 아류의 추종자들epigones이 할 수 있었던 것은 그 정도가 전부였다.[73]

전간기 유럽의 가장 인기 있는 작가 가운데 한 명이던 앙드레 지드는 1930~40년대 조선 지식인에게도 잘 알려져 있었다. 그는 크고 작은 두려움과 걱정의 미로 속에 갇힌 고립된 개인의 내적 세계를 읽어내는 솜씨로 널리 칭송받았다.[74] 지드의 소련 경험에 대한 궁극적으로 비판적인 태도뿐만 아니라 전반적인 사회 비판은 식민지 시대 조선에서도 주의 깊게 관찰되고 있었다.[75] 박치우에 따르면 지드의 단호한 개인주의는 지드 자신이 좌파 신념을 주장했음에도 진정한 좌파와는 거리가 멀었다.[76] 그러나 박치우는 우익 전체주의를 훨씬 더 일차적인 문제로 간주했다. 이미 오스트리아가 나치 독일에 병합되고 체코슬로바키아가 해체된 1939년 2월 박치우는 파시즘을 분석하는 기사 세 편을 《조선일보》에 연재했고(2월 22~24일), 이는 1930~40년대 조선 역사에서 파시즘을 철학적 문제로 접근한 첫 시도 가운데 하나였다. 연재물이 나중에 《조선일보》의 자매 월간지 《조광朝光》(1941년 4월)에 단일한 논문으로 재출판됐다는 사실은 박치우와 《조선일보》에 이 문제가 얼마나 중요했는지 보여준다.[77] 또 다른 저명한 마르크스주의 지식인 서인식徐寅植, 1905~?도 《조선일보》의 청탁으로 일찍이 전체주의 현상에 대한 분석 글을 기고했다.[78]

물론 독일 파시즘을 포함해 유럽의 우익 권위주의에 대한 마르크스주의적 분석은 1930년대 말 조선에서 새로운 것이 아니었으며, 그 관심의 정도로 보면 놀라운 일도 아니었다. 중부 및 남부 유럽에서 벌어지던 극적인 정치적 사건들은 조선 사상계 전반에서 주목받고 있었다.[79] 이탈리아 파시즘 10년사에 대한 1932년의 한 좌파적 분석은 다소 전형적으로 이런 현상을 이탈리아 자유주의자와 그들이 대표하는 부르주아지 상층부의 정치적 무기력에 힘입어 제1차 세계대전의 평민적 급진주의에 반대한 반동적 중간계급의 반란으로 묘사했다.[80] 많은 분석은 파시스트운동의 경제적 측면과 지정학적 측면에 초점을 맞췄다. 예를 들어 유명한 마르크스주의 경제사가인 백남운白南雲, 1894~1979(1945년 이후 그의 모스크바 여행에 대해서는 7장을 보라)은 블록 경제에 관한 연재에서[81] 이 상황에 대한 정통 마르크스주의적 분석과 근대 전쟁의 경제적 함의에 대한 분석을 제시했다.[82] 박치우가 본 것처럼, 자본주의경제의 불균등하고 불균형적인 성격은 궁핍한 다수의 과소 소비와 함께 자연스럽게 공황으로 이어졌다. 공황에서 벗어나는 한 가지 길은 파시스트 또는 반#파시스트 권위주의 국가에서 국가의 경제 통제와 결합한 더 커다란 반#자급자족적 블록 시장semi-autarchic bloc market을 통하는 방법이었는데, 이러한 체제는 식민지와 종속국 지역을 재분할하는 새로운 대치로 귀결되기 쉬웠다. 사실 박치우는 유럽에서 전쟁이 시작되기 3년 전인 1936년에 이미 제2차 세계대전을 예견했다.[83] 또 다른 저명한 마르크스주의 지식인인 배성룡裵成龍, 1896~1964은 1920년대에는 공산주의자로 활동했지만, 1930년대에는 여운형처럼 사회민주주의와 비슷한 온건 좌파적 사상으로 이동했다. 1936년에 그 역시 다음 세계 전쟁의 전망을 예상했는데, 배성룡은 목하 유럽 열강들의 정책을 "제국주의 간 모순"이란 개념으로 분석했고, 이탈리아와 독일이 모두 주로 아프리카와 남부·동부 유럽에서 식민지와 종속 지역을 창출하는 데 관심을 갖고 있다고 주장했다. 일본의 검열 제한 때문이었는지 배성룡은 제국주의의 전 지구적 몰락 이후 사회주의혁명의 성공에 관한 서사를 제시하지는 않았지만, 1930년대 중반 "서구 민주주의"와 중부·남부 유럽 파시스트 국가들의 충돌이 자본주의 자체의 전 지구적 파괴로 귀결되기를 희망했다.[84] 그러나 백남운(경제사가)이나 배성룡(경제학자이자 사회학자)도 파시즘의 보다 깊은 철학적 함의를 분석하려고 시도하지는 않았다. 식민지 조선에서 선구적으로 이를 시도한 인물은 바로 박치우였다.

당시 검열받고 있던 조선 언론에서 일본의 파시즘을 공개적으로 비판하는 것은 상상할 수 없었기에 박치우는 (일본보다는) 유럽의 파시즘에 대한 비판적인 철학적 분석에 초점을 맞췄으며, 특히 독일과 이탈리아의 파시즘에 관심을 기울였다. 박치우에 따르면 파시스트가 사용하고 있는 전체성 논리는 저 멀리, 플라톤이나 (플라톤적 보편성의 실재적 존재를 믿었던) 중세 스콜라 실재론자의 사상에서 기원을 찾을 수 있었던 반면, 발전된 정치형태로서의 전체주의는 근대성의 산물이거나 오히려 부르주아 근대성의 종국적 위기의 산물이었다. 정치적 전체주의에서 사상은 오히려 부차적이었다. 사상은 전체주의 국가의 정치적 필요에 따라 이용됐고, 지적 설득력보다는 감정적 동원("피의 논리")에 더 초점을 맞췄다. 동원력이 있는 호소는 무엇보다도 최우선적으로 국가가 요구했던 바였다. 독일 파시즘이 "혈통"을 구호로 제시한 반면 이탈리아 파시즘이 인종적 민족보다는 정치적 공동체로서의 국민을 강조하듯이 파시즘의 양상은 다양할 수 있지만, 박치우는 다양한 파시즘의 주요한 공통점을 민족적(국민적) 총체성의 절대화와 개인의 상대화로 정의했다. 그에 따르면 파시즘 체제 내에서 개인은 민족(국민)의 유기적 일부분인 한에서 존재가 허용되고, 개인의 자유는 민족(국민)국가의 요구에 의해 엄격하게 제한된다. 더 나아가, 박치우는 철학적으로 알프레드 로젠베르크Alfred Rosenberg, 1893~1946나 오트마르 슈판Othmar Spann, 1878~1947 부류의 파시스트 또는 반⁺파시스트 민족주의적 보수 사상가의 주요한 목적이 이성적 사고와 변증법의 부정이라고 암시했다. 변증법은 어쨌든 계급투쟁을 포함해 사회적 갈등과 투쟁의 불가피성을 의미하며, 그것은 바로 파시스트 사상가들이 배제하려는 민족 '유기체' 내부의 모순 가능성이었다. 변증법은 각 개인과 사회 내부에 모순이 엄연히 존재한다는 사실을 전제하지만, 그런 논리는 파시즘의 가장 본질적인 원칙을 거부하는 것을 의미했다. 따라서 신헤겔주의적 사상은 일부 파시스트 사상 갈래의 중요한 배경으로 기여한 반면, 헤겔주의적 변증법은 계몽주의Enlightenment의 코스모폴리턴 사상만큼이나 '민족 유기체'를 위시한 파시스트적 구성에 대해 이질적인 개념이었다.[85]

박치우는 그 당시에 일본제국주의 이데올로기를 직접 비판할 수 있는 처지가 아니었다. 그의 논조로 판단해보면, 박치우는 토사카 준戶坂潤, 1900~45 같은 일본 마르크스주의자의 반민족주의적 논저를 의식했을 가능성이 높았는데, 토사카의 《일본 이데올로기론日本イデオロギイ論》(1935)은 일본 국수주의 사고의 완전한 비역사성을 탁월하게 폭로한 책이었다.[86] 그러나 토사카는 1938년부터 옥고를 치르고 있었고, 조선의 검열은 일본 본토보다 더욱 엄격했다. 일본 파시스트 철학을 직접 비판할 수 없었던 박치우는 그럼에도 교토학파京都学派의 관념론 철학자들에 대해 약간 흥미로운 비판적 언급을 했다. 그들의 논리가 일본 전시 당국의 공식적 입장과 완전히 일치하지는 않았지만, 교토학파의 논리는 전시 국가 이데올로기의 기초가 된 보수적 민족주의 체계를 뒷받침하는 데 필수적이었다. 박치우는 예를 들어 민족 공동체 내에서 모순의 가능성을 암시하는 것이라면 모두 다 회피하려는 교토학파의 일반적 경향을 고려하여, 교토학파 거두인 타나베 하지메田辺元, 1885~1962가 전체와 부분 사이의 관계에 대한 이해에서 지속적으로 변증적 개입을 할 수 있는지 의문을 제기했다. 박치우는 일본의 선구적 후설주의적 현상학자Husserlian phenomenologist인 다카하시 사토미高橋里美, 1886~1964의 입장을 "전체성의 강조와 변증법의 거부"로 정의했고, 주체 상호 간 소통의 매개로서 다카하시의 "사랑" 개념이 국경을 초월할 수 있는지 의문을 제기했다. 그 밖에 박치우는 와츠지 테츠로和辻哲

郞, 1889~1960의 '후도風土("문명의 내재적 특징"을 결정한다고 하는 풍토)' 개념에 내재한 모순적 본질을 알아차렸다. 박치우가 정리한 풍토 개념은 "조국과 고국, 향토 개념을 불러일으키는 데 중요"하지만, 공적 지식인으로서 와츠지 자신이 열광적으로 승인한 일본의 외적 확장 프로젝트는 거의 뒷받침하지 않았다.[87] 한마디로, 전체주의 철학은 박치우에게 지적으로 희망 없는 프로젝트로 간주됐다. 그것은 이기적 개인이 자신을 "민족체의 일부"로 파악하도록 설득할 목적을 가졌지만, 왜 이 부분이 전체에 의해 완전히 흡수되어야 하는지에 대해 일관된 논리적 설명을 결코 발전시킬 수 없었다. 그런 설명을 발전시키기 위해서는 변증법을 적용해야 했다. 그러나 갈등에 내몰린 인간 존재의 현실을 받아들이기를 원치 않는 전체성의 철학자들에게 그것은 불가능한 일이었다.[88]

독일과 이탈리아, 일본 파시즘은 결국 1945년 패전으로 끝이 났다. 그러나 권위주의적 우익 민족주의는 조선과 다른 곳에서 존속했다. 이미 1946년 미군이 점령한 남한의 분단된 사회에서 상당한 세력으로 국수주의적 극우가 등장했다.[89] 그것이 바로 1946년에 박치우가 전체주의적 민족주의를 다시금 극단적으로 비판해야 할 필요성을 느낀 이유였다. 박치우의 이번 비판은 철학적 진단보다는 정치적 진단이었다. 동시대 전체주의에 대한 박치우의 식민지 시대 분석은 보편주의적 계몽사상 또는 변증법에 대한 전체주의의 반감을 강조했던 반면, 이제 박치우는 자신이 "국수주의적 파시즘"이라고 지칭한 세력의 주요한 특징인 비합리성에 초점을 맞추기로 했다. 이제 그가 파악한 것처럼 조선민족청년단(족청)의 실질적 지도자이자 자기 주위에 국수주의 이데올로그 패거리를 거느린 이범석李範奭, 1900~72 같은 정치인과 연결된 남한의 극단주의적 민족주의는 그 기본적 테제에서 전前 논리적이었고 동시에 실천에서 전투적으로 반反논리적이었다. 상상 속에서 고대를 이상화하는 것은 결국 패전국 일본의 신토神道 민족주의와 비슷한 유형인 "천손天孫인 우리 조상"에 대한 믿음으로 귀결됐다. 박치우는 최근에 해방된 다른 "후진국"처럼 조선도 이데올로기적 원시주의primitivism, 혈통적 민족 소속감에 대한 강조, 그리고 선진 군사기술 숭배와 결합된 국수주의를 손쉽게 채택할 것을 심각하게 우려했다. 박치우의 견해로는 초민족주의 우익이 1936~39년 내전 기간 유럽의 가장 "후진적" 나라 중 하나인 스페인에서 신생한 민주주의 제도를 파괴한 일이 근미래 조선에 내재한 위험을 보여주는 것이었다.

영국이나 미국에서는 맥도 못 쓰면서 이들보다는 훨씬 후진국인 스페인에서는 도리어 프랑코의 파시스트 정권이 성공하지 않았는가? 이 사실을 어떻게 설명할 것인가? 그렇기에 독점 금융 운운만을 고집할 것이 아니라 좀 더 넓게 정의를 줄 필요가 있는 것이어서 가령 계급 대신에 민족의 이름으로써 비상 상태를 처결하려는 반역사적인 폭력 독재, 이렇게 규정하는 편이 훨씬 더 타당할 것이 아닌가 한다.[90]

이와 관련해, 그리고 유럽의 반파쇼 통일전선 경험을 언급하면서 박치우는 좌파와 우파를 아우르는 반파쇼 동맹이 필요하다고 강조하며, 이 동맹은 노동계급의 강력한 참여 아래 '사회주의적 민주주의'의 지지자들과 '자본주의적 민주주의'의 지지자들이 힘을 합치는 형태여야 한다고 주장했다.[91] 극우 극단주의에 대항하는 좌우를 아우르는 민주적 동맹에 대한 박치우의 호소는 그가 '초민족주의 파시즘'에 관한 논문을 써서 발표했던 1946년 초, 박헌영의 비서로서 그가 대변했던 남조선 공산주의자들이 정치체제로써 다당제를 인정할 준비가 되어 있었음을 보여준다. 그러나 애당초 그들의 의도는 자신들이 통제할 수 없는 상황에 좌절당했다. 1940년대 후반의 정치 현실에서 1946년 여름부터 이미 공산주의 탄압을 시작했던 미군정 당국과 1948년 이후의 남한 정부가 환영했던 것은 국제주의적 지향을 가진 남조선 공산주의자들이 아니라 족청과 기타 국수주의자들이다.[92] 박치우는 합리성과 본질적으로 민주적인 조선의 사회주의적 미래 비전을 강하게 호소했지만, 남한에서 일어난 우익 테러와 남조선 국내파 공산주의자들에 대한 미군의 탄압 때문에 북으로 탈주해야 했다. 어쨌든, 박치우는 민주적이라고 보기 어려운 북의 체제 내에서 활동해야 하는 이른바 게릴라 전사들을 가르치는 철학 교원이 됐다.[93] 북을 선택한 또 다른 거물급 남쪽 지식인인 이태준은 1949년 조선을 방문한 소비에트 작가에게 선전 의무가 자신의 시간을 너무 많이 빼앗아 창작 작업에 할애할 시간이 거의 없다고 말했다.[94] 박치우 또한 그랬을 것이고, 그는 북조선으로 이주한 다음, 그리고 전장에서 요절할 때까지 단 한 편의 철학 논문도 쓰지 못했다.

결론

짧은 생을 산 박치우는 이데올로기적 의미보다는 문자 그대로의 의미로 전장에서 삶을 마감했다. 공산주의 게릴라 부대원으로서 남한 정부군과 싸우다가 사망했다. 국가의 권위나 무기보다는 이성적 논쟁을 믿는 철학자에게는 정말로 비극적인 종말이었다. 비록 그의 사회정치적 참여 자체가 실천에 대한 그의 철학적 강조와 본질적으로 모순되지는 않았지만 말이다. 그러나 아마도 이런 종류의 결말이 불가피했을 것이다. 역설적으로 1930년대 식민지 조선의 대학의 학문적 환경은 역사화된 입장에서 고도로 변증법적인 이데올로기 비판을 수행하는 마르크스주의 철학자인 박치우에게는 방어 메커니즘이 됐지만, 그가 한국전쟁을 겪은 이후에도 살아남았더라면 분단된 조선에 그를 방어할 메커니즘은 어느 쪽에도 없었을 것이다. 박치우의 마르크스주의는 남한이라는 격렬하게 반공주의적인 냉전 최전선 국가에서 그를 기피 인물persona non grata로 만들었을 것이다. 동시에 북조선 당국이 1953년 체포해 1955년 처형한 박헌영과의 밀접한 관계 때문에 북조선에서도 활동을 낙관하기가 어려웠을 것이다.[95] 자유주의 지향적이고 코스모폴리턴적이던 식민지 학계가 1930년대 학술적 마르크스주의의 성장을 보호했던 반면, 통제적인 식민 경찰국가 이후의 정치는 국가, 자본, 정치에 대한 마르크스주의적 비판에 훨씬 더 적대적이었다.

   박치우는 조선의 사회정치적·이데올로기적 비평가뿐 아니라 철학자로서 마르크스주의의 창시자 가운데 한 명으로 간주되어야 한다. 1920년대 조선의 마르크스주의가 주로 특정 기본 고전의 번역(대부분 일본어를 매개로 중역되었다), 급진적 저널리즘, 정치적 또는 사회경제적 팸플릿 출판에 한정됐던 반면, 박치우는 마르크스주의 방법론과 이론을 원어의 일차 텍스트에 기반해 번역하고, 유럽 철학 전통 용어로 작업했으며, 일본과 유럽 학계 동료들의 연구를 예민하게 인식했다. 박치우의 철학은 (토사카 준과 다른 일본 마르크스주의자들을 포함하여) 다른 곳의 동시대 마르크스주의자들의 저작과 유사한 전제 위에서 전개됐지만, 일부 흥미롭고 특이한 특징도 가지고 있었다. 그의 철학은 개인과 집단 차원에서 이론에 기반한 의식적인 사회적 실천 문제, 그리고 역사적 지식에 기반한 현재 사회에 대한 분석에서 변증법의 적용에 강력하게 초점을 맞췄다. 그의 철학은 또한 철학적·정치적 차원에서 민족주의적 서사를 날카롭게 비판했고, 총체성에 초점을 맞췄다. 전근대적 신화를 부활시키고 정치적 목적을 위해 비이성적·신화적 사고방식을 활용하는 극우적 경향을 특히 집중적으로 비판했다. 세계사적·철학적 현상으로서 민족주의적 전체주의 이데올로기에 대한 박치우의 분석은 식민지 조선에서의 전시 총동원에 대한 지식인들의 반대를 보다 심층적으로 이해하기 위해 중요하다. 그의 철학은 20세기 전반 동아시아 마르크스주의의 다양한 역사를 보다 포괄적으로 이해하기 위해 필수적이다. 우익 민족주의에 대한 박치우의 비판은 보다 주류적이고 사회적으로 지배적인 민족주의 이데올로기의 중요한 지적 대항마counterweight였다. 1930~40년대 조선의 지식인 사회에서 이렇듯 매우 가시적인 대항마의 존재는, 그 지식인 사회가 20세기 전반기 내내 근대적 민족국가와 민족주의 문제와 관련해 축적해온 비판적 잠재력을 보여준다. 그러나 이 잠재력은 먼저 일본 식민 당국과 이후 조선반도의 두 탈식민 국가가 자행한 사회적·정치적·문화적 통제의 정도에 따라 공적인 지적 세계에서 유의미한 현상이 되지 못하고 계속해서 배제당했다.

5장

사회주의 민족 개념과 역사

이 장은 식민지 시대 조선에서 벌어진 민족의 정의를 둘러싼 논쟁을 다룬다. 논쟁의 주인공은 마르크스주의자(일부는 지하 공산주의운동과 관련된)와 보다 전통적인 민족주의자였다. 이 장은 조선에 도입된 마르크스주의가 민족이라는 이데아를 정리하는 방식을 어떻게 바꾸었는지 이해하기 위해 마르크스주의자의 주장과 입장에 초점을 맞춘다.

식민지 이전의 민족

무엇보다도 마르크스주의자는 원초적 구성주의라고 규정할 수 있는 민족 개념을 이해하려 시도하고 있었다.[1] 이 장에서 분명히 밝히는 것처럼, 민족주의자들은 식민화 이전 마지막 10년간(1900~1909) 민족 담론을 더욱 발전시켰고, 이 담론의 중심에는 민족에 붙은 일련의 특성('민족성')이 있었다. 생산력 발전과 계급투쟁의 변증법에 대한 마르크스주의자의 강조와는 대조적으로 민족주의자에게 '민족'은 조선의 유서 깊은 역사의 근본적·원초적 본질을 구성했다. 민족에 대한 그들의 견해는 원형적으로 본질주의적이었다. 그들에게 민족은 역사적으로 구성된 범주라기보다 일련의 불변하는 내재적 특징을 가진 독자적 유기체였다.[2] 동시에 식민지화 이전 민족주의자에게 공통적이었던, 핏줄로 연결된 대가족적 계보로서의 민족 개념은 식민지 조선에서 훨씬 덜 두드러졌다. 1920~30년대의 민족주의자는 일차적으로 민족을 역사적·문화적 발전의 산물로서 이해하려는 시도를 통해 더욱 정교해졌는데, 이는 부분적으로 마르크스주의의 '과학적' 접근 방식이 담론적 영역 전체에 행사하는 영향력 때문이었다.

민족의 지속적 중요성

민족은 의심의 여지 없이 조선 근대성의 중심적 개념 가운데 하나이다. 남한과 북조선에서 이 개념은 오늘날 이데올로기적 측면에서 심각하게 중요하며, 북조선에서는 특히 결정적이다. 남한은 21세기 벽두부터 공식적으로 다문화주의를 국가정책으로 채택했고, 젊은 세대는 점차 남한이라는 공동체를 민족적인 의미보다는 정치적인 의미로 인식하려는 경향이 있지만[3] 민족은 여전히 사회문화적 응집력을 강화하는 중요한 도구이자 북조선과의 종국적 통일에 대한 남한의 이데올로기적 근거로 적어도 일각에서 이용되고 있다.[4] 북조선의 경우 민족의 담론적 지위가 남한보다 훨씬 높은 것으로 보인다. 자본주의 세계체제에 훨씬 덜 통합되어 있고 후기자본주의의 세계화 경향에 비교할 수 없을 정도로 영향을 덜 받기에 북조선은 제국주의 약탈에 맞선 조선의 민족문화적 가치의 수호자로서의 그 정통성에 크게 의존하고 있다.[5] 북조선의 주요 당-국가 신문인《로동신문》은 과거 다문화주의에 반대하는 명료한 논조의 사설을 실었다. 이 사설은 국제결혼과 다인종 공존에 대한 긍정적 태도가 남조선을 "잡탕화"하고 있으며, 남조선 사회를 "아메리카화하려는 미국 제국주의의 목표"를 완수하고 있다고 주장했다. 이러한 주장은 남한 시민사회의 반발을 샀다.[6] 남한의 좌파-자유주의적 인권 단체들은 보통 북조선과의 평화 공존의 계기를 마련하기 위해 북조선 당국과의 불필요한 마찰을 피하고 있기에 공개적인 대북 비난을 거의 하지 않지만,[7] 이 사건 이후 드물게 공개적으로 비판을 제기해야 했다. 그 뒤 북조선 당국의 언론인들은 민족 동질성 이론을 공개적으로 표현하는 데 눈에 띄게 조심스러워졌다. 그러나 그것이 그들의 근본적인 태도가 본질적으로 변화했다는 신호는 아니다.

동시에, 민족은 남한과 북조선의 국가 관계에서 결정적으로 중요하고, 남한 통계청에 따르면 대략 700만 명(한반도 인구의 약 10퍼센트)의 조선인 디아스포라와의 관계라는 맥락에서도 특히 중요하다.[8] 전 세계에 분포한 이들 디아스포라와 남북한의 관계는 복잡하고 잠재적인 갈등의 소지를 내포하고 있다. 남한의 경우엔, 예를 들어 조선족朝鮮族: 중화인민공화국의 조선계 시민 또는 구 소련의 고려인은 남한의 공식적·암묵적 위계에서 한국계 미국인보다 자신들이 하위에 배치된 데 대해 정당하게 분개할 수 있다.[9] 정부 산하 재외동포재단이 위탁한 2016년 연구에 따르면, 현재 남한에 거주하는 조선족의 63퍼센트가 남한 사람들에게 차별을 당했다고 응답했다.[10] 그럼에도 동시에 민족은 여전히 귀환

동포와 남한 국가 및 사회 사이의 관계에서 비한국계 외국인 노동자에게는 결여돼 있는 특별한 근거를 제공한다.[11] 법률에 의거해 재외동포는 남한에서 체류하거나 일하는 문제에서 특별 대우를 받고 있다.[12] 대체로 후기자본주의 시대의 세계화 경향이 민족문제의 중요성을 일정 정도 감소시켰다고 할지라도, 민족문제는 한반도 안팎에서 자신을 한국인(조선인)으로 정체화하는 다수에게 여전히 중요하다.

조선의 민족 개념: 시작

그러나 민족 개념이 상대적으로 얼마나 최근의 것이며, 20세기 초반 조선의 근대적 담론의 좌표 시스템에서 얼마나 빨리 중심적 위치에 올랐는지는 주목할 만하다. 권보드래의 연구가 보여주듯이, 메이지식 일본 단어인 민조쿠民族, みんぞく: 한국어로 민족[13]는 1898년 처음으로 조선어에 들어왔고, 이때 일본 유학생이던 장호익張浩翼, ?~1904은 도쿄의 조선인 학생들이 발행한 잡지에 실은 스펜서주의적Spenserian 사회적 경쟁에 관한 논문에서 민족이란 용어를 언급했다. 조선 본토에서는 1900년 개신유림의 대변지인 《황성신문皇城新聞》 편집자에게 보내는 편지에서 이 단어가 처음으로 확인된다. 그 편지는 "인종race"의 번역어로 '민족'을 사용하며 "백인 민족" 또는 "동양 민족"의 역사적 변천을 논했다.[14]

'민족'이란 단어는 이후 1903년 《황성신문》 기사에 다시 등장하는데, 러일전쟁으로 치닫는 시기에 일본의 저명한 기업가인 시부사와 에이치澁沢栄一, 1840~1931 자작의 전쟁 지지 견해를 밝히는 기사에서 사용되었다.[15] 그러나 1895년과 1905년 사이에 조선인 집단을 지칭하는 가장 일반적인 단어는 유서 깊은 '동포同抱'나 '인민人民' 또는 '신민臣民' 같이 인종적 정체성보다는 군주에 대한 충성을 강조하는 정치 용어였다. 그러나 러일전쟁의 승전국 일본이 강제한 보호조약(을사늑약)의 체결로 조선이 주권의 대부분을 상실하고, 인종적 응집성만이 지속적으로 유효한 조선인 집단의 근거로 유일하게 남은 1905년에 이르자 상황이 변했다.[16] 권보드래가 지적한 것처럼, 1905~06년 조선의 정기간행물들은 역사적 민족 집단으로서의 조선인과 정치적 민족으로서의, 즉 대한제국(1897~1910) 신민으로서의 조선인 양자를 언급하는 데 민족이란 단어를 일상적으로 사용했다.[17] 하나의 개념으로서 민족은 외국의 식민화로 위협받는(결국 1910년 일본에 병합된) 나라에서 빠르게 정착했고, 1905년부터 일본 보호령으로 전락해 약화한 대한제국 신민 사이에서 응집력을 강화시켰다. 신민은 아직 시민이 아니었고, 크게 약화한 (그리고 일본 통감부 아래 놓인) 조선 군주제는 더 이상 그들이 그대로 믿고 따르기가 힘든 상태였기 때문에, 민족적 결속은 정치적 공동체를 형성하기보다는 집단적 정치 주체를 발전시키는 데 더욱 유효한 장이 됐다.

1905년부터 1910년까지, '민족'이란 개념은 개화기 조선에서 여러 가지 중요한 함의를 지니고 있었다. 한편에서 민족은 (기원전 2333년에 권좌에 올랐다고 전해지는) 조선의 신화적 시조 단군의 시대부터 이른바 4000년 역사에 의해 형성된 확장된 가문의 계보로 이해됐다.[18] 양반 학자·관료 지배계층이 여전히 부계 혈통을 유지했고 많은 이들이 집성촌에서 함께 살던 나라에서, 하나의 거대한 범민족적 족보로서의 민족사 개념 이해는 커다란 잠재력을 제공했다.[19] 급진 민족주의와 반일 기조를 외치는《대한매일신보大韓每日申報》1908년 1월 30일 자에 실린,

민족民族, ethno-nation과 국민國民, political nation의 차이를 설명한 유명한 사설은 이런 잠재력을 분명히 보여줬다. 민족은 혈통, 영토, 역사, 종교와 언어의 동질성에 의해 구성되는 것으로 이해됐다. 그러나 국민으로 발전하기 위해서 민족은 추가로 '정신'의 통일성, 특히 외부 세계와의 관계에서 집단적인 정치적 행동을 취할 수 있는 공통의 이해와 능력에 대한 의식의 통일성이 필요했다. 국민으로 발전하는 데 실패한 민족은 근대 약육강식의 정글에서 생존 가능성이 거의 없어 보였다.[20] 조선 민족의 "기본적 향상"에 관한 1908년 3월 17일 자 《황성신문》 사설은 "단군의 자손"인 조선 민족이 현재는 우려스럽게 결여한 충성과 인의仁義의 자질을 원래 보유하고 있었다고 주장했다. 따라서 그 장점은 민족적 연대와 근면성과 공덕의 정신으로 발전하는 방향에서 향상되어야 한다고 강조했다.[21] 일단 그런 향상이 이뤄지면, 조선 민족은 초기 민족주의자가 이해한 것처럼 우승열패의 세계에서 생존할 만한 충분한 기회를 얻는다. 《대한매일신보》 1910년 4월 23일 자 사설은 "단군의 자손"인 "신성한 조선 민족"을 수많은 경쟁자들과 외국 침략자들을 물리친 군사적 승리의 유산을 계승한 집단으로 묘사했다. 사설의 필자에 따르면, 4000년에 걸친 유구한 역사 속에서 생존해온 조선인의 저력이 새로운 시대의 생존 경쟁에서 궁극적 승리를 이룩할 능력을 증명하는 것이었다.[22]

한편, 민족은 단군의 확대 씨족을 의미하는 동시에, 단순히 종족적·정치적 주체로서 '인민'을 의미할 수도 있었다. 중요한 점은, 하나의 정치적 범주로서 민족은 국민보다 더 넓은 개념이었다는 것이다. 그때까지만 해도 '국민'으로 여겨지지 않았던 여성과 청소년도 포함하는 개념이었기 때문이다. 그러나 그들은 또한 나라를 보존하고 외국인과의 생존 경쟁에 힘을 쓰라는 권고, 즉 '민족의 구성원'으로서 자신의 역할을 인식할 것을 권고받았다.[23] 예를 들어,《대한매일신보》1908년 8월 11일 자 사설에 게재된 한 기고문은 여성 교육을 소홀히 하는 것이 국가의 몰락과 국민의 멸종으로 귀결될 것이라고 분명히 말하고 있는데, 교육받지 못한 여성은 (남자) 자식에게 필요한 수준의 가정교육을 제공할 수 없기 때문이라는 것이었다.[24] 민족은 수입된 종족Volk[25] 개념과 사회 기본단위로서의 혈통 집단에 대한 토착적 이해가 결합하며 구성된 본질화된 문화적·역사적 범주이면서도, 동시에 시민 의식과 시민적 의무를 의미하기도 했다. 역사적 조선 민족의 일부라는 것은 특정 공공 의무를 내포한다고 여겨졌기 때문이다. 이 같은 모호함은 1910년 한일병합으로 시작된 식민지 시대에도 민족이라는 용어의 사용과 함께 계속 남아 있었다.

민족과 식민지 민족주의

법률적·담론적 범주로서의 '종족'

일본의 식민 지배 아래서 조선인이라는 종족적 소속ethnicity은 법률적 범주가 됐다. 조선은 '외지外地'로 분류됐고, 종족적 조선인은 1915년 '조선민적법朝鮮民籍法'에 의거해 외지인 민적에 들어가는 '외지인'이 됐다. 이와 대조적으로 조선에 사는 '내지인(종족적 일본인)'은 (1899년 국적법에 따라) 그 '내지' 본적을 유지했다. 종족적 조선인과 종족적 일본인은 두 가지 서로 다른 법률 체계에 소속됐다. 외지인은 식민지에서 적용 가능한 통상적 일본 법률과 식민지 총독의 법령(조선총독부제령朝鮮總督府制令과 조선총독부령朝鮮總督府令)의 통치를 받았는데, 많은 경우 총독의 법령은 조선인에게만 적용됐다. 내지인은 그가 일본에 거주하든 조선에 거주하든 최소한 1889년 메이지 헌법이 허용한 일부 권리를 누렸다. 조선인은 식민지 차별 체제 아래서 심각한 불이익을 당했고, 특별 허가 없이는 식민 본국 일본으로 도항할 수도 없었다.[26] 도항증은 지역 경찰서에 신청하는 복잡한 과정을 통해서만 구할 수 있었고, 1930년대 중반에는 부패한 일본인 경찰관이 도항증을 불법으로 조선인에게 80엔에 팔았는데, 이 금액은 조선인 육체노동자 평균 월급의 4배 정도였다.[27] '종족적 조선인'은 '식민화된 존재' '차별받는 존재'란 단어와 동의어였기에 '민족'은 좌파와 우파 모두에게 반식민적 전복의 용어가 될 수밖에 없었다. '민족'은 1919년 삼일운동에서 이데올로기적 중심 코드였다(〈서론〉을 보라). 시위대는 윌슨주의적 '민족자결'을 조선 민족의 이름으로 요구했다.[28] 역설적으로, 조선에서 상대적으로 신조어였던 '민족'을 일상 용어로 만든 것은 바로 식민지 차별 체제였고, 그 결과 수백만의 시위대는 삼일운동 기간 거리에서 민족의 권리를 선포했다.[29]

시민권을 박탈당하고 엄격한 검열 체제 아래 놓였던[30] 식민지 시대 민족주의 지식인은 과거와 현재 민족의 본질화된 이미지에 더욱 상세한 내용을 추가했고, 그 청사진은 필자가 지적한 것처럼 식민지화 이전 마지막 10년 동안 형성된 것이었다. 민족주의자는 전형적으로 민족을 의식, 정신, 성격, 특징이 독자적이면서도 단일한 확대가족 같은 유서 깊고 아주 동질적인(또는 동질화된) 실체로 봤다. 그러나 현실을 분석적으로 접근하는 일반적 경향에 따라 1920년대 사회과학에서 영감을 받은, 특히 마르크스주의와 다른 좌파 담론에 크게 영향을 받은 새로운 민족 개념은 유사 가족적 자질보다는 역사성을 더욱 강력하게 강조했다. 이를 드러내는 좋은 사례가 《동아일보》의 강령적 사설 〈세계 개조의 벽두를 당하여 조선의 민족운동을 논하노라〉인데, 이 사설은 민족을 "역사의 산물"임과 동시에 "끊임없이 흘러가는 연속적 총체"라고 정의했다.[31] 비록 민족을 형성한 것은 역사일지라도, 4000년에 이른다는 그 역사적 존속의 시간은 민족을 거의 초역사적인 영원한 실체로 만들기에 충분히 길었다. 민족은 운명 공동체가 되었을 뿐만 아니라 모든 사람의 존재적 속성을 규정하는 특수성(예를 들어 '민족성')의 결합체이기도 했다.

동질성, 핏줄과 정신

민족주의 이데올로그는 개인뿐만 아니라 민족국가 역시 그 종족적 구성에 의해 정의되는 것으로 간주했고, 앞서 언급한 《동아일보》의 1920년 사설은 모든 민족국가에서 "동질적 민족(단일민족)"이 근대 국제사회의 표준이 되어야 한다고 가정했다. 그러나 여기에서 언급된 '동질성'은 동일한 혈통보다는 공유하는 역사적 경험에 기반한 공통된 특성과 문화를 의미하는 것이었다. 사설은 민족의 총체성과 현실성이 일차적으로 민족의 역사성과 공동체 의식에 뿌리를 두고 있기에 조선인의 혈관에 "중국인 또는 일본인의 피가 유입되는 것"은 중요하지 않다고 말하는 데까지 나아갔다.[32] 한마디로, 민족은 개인의 존재와 국가의 가능성을 창출하는 포괄적이고 총체적인 실체로, 역사적으로 뿌리 내린 독자적 성격을 지니지만, 일차적으로 자연(혈통)보다는 양육(공유하는 운명과 역사적 경험)에 기초한 것이었다. 조선인의 "피"는 섞였을 가능성이 높으며, 그것은 그다지 중요하지 않은 것으로 받아들여졌다. 당시 마르크스주의에 관심을 갖기 시작했지만 여전히 (진보적) 민족주의자로 남아 있던 유망한 청년 문학 비평가 김기진金基鎭, 1903~85은 1925년 잡지에 실린 글에서 "조선인이 동질적 민족 또는 격동적인 상호작용의 역사 과정에서 중국 한족이나 몽골족과 피가 섞였는지를 조사할 필요는 없었다"고 주장했다. 중요한 것은 민족의 역사, 특히 조선왕조의 역사였고, 김기진은 주로 조선의 역사를 착취, 부패, 종속의 개념을 통해 파악했다.[33]

상대적으로 자유주의적인 1920년대 분위기 속에서 《동아일보》는 '혈통'보다는 '정신'에 초점을 맞췄다. 6년 뒤, '정신력의 위대성'에 관한 사설에서 《동아일보》는 정복당한 더 약한 민족의 정신이 살아 있는 한, 정복은 단지 일시적일 뿐이라고 주장했다.[34] 독립국가 조선의 마지막 황제 순종의 장례식을 맞아 공산주의자들과 토착 신흥종교인 천도교(2장을 보라)의 급진파들이 함께 조직한 1926년 6월 10일 서울의 독립 만세 집회에서 증명된 것처럼, 조선 민족은 정신적 힘을 갖고 있었다. 《동아일보》 사설이 조선의 "개성, 존엄과 자주성"이 모두 건재하다고 암시한 까닭이다.[35] 이와 다른 민족주의적 서사에서, 민족은 전형적으로 한 개인이나 다름없는 집단으로, 성격이 거의 단일한 집합체처럼 묘사됐다. 실제로 조선의 역사와 문화에 관한 초기 민족주의적 학술 작업의 대부분은 민족적 관습, 습관, 신념, 특성의 결합으로 구성된, 시공간을 초월한 '조선인다움'에 대해 일관된 묘사를 생산하는 것이었다.

조선인과 그들의 민족성

조선인과 조선인다움에 관한 일본의 왜곡된 오리엔탈리즘적 표현에 대항하기로 기획된 초기 민족주의적 조선 민족 묘사는 대개 자기 긍정적 성격을 띠었고, 민족을 일정한 '특수한 자질'로 설명하는 것을 넘어 일련의 보편성을 띤 인간적 가치로 정의했다. 일본의 검열에서 자유로웠던 조선인 망명 지식인은 조선인의 긍정적인 민족적 자질을 일본 식민주의 가해자들의 악마성과 대조시켰다. 중국에 망명한 원로 민족주의자 박은식朴殷植, 1859~1925이 유명한 저서 《한국독립운동지혈사韓國獨立運動之血史》에서 표현했듯이, 조선인과 일본인은 화해할 수 없는 민족성의 차이 때문에 고대부터 "얼음과 석탄처럼 상호 양립 불가능"했다. 조선인은 공손하고 예의 바른 반면 일본인은 교양 없고 음란한 호색한이라고 봤다. 메이지 시대 일본의 '웅비雄飛'는 일본이 유럽을 모방한 결과에 불과하며, 박은식이 주장한 대로, 일단 기회가 생기면 조선인은 유럽 문화를 수용하고 독자적 근대 문화를 창조하여 식민 본국을 추월할 수 있을 것이었다.[36] 엄격한 검열에 구속받는 조선 본토의 민족주의자들은 조선인과 일본인을 대비하는 대신, 조선인의 타고난 선함을 묘사하는 데 집중했다. 유명한 민족주의 역사가인 안확安廓, 1884~1946은 1920년 저작인 《조선문학사》에서 조선인을 집단 지향적이고, 예의 바르고 공손하며, 소박하고 따뜻한 마음을 지녔고, 평화를 사랑하고 낙관적이며, 철저한 실용주의와 인간다움과 의로움이란 훌륭한 유교적 미덕을 결합할 수 있는 민족이라고 정의했다.[37] 조선인이 '조선인의 사고에서 밝고 공정한 하늘에 해당하는' 시조 단군의 숭배로 단합하는 한 조선 혈통에 중국 한족, 말갈靺鞨족, 선비鮮卑족 피가 섞인 것은 별로 중요하지 않았다. 다른 말로 하자면, 공유하는 신념과 민족성이 민족을 공고화하도록 작동하는 한, 이질적 혈통은 별다른 영향을 미치지 못할 것이었다.[38]

민족주의적 지식인이 바라본 민족성은 상수이자 변수였다는 점을 기억하는 것이 중요하다. 민족성은 우리가 관찰하고 평가할 수 있는 실체로 간주됐고, 동시에 운동으로서의 조선 민족주의는 민족성을 바람직한 방향으로 개선할 것을 주장했다. 민족성개량운동에 강력한 관심을 가진 사상가인 안창호安昌浩, 1878~1938는 가장 존경받는 민족주의 지도자 가운데 한 명이자, 박은식과 함께 1920년대 상하이임시정부를 뒷받침한 주요한 추동력 가운데 하나였다. 안창호는 열린 태도로 필요하다면 좌파와 동맹을 맺을 수 있다고 생각했기에 가장 온건한 민족주의 영수領袖 중 하나로 간주되기도 했다.³⁹ 1926년 그는 조선 학생 청년에게 훈계하는 호소문을 발표했다. 민족의 희망찬 미래를 대표하는 젊은 고학력 조선인을 향해 안창호가 모든 조선인이 가졌으면 하는 자질, 즉 공적 의무에 대한 자기희생 정신과 협동의 기술을 계발할 것을 요청했다. 안창호의 생각으로 조선인은 이런 자질이 부족하지만, 의식적인 집단적 노력으로 상황을 개선할 수 있었다. 한편 훈계의 호소문에서 덜 교육받은 동포를 멸시하지 말라는 것과 조선 민족성의 단점에 너무 집중하지 말자는 것 또한 학생들에게 강조했다. 민족적 특성은 어쨌든 새로운 민족주의 엘리트의 지도 아래 개선될 수 있으며, 동포들의 단점에 대한 너그러운 자세는 식민주의 원수에 대한 더 강력한 증오로 연결될 수도 있었다.⁴⁰

'민족 동질성'과 조선 민족주의의 이질성

전에 연구자들이 밝혀낸 것처럼, 조선 민족의 문화적-'정신적' 동질성에 대한 개념은, 식민지 시기에 조선인의 '동질적 혈통' 신화가 적절하게 정리되고 대중화되지도 않은 상태에서 이미 형성됐다. 역사적 · 문화적 동질성만으로도 민족주의자가 목적을 달성하기에 충분했다.⁴¹

물론 어떤 경우에는 단군에서 바로 오늘날까지 이어지는 '단일 혈통의 계보'가 엄숙하게 언급됐다. 예를 들어 (나중에 유명한 산문 작가이자 우파 이데올로그가 된 이광수를 포함해 안창호의 제자들이 운영한) 상하이임시정부 기관지《독립신문》은 1919년 11월 24일 당시 임시정부 내무장관이던 이동녕李東寧, 1869~1940의 연설에 대해 보도했다. 단군 탄신제를 맞아 행했던 그 연설에서 이동녕은 모든 조선인이 단군의 혈통에 속한다고 주장했다. 그래서 조선인은 대가족의 혈족에 걸맞게 서로 도와야 하는 '단일 혈통의 민족'이 됐다.[42] 사실, 단군의 탄신일(음력 10월 3일)은 1910년대와 그 이후에 망명 조선인 공동체에서 널리 기념됐다. 그런 축제의 날 1912년 블라디보스토크의 조선어 지역 신문은 사설을 통해 단군의 후손들 사이, 특히 디아스포라 상황에서 상호 간 사랑의 중요성을 강조했다.[43] 그러나 리처드 김Richard Kim이 식민지 조선의 디아스포라 민족주의에 관한 자신의 책에서 설득력 있게 주장하는 것처럼, 1910년대에서 1930년대까지 해외 조선인의 비사회주의적 민족주의의 중추를 형성했던 것은 '혈통'과 관련된 생각보다는 민족자결과 인민주권에 대한 믿음과 결부된 영토적 민족 주권의 원칙이었다.[44] 박찬승이 자신의 연구에서 결론을 내렸던 것처럼, 1920~30년대의 조선 민족주의 담론에서 조선인의 단일한 혈통에 관한 부분은 그다지 큰 비중을 차지하지 않았다. 조선 국내외의 일부 민족주의자는 때로 '단일 혈통'을 언급했다. 그러나 대부분의 경우 혈통은 신념과 정신, 미덕의 동질성에 관한 관계에서 보완적 요소로 이해됐다. 민족의 시조인 단군의 역할에 대한 집단적 믿음이 단군 자신의 '혈통'보다 확실히 더 중요했다.[45]

그 단서로 민족 혈통 문제에 관한 민족주의적 견해는 민족주의자 그룹 자체가 다양했던 만큼 역시나 다양했다는 점을 꼽을 수 있다. 이론적으로, 민족해방 이후 급진적 토지개혁을 할 것인지 또는 소비에트 유형의 사회로 더욱 나아갈 것인지의 문제는, 일반적 수준에서 사회주의 진영과 비사회주의적 민족주의 진영을 분리시켰다. 실제로 그들 사이의 선은 자주 흐려졌고, 다양한 그룹과 의견이 각 진영 내에서 공존했다.[46] 이 다양성은 예를 들어 1931년 대중적 월간지 《삼천리》 편집자들이 민족 간 결혼의 적합성을 둘러싸고 던진 질문에 대한 대답에서 볼 수 있다. 질문에 응답한 모든 인텔리겐치아 권위자들은 경제적 또는 정치적 동기로 인한 "조선 내 외국인과의" 결혼을 반대한다는 의사를 명확히 했다(이는 명백하게 일제 당국이 정치적으로 장려한 "내선內鮮" 결혼을 좋지 않게 본 것이다).[47] 이 대답 외에는 의견이 갈라졌다. (공산주의자는 아니었지만) 자칭 불교 사회주의자이며 동시에 좌파와 많은 사회적 관심사를 공유했던 비타협적 민족주의자였던 한용운 韓龍雲, 1879~1944[48]은 인류의 진보가 바로 서로 다른 민족들 사이의 '혈통적 섞임'을 통해 이뤄졌으며, 현시대의 지배적 경향을 구성하는 것은 국제주의라는 의견을 분명히 했다. 이와 대조적으로, 미국에서 교육받은 기독교인이자 동시에 민족주의 활동가였던 황애시덕 黃愛施德, Esther Hwang, 1892~1971은 조선인을 "우월한 자질"의 소유자로 정의했고, 조선인과 비조선인의 결혼은 관습과 "민족 감정"의 차이 때문에 성사 가능성이 거의 없다는 결론을 내렸다.[49] 한용운과 황애시덕은 모두 민족주의 사상가였고 이를테면 사회 계급보다는 민족을 분석의 주요한 범주로 사용했지만, 민족 구성원의 외부인과의 친밀도를 어느 정도 허용할 수 있는지에 대해서는 견해가 상당히 달랐다.

요약하자면, 일제 식민 당국은 조선인과 조선 반도의 일본인에게 각

각 다른 법률적 대우를 함으로써 종족적 '조선인'의 범주를 법률적으로 정의한 반면, 식민지 시대 조선 민족주의자들은 1900년대의 개념적 발전을 더욱 심화시켜 자신의 방식으로 '조선인'의 범주를 정의하면서 식민 당국의 권위에 도전하려 시도했다. 급진적 망명 민족주의자들은 (조선인이 일본 열도의 '후진적' 주민에게 선진 문물을 전수했던) 고대 이후 일본인에 대한 조선인의 문화적·인종적 우월성을 주장할 수 있었고, 따라서 조선인이 더 위대한 일본 민족에 동화되는 것은 완전히 불가능하다고 강조할 수 있었던 반면,[50] 식민 검열 체제 아래 있던 국내 민족주의자들은 보다 일반적이고 중립적인 용어로 조선 민족의 우월성에 주로 초점을 맞춰야 했다. 민족주의자들이 상상했던 대로 역사적으로 구성된 조선 민족은 민족 공동체 내에서 무수한 차이를 초월해 동시에 단결되어 있으며, 나머지 세계에 대해 특유하고 분리돼 있다고 보았다. 모든 조선인은 마치 한 사람처럼 특수한 일련의 특징, 미덕, 성격을 공유하고 있고, 민족적 의무는 모두가 온 마음을 바쳐야 하는 주요한 것이었다.

1920~30년대의 기준에서, 조선인의 민족성에 관한 조선 민족주의자들의 고찰은 글로벌한 맥락에서 보더라도 너무 동떨어져 있지는 않았을 것이다. 다양한 '민족성' 간 '차이'에 대한 인류학적·심리학적 '연구'인 민족심리학folk psychology은 그 당시에 유럽과 미국 양쪽에서 성장하는 학문이었고, 비마르크스주의적 사회심리학자들은 자신의 연구에서 습관적으로 개인의 인격처럼 표현되는 각종 '민족적 특징'을 중요한 변수로 받아들였다.[51] 다른 말로, 민족적인 것의 본질화는 대중 담론뿐만 아니라 전문가 사이에서도 독특한 조선적 경향이라기보다는 전 지구적 경향이었다. 1920~30년대 조선의 마르크스주의자들이 해

체하려던 것은 바로 '민족의 자질'을 상상하는 이러한 추상적이며 탈역사적인 방식이었다. 이런 방식은 계급 분화의 현실과 서로 상이한 계급, 그룹, 이해의 국제 관계를 완전히 무시했기 때문이다.

공산주의, 마르크스주의와 조선 민족

마르크스주의와 민족문제

마르크스주의는 1848년의 민주 지향적 민족혁명 이후에 유럽에서 형성됐고, 충분히 자연스럽게 바로 그 시작부터 민족과 민족주의 문제에 관여해야 했다. 처음부터 민족 정체성과 운동의 변증법에 대한 마르크스주의적 이해는 다소 중요했다.[52] 프리드리히 엥겔스 같은 마르크스주의 창시자는 시대에 뒤처진 전제 정부들에 대한 투쟁에서 부르주아 자유주의의 상승하는 물결과 동맹한 (예컨대 폴란드와 헝가리) 민족주의를 진보적이라고 봤다.[53] 보다 일반적으로, 폴란드와 다른 곳에서 독립적 민족국가 실현을 국제적 노동계급 단결의 중요한 전제 조건으로 간주했고, 따라서 '폴란드 문제'에 관심을 기울였다.[54] 독립을 위한 민족(주의적) 요구에 대한 지지는 (물론 그 요구가 억압적인 다민족 제국에 맞서 외쳐지는 "진보적" 요구일 때에만) 블라디미르 레닌에 의해 더욱 발전했다. 레닌은 러시아나 다른 제국의 소수민족 출신 '노농 대중'이 자본주의 체제에서 빠져나와 자발적으로 신생 '사회주의국가' 안에 남을 것을 분명히 기대하면서도, 민족자결의 권리를 근본적인 민주주의 원칙으로 전면에 내세웠다.[55] 레닌의 원칙적인 민족자결 옹호는, 레닌주의가 식민지 조선에서 그렇게나 많은 독립 지향적 지식인들을 끌어들인 주요한 이유 중 하나였다. 총독부의 대변지 《매일신보》는 소련 민족자치의 형식적 성격과 소수민족의 자결권에 대한 레닌의 표리부동한 입장을 강조하여, 레닌의 민족자결정책[56]에 매료된 조선 독자들의 마음을 돌리려 했지만, 거의 허사였다. 레닌주의의 매력은 여전했다.

레닌과 엥겔스, 다른 마르크스주의 이론가들이 민족과 민족주의에 대해 공유하는 또 다른 공통점은 기본적인 원시적 구성주의적 입장이었다. 헝가리나 폴란드에서, 또는 레닌이 '서유럽과 미합중국의 선진적인 자본주의 민족'[57]이라고 규정한 스위스 같은 나라에서 민족은 경제적·정치적 역사의 산물로, 특히 절대주의 국가와 민주주의적·자유주의적('부르주아적') 혁명 역사의 틀 내에서 자본주의 발전 역사의 결과로 나타난 것이었다. 민족문제에 관한 고전 마르크스주의적 진술인 《사회민주주의와 민족문제Die Sozialdemokratie und die Nationalitätenfrage》(1907)에서 유명한 오스트리아 마르크스주의 이론가인 오토 바우어는 부족적 '자연 공동체'와 중세적 '문화 공동체'에서 근대적 민족의 전근대적 뿌리를 인식했다. 그러나 그가 강조한 것처럼, 근대적 의미에서 민족을 만들어낸 것은 교통, 산업, 상업, 우편 제도와 언론의 자본주의적 발전이었다.[58]

바우어는 소수민족의 민족문화적 자치로 민족문제를 해결하기를 선호했다. 이 해결책이 차별을 완화하고 분리에 대해 실제적 대안을 제시함으로써 (오스트리아·헝가리를 포함한) 다민족국가의 해체를 막을 수 있을 것이라고 믿었다. 이런 해결책의 실행은 흥미롭게도 1920년부터 1922년까지 존재했던 단명 국가 극동공화국에서 조선인, 유대인, 우크라이나인 주민에 대해 시도됐다.[59] 1922년에 볼셰비키 러시아에 병합되며 극동공화국은 해체되었지만, 이후에도 일종의 지역적, 마을 수준의 조선인 자치가 러시아 연해주에서 행해졌다. 그러나 소련은 1925년 일본과 관계를 정상화했고, 일본 당국은 조선인의 독립 지향적 민족주의와 자치 등을 경계했다. 일본의 이와 같은 주장이 부분적으로 받아들여져, 1926년경 조선인의 비볼셰비키적 범러시아 민족 조직들은 해체되었고, 식민지 조선인의 소련으로의 추가 이주는 금지됐다.[60] 소련 거주 조선인은 소련 영토에서 자치를 통해 동화되어야 할 소련의 소수민족이 아니라 민족투쟁과 사회적 투쟁을 결합한 레닌주의적 경로를 통해 역사적 본국(조선)의 해방을 이뤄 민족적 열망을 완수할 수 있는 '외국계' 주민으로 여겨졌다.

소련의 민족정책을 이끈 레닌은 마르크스주의 이론가라기보다는 실천가였다. 비록 그가 바우어의 실천적 강령을 반드시 공유하지는 않았더라도(레닌은 소수민족의 민족문화적 자치 수립에 대한 바우어의 호소에 강력하게 반대했다), 근대적 민족과 민족주의의 역사적 뿌리에 대한 바우어의 이해를 그 역시 공유했다. '민족의 생활과 민족운동의 각성, 모든 민족적 억압에 반대하는 투쟁, 민족국가의 창출'은 레닌의 견해로는 역사적 자본주의의 초기 역사에서 중요한 특징이었다. 자본주의가 여전히 저발전된 곳이라면 어디든지 근대적 민족의 형성도 지체됐다.[61] 칼 카우츠키 역시 절대주의적이고 중앙 집중적 민족국가의 단일한 관료제, 특히 언어적 단일성이 나중에 민족 언어와 민족의식의 발전에 중요했다고 자주 언급했다.[62] 사실, 근대적 민족의 기원에 관한 바우어와 카우츠키, 레닌의 설명은 "인쇄 자본주의"●[63]의 중심성과, 교육

● 정치학자 베네딕트 앤더슨Benedict Anderson의 1983년 저서 《상상의 공동체》에 등장한 개념으로, 자본주의 체제에서의 인쇄기의 출현이 공통의 언어, 신화, 역사, 문학 등을 확산하여 민족 공동체 개념을 생산해냈다는 이론이다. ─ 편집자주

제도와 언론을 통해 대중화되고 표준화된 고급문화를 위시한 민족과 민족주의에 대한 오늘날 구성주의 이론가들의 핵심 테제들을 그 중심에 포함한다.[64]

이와 대조적으로 프랑스 철학자이자 역사가인 에르네스트 르낭Ernest Renan, 1823~1892은 영향력 있는 1882년 연설에서 민족의 초석으로서 "공통의 의지"와 공동체적 의식뿐 아니라 로마제국 이후 게르만족 왕국들에 박혀 있다는 유럽 민족의 "뿌리" 등을 강조했다.[65] 그러한 접근은 앞에서 논의한 1920~30년대 조선 민족주의자들의 견해와 공통점이 더 많았다. 바우어는 민족성을 역사적 조건 내에서 아주 많은 변수의 산물로 간주했지만,[66] 민족성의 존재에 대한 그의 믿음은 조선의 민족혼psyche에 관한 안확 류의 단상과 전적으로 다르지 않으며, 차이가 있다면 고대사보다는 근대사의 결정적 중요성을 강조했다는 점이었다. 그러나 예를 들어 스탈린의 유명한 팸플릿 《마르크스주의와 민족문제》처럼 1920~30년대 조선 마르크스주의자들에게 특히 강력한 영향력을 행사했던 볼셰비키 사상가들은 민족을 이루는 상이한 계급과 집단이 공통 언어를 사용함에도 불구하고 동일한 "성격"을 공유하지 않는다는 점을 분명히 했다. 근대 민족 구성원의 공통성은 신화적 성격보다 (자본주의 시대) 경제생활로 정의되었다.[67]

조선의 마르크스주의: 민족, 민족주의, 반제국주의 민족혁명의 정의

민족에 대한 조선 마르크스주의자들의 기본적 이해는 식민지 조선의 특수성을 고려했음에도 다른 곳의 전형적 마르크스주의자들과 본질적으로 다르지 않았다. 마르크스주의 사상가이자 조선의 철학자 그리고 언론인인 신남철申南澈, 1903~58이 정의했던 것처럼, 민족은 역사적으로 형성된 인간 집단이며, 문화적 통일성의 경험이 생산한 '정신적 공동체성'뿐만 아니라 공유하는 언어, 영토, 경제생활을 통해 통합된 집단이었다.[68] 신남철의 이러한 정의는 해방 이후에 발표한 논문에 등장하지만, 그의 식민지 시대 저작들에 기초한 것이었다.[69] 신남철의 견해는, 민족 구성원 사이 (역사적 조건으로 규정되는) 일종의 정신적 공통성뿐만 아니라 민족문제의 역사성에 대해서도 명백하게 비마르크스주의적 동시대인과 일치했다. 그러나 그는 민족적 존재를 개인 생활의 전제 조건으로 간주하지 않았고, 민족주의자 사이에서 아주 인기 있던 조선인의 민족성 내지 미덕에 관한 고찰에도 별 관심을 보이지 않았다. 신남철은 민족의 공통 혈통에 훨씬 덜 주목했고, 심지어 민족의 정의에 관련해서는 언급조차 하지 않았다.[70]

1930년대 중반 신남철은 철저한 마르크스주의적 보편주의자였고, 본질화된 민족적 특수성만이 아니라 물화된reified 탈역사적 동양 대 서양의 이분법에 대해서도 회의적이었다. 그는 '서양의 인간 중심성'과 '동양의 무위無爲' 또는 우주적 감응感應론 사이의 차이를 인정했지만, 이런 차이를 마르크스주의 정통 노선에 따라 자본주의적 서양과 전前자본주의적 동양의 경제적 기초 수준이 다른 탓으로 돌렸다.[71] 신남철은 또한 1933년 이후 파시스트 독일과 일본에서 급속하게 확장하는 초민족주의와, 아시아주의자 사이에서 발생한 민족의 과거에 대한 국수주의적 향수를 심각하게 우려했고, 조선 민족주의자들의 본질주의적·국수주의적 경향과 다른 곳에서 민족주의적 극단주의로 기울어지는 현상 사이에서 일정한 연관을 보았다.[72]

그러나 1930년 조선의 사회정치적 상황을 고려하면 단순히 정통 마르크스주의적 방식으로 민족을 정의하고 그에 따라 민족을 절대화하거나 본질화하려는 민족주의자들의 시도를 비난하는 것만으로는 충분하지 않았다. 어쨌든, 코민테른의 명확한 지시대로 (〈서론〉을 보라), 비당파 마르크스주의자들에게도 강력한 영향력을 미쳤던 조선 공산주의자들은 다가오는 혁명의 첫 단계를 반제국주의-민족혁명으로 규정했다(3장을 보라). ML파 출신의 조선 공산주의 이론가(2장을 보라)인 한위건은 강령적 논문으로서 주로 당원과 동반자들fellow travelers을 대상으로 중국에서 발행한 《계급투쟁》에 1929년 처음 발표한 〈노동계급 전위의 당면한 과제에 대하여〉에서 당면 혁명을 민족·민주혁명으로 정식화했고, 그러한 혁명은 민족적 기반 위에서 반제국주의 잠재력을 가진 상이한 계급과 각 그룹의 프롤레타리아트가 주도하는 협동 전선에 의해 수행되어야 했다. 과거에 민족주의 지도자들에게 영향을 받았던 비프롤레타리아 대중을 포함한 보다 광범한 전선이 필요한 것으로 보였던 반면, 한위건은 우익 민족주의 부르주아지의 정치적 입장을 더욱 반동적인 것으로 보았고(2장을 보라),[73] 이런 견해는 코민테른 자체의 조선인 간부들도 폭넓게 공유했다. 대표적인 경우가 양명이며, 그는 베이징대학을 졸업한 뒤 ML파 투사로 1931년 정치적 망명자로 모스크바에 도착한 이후 거기에 계속 머물렀다. 코민테른의 동방노력자공산대학에 다녔던 양명은 적은 부수로 발행되는 코민테른 잡지 《민족-식민지 문제에 관한 자료Materialy po Natsional'no-kolonial'nym problemam》에 실은 장문의 분석적 러시아어 논문에서 조선의 "민족개량주의"를 조선의 특수성에 대한 비과학적 맹신에 추동돼 계급 문제를 무시하는 반동적 세력이라고 묘사했다.[74]

일반적으로, 비유럽 세계의 다양한 민족주의에 대한 코민테른의 접근은 민족문제에 관한 초기 마르크스주의자들의 견해만큼 신중했다.

코민테른은 명확하게 반식민 민족주의를 일시적일지라도 잠재적 동맹자로 보았고,[75] 반면 열강에 너무 긴밀하게 연결돼 있으며, 식민지 기업에 연루되거나 영토 확장을 추구하는 민족주의는 반동적이라고 비난했다. 예를 들어, 코민테른과 가맹 팔레스타인공산당은 영국을 비롯한 다른 식민주의자들을 대표해 시온주의를 "아랍 대중"의 (정당하고 혁명적인) 민족주의를 억압하는 "제국주의의 군사 부대"라고 정의했다.[76] 이런 의견을 충분히 지지하며 조선 마르크스주의자들은 시온주의자들이 영국제국의 권력에 의지하고 있다고 비난했다.[77] 중국국민당은 1927년 반공주의적 쿠데타 때까지 (상대적으로) 진보적이었지만, 그 이후 국민당의 민족주의는 자연스럽게도 반동적인 것으로 재정의됐다.[78] 사실, 국민당은 1936년 다시 잠재적 동맹으로 재정의됐고, 이때 소련은 반파쇼 통일전선의 정신으로 당시 일본의 침략에 맞서 투쟁하고 있던 중국의 국민당 정부에 군사원조를 제공하기 시작했다.[79] 비록 조선 내외의 코민테른 투사들이 1920년대 말 또는 1930년대 초까지 조선 민족주의의 보다 급진적인 진영을 잠재적 동맹으로 봤을지라도, 이 견해는 대공황의 영향 아래 변화했다. 1920년대 중반 이후 코민테른은 전 세계적으로 임박한 혁명적 폭발에 대한 믿음과 조선 내 일부 온건 민족주의 단체들과 식민 당국 사이의 늘어나는 협력에 대한 의심을 굳게 지니고 있었다. 1930년대 초반이 되면 코민테른 간부들은 조선 민족주의를 조선에서 가시화되고 있다는 혁명의 길에 놓인 장애물 가운데 하나로 여겼다.[80] 이런 태도는 공산주의자와 보다 급진적인 민족주의자를 포함했던 협력적 '통일전선'인 신간회 내에서 민족주의자에 대한 조선 공산주의자의 불만과 일치했다. 한위건을 포함한 ML파 이론가들이 이끌었던 공산주의자들은 1930~31년 점차 신간회 해산을 주장했고, 이로 인해 1931년 5월 착수한 이 통일전선은 결국 종말을 맞이했다(2장을 보라).

마르크스주의의 비판과 민족주의 반응

조선에서 정치적 민족주의에 대한 공산주의자들의 강경한 태도는 조선 내에서 민족, 민족주의, 민족문화 또는 국학 문제를 다루는, 비당파 마르크스주의 지식인들 사이에서도 줄곧 되풀이됐다. '조선인' '조선학'에 대한 학문적 또는 유사 학문적 탐색은 조선의 보다 주류적 민족주의자들의 탈정치화가 증가함에 따라 1930년대 초반 유행했다. 주류 민족주의자들은 식민 지배에 대한 정치적 도전보다는 조선의 민족문화에 대한 일본 식민주의의 폄하로 대표되는 담론적 도전에 맞서기를 선호했다.[81] 그러나 탈정치화가 반드시 획일적인 우전향을 의미하는 것은 아니었다. 실제로 조선 민족주의를 전적으로 반동적 세력으로 보는 한위건이나 양명의 견해와는 반대로, 1920년대 수많은 공산주의자들이 일하거나 글을 발표했던 《조선일보》의 민족주의적 간부나 기자, 논객들은 사회주의적 관점을 진지하게 고려했다. 사회주의 인텔리겐치아와 비사회주의자 사이에 지적 상호 교환이 상당하게 이뤄졌고, 특히 민족과 관련된 문제에 관해 그러했다.

예를 들어,《조선일보》편집장을 오래 역임했고 민족주의 측 신간회 지도자들 가운데 한 명이었던 안재홍安在鴻, 1891~1965은 계급운동이 필요하다는 데 동의했다. 그러나 그는 또 계급투쟁의 진보가 무엇보다도 결국에는 민족의 상황에 영향을 미칠 것이기 때문에 민족적으로 중요하다고 주장했다.[82] 1936년 1월 그가 〈국제연대성에서 본 문화특수과정론〉이란 제목으로 발표한 칼럼으로 판단해보면, 안재홍은 조선의

민족주의 일간지 《조선일보》가 1927년 9월 13일 조선공산당 재판에 대해 보도했다.

'후진적' 문화가 '국제적 전위 문화(사회주의 문화)'의 영향으로부터 혜택을 받을 것이라고 믿는 것처럼 보였다. 동시에 그는 문화적 의미에서 조선의 특수성을 존중할 것을 호소했지만, 이 '특수성'이란 그에게 진화적 의미였다. 유럽 민족국가들에서 19세기에 이미 확립된 민족주의는 식민지 조선에서 여전히 필요하겠지만, 그 관점에서 국제주의적이어야 했다.[83] 1936년경 사회주의사상은 조선의 지적 지형을 변화시켰고, 심지어 민족주의 사상가들도 계급투쟁과 국제주의 서사에 경의를 표해야 한다고 느낄 정도였다.

민족 생활의 사회경제적 요소보다는 조선인의 이른바 민족적 동질성과 특수성에 대한 민족주의자들의 편애와 고대 신화에 대한 무비판적 태도는 보편주의적 세계관과 과학적 방법론을 지닌 마르크스주의자들의 도전을 받아야 했다. 그들의 비판 기조는 양명이 장문의 러시아어 논문에서 조선인의 '철학적이고 유토피아를 사랑하는 민족성'에 대한 안재홍의 단상을 인용하면서 조롱한 것과 크게 다르지 않았다.[84] 종족과 민족에 관한 1935년의 논문에서 안재홍은 동화와 정복을 통해서 형성된 일본인이나 영국인 같은 복합민족과 달리 조선인은 동일한 (상대적으로 고립된) 자연조건과 집단적으로 지닌 "자긍심과 기백" 아래서 수 세기에 걸친 삶의 공통성에 의해 만들어진 단일한 자연집단이라고 묘사했다.[85] 이에 반하여 마르크스주의자들은 근대적 의미의 민족은 자본주의 발전의 조건 아래서 형성됐다고 주장하고 있었다. '민족혼'은 그들이 일관되게 회피했던 용어 가운데 하나였다.[86] 1920년대 저명한 공산주의 활동가였던 이여성은 1929년 11월 《조선일보》에 연재한 민족문제에 관한 논문에서 봉건제에서 자본주의로의 이행은 민족을 근대적 존재로 만들었다고 강조했다. 비록 고대 중국인과 그리스인, 로마인이 이웃 민족을 '야만족'이라고 지칭하면서 자신들에게 문화적 우월성을 부여했듯 전근대 세계에서도 일종의 원초적 민족주의가 존재함에도 그렇다는 것이었다. 여전히 진정한 민족주의는 대규모 산업과 기업, 강화된 국내시장, 자국어 신문과 잡지를 갖춘 세계 등 한마디로 산업혁명으로 변화된 세계에서 성숙한 부르주아 민족의 형성과 함께 발전할 수 있을 뿐이었다.[87]

변증법 정신에 충실하고 식민지 지식인의 일정한 민족적 감수성에 적응하려는 조선의 마르크스주의자들은 상대적으로 동질적인 지배계급 문화를 가진 중앙 집중적 국가로서 비교적 오래 지속된 역사를 고려해 조선의 경우 일정 정도의 예외를 허용하고자 했다. 이여성이 제시한 것처럼 민족과 민족주의의 어떤 원형이 근대 이전에 이미 존재했다면, 왜 상대적으로 높은 정도의 정치적 집중화가 비교적 이른 시기에 이런 전근대적 원原민족주의를 최대로 발전시켰다고 추측하지 못하겠는가? 해방 후 북조선의 가장 유명한 조선 전통문화 전문가 가운데 하나가 된[88] 청년 공산주의 지식인 홍기문洪起文, 1903~92은 조선 문학에 관한 영향력 있는 (원래 《조선일보》에 발표했던) 1934년 논문에서 조선인은 기원전 1세기부터 기원후 668년까지의 삼국시대에 이미 민족을 형성했다고 언급했다.[89] 비록 여기서의 "민족"은 근대적 의미의 민족이라기보다 전근대적 종족 집단을 의미하는 것 같기는 하지만,[90] 홍기문은 조선인은 말하자면 겨우 "단테의 시대"(즉, 중세 말기)에야 민족 형성 과정에 들어간 이탈리아인과는 다르다고 분명히 구분한다.

조선 민족 발생과 조선 전통에 대한 학문적 연구

언어 민족주의자들은 '조선 문학'을 '조선어 문학'과 동일시한다. 유명한 사례로는 이광수가 있는데 (《독립신문》 편집자로서의 과거 활동에 대해서는 이 장의 앞을 보라. 극우 전체주의사상에 대한 그의 심취에 대해서는 4장을 보라), 그는 대중적 월간지 《삼천리》 제5권 제3호에 실린 논문 〈조선朝鮮의 문학文學〉에서 조선 문학을 조선어로 쓰인 모든 것이라고 정의했고, 조선 문학 전통에 등장하는 방대한 분량의 한문 작품들을 명확하게 배제했다.[91] 흥미롭게도, 언어 민족주의자들의 입장과는 반대로, 홍기문은 한문학을 조선 문학사의 일부라고 생각했다. 유일한 단서는 그것이 양반 학자-관료 계급의 문학이었다는 점이다. 홍기문의 관점에서 보면, 문학의 속성을 정의하는 것은 언어적 매체라기보다 작가의 민족적 정체성이었다.[92]

그러나 보다 근대적인 의미에서 민족 정체성의 형성 문제를 다루자면, 마르크스주의자들은 상대적으로 특수주의보다는 보편주의에 가까웠다. 저명한 마르크스주의 역사가로서 나중에 북조선에서 중요한 정치적 지위를 차지한[93] 백남운은 민족적 각성의 일정한 발전을 의미하는 "자기에 대한 지식"의 한 형태로서 국학國學의 전통은 조선 숙종肅宗, 1674~1720 시대에 시작됐고, 성리학적 교조주의에 덜 구속받던 실학파가 선봉에 나섰다고 주장했다. 다른 곳과 마찬가지로 조선에서도 '봉건제의 위기와 상인자본의 등장' 시기에 일어난 일이었다.[94]

가장 오래된 과거인 고조선까지 다루면서 백남운은 인종, 종족, 민족을 엄격하게 구분하려고 시도했다. 백남운에 따르면 고조선 종족은 중국 고전에 언급된 숙신肅愼족, 초기 조선에 관한 중국 자료에 "가장 후진적인" 숙신족의 후손으로 설명되어 있는 읍루挹婁족과 인종적으로 연관이 있었다.[95] 백남운의 견해로는 고조선인의 직접적 선조는 부여夫餘 사람들로, 그들은 기원전 2~1세기에 오늘날 중국 동북부에서 동명의 왕국을 세웠다. 그러나 부여는 조선 반도로 확장하는 과정에서 여러 부족으로 분열했고, 이 부족들은 점차 서로 달라졌다.[96] 똑같은 일이 조선 남부의 삼한三韓 사람들에게도 일어났는데(기원후 1~2세기), 그들은 원래 서로 연결돼 있었지만 영토 확장과 사회경제적 발전 과정에서 3개의 주요한 부족 동맹으로 분열했다. 그 이후에 최초의 국가들이 출현하면서, 부족 동맹들은 서서히 민족 형성을 향해 움직이기 시작했다.[97] 백남운은 수많은 고대 조선의 통치자들을 서로 연결된 단군 국가의 후손이자 단군의 후손이라는 씨족 구성원으로 한데 묶으려는 민족주의자들의 시도를 가차 없이 비판했다. 과거에 대한 특유한 해석은 백남운의 '유일한 과학적 연구 방법'과 아무 관계가 없었다.[98] 우리가 알 수 있는 것처럼, 백남운은 조선의 종족 발생 과정에 연루된 동질성과 이질성을 균형적으로 설명하려고 노력했다. 그의 설명은 이른바 조선인의 동질성에 대한 민족주의자들의 더욱 강력한 강조와 대조된다.

전문 역사가인 백남운은 종족과 민족을 명확히 구분하려고 시도했다. 그러나 전문 역사가가 아닌 일부 마르크스주의 논객들은 고대의 고조선을 민족으로 묘사했고, 동시에 그들이 근대 민족이라기보다 원시 민족이었다는 구분을 하기도 했다. 모든 마르크스주의자들은 여전히 '유일한 과학적 연구 방법'을 적용해 조선 종족사의 일반적이고 보편적인 논리를 발견하려고 노력했다. 좋은 사례로 조선 사회주의운동의 최초 선구자 가운데 한 명이자 와세다대학 정치경제학부 졸업생인 김명식의 1931년 논쟁이 있다.[99] 처음부터 김명식은 자신이 마르크스주의 진화론자이며, 사회가 '원시생활'에서 노예제 또는 봉건적 단계로 발전해나감에 따라 이뤄지는 사회와 문화의 점진적 발전을 믿는다고 강조했다. 하지만 김명식에게 또 다른 출발점은 역사주의, 문화적 상대주의, 인종주의 거부 등을 그 특징으로 하는 프란츠 보아스Franz Boas, 1858~1942의 인류학이었다. 보아스는 마르크스주의자가 아니었지만,[100] 김명식은 보아스가 인류학을 연구하며 보여준, 명백히 상이한 문화에서 공통점을 발견하고 강조하는 국제적 태도를 중요하게 여겼다.

'단군 시대'를 찬양하는 민족주의적 경향에 반대하는 주장을 펼치면서, 김명식은 만주에 이웃한 조선 반도의 원시공동체들은 민족주의 저자들이 무조건 갖다 붙이는 '탁월한 문화'를 소유할 수 없었다고 주장했다. 그는 문화적 발전과 정교화는 유교와 불교의 발전과 더불어 '봉건시대'에 등장했는데, 민족주의자들은 이를 원시적인 '조선혼'과 대비해 외래적이라고 폄하하는 데 자주 활용했다고 지적했다. 김명식은 '단군의 혼'에 대한 민족주의적 찬가가 '민족혼을 야만주의와 동일시'하려는 몰상식한 시도라고 봤다. 더 나아가 그는 원시적 발전 단계에 있던 조선 민족의 전형적 특징이라고 하는 것에는 구체적으로 민족적인 것이 거의 없다고 단정했다. 앞에서 언급한, 조선인의 민족성에 찬사를 아끼지 않았던 안확 같은 전형적인 민족주의자들은 원시적 '조선민족'에 낙관주의, 민주적 협력, 높은 종교성을 갖다 붙이고 있었다. 그러나 김명식이 본 것처럼, 세계의 대부분 민족들은 평등주의적 공동체 생활에서 초기 계급사회로 점진적으로 이행하는 과정에서 광범하게 유사한 특징을 보여준다. '민족성'은 인위적이고 억지스러운 구성물이지만, '영원하고 불변하는 자기 완결적인 민족'이란 개념에 대해서도 똑같이 말할 수 있었다.[101]

 김명식에 따르면 그가 살던 시대에 조선 민족은 기본적으로 유교적 사회변혁의 오랜 역사와 외부, 특히 중국 문화의 영향을 받은 산물이었다. 조선인을 포함해 모든 민족은 원시시대부터 자신의 '정신(혼)'을 유지한 정적인 존재라기보다는 장기적 역사 과정의 동적인 산물이었다. 일본인과 조선인은 모두 최소한 여러 다른 민족의 혈통을 결합한 복합민족이었지만, 전 세계 민족 대부분도 그러했다. 흥미로운 점은 김명식이 이 점을 주장하면서 일본의 유명한 인류학자 토리 류조鳥居龍藏, 1870~1953의 연구를 언급했다는 것이다. '독일 민족의 순수한 혈통'에 대한 히틀러식 강조를 논박하면서 김명식은 독일의 민족 발생 과정에서 슬라브족과 다른 이질적 요소들의 존재를 언급했고, 히틀러의 공격 대상인 유대인도 '순수한 혈통의 민족'이 아니었다고 주장했다.[102] 간단히 말해서 김명식은 조선 민족의 과거를 급진적으로 탈신화화하려 했고, 조선 민족의 특권화를 거부했으며, 조선의 역사를 보편적 민족 형성 과정의 한 사례로 봤다. 김명식에게 조선 민족은 존재했고, 의문의 여지 없이 중요했지만, 그럼에도 불구하고 김명식이 역사 발전의 일반적 법칙으로 염두에 두고 있던 것으로 객관적으로 연구해야 했다. 비슷한 맥락에서 탁월한 마르크스주의 문학비평가이자 시인인 임화(그에 대해서는 4장을 보라)는 조선 문학이 조선의 민족성을 반영할 수 있다고 인정했다. 그러나 동시에 조선인 작가들이 민족문화적 이슈와 관계없는 (보편적인) 사회문제에 비판의 초점을 맞출 것을 요구했고, 조선이 대일본의 한 지방으로 개념화되는 한, 자주 이국화하는exoticized 조선의 종족적 과거와 현재에 대한 강조가 결국 일본의 제국형 민족주의 건설 과정에서 조선을 편입하는 결말로 이어질 수 있다고 경고했다.[103] 민족을 자본주의 시대 객관적 현실의 일부로 보았던 반면, 민족주의는 지배계급의 사악한 목적을 위해 이 현실을 이용(악용)하려는 시도로 간주했다.

원原 구성주의와 해방의 목적론

핵심적으로 마르크스주의자들은 조선 민족과 관련된 문제에 관한 민족주의적 견해를 과학적 방법론적 접근이 결여된 것으로 간주했다. 그리고 그들이 보기에 오직 인류 역사의 보편주의적 견해만이 목적론적으로 인간해방과 민족해방으로 이어지는 과정으로서 역사를 해방적 시각에서 해석할 수 있었다. 수천 년 역사에 의해 길러진 동질적 조선인과 그들의 민족적 특성에 관한 이야기는 근거가 취약하고 어떤 결론에도 이르지 못했다. 저명한 민족주의자이자 천도교의 이데올로그였던 김기전金起田, 1894~1948은 단군신화와 조선의 첫 국가 고조선에 대해 그 시대의 "인정仁政"을 들어 정의를 사랑하고 마음씨 착한 조선 민족의 "특별한 자질"을 논의했다.[104] 이와 대조적으로 백남운 같은 마르크스주의 연구자들과 국문학자이자 한문학자인 김태준은 단군신화를 원시공동체 해체 과정의 역사적 증거이자 초기 조선의 신생 지배계급들의 자기 정당화 이데올로기의 일부라고 해석했다.[105] 홍기문이 논한 것처럼, 고대 신화와 전통적 조선의 역사 전체는 결국 세계사의 일반 법칙에 따라 그 형성 과정을 거쳐 발전했다는 것이었다. 이런 발전의 추동력은 '민족혼'이라기보다 사회의 생산력 진보와 피착취자들의 계급투쟁이었다.[106] 사회주의혁명이 이전에 '후진적'이었던 민족들이 과거의 '선진적' 민족들과 나란한 정도로 '발전 수준'이 높아지는 사회를 향해 나아가게 할 것이고, 결국에는 완전한 공산주의 사회는 계급도 없고 민족도 없는 사회가 될 것이며, 모든 민족이 함께 뭉치게 될 것이다.[107]

그런데 '민족혼' 담론에 대한 무관심이, 공산주의자들이 조선 민족의 역사적 존재를 인정하는 데 실패했다거나 민족 구성원들에게 미래의 희망찬 약속을 제시하길 꺼렸다는 의미는 아니었다. 그와는 정반대로, 마르크스주의적 역사 이론의 목적론은 식민지 시대 급진적 지식인들이 보기에 본질적으로 민족해방의 목적론이었다(3장을 보라). 어쨌든 백남운이 동료 마르크스주의자 (그리고 나중에 북조선 학계에서 동료 원로가 된) 김광진金洸鎭, 1902~86이 조선왕조(1392~1910)의 화폐경제에 대해 쓴 논문을 검토하면서 썼던 것처럼, 조선 역사의 유일한 특수성은 정상적인 자본주의 발전이 제국주의 침략으로 저지됐다는 사실이었다.[108] 그러나 자본주의와 그 불가피한 파생물인 제국주의, 즉 조선 공산주의자들의 주장처럼 조선을 포함해 인류의 4분의 3을 노예화한 제국주의에 반대하는 역사적 대전투에 참여할 수 있었던 한에서, 민족 해방과 사회해방 모두를 위한 투쟁에서 그들의 궁극적 승리는 확실한 것이었다. 어쨌든, (상하이의 공산주의 잡지 《불꽃》에서 1926년 6월 7일에 처음 발표된) 〈조선공산당 선언〉에서 강조했듯이, 공산주의자들은 한 나라 안에서만 일본제국주의와 싸운 것이 아니라 세계 사회주의혁명의 조선 부대로서 싸운 것이었다.[109]

결론

식민지 조선의 지적 세계는 '조선인' '조선 민족' '조선적인 것'과 관련된 모든 것의 정의를 둘러싸고 치열한 투쟁이 벌어진 담론의 장이었고, 민족 개념은 열띤 이데올로기적 논쟁의 초점이었다. 이 개념이 20세기 벽두에 조선에 들어왔기 때문에, 민족에 대한 민족주의적 해석은 선조 단군 숭배로 뭉친 혈족 집단이라는 1900년대의 비전에서 공통의 역사·유산·민족성을 공유하면서 결속된, 역사적 조건에 규정받는 동질적 공동체라는 의미로 이동했다. '동질성'은 이제 반드시 단일한 혈통 계보를 의미하는 것이 아니었고, 조선인의 혈맥에 '남'의 피도 섞여 흐른다는 사실이 주저 끝에 수용됐다. 그런데 그로 인해 예를 들어 조선 문학사에서 한문학의 위치를 거부할 가능성이 나타났다. 민족의 동질성은 언어적 단일성으로 시작해야 했다. 그것은 또는 계급이해를 포함해 집단 이해가 (민족주의자들이 생각했던) 유서 깊고 변하지 않는 민족의 성스러운 이해에 흡수된다는 것을 의미했다. 민족주의 지도자들의 특권적 배경과 다소 보수적인 정견政見을 고려하면, 마르크스주의 비판가들이 민족의 지고의 중요성에 대한 민족주의적 견해를 자기 이익을 위한 것이라고 간주했다는 사실이 그리 놀랍지 않다.

이외에 마르크스주의자들은 민족주의 진영에서 조선 민족을 특수성, 독창성, 단일성, 동질성 개념으로 정의하려는 시도를 위험한 비역사적인 시도로 봤고, 역사 발전의 보편성에 대한 무관심 또는 무시를 의미하는 것으로 간주했다. (비록 일부 마르크스주의자들은 민족의 맹아가 전근대적 뿌리를 가질 수도 있고, 근대 이전 조선에서 중앙 집중적 국가가 조기 출현했기에 조선 민족이 자본주의에 선행할 수 있다고 인정하기도 했지만) 근대적 의미에서 민족은 자본주의 발전의 산물이자, 자본주의에 내재한 모든 모순, 무엇보다도 계급 모순의 장이었다. 민족주의자들이 구축한 전형적으로 절대화된 민족 개념을 탈신화화하려고 노력했던 마르크스주의자들은 기나긴 조선의 정체성 형성 과정에서 외부적 자극의 역할뿐만 아니라 '원시'시대 역사 발전에서 전 세계적으로 공유되는 공통성을 강조했다. 단군 후손의 독특함에 대한 민족주의적 강조와 대조적으로, 마르크스주의자들은 조선의 종족사에 대한 '과학적으로' 정리된 원原구성주의적 견해를 발전시키려고 시도했다. 조선 민족과 그 역사를 '역사 발전의 보편적 논리'의 진정성을 확인할 수 있는 하나의 사례라고 본 것이었다. 민족해방과 계급해방 모두를 위한 자본주의적 제국주의에 반대하는 투쟁의 승리는 이 논리의 핵심이었다.

세계혁명 과정의 보편성이 조선 민족이 식민지 상황에서 벗어날 희망을 줬던 반면, 민족주의자들의 과장된 특수주의는 탁월한 마르크스주의 철학자 박치우가 1945년 해방 직후 발표한 논문에서 언급했던 것처럼,[110] 일본제국주의의 국수주의와 정말로 유사했다. 같은 해에 썼던, 특별히 '극단적 민족주의의 파쇼화'를 다루는 또 다른 논문에서 박치우는 파시즘을 '계급'을 민족으로 대체함으로써 계급 적대의 존재를 은폐하려는 시도이자, 폭력과 민족 감정에 의지하면서 무기한 비상사태를 창출하려는 시도라고 정의했다. 이런 민족 감정 가운데 대부분이 비논리적인 것일 수 있고 또는 정말로 논리 이전의 것일 수 있지만, 그것은 '피와 땅'이라는 극단적 민족주의의 이데올로기 틀 안에서 더 이상 중요하지 않았다. 박치우의 견해로는 일반적으로 '후진적인' 나라들이 민족주의적·권위주의적 정치의 덫에 빠지는 경향이 있기 때문에 민족주의적 감성에 기반한 독재로의 전략은 조선의 미래에 심각한 위협이었다.[111] 해방 후 남북 양쪽에서 권위주의적 정치와 종족적 민족주의가 우위를 점했음을 고려하면,[112] 박치우의 섬뜩한 경고가 정말로 핵심을 찔렀다고 말할 수도 있다.

이 장의 첫 부분에서 언급했던 것처럼 남한에서 시민-민족주의가 점차 사회적 결속 방식으로서 종족-민족주의적 양식을 대체하고 있는 시대에, 종족-민족주의 개념을 해체하려는 식민지 시대 마르크스주의자들의 시도는 다시 검토할 만한 가치가 있다. 이러한 독해는 포스트 종족-민족주의 시민사회를 창출하는 데 기여할 수 있다. 더욱 다종족화하는 국가의 자본주의적 성공의 영광에 도취하기보다, 남한 사회는 1920~30년대 마르크스주의자들이 제시했던 비전들을 반추하면서 과거와 같은 억압성을 탈피한 새로운 사회 통합 이념을 모색해야 한다.

6장

1945년, 김사량의 중국 해방구 관찰

김사량은 다민족 사회에 거주하는 조선인 디아스포라의 시각에서 조선 민족 정체성과 관련된 문제에 대해 풍부하게 글을 썼던 1920~40년대 조선인 작가 중 한 명이었다. 그의 많은 작품은 태평양전쟁 이전 8년간 일본에서 머무르며 직접 경험하고 관찰한 내용에 기반하고 있다. 그는 일본에서 공부했고 결국 일본어 작가로서 문학적 여정을 시작했다. 김사량은 우리에게 '황민화'에 대한 저항의 사례를 제공한다. 그의 저항은 조선 민족문화에 뿌리내린 만큼 의심의 여지 없이 민족적이었지만, 이데올로기적으로 단순히 민족주의적이지는 않았다. 김사량은 사가佐賀고등학교(1933~35)와 도쿄제대(1935~39, 이후 1941년까지 대학원 재학)에서 교육받았고,[1] 조선어와 일본어에 똑같이 능숙했으며, 일본 본토의 주요 문학잡지에 일본어 글을 발표할 수 있었다. 그는 문학 창작에서 조선어를 완전히 포기하는 것에 강력히 반대하는 주장을 펴면서, 조선인 민족 공동체는 다수가 제대로 이해할 수 있는 유일한 언어인 조선어로 자신들의 삶을 적절하게 표현할 필요가 있다고 주장했다.² 일본어로 조선에 관해 쓰는 것은 식민 본국인 일본의 일부 독자층의 취향에 맞춰 식민지 조선을 이국화하는 식으로 쉽게 끝날 수도 있었다. 그러나 김사량은 일본인 독자들에게 제국의 언어로 선회했어도 자신은 여전히 조선인 작가이며 조선 문학 전통의 후계자이고 조선의 특수한 감정의 담지자라는 것을 분명히 했다. 그의 언어 전환은 자신의 말대로 식민지 본국과 식민지를 나누는 분리선을 넘어 휴머니즘에 힘입은 수평적인 국제 교류에 기여하려는 소망에서 비롯된 것이었다.³

탈주의 배경

김사량은 일반적인 좌파적, 즉 국제주의적 세계관과 식민지 출신의 취약 소수집단에 대한 예리한 감수성을 결합한 문호였다. 전간기 연극운동의 주요 인물 가운데 하나이며 일본에 있던 수많은 조선인들의 지인이었던 무라야먀 토모요시村山知義, 1901~77의 좋은 친구이자 협력자였던 김사량은 1941년 12월 9일 진주만 공격 이틀 뒤 예비 검속으로 체포돼 두어 달 동안 구금당했다.⁴ 지하 공산주의운동에 속하지 않았지만 김사량은 그럼에도 넓은 의미에서 좌파로 규정할 수 있었다. 능숙한 일본어와 일본 본토에서의 문학적 명성에도 불구하고, 김사량은 일본제국 군국주의의 지지자로서 전쟁기를 보낼 의향이 없었다. 북중국에 주둔한 일군 부대에 시국 강연자로 파견되자, 1945년 5월 김사량은 그 기회를 이용해 탈출해서 타이항산의 중국공산당 게릴라에 합류했다.⁵ 거기에서 여러 달 머물렀다가 해방된 조선으로 돌아왔다. 김사량은 1945년 후반 서울에서 몇 달을 보낸 뒤 1946년 초 고향인 평양으로 돌아왔고, 거기에서 북조선 신생 문학계의 저명인사가 됐다. 그의 중국 여행 일지 《노마만리怒馬萬里》는 1946~47년 서울의 잡지 《민성民聲》에 연재됐고, 1947년 평양에서 책으로 출판됐다.⁶ 이후 1955년 《김사량 선집》에 약간 수정된 채 실려 재출판됐고,⁷ 이 책은 1990년 이후 남한에서 출간된 《노마만리》의 기초를 제공했다. 이 장에서 다루는 내용은 이 판본이다.⁸ 이 책은 북조선 작가로서 김사량의 위상을 강화했다. 이번 장에서 필자는 조선인의 사회주의적 정체성이 복잡한 국제전을 배경으로 《노마만리》에서 어떻게 정의되고 있는지 보여주려고 한다. 이 국제전 속에서 조선의 사회주의 혁명가들은 일본제국을 포함한 파시스트 국가들에 대한 투쟁에서 국공합작 시절의 중국공산당과, 그리고 그 연장에서 서구 연합국 및 소련과 동맹을 맺었다. 필자는 반식민 투쟁과 반일 중조 동맹에 관한 《노마만리》의 기술이 종종 자기 모순적이었고, 그 정리는 해방 후 정치적 상황에 의해 달라졌지만, 김사량의 항일투쟁 회고가 북조선 문단 초기의 '건국' 과제를 위한 주춧돌로 사용됐다는 점을 밝히려 한다. 중국 해방구에 관한 김사량의 서사를, 과거에 짓밟힌 자들의 행위자行爲者화와 양성평등을 포함한 붉은 시대의 주요한 사상에 따라 조선의 전후 사회주의적 건국을 위한 청사진으로써 분석할 것이다.

《노마만리》에 따르면 김사량은 중국 홍군紅軍을 향한 성공적인 탈주를 시작해 1949년 5월 9일 베이징(당시 중화민국식 지명으로는 베이핑北平)에 도착했다. 김사량과 여행 동료는 몰랐겠지만, 우연하게도 이날은 유럽에서 연합군의 승리로 전쟁이 끝난 날이었다. 이 소식은 식민지

1930년대 후반의 김사량과 부인 최창옥, 아들 김낭님의 모습. 출처: 곽형덕(명지대학교 일어일문학과 교수)

조선인 대중에게 비밀로 유지됐지만, 김사량은 《노마만리》에서 언급한 조선의 지하 저항운동과의 접촉 덕분에 얻은 정보력으로 일본의 전쟁 전망이 그리 밝지 않다는 것을 알 수 있었다.[9] 중국에 가기 위해 김사량은 중국 북부의 일군 전투 전선에 징집된 조선인 학생들을 방문하는 '위문 여행'에 참여하라는 식민 당국의 제안을 받아들였다. 이 여행은 악명 높은 전시 협력 단체인 국민총력조선연맹의 후원 아래 진행됐다.[10] 그러나 이런 종류의 행사는 전시 식민지 조선을 떠날 유일한 기회였다. 조선에서는 국경을 넘는 이동이 엄격하게 통제되고 있었기 때문이다.[11]

일단 베이징에 도착하자 이영선1889~?, 李永善이 김사량에게 접근했다. 과거 축구선수이자 《조선중앙일보》 기자였던 이영선은 온건한 좌파 활동가였고, 당시 여운형의 지하 단체인 조선건국동맹에서 연결책으로 활동하고 있었으며, 최창익崔昌益, 1896~1957과 김무정金武亭, 1904~51 같은 저명한 공산주의자들이 이끌던 옌안의 조선독립동맹과도 연계를 갖고 있었다.[12] 이영선은 김사량에게 중국공산당 팔로군八路軍과 조선인 동맹인 조선의용군이 통제하는 타이항산 해방구로 갈 것을 제안했다. 1945년 5월 반드시 공산주의자는 아니더라도 광범하게 좌파적인 성향의 조선인 명망가들을 포섭해 중국 영토에서 반일 저항 활동에 참여시키는 것이 조선독립동맹 내 조선의용군 정치 지도부의 정책이었다. 일군에 맞선 전쟁이 일제 패전 직전의 국면에 들어오자, 조선독립동맹은 저명한 조선인 지식인들을 자신의 편으로 끌어들이는 데 관심을 가졌고, 이는 당시 충칭의 국민당 정부와 동맹한 민족주의 진영의 대한민국임시정부에 맞서 미래의 권력 경쟁에서 앞서갈 영향력을 확보하고 싶었기 때문이었다. 조선독립동맹의 김사량 포섭은 일본에서 교육받은 또 다른 저명한 지식인 안막安漠, 1910~?의 경우와 비슷한데, 1945년 그는 조선독립동맹의 도움을 받아 베이징에서 옌안으로 이동했다. 이런 행동은 기성 지식인들 사이에서 보다 협조적인 사람들을 자기편으로 끌어들임으로써 공적 공간에서 자신의 목소리를 강화하려는 좌파의 노력이었다.[13]

조선의용군과 해방구

1945년 6월 초 김사량은 타이항산의 조선의용군 근거지로 향했다. 그는 일본이 통제하는 철도로 싱타이邢台(그 당시는 순더順德) 근교를 통해 이동했고, 조선의용군 본부에서 파견한 지하 공작원의 안내를 받았다. 조선의용군은 초超국가적 해방 열망과 월경越境적 혁명 활동을 결합한, 조선인 민족 좌파의 전투성을 보여주는 모범 사례였다. 《노마만리》에서 언급하듯이, 조선의용군의 맹아였던 조선의용대는 1938년 조선민족혁명당이 지도하는 좌파적 민족주의 단체들의 연합인 조선민족전선연맹이 창설했다.[14] 조선민족혁명당은 중국에 체류하는 조선인 망명자들로 이루어진 상대적으로 커다란(초기에 약 2,000명의 당원을 가진) 그룹이었고 무정부주의 급진파에서 마르크스주의적 사회주의자로 변신한 김원봉이 사실상의 지도자였다. 무정부주의자들이 주도한 조선혁명자연맹도 조선민족혁명당과 함께 조선민족전선연맹의 일부였다.[15] 따라서 이는 1920년대 초부터 경쟁 관계였던(〈서론〉을 보라) 마르크스주의적 사회주의자들과 무정부주의자들이 협력한 흥미로운 사례를 대표했다. 조선의용대의 가장 유명한 군사 지도자는 박효삼朴孝三, 1910~?과 이익성李益星, 1911~?이었다. 두 사람은 국민당 장교학교(황포군관학교黃埔軍官學校) 졸업생이었지만, 그들의 일차적 소속은 조선민족혁명당이었다. 이 당은 공동의 반일투쟁에서 조선인과 중국인 민족주의자들과의 협력에 개방적이었고, 결성 초기에 국민당 군대를 위해 첩보와 선전 활동을 했으며, 그중 많은 투사들이 구사한 일본어를 일본군을 향한 선동과 일본군 포로에 대한 보다 효과적인 심문에 활용했다.[16] 조선의용대 투사들 가운데 일부는 중국인이나 일본인이었고, 이들은 전쟁 중에 편을 바꾼 탈영병이거나 포로였다. 그들 가운데 일본 공산당의 창건자 가운데 한 명이자 전후 일본공산당의 장기적 지도자였던 노사카 산조野坂參三, 1892~1993도 있었다.[17] 곧 살펴보겠지만, 그들 가운데 일부는 《노마만리》에 나온다.

1940~41년 조선의용대는 화북으로 이동해 공산당 팔로군의 작전

지역으로 들어갔고, 양측은 장기적 공생에 들어갔다.[18] 타이항산에서 작전 중이던 부대는 조선의용대 화북지대로 알려져 있었고, 1942년 4월 조선의용군이란 이름 아래 정규군 부대로 팔로군 129사단에 통합됐다. 조선의용대는 실제 전투에 참가했지만, 주요한 임무는 여전히 일본군과 특히 그 대열의 조선인 병사들에 대한 선무 공작과 첩보 사업이었다. 부대는 70종 이상의 삐라(모두 1만 3,000장 이상)를 살포했고, 일본군 진지 바로 근처에서 일본어로 선전 연설을 외쳤고, 타이항산 근거지에 가까운 일본군 점령 지역에 사는 조선인들과 지하조직 사업을 수행했다.[19] 김사량이 《노마만리》에서 강조했던 것처럼,[20] 조선인 투사들은 지하활동을 확대하고 대략 20만 명에 이르는 중국 북부의 조선인들을 상대로 조직 사업을 벌일 수 있을 것이라 기대됐다.[21] 김사량의 관점에서는 이 사업이 핵심이었다. 왜냐하면 독립 조선의 근대국가를 탄생시키는 데 현지 조선인 주민과 일본군에 맞서는 군사 저항이 궁극적으로 결정적이었기 때문이다. 김사량은 조선의용군의 진정한 저항과 건국 준비 활동을, 국민당의 지원금으로 생존하면서 장제스蔣介石, 1887~1975나 미국인으로부터 조선의 독립을 '선물받기'를 꿈꾸는 임시정부 내부의 '봉건적' 파벌 싸움과 대조하며 후자를 비판한다.[22]

전쟁의 마지막 단계에서 조선의용군 본부가 있던 타이항산 근거지는 전쟁 과정에서 공산주의자들이 주도한 개혁이 일으킨 긍정적인 사회 변화의 모범으로 자주 언급됐다. 1940~45년 중국공산당의 통제 본부는 허베이성華北省 주오촨현左權縣(당시는 랴오산遼縣)에 있었는데, 주오촨은 우지산五指山 근거지의 조선의용군 본부에서 그리 멀지 않았다. 이곳은 김사량이 타이항 지역을 통과하는 힘든 여정 끝에 도착한 곳이었다. 특히 1940~42년 일본군의 파괴적인 소탕 작전의 피해를 입

1939년 10월 10일 조선의용대 설립 1주년 기념식 사진. 출처: 독립기념관, 한국독립운동사연구소.

은 탓에 이 지역에서는 1945년에도 일본군의 잔인함을 여전히 기억하고 있었다. 따라서 김사량은 일본군의 만행에 대한 증언을 청취할 기회를 갖게 됐다. 그리고 전쟁, 질병과 기근에도 불구하고 공산당이 주도한 사회 개혁 프로그램이 그 효과를 보여줬다. 남녀 성인을 대상으로 한 문맹 퇴치 캠페인과 겨울 야학이 문맹률을 낮췄고, 젊은 여성의 자의식에 긍정적 영향을 미쳤다. 여성은 결혼에서 선택할 권리와 사회적 상향 이동을 할 수 있는 더 많은 기회를 요구하기 시작했다. 이 지역 중국공산당 당원의 다수는 남성이었지만, 여성 공산주의자들이 눈에 띄는 책임자의 자리에 전략적으로 배치됐다. 당은 촌락부터 현까지 모든 단위의 선거를 감독했고, 이 시점에 선거는 아직 경쟁적이었고 무소속 후보에 개방되어 있었으며, 당은 공산주의자, 진보파(비공산계 '민주 세력'), 중립파가 고루 선출되어 균형 있게 대표되도록 노력했다. 세금은 재산에 따라 징수됐고, 중농과 빈농 다수는 상대적으로 부담이 가벼웠다. 대중의 지지를 받기 위해 당은 상근 간부의 숫자를 최소로 유지했다. '민주적 개혁'의 분위기 속에서 지주들은 아직 공식적으로 토지를 몰수당하지는 않았지만, 이미 자신이 직접 경작하지 않는 잉여 토지를 재분배하거나 매각해야 한다는 압박을 느끼고 있었다. 1936년 이후 8년 만에 타이항 근거지 전반의 지주 비율은 26퍼센트에서 5퍼센트로 떨어진 반면, 중농 비율은 31퍼센트에서 65퍼센트로 증가했다.[23] 전시 개혁의 긍정적 결과는 좌파에 특별히 동조하지 않는 서양인에게도 놀라운 일이었다. 김사량의 여정이 있고 난 2년 뒤인 1947년, 이 해방구의 삶을 목격한 유명한 미국 종군기자 잭 벨던Jack Belden, 1910~89은 관청 건물을 지키는 초소병이 필요하지 않다는 사실에 충격을 받았다. 국민당이 통치한 지역과 대조적으로 효율적이고 인기 있는 정부 덕분에 이 지역에는 도적 떼가 없었기 때문이다.[24] 전시 식민지 조선을 준거점을 삼았던 김사량이 중국의 해방구에서 조선만이 아니라 중국에게도 유효한, 질적으로 새로운 사회를 위한 이미 준비된 청사진을 발견한 것은 그리 놀라운 일이 아니었다. 모스크바라는 '붉은 수도'가 대안적 사회주의 근대 일반을 위한 청사진이었던 반면(7장을 보라), 중국의 해방구는 조선의 궁핍한 농촌의 삶을 개선하기 위한 보다 현실적이고 실제적인 모델을 제공했다.

전쟁에 유린당한 중국의 두 세계

김사량의 눈을 통해 본 것처럼, 1945년의 중국은 상호 모순적인 여러 세계가 융합된 곳이었다. 이 거대한 나라는 8년 동안의 침략에 삼켜져 나라의 대부분이 침략군의 점령 아래 있었다. 이 참상을 배경으로 한 김사량의 서사에서 보이는 두 가지 세계는 중국인, 조선인, 일본인이 다 같이 등장하는, 매우 국제적인 세계였다. 이 서사 속에서 저항의 영웅주의는, 영웅들의 순국과 대조되는 전쟁에서 비롯한 약탈과 부패의 거대한 스펙터클 속에 함께 뒤섞여 있었다.

전시 경제 폭리 취득의 더욱 추악한 측면은 타이항산 근거지로 출발하기 전에 김사량이 머물렀던 사치스러운 호텔의 묘사에서 드러났다. 호텔은 다양한 부류의 아편 밀매상, 포주, 지역화폐 환전 딜러와 송금 브로커, 기껏해야 쌀 거래상들로 붐비고 있었다. 사실 쌀 거래상은 김사량이 호텔에 머무는 동안 그의 동숙인이었다. 호텔 거주자의 다수는 일본의 중국 점령 시기에 부를 축적한 거류 조선인들이었다고 김사량은 썼다. 이들은 결국 일본군의 패배 이후 점령군과 같은 운명을 맞이했다.[25]

김사량은 중국 내 조선인 거류민 사회의 문제를 외면하지 않았고, 가장 전형적이던 전시 폭리와 일부 조선인 친일파와 일본인 점령자의 가증스러운 협력을 폭로했다. 최근 연구는 김사량의 판단이 그리 잘못되지 않았음을 밝혀준다. 예를 들어 톈진天津의 조선인 거류민 1만 명 중(1942년 1월 기준) 부유한 상인과 기업가 수십 명이 1930년대 초반부터 일본 영사관과 긴밀하게 연결되어 있었던 것으로 밝혀졌다. 그들은 친일 조선인 지역 조직인 조선인민회를 이끌었고, 이 단체는 1937년부터 중국에서 작전을 펼친 일본군에 조선인 자원병을 보내고 있었다. 훨씬 더 악독하게, 그들 가운데 일부는 1930년대 초반 톈진에서 첩보 수집을 담당한 악명 높은 도이하라 겐지土肥原賢二, 1883~1948 장군의 일본 스파이 네트워크에 포섭되어 있었다. 톈진의 조선인 다수가 이런

활동과 모두 관련이 있는 것은 아니었지만, 폭리를 취하고 일본과 협력하는 소수는 아주 눈에 띄었다.[26]

이런 전시 폭리와 친일의 세계에 관한 일부 회상은 유명한 조선 문학사(와 한학) 연구자였고 동시에 공산주의 활동가였던 김태준金台俊, 1905~49의 기록에서 찾아볼 수 있다. 당시 그는 1944년 11월 말 조선을 떠나 옌안으로 향했고, 거기에 중국 내 본부를 차린 조선 공산주의자들과 접촉할 수 있었다.[27] 랴오닝遼寧성 싱청興城에서 그는 조선인 브로커 변 씨에게 위조 여행 허가증을 구했다. 아편중독자였던 변 씨는 일본 경찰의 통역관으로 일하는 아들의 연줄을 이용해 뇌물로 잡범들의 석방 거래를 성사시키면서 먹고살았다.[28] 1945년 초 중국의 국공내전 시기를 공산주의 측에서 경험했던 조선의 주요 지식인인 김사량과 김태준 둘에게 침략과 점령 속에서 개인적 치부致富를 추구했던 일부 조선인들의 존재를 인정하는 것은 민족 구원과 재탄생을 향한 필수적인 단계였다. 하지만 이와 동시에 또 다른 재在중국 조선인들은 목숨을 내걸고 민족 구원과 재탄생을 위한 길에 발걸음을 내딛고 있었다.

김사량이 공식적으로 일본군의 선전 업무를 수행하기 위해 베이징에 와서 자신의 진로를 숙고하고 있었을 때, 충칭임시정부로 가는 것도 하나의 가능성이었다. 그러나 내분에 휩싸인, "이런 정부의 뒤를 창녀처럼 따라다니며 장개석의 테러단으로 유명한 남의사藍衣社와 CC단이 던져주는 푼전으로 목을 축여가는 행랑살이 임시정부"는 김사량에게 전시 부패와 폭리 취득의 대안이 아니라 그 일부로 간주됐다.[29] 대안은 "새로운 태양이 섬강녕변구陝甘寧邊區에 떠올라 장개석의 독재를 반대하고 그 내전 정책을 뚜들기며 혁명의 깃발을 높이 들고 적에게 무장 항전을 거행하면서 인민의 정부를 조직하여 농민을 해방하고 대중을 도탄 속에서 건져 내"[30]는 공산당 주도의 해방구라고 김사량은 썼다. 조선인 애국자들이 이 획기적 투쟁의 일부를 구성했기 때문에 김사량은 그들과 합류해 "해방 구역 내의 중국 농민의 생활이며 인민 군대의 형편이며 신민주주의 문화의 건설 면도 두루두루 관찰하여 나중에 돌아가는 날이 있다면 건국의 진향進向에 조금이라도 이바지"하기를 희망했다.[31] 주목할 점은 '공산주의'나 '사회주의'는 이 시점에 유격대 근거지 지역의 세계에서 중국공산당의 경험을 배우려는 김사량의 프로젝트의 일부가 아니었다는 점이다. 이런 용어는 (옌안의) 화북조선독립동맹의 강령에서도 거의 언급되지 않았는데, 그것은 (사실상 최창익과 김창만 같은 공산주의 간부의 손에 있는) 조선의용군의 정치 지도부가 선호하던 방식이었다.[32] 마오쩌둥과 다른 중국공산당 지도자들이 전쟁 마지막 시기에 선언한 '신민주주의'가 그 시대의 임무였다. 《노마만리》의 대부분을 이루는 것은 타이항산 근거지에서 겪은 '신민주주의' 경험에 관한 것이었다.

'신민주주의'는 당분간 풀뿌리 시장 교환이 방해받지 않고, 심지어 보호받으면서 계속되리란 것을 의미했다. 사실 농민 시장은 김사량이 해방구에서 처음 알아차린 것 가운데 하나였다. 여러 종류의 담배, 비누, 성냥, 여성 장신구, 붓과 함께 곡물, 수수와 다양한 지역 과일(살구, 참외, 수박) 등이 그가 해방구에 들어가면서 관찰한 첫 번째 시장에서 이미 풍부하게 공급되고 있었다. 가격은 인근 일군 점령 지역에서 지불해야 하는 값의 평균 3분의 1 정도였다. 김사량이 자연스럽게 알아차렸던 것처럼, 해방구 공산당 정부의 경제정책은 원칙적으로 자급자족적이었다. 중국공산당은 해방구가 소비 물품 대부분을 스스로 생산하기를 원했다. 여전히 상당한 양의 밀수가 이뤄졌고, 김사량 자신도 방문한, 공산당이 통제하는 첫 마을 시장에서 일본군 통제 지역에서 생산된 칫솔이나 만년필을 볼 수 있었다. 그러나 이런 물품은 모두 가격이 극도로 비쌌다.³³

김사량은 공산당이 통제하는 마을 시장에는 점쟁이가 없다는 차이를 재빨리 알아차렸는데, 그의 표현대로 점쟁이는 "중국 장거리에서 흔히 볼 수 있는" 존재였다. 그 대신 벽에 적힌 반국민당-반일 구호가 많이 보였고, 그와 함께 단발의 공산주의 여군 부대가 높은 목소리로 쉬지 않고 "팔로군, 모택동 선생, 주덕朱德 장군"에 관한 선전 선동 연설을 했다.³⁴ 마을 시장이라는 유서 깊은 제도가 이제는 다른 새로운 정치적 목표를 위해 이용됐다. 김사량이 조선의용군 본부로 가는 길에 하루 머물렀던 작은 마을에는 심지어 서점까지 운영되고 있었는데, 명백히 개인이 운영하는 서점이었다. 그러나 그곳에서 가장 주목할 만한 점은 마오쩌둥의 《신민주주의》(1940)와 새로 출간된 마오쩌둥의 중국공산당 제7차 전국대회 보고 《논연합정부論聯合政府》(1945년 4월 24일 출간)뿐만 아니라 옌안에서 출판한 스탈린의 《레닌주의의 제諸 문제》의 중국어 번역본(초판은 1926년 러시아어로 출판됐고, 이후에 이 책은 다시 편집되어 여러 번 재출판됐다. 중국어 번역은 소련에서 처음 출판됐고,³⁵ 다른 번역본이 옌안에서 출판됐다³⁶)이 있었다는 사실이다. 김사량은 스탈린과 마오쩌둥의 저작을 재빨리 샀고, 중국공산당이 생산해 개인 서점을 통해 배포하는 〈중공의 정풍整風 문건〉도 구입했다.³⁷

'신민주주의' 정신은 김사량이 마을에 들어가면서 본 '중공 10대 정책中共十代政策' 슬로건에서 간결하게 정식화돼 있었다. '10대 정책'은 '대적투쟁對敵鬪爭'을 중심으로 했고, '행정을 간소화하고 군에 집중하는(정병간정精兵簡政)' 공약도 포함했다. 정치는 공산당과 무당파, 국민당을 포함하는 통일전선(삼삼제三三制)이 지배하고 있었다. 비록 김사량이 목격한 반국민당 선전에도 불구하고 공식적인 국공합작정책은 공식적으로 당분간 유지됐다. 간부들은 통제와 견제를 받아야 했고, 사회주의 슬로건은 '소작료 25퍼센트로 인하'와 '이자율 10퍼센트로 감소(감조감식減租減息)'로 대체됐다.[38] 흥미롭게도 김태준도 옌안으로 가는 길에 한 마을의 벽에서 동일한 '10대 정책' 구호를 발견했고, 독자들에게 반일 저항 전쟁 동안 토지개혁이 중단됐고, 소작료와 금리 인하가 임시적 대체정책으로 등장했다고 설명했다.[39]

햇빛의 그림자?

1930년대 후반과 1940년대 초반 조선의 농촌에서 통상적 이자율은 약 20퍼센트였고 소작료도 평균 50~60퍼센트였기에, 김사량이 중국 해방구의 '신민주주의' 정책을 해방 후 조선에 유용한 정책 준거로 간주할 충분한 이유가 됐다.[40] '10대 정책' 슬로건에서 급진 정치에 대한 유일한 항목은 '정돈삼풍整頓三風'이었다. 김사량이 주도면밀하게 지적한 것처럼, '정돈삼풍'은 "1942년 2월에 '정돈학풍整頓學風, 당풍黨風, 문풍文風'에 관한 모 주석 보고가 있은 뒤부터 시작되어 전당 전군을 대상으로 사상을 개변하고 작풍을 개조하는 '정풍운동'이 되어 맹렬히 전개되었다."[41] 김사량의 이와 같은 간략한 파악은 조선 내부의 조선 문학에서 악명 높은 옌안 '사상정풍운동(1942~1944, 정통 마오쩌둥주의를 획일적으로 당에 강제하는 것을 의미했다)'에 대한 최초의 언급 가운데 하나이다.[42]

과연 김사량은 1950년 초반, 즉 '신민주주의' 시대의 궁극적 종말 이후 정치체제의 통제 강화로 이어질 것을 예고한 옌안 '정풍'의 의미를 어느 정도 인식하고 있었을까?《노마만리》에서 김사량은 중국 문학의 현 상태에 관한 중국공산당 여성 선동대원과 나눴던 대화를 언급하며, 독자들에게 마오쩌둥 선생이《옌안 문예강화》(1942년 5월)를 발표한 뒤로는 "작가의 입장이며 태도, 대상, 방법 문제 등이 대단히 밝아지고 구체화하여 작가들의 활동이 보다 더 정확하고도 적극적인 노선 위에서 더욱 활발히 진전되고 있는 모양"이라고 자신 있게 전했다.[43] 그러나《노마만리》가 우리에게 드러내는 것처럼, 김사량이 실제로 읽었던 (그리고 여성 선동대원과 나눈 대화에서 언급한) 중국 근대문학의 명작 가운데 하나인 딩링丁玲, 1904~86의《의외집意外集》(1934)[44]은, 중국 최고의 진보적 여성작가인 그녀가 국민당에게 구속된 자전적 경험에 기초해 쓴 작품이었다.[45] 김사량은 자기가 가장 좋아하는 중국인 작가가 옌안 정풍운동에서 명확하게 비판 대상이 됐던 사람들 가운데 하나였다는 것을 알고 있었을까?[46] 김사량은 마오쩌둥을 공개적으로 반박할 수 없는 위치에 있었지만, 그는 이때에도 예술가를 "전체 혁명기계의 톱니바퀴"(《옌안 문예강화》)[47]로 보는 마오쩌둥의 문예론에 대한 자신의 관점을 자세히 설명하지 않기로 한다. 아마도 그것은 은폐된 형태의 저항이었을 것이다.

그 대신 김사량이 주로 초점을 맞춘 것은 풀뿌리 수준의 대중적 조직화였다. 그가 지나갔던 해방구 전역의 모든 곳에서 공통적으로 목격한 현상은 어디에나 있는 민병民兵[48]의 존재였다. 민병은 중국공산당 당국의 전면적 통제 아래 있던 농민 의용병이었지만, 높은 확률로 아래로부터의 자발적 참여를 통해 조직되었고, 포악한 일본군이나 군벌 부대 또는 도적 떼로부터 마을을 지키는 것이 정말로 긴급한 임무였기 때문이다. 김사량은 중국공산당의 공식 보고서를 인용해 모든 해방구의 지역 민병의 수가 거의 220만 명에 달한다고 썼다.[49] 이 수치를 정확히 확인할 위치에 있지는 않았지만, 김사량은 자신과 동행자들이 통과하는 마을 곳곳에서 무장한 민병을 직접 목격했다. 민병은 김사량과 동행자들의 통행증을 검사했고,[50] 지뢰가 설치된 농촌 길을 같이 따라가주면서 그들을 보호했으며, 그들이 안전하게 다음 마을에 도착할 수 있도록 도왔다.[51] 정말로 김사량이 목격한 마을 단위의 훌륭한 자기방어와 질서 유지 조직은 위에서 언급한 공산당 통제지에서의 상대적으로 안전한 이동에 관한 외부자 증언의 핵심이었을 것이다. 마을 주민의 조직화를 돕는 것은 해방구 중국공산당 간부들의 한 가지 임무였고, 그들을 계몽시키는 것은 또 다른 임무였다. 김사량은 공산당이 통제하는 타이항산 지역 농민의 삶에서 가장 눈에 띄는 변화 중 하나가 크게 향상된 초등교육이라고 언급한다.[52] 그래도 문맹 퇴치와 문자 해득은 전혀 보편적인 현상이 아니었다. 김사량이 언급한 것처럼, 그가 목격한 정치 교양의 주요한 수단은 농민 대중 앞에서 하는 연설이었고, 평주评剧 악극이라는 허베이 지역 전통을 활용한 연극 공연도 있었다. 다언어를 구사하고 중국인 지역 주민과 다리를 놓고 싶어 하는 "조선인 동지"는 그런 선전 작전에 자주 동원됐고, 자신들의 반일 저항 경험에 기초해 중국어로 노래와 연극을 했다.[53] 동시대 중국 신문 보도를 통해 알 수 있듯이, 그런 공연은 꽤 인기가 많았다. 예를 들어, 조선의용군 제2지대는 1943년 3월 28일부터 4월 20일까지 샨시성山西省 우타이산五台山 근처에서 전투에 참여했는데, 이 시기에 전사들은 지역 주민들을 위해 13차례 공연을 했고, 각 공연에는 약 600~700명의 관객이 참여했다. 그 시기 우타이 지역에서 조선인의 연극 선전을 본 사람

은 총 1만 명에 이르렀다.[54]

김사량의 중국어 구사력은 대체로 독해에 제한됐고,《노마만리》를 쓰는 내내 그는 구어체 중국 방언을 이해하지 못했다고 고백한다. 그의 해방구 체류는 몇 달을 넘기지 못했고, 그마저 대부분은 지역민보다는 조선의용대 활동가들과 함께 지냈다.《노마만리》가 출간된 1947년의 평양은, 김사량이 원했더라도 마오쩌둥주의적 정치를 비판하기에 편한 장소가 전혀 아니었을 것이다. 소련군정이 통제하는 1947년 북조선의 현지 지도부에서 이미 독보적 인물이었던 김일성은 1930년대 만주 유격대로서 일본군과 싸웠던 동안 중국공산당원이었다.[55] 김사량은 1946년 2월 평양으로 돌아온 직후 김일성을 만났고, 북조선 문단의 주요 작가들 가운데 한 명이 된 만큼 김일성의 정치적 보호를 절실히 필요로 했다. 더 나아가 (비싼 일본 유학을 할 수 있을 정도 부유한 사업가 집안 자제였던) 김사량의 사회적 출신 배경은 잠재적으로 그를 문학계 경쟁자들의 적대적 공격에 노출시킬 수 있었다.[56] 1940년대 말 김일성에 대한 김사량의 (표면적인 선전이 아닌) 진정한 평가는 해방 직후만큼 긍정 일변도가 아니었다는 증거가 몇 가지 존재한다. 타이항산 게릴라에서 나중에 중국 내 조선족 작가로 변신한 김학철金學鐵, 1916~2001(김학철은 1950년대에 김사량이 가장 좋아한 동시대 중국인 작가인 딩링의 문학적 제자가 된 문인이기도 했다)[57]은 한국전쟁 전에 평양에서 사는 동안 김사량과 친구가 됐고, 1940년대 말 김일성의 성격과 능력을 다소 비판적으로 평가하게 됐다. 김학철은 회고록에서 자신과 김사량이 견해를 완전히 공유했다고 언급했다. 그러나 그는 자신이나 친구인 김사량도 중국 또는 소비에트 종류의 사회주의 프로젝트의 바람직함에 대해서는 원칙적으로 아무런 의문도 품지 않았다고 덧붙였다.[58]

해방 이후 김사량은 자신의 문필 활동을 사회주의국가 건설의 대의에 일차적으로 기여하는 것으로 인식하는 경향이 있었다.[59] 따라서 그가 해방구에서 시행된 중국공산당의 조직-교육 사업을 본질적으로 민주적인 사업으로, 중국공산당 간부들의 주도로 현지 주민의 이익을 위해 진행된 사업으로 묘사한 내용을 문자 그대로 믿어주기는 힘들다. 거기에는 정치적 선전의 측면이 분명히 있었다. 해방구 역사에 대한 최근 연구들은 중국공산당의 노동력 동원이나 마을 단위 협동조합 설립 시도가 때로 강압적이었음을 보여줬고,[60] 타이항산 지역의 일부 장소에서는 사실 지역 종교 단체들과 폭력적 충돌까지 벌어졌다. 김사량의 설명이 명백하게 중국공산당이 지배하는 지역에서 조직-정치 사업의 하향식 측면에 대해 대충 넘어가지만, 그렇다고 해서 풀뿌리 수준에서 중국공산당이 구축한 '신민주주의' 체제에 대한 대중적 열광을 목격한 그의 증언을 무시할 순 없다. 어쨌든 그의 설명은, 중국공산당의 '신민주주의적' 정치적 실천의 어떤 측면이 조선인 중도좌파 지식인들에게 오래 기다린 해방 이후 조선의 자체적인 국가 건설을 위한 중요한 청사진으로 보였을지 이해하는 데 도움을 준다.

국제주의적 민족 정체성: 전투 속에서 단련되다

'붉은 수도' 모스크바는 식민지 시대 조선인 좌파의 순례지였고, 조선인 여행기에 등장하는 "노동자와 농민의 러시아(노농적로勞農赤露)"의 중심지이면서 동시에 초국경적 사회주의 프로젝트(7장을 보라)의 본부인 국제도시로 묘사됐다. 비슷한 방식으로 《노마만리》도 지리적 배경으로는 김사량이 경험한 중국에 한정됐지만, 같은 시기에 고도로 국제화된 전장을 다루고 있다. 중국공산당 군대는 공식적으로 미국과 연합해 중화민국의 국민당 정부와 구축한 통일전선의 일부로서 일본군과 전투를 벌였고, 조선인은 양측 전선에 모두 있었다. 반일 저항의 국제적 소용돌이는 곧 중화인민공화국과 조선민주주의인민공화국 수립의 토대를 마련해주었지만, 중국과 조선의 동시대적 민족 정체성이 형성되는 장이기도 했다. 《노마만리》에서 확인되는, 새롭게 형성되는 조선의 정체성은 김사량의 전투 목격담에 반영돼 있었고, 반일 무장 저항에 관한 글쓰기 행위를 통해 그 형태가 적극적으로 구성됐다. 이는 넓은 의미에서 이후 북조선 건국사의 신성한 형성 배경이 됐다. 김사량이 체험한, 또 동시에 형성하려 노력했던 새로운 조선의 정체성은 국제주의적이고도 매우 민족적이었다. 조선인들은 중국인 동지들과의 동맹의 일환으로 일본과 싸웠고, 이 동맹의 힘의 균형이 명백히 비대칭이었음에도 불구하고 김사량은 조선인 투사들을 중국공산당에 의존하는 외국 식객이 아니라 중국 동지들의 동등한 동맹자로 정의하는 것의 정당성을 명확히 하고 있다.

조선인 전사들의 공헌은 1941년 12월 11~12일 후좌좡호가장: 胡家庄, 허베이성 근처에서 벌어진 교전에 대한 서술에 상세하게 적혀 있다. 거기에서 29인의 화북지대 전사들은 중국인 지역민 사이에서 일상적인 선전 작업을 하던 중 갑자기 적의 공격을 받자 300명 이상의 일본군(과 괴뢰 중국군)에 맞서 용감하게 싸웠고,[61] 이 과정에서 일본군의 거의 절반이 죽거나 부상당했다. 이 교전은 조선인 부대가 중국공산당을 대신해 중국인 마을에서 '군중대회'를 열어 '대중 사업'을 수행한 다음에 일어났다. 김사량은 이 교전을 중국인 동지들과의 공동 대의에 대한 조선인들의 헌신일 뿐만 아니라 공동 투쟁에서 자신을 희생하는 조선인 공산주의자들의 의지의 상징으로 묘사한다.[62] 이 교전에서 부상당해 일본군의 포로가 되는 김학철은 앞에서 이야기했듯 나중에 김사량의 막역한 친구가 된다.[63] 이와 동시에 김일성과 그의 전사들의 위대한 반제국주의 대의에 대한 공헌은 국제 반제국주의 동맹에 헌신하는 주체로서 조선 민족의 위엄을 보여주는 상징이었다. 김사량은 중국 팔로군 장교가 "김 장군", 즉 김일성의 현재 소재에 대해 질문했을 때 기쁨과 자부심을 표현한다. 팔로군은 1930년대 초반 만주에서 김일성 유격대와 함께 일본군에 맞서 싸웠다. 김사량은 이 만남 이전에 "모든 조선인이 알고 있는" 김일성의 이름을 빼고는 이 "산에서 전투할 때는 하늘을 높이 나는 독수리가 되고 숲속에서 싸우게 될 때는 호랑이가 되는 … 전설적인 장군"에 대해 거의 알지 못했다고 고백한다. 그래서 중국공산당 장교가 김일성의 "끈질긴 애국투쟁, 위대한 총명함과 초인적 용기"에 대해 얘기하는 것을 듣고서 "행복감을 느꼈다".[64] 김일성이 언급되는 《노마만리》의 에피소드는 명백히 선전의 기조로 서술되지만 (그리고 우리는 김일성을 찬양했다는 중국인 장교가 실존 인물인지 가공 인물인지 검증할 방법이 없다), 한 가지는 분명하다. 김사량은 중국 동지들과, 더 나아가 소련 동지들과의 반일 동맹에서 김일성과 그의 유격대가 조선의 자랑스럽고 위엄 있는 지위를 보장하는 데 결정적인 역할을 했다고 강조한다. 1930년대와 1940년대 초반 중국의 전장을 통해 전 세계적 반제투쟁에 동등하게 참여하면서 동시에 조선 민족 애국주의를 강조하는 새로운 조선의 정체성이 형성되고 있었다. 김사량의 문학 작업은 이런 정체성을 표현하고 강화했고, 그 매력과 상징성을 제고했다고 볼 수 있다.[65]

태양은 어디에 있었는가?

《노마만리》가 출판된 상황을 고려하면, 김사량이 최소한 표면적으로 소비에트가 점령한 조선 북부의 사실상 최고 지도자이자 자신의 정치적 후원자인 김일성을 새로운 조선 정체성 형성의 중심에 둔 것은 별로 놀라운 일이 아니다. (앞서 이미 언급한) 김학철의 회고록이 지적하는 것처럼, 실제로 김일성에 대한 김사량의 입장은 겉으로 보는 것보다 훨씬 더 비판적이었다. 그러나 1940년대 말 김일성에 대한 김사량의 개인적 태도가 어땠는지와 관계없이, 김일성은 이미 조선 사회주의 프로젝트의 인격화 그 자체가 되어 있었다. 따라서 김일성에게는 지도부 서열 최상단의 명예로운 지위가 주어져야 했다. 중국에서 반일 조선인 저항의 전반적 역사를 다루는 《노마만리》에서 김사량은 극도로 효과적인 은유를 사용한다. 그는, 김일성 유격대를 "태양"으로, 그 주위에 결집한 다양한 망명 조선인 저항 조직들을 "태양계"로 묘사한다.[66] 그러나 이 "태양계"와 관련한 단락은, 이 책의 나머지와 문체상 날카로운 대조를 이룬다. 이 단락에서는 형식적이고 건조하고 아주 교훈적인 문체를 사용하는 반면, 전반적으로 《노마만리》는 풍부하고 다채롭고 때로는 서민적인 평양 사투리를 곁들인 거의 구어체에 가까운 언어로 쓰여 있다. 이 단락은 나중에 추가된, 아마도 편집된 것이라는 인상을 강하게 준다. 한편, 《노마만리》의 정점은 김사량이 타이항산 해방구를 관통하는 여정 끝에 조선의용군 본부에 도착하는 장면이다. 김사량 자신이 "내 인생에서 가장 잊지 못할 날"이라고 하는 부분이 나온다. 본부 사무실 옆 회의실에서 김사량은 중국공산당 깃발과 나란히 걸린 태극기를 본다. 김사량은 이익성과 조선의용대의 다른 정치군사

1940년대 초반의 조선의용군 사령관 김무정의 사진. 출처: 염인호, 《조선의용대, 조선의용군》(천안 독립기념관, 2009, 229쪽).

적 지도자들과 대화를 나눴고, "적당한 때가 오면", 즉 그들의 중국인 또는 소비에트 동맹군이 "마침내 장군[김일성]의 군대와 함께 압록강을 건널 수 있도록 허락할 때" 조선을 군사적으로 해방시키려는 그들의 계획을 듣고 있다.[67]

우리는 조선의용대 지도부가 일본이 패배하는 순간 조선으로 진입할 야심 찬 계획을 가지고 있었다는 것을 잘 알고 있다. 1942년 가을부터 만주의 조선인 지역민 사이에서 지하조직화 사업이 진행되고 있었는데, 이는 훗날 타이항산에서 조선 국경으로 이동하기 위한 것이었다.[68] 현실에서 조선의용군 병사 대부분은 1945~49년 중국 국공 내전에서 공산당이 싸워서 승리한 이후에야 비로소 북조선 귀환이 허용됐다. 한편, 소련군정 당국은 1945년 12월 조선의용대 주요 간부 약

80명의 북조선 조기 입국을 허락했는데, 나머지는 중국 북동부의 중국 공산당 지휘 아래 남았다.[69] 그러나 조선의용군 지도부의 원래 계획은 훨씬 원대했고, 바로 이 계획이 김사량이 자신의 감동적 기록에서 집중적으로 다룬 내용이다. 요약하자면 그 기록에서 김사량은 조선 민족국가 건설의 초기 단계, 즉 건국과 새 나라, 새 인민의 형성을 묘사한다. 중국의 해방구에서 "신민주주의" 경험을 얻은 조선의용군은 새롭고 자랑스러운, "민주적"이며 동시에 국제주의적인 조선 국가(인민)의 핵이 될 것이며, 조선은 소련과 "새로운 중국"과 나란히 사회주의의 태양 아래 정당한 지위를 차지할 것이었다. 조선의 정체성에 대한 이러한 새로운 비전은 허베이와 샨시의 조선의용군 투쟁에서, 중국인 동지들과의 긴밀한 동맹을 통해 수행한 선전과 군사 사업의 도가니 속에서 형성되었다. 《노마만리》가 1947년 평양에서 처음으로 출판되었을 때, 이 비전은 여전히 수용 가능한 것이었다. 그러나 《노마만리》에서 그 이름이 언급된 김창만金昌滿, 1907~93이나 서휘徐輝, 1916~93[70] 같은 조선의용군 계열의 중요한 북조선 정치인들이 1950년대 중반과 1960년대에 김일성의 '만주파'에 의해 숙청당한 이후에는 그런 비전이 더 이상 이야기될 수 없었다.[71] 《노마만리》가 1987년까지 북조선에서 중쇄가 이루어지지 않았던 것은 별로 놀라운 일이 아니다. 이 시점이 되어서야 과거 조선의용군 지도자 다수('연안파')에 대한 숙청이 역사가 된 지 오래된 상태였기 때문이다.[72]

일본인 포로와 역할 역전

예상하는 것처럼, 새롭게 형성되는 조선 정체성에 대항하는 주요한 부정적 타자는 일제이며, 여기에는 제국주의 이데올로기로부터 자신을 해방시키는 데 필요한 '계급의식'을 획득하도록 '재교육'을 받지 않는 한, 노농대중 출신의 일본군 병졸까지도 포함되었다.[73] 《노마만리》에 나오는 수많은 조선인의 목소리는 일본군 장교, 행정관리, 일본인 하층민을 모두 포함해 일본인에 의해 습관적으로 겪었던 차별과 학대, 구타를 증언하고 있다.[74] 인종주의적 학대자로서 일본인의 개념화는 일본 체류 시 김사량 자신의 불쾌한 경험 또는 주변화되고 차별당하고 저임금에 시달리고 불안정하게 고용된 재일조선인 노동자들의 경험에서 얻은 것처럼 보인다. 김사량은 일본에서 조선인 노동자들을 무척 자주 목격했는데, 1940년대에 쓴 《무큐이카無窮一家》 같은 소설에서 그들을 묘사하기도 했다.[75] 그러나 김사량은 동시에 국제주의적 무장투쟁을 통한 조선의 해방이 역할의 근본적인 변화 가능성을 의미한다고 강조한다. 《노마만리》에는 그가 중국인 군 간부들과 함께 방문한 일본군 포로수용소에 관한 장도 포함돼 있다. 이런 수용소에서 중국인과 조선인 간부들은 '재교육'시킨 일본인 포로들을 일본군 병사들을 상대로 한 선전 사업에 더욱 활용할 수 있기를 희망했다.[76] 그가 일본제국에서 겪은 차별에 대한 일종의 심리적 보상으로 김사량은 "자신들의 모든 사무라이 정신에도 불구하고 살기를 원하고" 납작 엎드려 중국인 호위병들의 비위를 맞추려는 일본군 포로들의 비굴함을 생생하게 묘사한다. 일본어를 유창하게 구사하는 과거의 도쿄 유학생인 조선인 김사량은, 과거의 식민 지배자들에게 그들이 살아서 집으로 돌아갈 수 있도록 돕는 희망의 불씨로서 '아마테라즈天照 여신"격으로 대우받았다. 이제 역할이 완전히 뒤바뀐 것이었다. 이른바 '우월한' 일본군은 중국인 포로에 대한 악질적 잔혹성으로 악명 높았지만,[77] '열등한' 중국인과 조선인에게 친절한 대우를 받았고, 이들은 자신들과 '일본인 노동자와 농민'의 진정한 '연대'를 이루고 '일본의 민주 세력을 강화'하기를 희망했다. 식민지 주변인인 조선인은 그런 만남에서 프롤레타리아 국제주의의 교사라는 새로운 역할을 맡았다. 가짜 제국주의적 국제주의인 일본의 '동아시아 신질서론' 등은 그 실체가 폭로되자, 애국주의와 국제주의의 '프롤레타리아적' 결합과 대조된다. 김사량은 이 결합이 "모든 인류의 위대한 두 스승, 스승 레닌과 대원수 스탈린"의 사상의 연장선상에 있었다고 봤다.[78]

결론

다음 장에서 분석하는 조선 좌파 지식인의 모스크바 여행기는 훗날 소련의 모델과 방법을 조선의 토양에 적용하기 위해 세계의 '붉은 수도'가 가르치는 교훈을 정식화하려는 시도다. 마찬가지로, 김사량의 《노마만리》는 해방투쟁의 소용돌이 속에서 태어난 새로운 민족·인민 정체성, 즉 '프롤레타리아 국제주의적'인 면과 동시에 민족적 정체성을 재정립하기 위해 반식민투쟁의 기억을 활용하려는 시도였다. 조선을 포함해 전 세계적 사회주의 근대가 모스크바의 이미지로부터 영감을 받았던 반면, 고대하는 '조국해방' 이후에 조선의용군 등 해방투쟁 세력들이 건국할 새 나라는 명백하게 중국의 '신민주주의' 경험을 참고할 것으로 기대됐다. 이는 김사량을 강하게 움직였다. 그의 경험은 《노마만리》에서는 근대적 계몽과 '대중의 자발적 동원', 그리고 진보적 목적을 위한 시장경제 등 기존 제도를 현명하게 활용한 결합 위주로 서술됐다. 중국인과 조선인은 서로 동맹을 맺어 일본제국주의의 야만에 맞서고 최소한 일부 일본인(전쟁포로)을 재교육시켜 전 세계적 '민주 진영'의 일부가 되도록 만들려고 했다. 조선인이 일본인에게 끊임없이 당하는 학대와 극명하게 대조되는 조선과 중국의 혁명적 동맹의 평등주의적 성격이 특별히 강조됐다. 김사량의 서술이 저자 자신이 목격한 사건들의 실제적 기억을 기반으로 활용하면서도, 1945년 5~8월 중국의 해방구에서 자신이 경험한 사정을 다소 이상적으로 묘사하고 있었다는 점은 확실히 부정하기 어렵다. 그러나 이런 서술은, 전쟁의 마지막 몇 달과 해방 직후에 공산주의 진영에 합류하기로 선택한 김사량 같은 조선의 진보적 지식인이 새로운 조국에 걸었던 희망을 이해하는 데 중요하다. 새로운 조국은 김일성 장군과 다른 반일 저항 영웅들의 지도 아래 북조선에 건설되었다. 그들은 자신들의 근대적·민주적 기대와는 반대로 새로운 전쟁(한국전쟁)과 그에 이은 장기적 냉전이 북조선 사회에 '전국 요새화' 의제를 강제함에 따라 북조선의 근대가 통제되는 규율주의로 전환할 것이라고는 거의 예상하지 못했다.

7장

조선인 여행자의 눈에 비친
붉은 수도 모스크바

이 장에서는 잘 알려진 좌파 인사들과 주류적이거나 비정치적인 인물을 포함한 식민지 시대 조선 지식인들의 모스크바 여행기를 다룬다. 1920~30년대 '붉은 수도' 모스크바를 묘사한 여행기를 이 책에서 검토해야 하는 이유는 명백하다. 대부분의 유럽 국가나 식민지 본국인 일본과 달리, 조선에서는 1917년 이전에 토착적인 사회주의운동의 역사가 없었다. 사회주의는 러시아혁명 성공의 물결 속에서 조선에 도입됐고, 혁명 사회는 모스크바를 수도로 하는 신생국 소련과 동일시됐다. 3장에서 본 것처럼, 조선 공산주의자들은 민족해방과 전반적 민주화 과정을 그들의 미래를 향한 핵심적인 첫걸음으로 봤다. 그러나 궁극적 목적은 '붉은 수도'가 대표하는 새로운 세계를 모델로 삼은 사회를 건설하는 것이었다. 이 장에서는 이러한 공산주의적 열망을 사회주의자가 아닌 지식인 다수까지 전반적으로 긍정적으로 봤다는 사실을 보여주려고 한다. 물론 모스크바를 사례로 하는 새로운 사회가 조선의 특수한 경우에 실제로 실현 가능한지 또는 심지어 바람직한지에 대해서는 합의가 없었다. 그러나 붉은 러시아의 실험이 보여준 많은 특징은 전반적으로 긍정으로 평가됐고, 공산주의자들은 그 실험에 관한 선전 활동을 더욱 강화할 수 있었다. 동시에 나는, 이런 긍정이 반드시 생각이 없거나 무비판적인 것이 아니었음을 보여주려고 한다. 조선인 목격자들은 1920년대 모스크바의 심각한 빈곤과 1930년대 스탈린주의 모스크바의 보수적 선회를 모두 알아차렸다. 그럼에도 '붉은 수도'의 진정한 성취, 즉 인종차별을 척결하고 과거에 억압됐던 노동자들에게 고급문화에 더 많이 접근할 수 있게 한 노력은 정당한 평가를 받았고, 모스크바 여행기의 주된 소비자인 조선의 교양 있는 대중 사이에서 공산주의자들의 선전 활동을 용이하게 했다.

서론: 문학과 정치 사이의 모스크바 여행기

소비에트 실험이 1920~30년대 전 세계적 관심을 받으면서, 모스크바 여행기는 조선과 다른 곳에서 특별한 장르로 발전했고, 여행 문학과 정치적 글쓰기 사이의 경계 어딘가에 위치했다. 스탈린주의 탄압이 가장 비극적으로 고조되던 1930년대에, 모스크바에 대한 긍정적 인상은 종종 유럽 좌파 그룹 사이에서 진정한 진보적 작가를 상징하는 표식처럼 간주되기도 했다. 전형적 사례는 리온 포익트방거Lion Feuchtwanger, 1884~1958의 다소 논쟁적인 책 《모스크바 1937Moskau 1937》인데, 이 책에는 특히 스탈린의 당내 정적인 부카린과 지노비예프, 카메네프 등에 대한 모스크바 재판을 변명조로 묘사하는 부분이 포함돼 있었다. 이런 여행기들은 냉전 시기와 그 이후에 나이브함이나 심각한 사실 왜곡 사례로 비판받았는데, 왜곡의 정도는 심지어 소련과의 반파쇼 전략적 동맹이라는 명분으로도 정당화할 수 없는 수준으로 간주됐다. 이와 대조적으로 앙드레 지드의 《소련으로부터의 귀환Retour de l'U.R.S.S.》(1936)같이 보다 분석적이고 비판적인 기록은 일부 동시대 친모스크바 열정적 지지자들에게는 악마화됐던 반면, 이후 비평가들에게는 1930년대 스탈린주의 러시아의 보수적 전환의 세부 사항을 날카롭게 파헤쳤다는 이유로 찬사받았다. 포익트방거나 지드가 제시한 이런 유형의 서사는 소련 사회를 유럽 인텔리겐치아의 해방적 이상과 비판적 관계에 놓이게 했다. 이런 여행기들은 세계 자본주의 체제의 핵심부에서 소비에트 실험이 인류의 해방에 어느 정도 기여했는지에 대한 자본주의 비판가들의 이해를 담고자 했다.[1] 세계체제 핵심부에서 나온 모스크바 여행기는 영어권 학계에서 많이 연구됐지만, 세계체제의 식민화된 주변부 지역 지식인들의 모스크바 여행기는 훨씬 덜 주목받았다. 이 지식인들은 자연스럽게도 자신들의 역사적 열망, 즉 무엇보다도 식민주의로부터의 해방과 후발 근대성 발전과의 관계를 그 척도로 하여 소비에트 수도에서 목격한 변화를 평가하는 경향이 있었다. 한편, 인도[2]나 중국[3]의 명망가들이 붉은 수도 모스크바 소비에트 경험에 관해 쓴 일부 학술적 글은 찾아볼 수 있지만, 소련의 수도를 방문한 식민지 조선인의 여행기는 영어권 학계에서 대개 여전히 검토되지 않았다. 여행기는 일반적으로 정치성이 농후하고 먼 여행지의 이국적 현실에 대한 저자의 견해를 투영하면서도,[4] 또한 대개 사후 역사적 재구성에 필수 불가결한 외부인의 시각을 제공한다. 이번 장에서 살피겠지만, 모스크바에 대한 조선인의 인상에는 그들의 의제가 반영되어 있을 뿐만 아니라, 1920~30년대 소비에트 발전의 매우 본질적 특징 가운데 일부를 지적하고 있다. 이런 측면에서 이들의 여행기는 한국학 연구 이외에 전간기 세계사에 대해 작업하는 전문가들에게도 유의미했다.

모스크바의 변형: 1896년부터 1937년까지

1937년, 연해주에 거주하는 조선인이 일거에 '잠재적인 일본 첩자'로 몰려 중앙아시아로 강제 이주를 당했다. 그들이 일본 식민지인 조선과 소련의 국경이 접하는 접경지대에서 일본과의 군사적 대결(하산 Khasan 호수의 전투로 알려진 사건으로, 1938년 7월에 벌어졌다)을 서둘러 준비하던 와중이었다. 이 숙명의 해에 인기 월간지 《조광》의 익명 통신원이 식민지 사회의 주요 보수파 지도자 가운데 한 명인 윤치호尹致昊, 1865~1945를 인터뷰해 그가 1896년 러시아를 방문한 경험을 들었다. 당시 윤치호는 아직은 독립을 유지하고 있던 조선 왕국 조정의 신하로서 영어를 유창하게 구사하는 관료 중 하나였는데, 러시아의 (마지막) 차르 니콜라이 2세1894~1917의 지연된 대관식에 파견된 조선 사절의 통역관으로 임명됐다. 호화로운 대관식이 열렸던 모스크바의 인상에 관한 질문을 받자, 윤치호는 축제 같은 대관식의 호사스러운 낭비와 금은으로 뒤덮인 대관식장의 사치를 생생하게 회상했다. 마치 러시아제국의 옛 수도에서 모든 번영과 영광을 과시하는 것처럼 보였다고 윤치호는 판단했다. 하지만 동시에 "거대한 소동으로 2000명 이상의 사람이 밟혀 죽었는데, 아무도 관심을 기울이지 않았다"[5]라고 덧붙였다.

1934년의 윤치호. 식민지 조선의 가장 부유하고 영향력 있는 인물 가운데 한 명이었다. 출처: 윤경남(윤치호의 증손녀).

러시아의 수도는 두 얼굴의 야누스처럼 묘사됐고, 과시적인 제국 대관식은 호딘카Khodynka 압사 사고의 비극과 대조됐다. 이 사고는 니콜라이 2세 대관식의 기념품을 나눠주던 장소인 호딘카 들판에서 인파 관리 소홀과 미숙한 행정으로 (2,000명이 아니라) 1,400여 명의 대관식 참가자가 압사한 사건으로, 사망자 대부분이 하층계급이었다. 이런 종류의 양면성이 모스크바에 대한 윤치호의 첫인상이었다. 모스크바에서 윤치호는 자신의 영어 일기에 러시아제국 측 환대가 완벽했다고 적었다. "훌륭한 시가[전망], 깨끗한 침대, 차가운 음료, 효율적 서비스, 멋진 마차들"이 모두 조선 사절단에 제공된 서비스였다. 사절단을 극진히 대접한 러시아 옛 수도는 경이롭고 훌륭했다. 윤치호와 동료들이 초청받아 관람한 군사 퍼레이드는 "장엄했고, 장비를 잘 갖춘 병사들의 연대, 즉 보병, 포병, 기마병 연대들이 줄이어 멋진 순서로 지나가면서 생동감 넘치는 군가에 맞춰 행진했다"(1896년 6월 7일).[6] 동시에 교회 돔과 옛 궁전으로 가득한 이 도시의 거리는 "커다란 자갈로 도로가 포장돼 있어서 아주 거칠었고, 보도는 좁고 때로는 일련의 보도가 도로 한 가운데로 나 있"(1896년 5월 3일)었다.[7] "왜 차르는 대관식 축제에 낭비된 돈을 최소한 옛 수도의 주요 대로를 아스팔트로 포장하는 데 쓰지 않았을까?"[8](1896년 6월 4일) 모스크바는 대조, 역설, 모순의 장소였고, 그 가운데 제국의 허식 그리고 가난한 신민의 복지에 대한 러시아 절대군주제의 뻔뻔스러운 무시가 대조되는 것이 가장 두드러졌다.

그로부터 38년 뒤인 1934년, (글에서 스스로 현대 소비에트 수도가 된 모스크바의 조선인 학생이라고 소개한) 김해춘이란 인물이 대중적 월간지 《삼천리》에 (비록 비정치적이라고 명시했지만) 러시아의 문화와 소비에트 현실에 상당한 관심을 가지고 쓴 글을 보냈다. 모스크바 후도제스티벤느이 극장에서 공연된 톨스토이의 《부활》에 관한 에세이였다.[9] 그가 설명한 것처럼 연극은 엽색에 빠진 귀족들, 가난에 시달리며 몸을 팔아야 하는 여인들, 시베리아 감옥 생활의 공포 등 혁명 이전 러시아의 어두운 측면을 대중의 눈앞에 드러냈다. 그렇지 않았다면 톨스토이의 종교적 도덕주의는 새로운 소련의 대중에게 별로 호소력이 없었을 것이다. 그보다 중요한 것은, 이제 대중이란 노동자계급, 즉 남녀를 불문하고 특유의 루바샤카rubashkas: 값싼 러시아 셔츠를 입는 사람들이었다는 점이다. 마침내, 모스크바의 장엄한 예술적 후광과 빈곤한 모스크바인의 비참한 운명 사이의 간극이 어느 정도 극복된 것이다. 혁명은 모스크바의 옛 이미지를 철저하게 바꿔놓았다.[10]

조선인 목격자들의 관점에서 일부 주목할 만한 변화는 남녀 관계의 영역에서 일어났다. 공산주의에 경도된 목격자들은 여성이 작업장에서의 자기실현과 모성을 결합시킬 수 있도록 고려한 모성 보호 제도와 사회화된 어린이 보육 시스템에 찬양을 아끼지 않았다.[11] 그러나 소련의 성평등 조치에 대한 좋은 평가는 결코 공산주의자에게만 한정되지 않았다.[12] 1935년《삼천리》편집국에서 개최한 러시아 장기 체류 경험이 있는 조선인의 원탁 토론에서 혁명 이전 모스크바의 트베르스카 또는 페트로브카 같은 중심가가 노란색 보건증을 가진, 대부분 미성년인 매춘 여성 무리에게 "천국"이었다는 언급이 나왔다. 그러나 소련 당국은 거리에서 그들을 몰아내고, 그 대신 성 노동자들의 재활과 직업교육을 위한 특별 시설을 세웠다고 보도됐다.[13] 이는 독일이나 오스트리아의 전문적으로 잘 정착된 상업적 성매매 패턴과 얼마나 대조되었던 가![14] 그리고 식민지 조선에서 공·사창가의 주요 공급 채널 중 하나인 여성 인신매매를 금지하기 위해 끊임없이 투쟁하던 선구적 페미니스트에게는 얼마나 매력적으로 들렸던가![15]

혁명 이후 매춘척결정책을 실제로 목격한 조선인의 증언도 일부 존재했다. 당시 페트로그라드 국립 음악원 학생이었던 김서삼이라는 사람은 수백 명의 "카페 아가씨"가 검거돼 혁명 이후 페트로그라드의 재활 시설로 보내지는 광경을 목격했다.[16] 노예제와 같이 성 노동자 개개인의 행동의 자유를 빼앗는 공창이라는 고도로 착취적인 시스템을 가진 식민지 조선의 관점에서 보면,[17] 그런 변화는 정말로 획기적이었을 것이다. 레오 톨스토이의《부활》[18]이나 막심 고리키의 단편소설 〈볼레스Boles: 그녀의 애인〉[19]같이 국역된 러시아 작품의 조선인 독자는 경찰이 감독하는 매춘이 차르 러시아에서 일상적인 특징이었다는 사실을 아주 잘 알고 있었을 것이다. 가족을 구하기 위해 원치 않게 "타락한 여인"이 된 표도르 도스토예프스키의《죄와 벌》(1866)의 주인공 소냐 마르멜라도바는 1920~30년대 조선의 문학 담론에서 자주 언급됐다.[20] 그러나 그때부터 여성 인신매매는 더 이상 모스크바 또는 새로운 러시아 일반의 특징이 아니게 됐다.

같은 원탁 토론에서 또 언급된 내용으로는 성역할 변화도 있었다. 여성의 나체가 특정한 공적 영역에서 수용되기 시작해서, 비공식적이지만 모스크바강의 일부 강변은 여성 전용 나체 수영장으로 변했다. 토론 참가자들은 이런 변화를 대중 스포츠의 유례없는 확산과 연결시켰다. 스포츠 패션은 운동으로 단련된 건강한 여체를 널리 노출했고, 새로 정착된 5월 1일(메이데이)과 11월 7일(혁명절)의 대규모 축제 전통이 대중적 분위기를 고조시켰다. 조선인 목격자들은 아코디언에 맞춰 쾌활하게 춤추는 군중을 어디에서나 목격했다. 러시아 생활을 목격한 조선인에게 깊은 인상을 준 소비에트의 선구적인 코미디 영화〈유쾌한 친구Vesyolye Rebyata〉(1934)의 개봉도 이런 긍정적 분위기를 부각했다.[21] 사실 이 영화는 할리우드 미학의 영향을 크게 받았다.[22] 1930년대 스탈린의 모스크바는 혁명적이라기보다는 개발주의적이었으며, "아메리카"는 산업 시대의 진보성을 상징했다. 그러나 뒤에서 논의하겠지만 조선인 목격자들은 1930년대 모스크바 생활의 보수적 전환을 알아차렸음에도 이런 부분을 덜 강조했다.

모스크바 군중의 넘치는 격정을 어떻게 설명할 수 있을까?《삼천리》원탁 토론의 참가자들은 모스크바의 도시 경관을 급속히 변화시키고 있는 1930년대 산업 발전의 빠른 속도를 강조했다. 마치 39년 전에 윤치호가 일기에 적은 제안을 따른 듯이, 모스크바 중심가는 이제 모두 아스팔트로 덮였다. 속도가 특히 경이로웠는데, 도시의 중심 도로인 트베르스카야를 아스팔트로 포장하는 데 이틀도 걸리지 않았다!

자동차가 마차를 대체했고, 대리석으로 입구를 장식한 새로 지은 모스크바 지하철은 조선인 승객을 압도했고, 그들은 "미국에서 본 어떤 것보다 더 인상적"이었다고 말했다. 무궤도전차[23]는 조선이나 식민 본국 일본에서 비교 대상을 찾을 수 없는 모스크바의 새로운 명물이었다. 토론 참가자 한 명의 표현처럼, 혁명 이전의 러시아에서 근대적 옷은 보통 수준 이상의 아주 특별한 사회적 지위를 의미했다. 그러나 이제 모더니즘은 대중의 일상생활이 됐다.[24]

혁명의 열정에서 새로운 정상으로

그러나 그렇다면 모스크바를 이렇듯 알아볼 수 없게 변화시킨 혁명에서 대체 무슨 일이 일어났는가? 1930년대 서구의 일부 여행기와 비슷하게(예를 들어 1917년 이후의 황폐함과 새로운 기쁨과 낙관의 분위기를 대조한 유명한 스웨덴 작가 벵트 이데스탐-알름퀴스트Bengt Idestam-Almquist, 1895~1983의 1932년 여행기를 보라)[25] 1930년대 조선 출판물의 주류는 소비에트 모스크바를 '혁명적' 사회라기보다는 '혁명 이후' 사회로 표현한다.

예를 들어 앞서 인용한 원탁 토론에서는 혁명 후 모스크바의 새로운 계급 분화를 당연한 듯 자연스러운 방식으로 언급했다. 모스크바의 호텔 또는 엘리트 사교 모임에서 만날 수 있는 여성은 더 낮은 지위의 소비에트 여성과 비교했을 때 "하이칼라"[26] 방식으로 옷을 입었다는 점이 "당연히" 달랐다고 서술돼 있다. 물론, 모스크바의 호화로운 메트로폴호텔에서 열리는 무도회 복장은 도쿄의 제국호텔이나 뉴욕의 저명한 사교장에서 볼 수 있는 최신 유행의 최고급 의복과는 비교할 수 없

《독립신문》 1920년 1월 11일 자에 실린 러시아혁명의 역사에 관한 기사. 출처: 대한민국역사박물관.

었다. 하지만, 부유한 외국에 비해서는 좀 남루해 보여도, 모스크바의 극장과 호텔, 무도장에서 여성 사교계 의류의 상대적 사치스러움과, 보통 당원을 포함한 소비에트 여성 다수의 "검소한" 옷의 대조는 꽤 당연한 것으로 받아들여졌다.[27] 조선인 목격자들이 명백하게 찬양한 소비에트 모스크바의 향상된 변화는 혁명의 평등주의적 지향이라기보다는 문화 정도의 향상이라는 발전주의적 용어로 설명됐다. 이런 관찰은 무엇보다도 혁명의 열정이 전면에 부각된 소비에트 수도의 초기 시절에 대한 조선인 여행자들의 서술과 극적으로 대조된다.

조선의 상하이임시정부 기관지인 《독립신문》은 1920년 1월 10일부터 2월 26일 1918년 3월 12일까지 소비에트 수도의 모스크바 이전으로 끝난 러시아의 혁명적 사태에 관한 장문의 기사를 (익명의 외국 자료를 번역하여) 연재했다. 편집자가 강조했던 것처럼, 이제 '붉은 수도' 모스크바를 중심지로 하는 러시아혁명은 제1차 세계대전의 유일하게 긍정적인 결과였고, 이제는 세계의 미래사 발전을 규정하게 됐다.

러시아혁명의 영향은 미국의 철도 파업과 영국의 광산 파업부터 전후 일본의 1918년 쌀 소동까지 모든 곳에 미쳤다.[28] 1919년 임시정부의 원래 수립자들 가운데 한 명이자 공산주의자에서 1920년대 후반 중도파 사회민주주의자에 가까운 입장으로 이동한 여운형은 1936년에 쓴 회고적 성격의 글에서 1922년에 방문했던 소비에트 모스크바를 혁명적 영웅주의의 중심지라고 묘사했다. 그가 본 모스크바의 공산주의자는 8~9년간 계속된 전쟁으로 거의 다 파괴된 조국을 구하기 위해 자신을 희생하는 세속적 수도자였다. 음주는 모든 시민에게 엄격히 금지됐고, 어길 시 즉결 사형으로 처벌받을 수 있었다. 모스크바의 "반半아시아적" 아름다움, 교회와 오래된 거리가 여운형의 마음을 사로잡았지만, 혁명적 열정이 감돌던 분위기야말로 14년이 흐른 시점에서도 그가 최고의 아름다움으로 기억한 것이었다. 그의 기억에 온전하게 남아 있는 장면은 소비에트 국방장관(육해군 인민위원)이던 레온 트로츠키가 여운형 자신도 참여한 제1차 극동노력자대회에서 외몽골 대표단으로부터 무기 선물을 받는 행사에서 한 연설이었다. 처음에 기껏해야 30분 정도로 계획됐던 연설은 두세 시간이나 계속됐다. 트로츠키의 연설은 청중을 강력하게 흥분시켰고, 그가 연설하는 동안 청중은 자발적으로 환호하고 소리 높여 구호를 외쳤다. 연설은 (러·영 통역을 제공받고 있던) 여운형의 통역을 맡은 러시아 동지마저 홀렸고, 그는 트로츠키가 연설하는 동안 단 한 단어의 통역도 제공받지 못했지만, 그 대신 구호와 환호, 갈채 와중 위대한 혁명가가 내뱉은 모든 단어를 알아들으려고 애썼다. 여운형이 마침내 연설의 핵심을 이해하게 된 것은 대회 대의원 숙소로 돌아가는 길에서였다. 그러나 트로츠키의 연설 재능을 깨닫는 데 러시아어 능력이 필요한 것은 아니었다. 모스크바에서

받은 인상의 주된 내용은 그때 그를 압도한 혁명적 열정의 도가니에 대한 기억이었다.[29]

1925년경 《동아일보》의 첫 모스크바 특파원 이관용李灌鎔, 1894~1933이 러시아의 혁명적 수도를 취재하게 되었을 때, 트로츠키는 이미 실질적 권력에서 밀려나고, 급진적 열정의 분위기는 벌써 과거의 일이 된 상황이었다. 그럼에도 여전히 모스크바의 새로운 가시적 평등주의는 조선인 방문객의 눈길을 사로잡았다. 과밀한 전차, 혼돈의 노점상 무리, (가출 어린이 다수를 포함하여) 거지 떼로 붐비는 도시에서 삶의 불만이 고조되는 와중에 소비에트는 남녀 모두에게 선거권을 부여했다. 1925년에 일본인 남성에게만 선거권을 부여하는 보통선거제를 도입한 일본 본토와 대조적이었다. 심지어 호텔 여직원도 투표로 소비에트 대의원에 당선될 수 있었다! 남편에 완전히 의지하는 전통적인 과잉 의존적 여성은 모스크바에서 더는 찾아볼 수 없었고, 만약 그런 "남성의 장식품" 같은 여성을 모스크바 거리에서 본다면, 아마도 그는 외국인일 것이었다.[30] 모든 중학생은 사회적 배경에 관계없이 공장에서 의무적 노동 실습을 해야 했다. 이관용이 찍고 《동아일보》가 게재한 사진이 이를 생생하게 보여줬다.[31] 모스크바 거리는 조선(과 일본)을 포함해 전 세계에서 온 사람들로 들썩였다. '유색'인종의 수많은 얼굴은 조선인 목격자의 눈을 쉽게 사로잡았다. 비백인계 방문자와 체류자에게 모스크바는 민족적·인종적·사회적 해방을 위한 전 지구적 투쟁의 수도였다. 1913~17년에 옥스퍼드에서 공부했던 이관용은 "붉은 수도"를 "민족 노예화와 제국주의의 전 세계 수도"인 런던과 비교했다.[32] 1920년대의 NEP가 당과 국가의 통제 아래 사적 자본주의를 회복시켜, 네프맨NEPman이란 부유한 계급(소비에트 부르주아지)을 만들어낸 것은 사실이지만, 그들은 투표권과 사회적 존경을 박탈당했다. 동시대 조선과는 아주 대조적으로 모스크바에서는 존경받으려면 노동자 옷을 입어야 했다!³³ 신칸트주의 철학자이자 다작의 언론인이었던 이관용은 조선 좌파와 서슴지 않고 협력하던 영향력 있는 온건한 민족주의자였지만, 여운형과 달리 공산주의자도, 심지어 사회주의자도 아니었다.³⁴ 그럼에도 혁명 이후 사회적 평준화는 소비에트 정부의 성평등, 인종평등 추구에 대한 의도적 강조와 함께 이관용에게 강력한 호소력을 가졌던 것 같다. 이관용보다 2년 뒤 소련에 호의를 품고 모스크바에 왔던 또 다른 비공산계 외국인 목격자 시어도어 드라이저Theodore Dreiser, 1871~1945는 이관용과 달리 다가족 "공동체" 아파트로 과밀한 도시에서의 완전한 사생활 부재에 경악했지만, 그 역시 문화적 진보 또는 평등주의적 활기를 찬양했다.³⁵ 이관용에게 사생활의 부재는 딱히 특별한 문제가 아니었다. 수백만 조선인이 살았던 농촌의 움막이나 도시의 빈민가에서 사생활 보장을 얼마나 기대할 수 있었겠는가?

 1920년대 조선인 방문자들의 모스크바 인상은 과도하게 이데올로기적 색채를 띨 필요가 없었다. 전부 다 그런 것은 아니었지만, 러시아에 강력한 관심을 갖거나 동조하는 식민지 시대 조선 지식인 다수는 좌파이거나 친독립 민족주의 활동가였다. 일부는 러시아 문학에 대한 낭만적 심취와 동아시아나 서유럽의 질서 정연한 근대적 풍경과 달리 끝없이 펼쳐진 평원과 숲에 대한 매료가 뒤섞여 조선의 거대한 북서부 이웃인 러시아에 끌렸다. 보다 문학적인 러시아 애호의 사례로는 도쿄외국어학교 러시아학과 졸업생인 함대훈咸大勳, 1907~49이 있는데, 그는 니콜라이 고골Nikolai Gogol, 1809~1852의 《감독관Revizor》과 막심 고리키의 《밑바닥에서Na Dne》를 번역한 것으로 유명했다.³⁶ 부분적으로 자전적인 소설인 《청춘보靑春報》[37]에서 함대훈은 자신의 과거를 러시아 문학과 언어를 정말로 사랑한 주인공 곽성식에 투영한다. 소설의 주인공은 러시아 신문을 읽기 위해 식민지 조선에서 하얼빈으로 가서 그곳의 러시아 망명객에게서 러시아어 회화를 배운다.[38] 그러나 곽성식의 러시아 사랑은 비극적 결말을 맞는다. 조선 북부의 소비에트 점령 당국이 그가 소속된 조선민주당의 민족주의자들을 배제하자, 곽성식은 결국 남쪽으로 내려가야만 했던 것이다. 1945년 이후 함대훈 자신의 운명도 동일한 궤적을 따랐다.[39] 또 다른 식민지 시대의 저명한 낭만적 러시아 숭배자로는 박로아朴露兒. 문자 그대로 '러시아의 아들'이란 뜻이다)가 있었는데, 그는 유명 시인이자 극작가로 러시아 극동의 조선인 이민자 가정에서 태어나 자랐고, 1925~26년에 모스크바에서 공부한 것으로 알려졌다.[40] 1929년 발표한 모스크바 생활에 관한 그의 수필은 1920년대 중반 모스크바가 러시아어를 구사하는 호의적인 비공산계 조선인 목격자에게 어떻게 보였는지를 드러낸다.

박로아가 보고 전한 NEP 시대의 모스크바는 철저히 보통 사람들의 장소였다. 그들은 꼭 다 함께 공산주의의 밝은 미래를 향해 행진하고 있지는 않았다. 박로아는 주의 깊은 눈길과 원어민 수준의 러시아어 능력 덕분에 모스크바라는 혁명 이후 팔레트에서 수많은 다기한 색조를 구별해낼 수 있었다. 모든 공식적인 금지와 재활 조치에도 불구하고, 훈련된 목격자의 눈에는 여전히 거리의 매춘부들이 보였다. 붉은 광장, 스트라스트나야 광장(나중에 푸시킨 광장으로 개칭) 그리고 트베르사카야Tverskaya 대로 주변의 좁은 골목길에서 매춘부들은 여전히 분주하게 움직이면서 경찰militsiya의 순찰을 걱정스럽게 지켜봤다. 때때로 매춘부들은 매춘과 성병의 위험을 알리는 거리 선전 포스터 바로 아래서 직접 손님을 끌려고 하기도 했다. 그들은 포스터를 보고 분명히 웃기는 헛소리라고 생각했을 것이다. 지방에서 온 요염한 어린 소녀들이 사과, 불카bulka: 러시아에서 먹는 하얀 빵, 세메츠키semechki: 해바라기씨를 팔고 있었고, 세메츠키 껍질이 거리의 포장을 더럽히고 있었다. 술고래들은 밤늦게 여전히 루스카야 고르카야Russkaya gor'kaya: 도수 높은 보드카를 찾아다니면서 쌍욕과 외설적인 말로 지나가는 사람들에게 겁을 줬지만, 한편으로 야간 순찰대가 자신들에게 심한 폭력을 가할까 봐 두려워했다. 하지만 이런 불편함과 생존투쟁, 나쁜 옛 습관을 배경으로 고급문화의 민주화가 눈에 띄게 진행되고 있었다. 남녀 노동자들은 모스크바의 유명한 볼쇼이 극장 근처에 모여들었고, 문화에 굶주린 대중은 그곳의 라디오 스피커로 극장 안에서 공연되는 오페라 방송 중계를 밖에 서서 들었다. 노동조합 클럽들은 조합원 사이에서 체스를 대중화하고 있었고, 젊은 노동자들은 표를 사서 혁명 이전에 부자와 특권층이 누렸던 예술을 즐기기 위해 영화관과 극장 앞에서 긴 줄을 섰다. 중국인, 몽골인, 튀르키예인 등 비러시아계도 눈에 많이 뜨였다. 새로운 모스크바는 "여러 가지 인종들의 전시장"처럼 보였다.[41] 모스크바의 공적 생활의 가시적 평등주의와 과거 짓밟혔던 자들이 쟁취한 문화적 권리는 심지어 비정치적 조선인 목격자들도 높이 평가했다. 그런 것은 고도로 통제되고 불평등한 식민지 조선에서 꿈으로만 꿔볼 수 있는 대안적 근대의 단면이었다.

식민 당국의 검열을 받으면서도 조선 공산주의 활동가들이 자신들의 모스크바 경험을 합법적 언론에 발표할 수 있었던 것은 박로아의 핵심적 인상과 크게 다르지 않았다. 검열받는 언론에서 이데올로기적 문제를 다루기는 쉽지 않았지만,[42] 덜 인종주의적이고 더 평등한, 지식에 굶주린 "노동자와 농민"으로 가득 찬 새로운 사회에 대해서는 다소 안전하게 글을 게재할 수 있었다. 예를 들어, 모스크바의 동방노력자공산대학에 다녔던 한 졸업생은 가명으로 모스크바 근교에서 젊은 양치기를 만났던 이야기를 썼다. 양치기는 노동조합이 운영하는 도서관에 가서 정기적으로 책을 집어삼키듯 읽는다고 했다. 이 소년은 여름에는 농업 노동자이지만, 나머지 기간에는 학생으로 돌아갔다. 또 다른 만남에서 여성 의대생은 차르 정권 아래서 여성의 남성 종속을 혁명 이후 성평등 사회가 제공한 수많은 기회와 비교했다.[43] 1920년대 중반 동방노력자공산대학에서 공부한 것으로 알려진 의사 김세용은 모스크바 생활을 인종적·성적 평등의 진정한 축제로 기억했다. 1932년에 출판된 김세용의 모스크바 시절 회고록에는 튀르키예 남성, 일본인 여성과 함께한 레닌그라드로의 짧은 여행 이야기가 실려 있다. 레닌그라드에서 그는 한 일본학 전공자인 소비에트 여학생과 친구가 되어 알렉산드라 콜론타이Alexandra Kollontai, 1872~1952의 급진적 성해방론에 대해 열띤 토론을 벌였다. 콜론타이의 이론은 가족과 결혼이란 "옛 제도"에 더 이상 방해받지 않는 사랑이라는 본능의 해방을 목표로 했다. (아마 동방노력자공산대학의 동료 학생일 가능성이 높은) 일본인 여성이 러시아 동지들의 요청으로 조선의 민족주의적 혁명가를 부르는 장면에 대한 묘사는 김세용이 모스크바에 있으면서 줄곧 즐겼던 급진적 동료애의 분위기에 대한 인상을 보여주는 사례이다.[44]

그러나 1930년대 중반이 되면서 조선인 여행자들이 본 모스크바는 이전보다 사회적 또는 정치적 급진주의와 훨씬 덜 연결되었다. 물론, 조선 출판물에서 모스크바 관련 텍스트가 1930년대 중반 급진적 소비에트 실험을 덜 강조하게 된 한 가지 이유는 더욱 엄격해진 시대의 검열 때문이었다. 이 시기에 KAPF는 경찰의 탄압으로 약화되어 결국 1935년에 해체를 당해야 했다. 좀 더 자유주의적이었던 1920년대에도 꽤 제한적이었던 경찰의 급진 담론 허용 정도가 급속하게 더 위축됐다.[45] 그러나 또 다른 이유는 조선인 방문자들이 모스크바에서 직접 목격한 급진적 경향의 후퇴였다. 예를 들어 1934년 모스크바에서 한 조선인 학생은 1933년부터 모스크바 교사들이 눈에 띄게 혁명 전 저자들의 작품을 다루기를 덜 선호하게 됐다고 말했다. 혁명적 실험에 대한 열광은 기존의 민족 전통 발전에 대한 더 강력한 강조로 대체됐다.[46] 연극계에서 혁명적 급진주의의 표본이었던 프세볼로트 메이예르홀트Vsevolod Meyerhold, 1874~1940는 더 이상 인기가 없었다. 함대훈은 메이예르홀트와 그의 연기론을 높이 평가하는 논문을 썼지만[47] 마침 소련에서 메이예르홀트의 시대는 이미 지나가고 있었다. 모스크바의 유명한 연방국립영화학교를 방문한 한 조선인 영화과 학생은 고리키의 동명 소설을 각색해 만든 푸도브킨Pudovkin, 1893~1953의 《어머니》(1926) 같은 1920년대의 혁명적 영화들이 고전으로 취급되지만, 관람하기는 쉽지 않다는 사실을 발견했다. 옛날 필름은 대개 상태가 너무 나빠서 자주 상영되지 않았고,[48] 1930년대 중반 소비에트 영화는 더욱 전문성을 갖추게 됐지만, 미학적 실험보다는 대중 소비를 목적으로 하는 작품이 더 많이 제작됐다.

문화적 실험 훨씬 이상으로, 1930년대 중반 이후 일반적으로 소련과 조선 언론에서 모스크바의 발전을 상징하게 된 것은 산업화와 무기 생산의 성공이었다.[49] 물론 대공황의 비참함과 대조되는 소련의 발전을 칭찬한 것은 조선인 목격자들만이 아니었다. 동시대의 자유주의적-온건한 사회민주주의적 공감대를 자와할랄 네루Jawaharlal Nehru,

1889~1964가 잘 요약했는데, 그는 소비에트 산업화는 "결점, 오류와 무자비함"에도 불구하고 "가끔 넘어지기도 했지만, 항상 앞으로 전진하고" 있다고 썼다.[50] 놀랍지 않게, 조선의 좌파들도 시작부터 소비에트 산업화를 향해 찬가를 불렀다.[51] 서구와 서구의 식민지들처럼 그들도 소비에트 산업 발전에 매우 폭넓은 관심을 보였다. 1934년 《동아일보》에 실린 뚜렷한 사진은 모스크바의 거대한 소비에트 궁전Dvorets Sovetov을 배경으로 소련제 탱크가 행진하는 모습을 보여줬다.[52] 소비에트 외무장관 막심 리트비노프Maxim Litvinov, 1876~1951는 곧 조선어로도 번역된 소비에트 중앙집행위원회 제6차 회의(1933년 12월 19일)에서 한 유명한 연설에서 평화 유지가 소련 외교의 절대적 우선 사항이라고 규정했다.[53] 그러나 소련은 동시에 산업화 드라이브가 성과를 가져오자 군비 증가에 엄청나게 투자했고, 이를 조선인 목격자들도 알아차렸다. 1935년 《삼천리》에 실린 국제적 상황에 대한 철저한 분석은 소련 산업 경제의 고속 확장을 소련의 미국과의 경제적 연계 발전, 일본과 독일에 맞선 소련의 무장 강화 등과 함께 세계 정치를 규정하는 측면이라고 명시했다.[54] 1945년 이후 소련의 기술적 정교화와 산업적 기량은 북조선 작가들의 소련 여행기에서 모스크바와 그 주변에 대한 인상을 포함해 반복적으로 등장하는 중요한 주제들에 포함됐다.[55] 서구에서 완고한 친스탈린주의자로 통하던 월터 듀란티Walter Duranty, 1884~1957 《뉴욕타임스》 러시아 지국장마저도 (심지어 1932~33년 우크라이나와 카자흐스탄에서 수백만 농민이 사망한 파멸적 기아 사실을 부인해 악명이 높았음에도) 소련의 식량 부족 상황을 인쇄 매체에서 언급해야만 했다. 비교적 안전한 수도에 거주하면서도 그래야 했다.[56] 하지만 구미권 관찰자들과 달리 조선인 여행자들은 이 부분에 관심이 없었다. 어쨌든 주기

적인 식량 부족은 조선의 농촌에서도 계속 반복되는 익숙한 풍경이었고, 스탈린의 파국적 기근은 그 당시에는 자세히 알려진 사실이 아니었다.[57] 1930년대 중반 소련의 주된 이미지는 "정상적인" 세계열강으로 다시 부상하려는 혁명적 실험 국가였다. 조선인의 눈에 비친 소련 수도의 이미지 역시 같은 기조였다.

1937년 일본은 전면적으로 중국 침략을 개시했다. 소련은 중국국민당을 군사적으로 지원했고,[58] 그에 따라 일본 지배계급에게는 잠재적 주적으로 보였다. 하산 호수(1938)와 할킨골Khalkhin Gol(1939) 근처에서 소련과 일본이 충돌했고 이 모든 사건은 심한 검열을 받는 식민지 조선의 언론에도 널리 보도됐다. 이제 소련이 일본 국경과 가까운 주요 적성 열강으로 간주됐기에 더 이상 우호적이거나 중립적인 기조를 기대할 수 없었다. 조선의 매체들은 일본인 검열관이 읽기 원하는 것을 출판해야 했다. 예를 들어 영향력 있는 천도교[59] 인물로서 과거에는 친사회주의적 농민운동 지도자였다가[60] 전쟁 선전가로 전락한 이성환李晟煥, 1900~?은 1938년 조선 북동부 러시아 접경지대에 사는 주민들이 초기에 "붉은" 사상에 매료됐음에도 하산 호수 전투 시기에 일본제국에 대한 모범적 충성을 보여줬다고 주장했다. 조선인과 일본인은 "내선일체" 덕분에 인종적으로나 문화적으로나 이질적인 러시아-소련의 적에 맞서 어떤 상황에서도 함께 싸울 수 있게 됐다.[61] 모스크바의 진보적 근대성에 대한 초기의 매료는 이제 일본이 "동아시아 방어"를 명분으로 맞서 싸우는 "소비에트 제국주의"에 대한 분노 어린 비난으로 대체됐다. 특히 열정적으로 비난한 이들의 대다수는 과거에 공산주의자였고, "코민테른이 전 세계 프롤레타리아트와 약소민족을 기만해 소련을 무슨 수단을 동원해서라도 방어하려는 속임수"[62]와 코민테른의 "조선의 민족적 이해에 대한 어떤 고려도 없이 일본에 해를 가하려는 일치단결한 결단"63을 비판하는 것은 그들에게는 전향 의식儀式의 일부였다. 그러나 전시 억압의 분위기 속에서도 신념을 유지했던 일부 공산주의자들은 사회경제적 수준에서 소련을 인류 진보의 바로 그 체현으로 계속 바라봤다. 전시 조선의 최후, 최대의 공산주의 지하조직인 경성콤그룹에는 일부 동방노력자공산대학 졸업생도 포함됐다. 그 가운데 한 명인 홍인의洪仁義, 1904~?(1932년부터 1934년까지 모스크바에서 공부했다)는 1943년에 체포되어 일본인 심문관에게 자신이 본 모스크바에 대해 말했다. 7시간으로 제한된 노동(5일 일한 다음 1일 휴일), 한 달의 휴가, 6개월의 산후휴가 등은 어떤 자본주의사회보다 우월했다. 그 당시 소련 산업화의 성공과 붉은 군대의 전투력에 고무된 경성콤그룹 회원들은 열렬히 기대하는 소련-일본 전쟁 말기에 소련군의 조선 해방을 용이하게 하기 위해 조선에서 대중 봉기를 일으키길 소망했다.64 모스크바 생활에서 목격한 진보성과 소련의 산업화 성공은 식민지 조선의 급진파들에게 여전히 희망을 주고 있었다.

인류 진보의 수도?

조선 북부가 1945년 8월 붉은 군대에 의해 해방된 이후, 소련 점령지역의 저명한 지식인들은 소련 측이 치밀히 짜놓은 일정에 따라 순례를 시작했다. (1946년부터 일찍이 시작된) 그런 순례의 가장 유명한 기록 가운데 하나인 작가 이태준의 《소련기행》65에는 저자의 소련 체류에 관한 아주 상세한 묘사가 포함돼 있다. 그는 크렘린에서 전시물을 둘러보다가 두 점의 조선화 그림과 1896년에 조선 사절단이 마지막 차르의 혁명적 대관식을 축하하기 위해 가져온 다른 선물을 발견했다. 1945년 이후 모스크바를 방문한 최초의 조선인 문인 가운데 한 명인 이태준은, 러시아-조선 접촉의 역사에서 모스크바를 처음으로 공식 방문한 조선 외교의 선구자들이 러시아에 조선 문화를 홍보하는 전략에 비판적이었다. 이태준에 따르면 선물들은 다소 무성의하게 선택됐고, 조선의 전통 예술을 정확하게 대표하기에 부족했다.[66] 모스크바 여행기에서 이태준은 1920~30년대 조선인 목격자들이 가졌던 인상을 빼어나게 요약한다. 완전한 문맹 퇴치, 잘 발전된 학교 제도, 그리고 로모노소프Lomonosov, 1711~1765의 이름을 따서 설립돼 100개 이상의 민족을 대표하는 학생들이 다니는 모스크바국립대학 등이 상징하는 소련의 성취는 인상적 수준 이상이었다(모스크바국립대학은 소련 수도를 방문한 다른 초기 북조선 사찰단에게도 찬사를 받았다).[67] 하지만 가장 영감을 주는 요소는 소비에트 생활의 가시적 진보성이었다. 이태준에게 가장 인상 깊었던 것은 여성이 교통 정리를 하고, 버스와 전차를 운전하며, 대학의 물리 실험실에서 일하는 모습과 시민이 무상으로 치료를 받는 풍경이었다.[68] 사실, 여성의 취업은 전쟁기와 그 후 서구 사회(전형적으로 미국)에서도 증가했지만, 소련에서 성취한 규모에 멀찍이라도 근접하는 곳은 어디에도 없었다.[69] 자본주의사회가 아직 궁핍했던 전후 모스크바에서 목격하고 있는 것보다 훨씬 더 사치스러운 쇼윈도를 보여줄 수 있다는 것은 이태준에게 중요하지 않았다.[70] 중요한 점은 모스크바가 르네상스 시대의 개인의 발견에 비견되는 인류 전체의 거대한 변혁의 전위라는 것이었다. 여기 모스크바에서는 경쟁을 협력으로 대체하고 시민을 착취와 소외의 멍에로부터 해방시키는 인류 사회의 새로운 모델이 선구적으로 추진되고 있었다.[71] 이태준이 나중에 소련공산당의 기관지인 《프라브다Pravda》에 보낸 기고문에서 표현한 것처럼, 한국전쟁 시기 모스크바는 이제 "세계의 수도"이며, 모스크바의 신성한 중심인 붉은 광장은 "세계의 심장" 그 자체였다.[72] 소련이 북조선의 급진적 사회변혁 모델로 채택되면서, 1920년대와 1930년대 초반 아주 괄목할 만한 인류 진보의 수도로서 모스크바의 위상이 돌아왔다.

물론 한 가지 단서가 필요하다. 이태준의 여행기나 북을 선택한 또 다른 저명한 지식인이자 역사가 백남운[73]의 여행기에 나타나는 전형적으로 긍정적인 모스크바의 이미지는 초기 북조선의 공적 담론에서 완전히 지배적이었지만[74] 실제로는 그렇지 않다는 반대 의견 역시 없지는 않았다. 냉전 초기 세계에서 소련이나 모스크바의 이미지만큼 정치화됐던 것은 없었다. 1948년 이미 전 지구적 냉전의 최전선에 내몰린 분단된 조선도 예외가 아니었다. 소련에 관한 이태준의 서술에 대한 반박문이 1947년부터 일찍이 등장했는데, 일부는 특히 반공주의 선전에 주목하는 가톨릭 신문(《경향신문》《가톨릭청년》) 지면에 실렸다. 직접 소련을 경험한 필자들이 쓴 글이었다.[75] 모스크바에서 연수를 받은 다음 월남했던 북조선 출신 전직 교사인 박민원이라는 사람이 쓴 아주 상세한 반박문은 1948년 10월에서 12월까지 《동아일보》에 연재됐다. 박민원과 그의 동료 수십 명은 1947년에 5개월간 연수를 받기 위해 모스크바에 파견됐다. 거기에서 흥미롭게도 전후 소비에트 조선학 연구의 창시자 가운데 한 명인 미하일 박Mikhail Park, 1918~2009(개인적인 사연을 말하자면 그는 훨씬 나중에 필자의 박사논문 지도교수였다)을 만났다. 소비에트-조선인 지식인 가운데서 그는 (조선어로) 소비에트 헌법, 소비에트의 역사와 세계 등의 주제에 대해 강의했다. 이데올로기적으로 "올바른" 강의를 들었음에도 박민원은 소비에트 시민 대부분의 빈곤, 식품 부족, 과밀하게 붐비는 모스크바 기차역의 악취 풍기는 공중화장실, 일본인 전쟁 포로에 대한 학대 등에 경악했다. 그가 듣기에 일본인 포로의 일부는 실제로 조선인이었다. 박민원이 목격하고 강조했던 전후의 궁핍은 사실 소련에 호의를 가진 진보파들을 포함해 서구 여행자들도 일관되게 언급하는 내용이었다.[76] 이태준은 외교적으로 가장 완곡한 표현으로나마 식량 부족을 언급할 수밖에 없었다. 전쟁, 그리고 전쟁과 관련된 산업을 동원한 결과로 의무적인 해명을 덧붙였다.

이태준과 박민원은 모스크바에 있는 동안 대체로 유사한 현실을 목격했을 가능성이 높다. 사실 박민원은 한 해 전인 1946년에 이태준의 가이드였던 소련 거주 조선인을 만났다고 주장하기도 했다. 그들 여행기의 차이점은 해석의 문제에 관한 것으로, 그들이 각자의 여행기에서 상호 대립하는 이데올로기적 관점으로부터 전후 소련 현실의 어떤 특징을 더 강조했느냐 덜 강조했느냐의 차이였다. 소련인의 가시적인 내핍 생활은 파시즘에 대한 승리를 쟁취하는 데 필요했던 중공업 성장에 집중된 내자內資 총동원의 결과로 의도치 않게 발생했다고 치부할 수도 있었고,[77] 아니면 반대로 (박민원의 여행기처럼) 체제의 주요한 문제로 볼 수도 있었다. 양측의 인식 양상은 심하게 이데올로기화되어 있었다. 이태준이 선택한 이데올로기적 시각의 한계는 오늘날의 관점에도 쉽게 드러난다. 사실, 그런 한계는 인생 후반기에 이태준 스스로도 적절하게 인식할 수 있었을 것이다. 예를 들어 이태준은 "늙은 귀족 시인 아흐마토바Akhmatova의 염세적 시"뿐만 아니라 "또 다른 늙은 작가 조쉬첸코Zoshchenko의 반소비에트 소설들"에 대한 안드레이 즈다노프Andrei Zhdanov, 1896~1948의 악명 높은 독설을 긍정적으로 인용했다.[78] 비주류 작가들에 대한 이런 공격은 소련의 초기 냉전적 문화정책에서 중요한 부분이었다.[79] 이태준은 자신이 결국 1953년에 비슷한 이데올로기적 공격을 받고, "부르주아 자유주의자"로서 평양 문학계에서 숙청당해 머나먼 지방에서 하급 편집 업무나 육체노동, 대필 작업으로 점철된 삶에 내몰리리라고는 아직 예상하지 못했을 것이다.[80]

소련 여행 후에 쓰인 여행기를 포함해 북조선의 글들은 이데올로기적 획일성과 동기로 인해 현실의 부정적인 측면을 무시하여 악명이 높았다.[81] 그러나 소련 생활과 제도에 관한 반공주의적 비판이라는 남한의 신생 장르 역시 마찬가지로 이데올로기적 스테레오타입에서 벗어나지 못했다. 예를 들어 김일수라는 인물은 1948년에 출판된 소련에서의 일상생활에 관한 책에서 무엇보다도 "방탕한 성생활", 만연한 낙태, 손쉬운 이혼 절차 등의 이유로 소련을 비난했다.[82] "자유로운 성"에 대한 가치판단은 논외로 하더라도, 그의 비판은 거의 20년이나 뒤처진 것이었다. 우리가 앞서 본 것처럼 그 당시의 보다 진보적인 동시대 조선인에게 찬양받았던 1920년대 소련의 젠더적 급진주의는 1940년대 후반 스탈린의 모스크바에서는 오래전 일이 되어서 이 비난은 그 과녁을 한참 벗어났다.[83] "성적 방종, 비행, 음주, 문란 행위와 소비에트 초등학교에서의 자살"[84]에 대한 비방은 보수적인, 여전히 대개 유교적인 남한 사람들을 겁먹게 하고 "부도덕의 사회 소련"을 향해 분개하게 하려는 전략적 계산에 따른 것이었다. 그러나 조선의 근대적 인텔리겐치아에 관한 한, 결국 북을 선택한 수십 명의 식민지 시대 문인이 보여준 것처럼, 그런 전략은 특별히 효과가 없었다.[85] 그들이 모스크바를 벤치마킹한 평양의 대안적 근대를 선택한 것은 다른 것보다 모스크바의 원형에 대한 호의적인 태도와 깊은 관련이 있었다.

초기 소련 경험의 세계사적 가치?

대체로 1910년대 이전과 이후의 조선에서 모스크바의 이미지 변천은 제정러시아의 옛 도시와 이후 소비에트 수도의 발전, 그리고 전간기 붉은 시대 일반의 역사적 변천을 따랐다. 중국과 일본, 미국, 서유럽에서 경험을 쌓은 예리한 관찰자 윤치호의 시선에서, 혁명적 모스크바는 제정 시대의 값비싼 허식, 덜 발달한 도시 인프라, 그리고 호딘카 비극으로 귀결된 재앙적 행정 부실의 기묘한 결합이었다. 혁명 이전 시대와 1920년대, 붉은 시대의 급진적 질풍노도sturm-und-drang의 시기인 혁명 직후 모스크바는 유례없는 사회적 실험의 장으로 보였고, 상대적으로 더 평등한 새로운 세계의 탄생을 목격할 수 있는 곳이었다. 1920년대 모스크바는 사회주의 혁명가에게만 인상 깊었던 것이 아니다. 신칸트주의 철학자이자 온건한 민족주의자였던 이관용도 노동자가 존경받고 부르주아지가 투표권을 박탈당한 나라를 찬미했다. 심지어 박로아의 소비에트 수도 여행기에 적힌 1920년대 모스크바의 평범한 생활에 대한 다소 비정치적인 관찰 기록은 혁명 전 엘리트 고급문화였던 것이 대규모로 민주화된 현상을 언급하기도 했다. 이런 종류의 관찰은 초기 소비에트 당-국가의 호소력을 드러낸다.

그러나 1930년대 중반에 이르면서 붉은 시대는 전반적으로 쇠퇴의 길을 걸었다. 스탈린주의 시대에 전형적인 사회적 계층화와 문화적 보수주의의 새로운 패턴이 조선인을 포함한 외국인 관찰자들에게도 포착됐다. 이 시기 소련의 부르주아적 삶의 습속에 대한 놀랍도록 긍정적인 태도에 관한 앙드레 지드의 비판은 1936년에 이미 부분적으로 일본어 번역을 통해 조선 지식인에게도 알려져 있었고,[86] 이에 대해 당시 아직 마르크스주의자였던 유진오俞鎭午, 1906~87가 반박에 나섰다. 그는 이후 우익으로 전향해 남한의 헌법 초안 작성자 가운데 한 명이 됐다. 지드의 책에 대한 신문 서평에서 유진오는 지드가 소련의 결핍한 현재를 보느라 공산당 강령을 통해 펼쳐질 밝은 사회주의적 미래를 보지 못했다고 비난했다.[87] 그러나 지드가 지적한 현실은 동시대 조선인에게도 분명히 보이는 것이었다. 1930년대 중반 모스크바 생활을 관찰한 조선인 목격자들은 다양한 사회계층 간의 복장 차이나 연극 무대에서 고전 작품의 우세를 알아차리곤 했다. 그들은 비록 1932~33년 소련 일부 지방의 참혹한 기아나 모스크바 평민이 겪는 식량 부족의 실제 정도는 잘 몰랐음에도 전반적으로 내핍한 분위기를 알아차렸다. 1930년대 중반, 조선에서 가장 주목받은 것은 모스크바 지하철의 웅장함이나 새로 포장된 아스팔트 거리로 상징되는 초고속 근대적 발전이었다. 1937~38년부터 일본과 조선의 제도권 언론이 모스크바를 적국의 수도로 취급한 반면, 지하 공산주의자들은 일찍이 모스크바에서 목격한 진보적 노동과 복지 관행을 세계사적 발전의 정점으로 간주했다.

북조선이 모스크바의 이미지처럼 변화하기를 원했던 이태준 같은 북조선의 선구적 모스크바 방문자들이 비슷한 태도를 더욱 발전시켰다. 1945년 이후 모스크바를 자주 방문했던 식민지 시대 사회주의 작가였고(2장을 보라) 1950년대 북조선 문학계의 지도적 인물 가운데 하나였던[88] 이기영은 소비에트 인민이 "인류를 자유와 행복의 길로 이끌고" 있기에 "조선"(여기에서는 북조선을 의미한다)의 "모든 사람"이 인생에서 최소한 한 번은 모스크바 방문을 열망하고 있다는 유명한 선언을 했다.[89] 그러나 이런 찬양이 결코 '전부'가 아니었음을 기억할 필요가 있다. 조선 반도에서 냉전 구도가 형성되자, 모스크바는 급속히 우익 반공주의자에게 절대 악 그 자체의 기표가 되고 말았다. 스탈린주의 테러 체제[90]에 대한 비판이 반드시 근거 없는 것은 아니었지만,[91] 일부 비판은 소비에트 수도의 개방적인 성적 관습을 유교적 미덕의 단순한 대립물로 만들어 보수적 젠더 의식에 호소하고 있었다. 모스크바에 대한 적대적 묘사는 친소련적 묘사보다 더하지는 않더라도 엇비슷한 정도로 이데올로기화돼 있었다.

사후적 시점에서 돌아보면, 조선인과 다른 외국인의 모스크바 관찰기에서 나이브함과 지식 부족을 알아차리기는 쉽다. 사실, 조선인과 비조선인이라는 두 범주는 밀접하게 상호 연결돼 있다. '붉은 수도'는 전간기 조선 대중에게 아주 흥미로운 주제여서, 유럽이나 미국의 유명 인사가 쓴 모스크바 여행기는 원어로 출판되자마자 조선어로 번역되어 소개됐다. 버나드 쇼Bernard Shaw, 1856~1950는 1931년 7월 21~31일 모스크바(와 소련 측이 치밀히 계획하여 선정한 몇몇 지방 도시도 포함)를 방문했고, 1931년 9월 6일 런던에서 자신의 결론을 발표했다. 그가 본 소련 지도자들은 서구 지도자들에 비해 지적으로나 도덕적으로 우월했고, 모스크바는 그가 오랫동안 설파했던 페이비언Fabian 사회주의와 비슷한 것을 실천하고 있었다. 버나드 쇼의 인상기는 《삼천리》 1931년 9월호[92]에 발췌 번역되어 조선 대중에게 소개됐다. 후대의 시각에서 보자면, 쇼의 글과 이 글을 실은 《삼천리》 모두 명백히 과도한 미화의 오류를 범한 것이었다.

예를 들어 우리는 법률적 성평등이 혁명 초기 가장 이상주의적인 시기에도 성차별 관행의 즉각적이고 완전한 중단을 가져오지 못했다는 점을 알고 있다. 당-국가 통제하의 사적 자본주의를 기반으로 한 NEP는 경제생활을 재활성화시켰지만, 여성을 포함한 취약한 집단의 고통을 증가시켰다. 예를 들어 심지어 1920년대 초반 당대회 결의안들은 모스크바에 소재한 공장을 포함해 많은 공장에서 광범위한 성차별 관행을 언급했다. 여성 노동자는 대부분 제일 먼저 해고당했다. (남성에 비해) 더 많은 여성이 그 당시 공식 부문 고용의 중요한 전제 조건이던 노동조합에 가입하지 않았기 때문에 일자리를 찾는 데 엄청난 어려움을 겪었다. 결혼을 하지 않았거나 남편에게 버림받은 여성 실업자는 종종 아이들과 먹고 살기 위해 매춘에 나섰다. "붉은 모스크바"의 완전한 성해방에 관한 조선인 여행자들의 희망찬 묘사와는 반대로, 또 1920년대 모스크바 거리 생활에 대한 박로아의 날카로운 관찰에서처럼, 소비에트 수도에서 매춘은 사라지지 않았다. 모스크바 매춘 여성 601명을 대상으로 한 1924년 조사에서 절반이 굶주림 때문에 거리에 나선 것으로 밝혀졌다. 1925년 연구에서는 조사 대상 매춘 여성의 84퍼센트가 거리를 떠나려고 노력했지만 일자리를 찾을 수 없었다고 밝혔다.[93] 당은 김서삼이 언급한 매춘 여성 재활 시설("노동 치료 예방 클리닉")의 설립을 주도했지만, 1930년대 초까지 많은 경우 그런 시설들은 매춘 여성 재활에는 관심을 두지 않고 여성을 단순히 값싼 노동력으로 활용했다. 1937년 이후 이 시설들은 강제노동수용소(굴라크)와 같은 계통의 관리를 받게 됐다. 한편 지하 매춘은 모스크바를 포함한 대부분의 대도시에 계속 존재했다.[94] 수많은 소비에트 관찰자들에게 매춘 같은 사회악의 존속은 소련이 '사회주의적'인 것으로 바람직한 조건을 획득하는 데 실패한 증거로 이용됐다.[95]

이관용이 1925년 소련 대의원 사이에서 여성을 포함한 노동자의 우세를 찬양했지만, 그 당시 실제 권력은 더 이상 소비에트의 손에 있지 않았다. 소비에트는 당의 지침이 정한 임무를 주로 완수하는 행정기구로 전락해 있었다. 수공업자, 소상공인, 사무직 노동자, 주부 등 비산업 노동자들은 종종 당원인 후보에게 투표하기를 꺼렸기 때문에, 여러 계급들의 투표권은 전혀 평등하지 않았다. 불평등한 투표권은 헌법 등 법률에 명기된 공식적인 것이었다. 예를 들어 1926~27년에 치러진 모든 모스크바 소비에트 선거에서, 산업 노동자는 100명당 한 명의 대의원을 선출할 수 있었던 반면, 비산업 노동자는 600명당 한 명의 대의원만 선출할 수 있었다. 1920년대 초반부터 공산당 이외의 합법 정당은 비록 없었지만, 유권자들은 여전히 선거권 행사에 상대적으로 자유로웠다. 하지만 선거에 대한 당의 통제가 점차 강화됐다.[96] 1920~30년대 조선인들의 기행문에 등장하는 모스크바의 장밋빛 그림은 실제 현지 상황을 충분히 반영한 것이 아니었다. 조선인 여행자들은 포익트방거나 버나드 쇼와 마찬가지로, 비자본주의적 근대성에 대한 자신들의 소망을 자신들의 모스크바 관련 서사에 투영하는 경향을 보였다.

그럼에도 불구하고 1920~30년대 조선인들의 모스크바 기행문은 사회주의적 유토피아에 대한 조선인 여행자들의 단순한 갈망을 반영한 것만은 아니었다. 예컨대, 조선인들은 지위와 특권의 서열을 명확히 한 새로운 관료적 위계제가 강화되던 1930년대 중반에 소련 사회에서 일어난 심대한 변화를 예리하게 파악했다. 그러나 그들은 혁명적 평등주의로부터의 후퇴 등 소비에트 현실에 대해 앙드레 지드 같은 서구 비판자들보다 훨씬 덜 비판적이었다. 아무리 하자가 있다고 해도, 식민지 조선의 입장에서는 붉은 시대의 소련이 궁극적으로 성취해낸 사회적 개혁과 발전의 정도는 유의미했다. 게다가 반파쇼 저항의 희망을 모스크바에 걸었던 포익트방거처럼, 반反식민주의에 주목한 조선인들이 소련의 산업 발전과 그에 따르는 군사력 강화가 자신의 해방에 도움이 될 것이라고 본 이유가 있었다. 게다가, 비록 그 서술에 더러 잘못된 정보가 있고, 단순화 또는 과장된 내용이 있더라도, 신생 소련 사회가 보유한 진보적 경향에 대한 합리적 호의의 표현도 상당히 많았다. 그 모든 한계에도 불구하고, 소련은 붉은 시대의 지배적 정신을 표현하면서 사회문화적 생활의 급격한 민주화를 시도했다. 성별 규범은, 비록 현실은 조선인 방문자들이 목격하고 보고했던 것보다는 훨씬 덜 완벽했지만, 부정할 수 없게 성평등의 방향으로 나아갔다. 고급문화에 대한 폭넓은 대중적 접근은 실제로 보장됐다. 소비에트 국제주의와 인종주의적-배외주의적chauvinistic 편견들과 싸우려는 노력은, 비록 구체적인 사회 현실 속에서 조선인 목격자들이 생각하는 것보다 상당히 덜 성공적이었음에도 분명히 진정한 것이었다. 이런 경향 때문에 1920~30년대 공산주의자와 비공산주의자를 망라한 조선인 다수에게 모스크바는 다가오는 새 세계의 메카가 됐다. 공산주의자들에게 모스크바는 더 평등하고 근대적인 미래의 조선을 위한 그들의 열망을 대변했고, 그런 미래를 건설하려는 데 따르는 엄청난 희생을 감수하도록 영감을 줬다. 모스크바의 그런 이미지는 1945년 해방 이후에도 조선의 인텔리겐치아 일반에게 계속 영향력을 행사했고, 이는 1945년 이전에는 사회주의운동에 관여하지 않았던[97] 이태준이 1946년 모스크바 순례를 기록한 글에서 증언하는 내용이다. 식민지 시대 일부 온건파를 포함해 수많은 조선의 지식인들에게 이런 '붉은 수도'의 모습은, 조선을 포함한 전 세계 사회변혁의 올바른 방향을 보여줬다.

후기

남한과 북조선의 사회주의

마르크스주의 변증법의 정신에서 보면, 사회경제적 시스템을 포함해 어떤 현상이 그 존재를 유지하고 발전을 전망하기 위해서는 대립물을 필요로 한다고 말할 수 있다.[1] 예를 들어 상대적으로 자율적인 도시나 장거리 교역 같은 비봉건적인 요소가 없었다면, 유럽의 중세 봉건사회가 가난한 농민에게 '보호세'를 뜯어내고 농노 위에 군림하는 '정주 도적 떼' 격의 봉건영주나 기사 수준을 넘어 발전하는 흐름을 상상하기는 힘들다. 또한, 메이지 유형의 관료적 과두제든 중국, 북조선, 베트남에 뿌리내린 당-국가 정치형태든 동아시아 국가들이 상대적으로 쉽게 근대적·비非왕조적 형태의 정치 시스템을 받아들였다고 주장할 수 있다. 이는 19세기 후반 이전 상대적으로 합리적이고 구조가 잘 짜인 관료제의 조기 발전과 관계가 있기 때문이다. 이후에 서양식 교육을 주된 자격 요건으로 채택한 관료들은 어쨌든 개인 중심인 왕조 통치의 변덕을 극복하게 됐다.[2]

사회주의, 자본주의의 피할 수 없는 타자

전근대의 성城과 도시 또는 왕궁과 관료 사회 사이의 변증법적 투쟁은 20세기에 벌어진 (일반화된) 자본 세력과 다양한 사회운동 사이의 경합과 유사하다. 전자가 자본축적의 논리에 부합하는 산업적 근대성을 원하는 반면, 후자는 사회가 축적 과정을 통제하거나 이상적으로는 폐지하고, 결국에는 자신의 정치 성향대로 산업적 근대성을 재형성할 다른 형태의 대중정치를 원했다. 경제적 힘과 사회정치적[3] 힘 사이의 이런 경합은 (세계체제 핵심부 지역에서의 상대적) 풍요와 복지 개혁으로 상징되는 1923~37년 붉은 시대와 이후 전후 시대를 거쳐 우리가 익히 알고 있는 그 20세기를 형성했다. 대중 교육에서 대중 복지까지, 심지어 대중 소비에서도 쓰이는 '대중적'이란 형용사에 포함된 의미는 오직 이런 맥락에서만 이해할 수 있다(복지국가의 일부 요소 없이 지금의 선진 자본주의 핵심부를 생각할 수는 없다).

조선의 식민지 시대 사회주의

이런 관점에서 보면, 지난 세기를 조선의 사회주의 세기로 정의하는 것은 19세기 후반부터 자본주의 세계체제의 (주변부로서의) 일부였던 조선이 전 지구의 일반적인 경향을 따르고 있었다는 것을 의미한다. 물론 이는 조선만의 특수한 형태로, 고유한 강도로 이루어졌다. 여기에서 말하는 강도는 반드시 사회주의 운동가들의 총수總數 같은 것만을 의미하지는 않는다. 어쨌든 이 운동은 궁핍한 농민이 다수를 이루는 사회에서 근대적 유형의 정치 그룹이 수적으로 소수집단으로 남을 수밖에 없었던 탄압받는 반체제 지하운동이었다. 일본 경찰 자료를 검토한 연구자들에 따르면, 1920년대 초 조선에서 사회주의운동이 처음 발전한 시기에 일정하게 눈에 띄는 약 520명의 공산주의 활동가가 있었다. 이 책의 1장에서 살펴보았듯이, 그들 대부분은 교육받은 20~30대 남성이었다. 특히 주목할 점은, 그 가운데 82명은 조선인 유학생 총수가 겨우 1,000명대였던 시대(1924년 일본에 약 990명, 그리고 미국, 유럽, 중국에 몇백 명)에 주로 일본이나 소련에서 공부한 해외 유학생이었다는 사실이다.[4] 본질적으로 식민지 시대 사회주의자들은 자신만의 대안적 근대 프로젝트를 가진, 처음에는 적은 수의 대항 지식인이었다. 그러나 시간이 흐르면서 1장에서 살펴본 바와 같이, 이 대항 지식인은 사회주의자들의 주요한 관심사가 소비에트 볼셰비키 모델에 따른 전위당을 건설하는 것이던 1920년대 초반과 비교해, 풀뿌리 민중에 더 깊고 철저한 방식으로 침투했다.

1930년대 후반 격화되는 경찰 탄압의 분위기에서 전국적인 당을 건설하는 것은 현실적으로 실현 가능성이 없었다. 그러나 이 무렵은 풀뿌리 급진 조직들의 네트워크가 전국에 퍼져 있던 시기이기도 했다. 적색농민조합, 급진적 노동조합, 사회주의의 영향을 받은 독서회와 사회주의적 경향의 다양한 지하 소그룹 등이 있었고, 심지어 극도로 보수적인 지역인 경상북도 경주에서도 1933년 3월 이후 적색농민조합이 생겼다. 그들은 1934년 12월 24일부터 28일까지 지역 일본인 정착민 엘리트들과 일부 부유한 조선인 유지들이 함께 주최한 복고적·보수적 제례 행사인 신라제에 물리력을 동원하여 반대 의사를 표현해 신문 헤드라인을 장식했고, 이후 일본 경찰의 탄압을 받았다.[5] 함경북도 명천군에서는 1935년경에 지역 공산주의자들이 군 단위 농민조합을 조직했는데, 28개 마을 지부의 58개 농민 단체가 가입한 조직이었다. 모스크바에서 교육받은 간부인 현춘봉玄春逢, 1899~?의 지도 아래 그들은 여러 종류의 지하 간행물을 발행했고, 토론 모임을 조직했으며, 심지어 자경단까지 조직했다. 이 자경단은 과감하게 일본 경찰관과 고립된 주재소를 물리적으로 공격했다. 1936년경 풀뿌리 급진주의의 확산을 막기 위해 일본 경찰은 1,647명을 체포했다.[6] 만주의 항일 무장 저항 근거지에 가까운 명천군은 1930년대 내내 특별한 전투성으로 명성을 누렸다. 하지만 어떤 형태의 좌파 급진 조직이 식민지 조선의 행정 구역인 220개 군[7] 대부분에 존재했다. 1945년 8~9월 일본의 항복 후에 전국에서 버섯처럼 생겨난, 조선 인민의 탈식민 자기조직화의 기본 형태였던 인민위원회는 대개 식민지 시절 좌파 조직 사업 경험이 있던 사람들이 주도했다. 미국이 장악한 남한에서는 미군정이 재빨리 움직여 이런 조직들을 탄압했던 반면, 북조선에서는 결국 인민위원회들이 소비에트가 통제하는 지역 행정에 통합됐고, 1940년대 후반 사회정치적 혁명을 위한 북조선 간부들이 다수 양성되었다.[8] 식민지 시대 조선 사회주의자들은 자신의 지역과 한반도 전역에서 꿈꾸던 민족-사회 혁명을 이루지는 못했지만, 그들은 1945~48년 조선 북부에서 소비에트 군대의 주둔으로 가능해진 사회정치적 변화의 성공에 중요한 역할을 했다. 결국 이런 변화는 북조선 독립국가의 기반을 마련했지만, 연구자들이 잘 알고 있는 것처럼 북조선은 차후 자체적인 모델로 발전했다. 식민지 시대 공산주의자들의 강령적 요구에 영감을 받았던(3장을 보라) 북한은 1950년대 후반에 사실상 지정학적 자율성을 갖게 된 후, 원래의 소련 모델과 유사하면서도 독자적인 길을 걷게 됐다.[9]

북조선과 글로벌 사회주의 세기

〈후기〉에서 북조선의 역사를 자세히 다루지는 않을 것이다. 북조선의 경험으로 글로벌 사회주의의 세기에 조선이 기여했다는 것은 명백해졌다. 반면 오늘날의 남한 역시 어떤 측면에서는 사회주의 유산에 의해 형성됐다는 점은 훨씬 덜 알려져 있기에 이 부분에 초점을 맞출 것이다. 3장에서 주장했듯이, 초기 북조선은 특히 해방 전 공산주의운동의 요구와 열망에 의해 형성됐다. 조선 공산주의운동의 수많은 주역들은 1946년 여름부터 미국이 점령한 조선 남부에서 반공주의 탄압의 분위기가 강화되자 결국 북으로 넘어갔다. 그러나 1948년 북조선 수립 이후 부수상 겸 외상外相이 된 박헌영을 포함해 많은 이들이 결국 1952~55년에 처형당하거나 투옥됐다. 승리한 김일성의 '빨치산' 파는 한국전쟁 시기의 총동원 분위기를 이용해 권력을 강화했다.[10] 소련의 기관지 《이즈베스티야Izvestiya》는 1953년 8월 8일 〈형제국 조선민주주의인민공화국의 간첩-테러 음모〉라는 기사에서 임화, 이강국 등의 피고에게 내려진 사형선고에 대해 알렸다.[11] 이 시점까지 소련 당국은 김일성의 권력 독점이 강화하는 흐름에 개입하지 않았다. 그러나 김일성이 점차 독자 노선을 취하자, 소련 당국은 식민지 시대 베테랑 공산주의자들에 대한 김일성의 탄압을 (비공식적으로나마) 좀 더 비판적으로 대하는 입장을 취했다. 그중 한 명인 강진은 식민지 시대 조선에서 (경성제대의 반제운동 지도를 포함해) 각종 지하 사업을 펼친 포시예트 지역의 조선계 소련인이었고, 1956년에는 문화산업성의 러시아어 통역관이었는데, 북조선 당국에 체포됐지만 이후 석방돼 소련 귀환을 허락받았다.[12] 식민지 시대 공산주의 경험과의 단절은 1950년대 후반에 이르러 분명해졌지만 그래도 완전히 이루어진 것은 아니었다. 최소한 일부 식민지 시대 국내파 공산당 활동가와 마르크스주의 학자는 전문가의 지위와 일정한 의사 결정권을 가진 관료의 지위를 유지했다. 박문규(朴文奎, 1906~?)가 그런 사람들 가운데 한 명이었는데, 그는 박치우의 경성제대 출신 동료 마르크스주의 학자로서 농업 전문가였고, 농업상(1948~1954), 부상(1954~1956), 국가통제상(1956~1959), 심지어 내무상(1962년 이후) 등의 고위직을 연이어 역임한 인물이었다. 그는 소련 외교관들에게 북조선 당국이 '그를 신뢰하지 않는다'고 털어놓았지만,[13] 그럼에도 숙청당하지 않았다. 박문규의 사례에서 볼 수 있듯, 식민지 시대 국내 혁명운동과 북조선 국가 체제 사이의 일정한 인적 연속성을 부정하기는 힘들다.

북조선과 20세기 글로벌 사회주의 문제를 언급한 이상, 빠뜨리기 어려운 질문 하나가 있다. 만약 생산자들이 생산 시스템 운영에 별로 영향력이 없다면 그 사회를 어느 정도로 "사회주의적"이라고 간주할 수 있을까? 실제로 그들은 자기 삶을 운영하는 데도 제한적이었고, 그들의 현장은 하향식 지침으로 운영됐으며, 심지어 국내 여행을 할 때조차 국가 보안 기구의 엄격한 통제를 받았다.[14] 이 맥락에서 마르크스와 주요 마르크스주의 사상가들에게 '사회주의'란 자유로운 생산들의 연합, 산업민주주의와 사회적 공익에 기초한 대안 사회, 자본축적의 폐지를 의미했다는 사실을 기억할 필요가 있다. 그들에 따르면 이 과정에서 국가는 '사멸'될 운명이었다. 예를 들어 프리드리히 엥겔스는 생산수단을 사회화하는 최종 단계 이후에 국가가 사멸되리라고 기대했다.

자본주의 생산양식이 거대한 다수의 인민을 프롤레타리아트로 더욱더 완전하게 전화시키면서, 프롤레타리아트는 자기파괴의 처벌 아래서 이 혁명을 완수하도록 강요받는 권력을 창출한다. 프롤레타리아트는 이미 사회화된 막대한 생산수단의 더욱더 많은 국가 소유로의 전환을 강제하면서, 스스로 이 혁명을 완수하는 길을 보여준다. 프롤레타리아트는 정권 권력을 장악하고 생산수단을 국가 소유로 전환시킨다. 그러나 이렇게 하면서 프롤레타리아트는 프롤레타리아트로서의 자신을 폐지하고 모든 계급 구별과 계급 적대를 폐지하며, 국가로서의 국가를 폐지한다.[15]

그러한 사회주의의 정의에 비춰 보면, 북조선 사회는 적어도 시민으로 하여금 국가 정치에 대한 일정 수준의 민주적 참여를 허용하는 국가들보다 사회주의적 이상理想으로부터 훨씬 더 멀리 떨어져 있었다고 볼 수 있다. 더 포괄적으로 문제를 설정하려면, 아마도 북조선의 원래 모델이자 후견국인 소련과 중화인민공화국 등과 앞서 요약한 사회주의 이상 사이의 관계를 포함해 살펴봐야 할 것이다. 실제로 중국이나 북조선 유형을 포함해 스탈린주의적 소비에트 모델 자체는 국가가 자본축적과 추격형 산업 발전의 주요한(그리고 심지어 거의 유일한) 주체로서 사적 자본가를 대체하는 일종의 '국가자본주의'였다고 주장하는 마르크스주의 문헌이 많다. 일부 비판적 마르크스주의자들은 이를 1920년대 후반 당내 반대파에 대한 스탈린 분파의 승리 이후 스탈린주의가 보수적으로 전환한 결과라고 보며, 또 다른 비판가들은 이를 반주변부 및 주변부 사회에서 자본주의적 산업화 또는 국가자본주의적 산업화 과정을 거치며 어쩔 수 없이 맞닥뜨려야 했던, 일찍이 권력을 장악한 붉은 시대 혁명주의자들의 기본적인 한계로 보기도 한다.[16]

이 문제에 관한 원칙적 입장이 없는 채로 글로벌 사회주의의 역사에서 북조선의 역할과 위치를 논하는 것은 불가능에 가깝다.

만약 우리가 마르크스가 처음으로 근대의 대안적 이상을 제시할 때부터 현재까지 전 지구적 역사의 흐름을 총체적인 관점으로 바라본다면, 한 가지는 분명하다. 세계 자본주의 체제의 유럽-아메리카 핵심부에서든, 정세에 따라 다양한 추격형 발전 계획을 추진하는 반주변부와 주변부에서든, 지배적 생산양식으로서의 자본주의는 그대로 남아 있었고 지금도 그대로 남아 있다. 오히려 그 핵심부 지역에서 자본주의는 20세기 사회민주주의적 개혁을 통해 강화됐고, 사회민주주의는 사회정치적으로 노동계급을 복지자본주의사회에서 가장 충성스러운 시민, 효율적 생산자, 돈을 쓸 줄 아는 소비자로 만들어주었다.[17] 잘 확립된 민주주의 메커니즘과 고도의 노동자 조직을 갖춘 서유럽 산업주의 요람의 상황이 그렇다면, 유럽 사회민주주의자의 (반)주변부 이데올로기적 "사촌", 즉 볼셰비키 또는 볼셰비키의 중국과 북조선 후계자들은 핵심부 헤게모니 세력의 제국주의적 침탈로부터 자신을 방어하는 임무를 추가로 부여받는 가운데 자본주의 생산양식 그 자체를 철폐하는 길로 나아가기는 어려울 것이다. 북조선을 포함한 혁명 후 주변부 사회는 붉은 시대 소련의 노선과 아주 유사하게, 새로운 축으로서 혁명적 국가를 건설하고, 인민에게 이제껏 상상해본 적 없는 사회적 상향 이동과 교육적 향상의 가능성을 제공할 수 있었다(〈서론〉과 7장을 보라).[18] 그러나 발전 경쟁과 지정학적 환경에 강제받는 새로운 국가가 본질적으로 자본주의적 축적 전략에서 방향을 바꿔 마르크스·엥겔스가 과거에 상상한 포스트 자본주의 또는 포스트 국가의 연합적 사회 Post-state associative society를 건설한다는 것을 애당초 기대하기가 힘들었을 것이다. 국가는 결국 노동과 자본시장을 자신의 행정 구조로 대체했지만, 이는 그 국가가 따르도록 강요받은 본질적으로 변하지 않은 축적 양식에 변화를 가져올 수 없었다.

북조선은 또한 1960~80년대에 비교적 큰 규모의 해외 원조 예산을 운영해 국제적인 반제국주의 연대 캠페인을 펼쳤고, 개발도상국 다수에 혜택을 줬다.[19] 물론, 북조선 주민과 해외 반제국주의 동맹국들에 대한 재분배정책을, 단순히 더 건강하고 더 나은 교육을 받는 국내 노동력을 육성하고 이타적인 외교 제스처를 통해 국가 이미지를 제고함으로써 정권을 공고화하는 도구라고 폄하하기는 쉽다. 그러나 그렇다면 이와 유사한 평가를 전후 유럽 사회민주주의 정부들의 복지정책에 대해서도 적용할 수 있을 것이다. 보편적 의료 혜택, 학비 없는 대학, 해외 원조 예산이 상대적으로 만족스러운 생산자 겸 소비자 사회를 창출해 정부가 스스로 주장하는 인도주의적 역할을 믿도록 만들지 않았는가?

그러나 혁명 후 급진화된 국가들은 북조선과 같이 포스트 식민지 궤적을 공유하는 주변부 국가에서 최소한 잉여의 일부를 활용할 수 있었다. 이 쓰임은 핵심부 국가의 사회민주주의 개혁가들조차 반대할 수 없는 목적을 위한 것이었다. 북조선 특유의 하향식 권위주의적 좌파 조합주의corporatism는 다른 혁명 후 국가들에 비해서도 시민의 공간 이동(국내 여행) 또는 정보 접근에 너무나 많은 제약을 가했다(소련 농민 역시 1932~74년에 이동의 자유를 박탈당했다).[20] 동시에 1950년대부터 북조선은 제3세계 복지주의의 선구자 중 하나가 됐고, 이미 1950년대 전후 복구 마무리 단계에서 무상의료와 무상교육을 실시하고 있었다.[21]

• 마르크스주의 이론에서 말하는 공산주의 사회 개념으로, 국가가 소멸한 뒤 자유로운 개인들이 연합하는 사회를 일컫는다. — 편집자주

전반적인 자본축적 상황에서, 북조선 또는 다른 혁명 후 국가에서 재분배의 한계는 명확했지만, 글로벌 사회주의의 역사가가 사회적 연대에 기초한 이러한 정책적 시도를 무시하거나 단지 기존의 사회정치적 체제를 유지하기 위한 수단으로만 치부하는 것은 아주 현명치 못한 처사일 것이다. 이런 정책들은 분명히 그 기획자들에게 유리하게 작동했지만,[22] 최종적인 분석 차원에서 보자면 그러한 복지정책의 역사적 중요성은 사회적 통치 도구로서의 역할을 뛰어넘은 것이었다. 또한 산업사회가 최소한 일부 시민들의 삶을 자본축적의 고려로부터 상대적으로 자유로울 수 있도록 조직할 수 있고, 최소한 사회적 활동의 일부 영역은 탈시장화할 수 있으며, 탈시장화가 원래 사회주의 정신의 취지에 맞게 특권 없는 다수의 더 커다란 이익을 위해 작동했다는 것을 보여주는 데 그런 정책은 중요했다. 글로벌 제3세계 복지국가 선구자로서 북조선의 역할은 세계 사회주의 역사가들에게 긍정적 재평가를 받을 만한 가치가 있다.

반마르크스주의 검열, 식민지와 포스트 식민지

민족 분단과 1953년 이후 남북의 군사적 대치 상태는 남북 사회주의자들의 운명에 유익하지 않았다. 체제 경쟁은 북조선과 남한 모두에서 자본축적 과정을 가속화했다. 북조선 당국의 모든 복지정책에도 불구하고 엄청난 잉여가 생산자에게 돌아오기보다는 재투자되거나 군사적 목적에 사용돼야 했던 까닭이다. 1950~60년대 북조선 생산자들은 동시대 남한의 자본주의적 착취 관행과 기괴하리만치 유사한 정도로 초과 노동에 내몰렸다. 예를 들어 1950년대 후반과 1960년 북조선의 천리마운동은 화장실에 갈 시간을 아껴서 생산량을 늘릴 목적으로 노동자를 대상으로 '국 안 먹기' 운동까지 포함했다.[23] 북조선 당국의 급속하고 독자적인 산업화 프로젝트는 과거에 특권이 적었던 많은 이들의 힘을 키운 반면(예를 들어 빈농에서 숙련노동자나 기능공이 된 사람들), 동시에 공동체적으로 유용한 생산과 분배의 가능성을 제한했다.[24] 사회주의적 노동 관리에 대한 더 완벽한 안티테제는 발견하기 힘들다. 노동의 군사화, 그리고 더 광범위한 북조선 사회 전체의 군사화는 1920~30년대 일본제국의 검열 관행과 비교하기 무색할 정도의 철저한 검열 체제를 동반했다. 미리엄 실버버그Miriam Silverberg에 따르면, 1920년대 일본에서 이론과 혁명 전략에 관한 저작을 포함해 합법적으로 출판돼 구할 수 있는 마르크스주의 텍스트의 양과 질은 바이마르 독일과 대등했다.[25] 1930년대 식민지 조선에서 박치우 같은 학자적 마르크스주의자들은 경성제대 도서관에서 마르크스주의 저작에 접근하는 데 큰 문제가 없었다. 반면, 북조선을 방문하고 난 뒤 실망한 서구의 마르크스주의자들이 언급한 것처럼, 북조선에서는 마르크스나 레닌의 저작에 대한 접근이 엄격히 제한되어 있었다. 1980년대 후반까지 고전적 마르크스주의 저작들을 일반 서점에서 구할 수 없었다.[26] 북조선에 다소 동조적인 일부 현대 외국인 좌파들은 이러한 제한에 비판적 목소리를 냈다.[27] 마르크스주의 고전은 때로 주제별 모음 형태로 출판됐고,[28] 1960년대까지 북조선의 이데올로그와 관리가 빈번하게 인용했다.[29] 그러나 1970년대 획일적 주체사상의 등장 이후 마르크스주의 고전은 외견상 공개 서가에서 제거됐다.[30] 남한의 경우 1945~48년 해방 후 마르크스주의 문헌의 출판 붐 이후에,[31] 마르크스주의는 냉전 시대의 이데올로기적 대립 체제 아래서 1980년대 후반까지 사실상 터부의 대상이 됐다. 1950년대 마르크스주의에 대한 비판은 마르크스주의의 핵심 내용이 독자들에게 소개되지 않는 범위 안에서 검열관에게 용인됐다.[32] 한마디로 군사적 대치와 상호 경쟁적인 개발 권위주의에 갇힌 남북에서 결국 마르크스주의는 남한의 반공주의 이념이든 북조선의 주체사상이든 지배적인 민족주의 동원의 공식 이데올로기와 갈등하게 됐다.

1950~1960년대 '혁신계 정당'과 남한의 사회민주주의적 전통

그러나 1945년 이전 조선에서 반마르크스주의적 검열 제한이 전례 없이 엄격하게 적용되었음에도, 붉은 시대 조선 땅에 아주 강력하게 이식된 사회주의 전통의 영향은 남한 사회에서도 여전히 뚜렷했다. 식민지 시대 사회주의 그룹에서 살아남은 이들이 남한에서 일종의 합법적 사회민주주의 정당을 건설하려는 집요하고, 때로는 극도로 위험한 자기희생적 시도를 했다는 사실에서도 그러한 영향을 찾아볼 수 있다. 그런 정당들은 마르크스주의적 견해를 공개적으로 드러내기 어려웠지만, 그들의 강령과 슬로건에는 광범위한 사회주의적 지향이 담겨 있었다. 과거에 코민테른 동방노력자공산대학의 학생(1922~23)이었고 조선공산당(1925)의 창건자 중 하나인 조봉암은 1955년 후반 강력한 국가계획 요소를 가진, 착취 없는 혼합경제, 군사 지출 축소, 북조선과의 평화통일 슬로건을 내걸고 진보당(1956~58)을 건설했다. 1956년 대선에서 200만 표 이상을 얻어 이승만 독재에 심각한 위협이 되자 그는 1957년에 조작된 간첩 혐의로 체포되어 재판을 받은 뒤 처형당했다.[33] 그러나 조봉암의 죽음은 다른 재야 사회민주주의 인사들의 지속적인 합법적 조직화 시도를 좌절시키지 못했다. 어쨌든 다소 인상적인 1956년 대선 득표 결과가 보여줬던 것처럼, 사회민주주의적 슬로건은 붉은 시대 사회주의 풀뿌리 조직가들의 뛰어난 활동을 기억하고 사회보장이 거의 부재한 빈곤한 전후 사회에 실망한 대중 사이에서 인기를 얻었다. 1945년 이후 남한에서 중요한 사회문화적 인사로 인정받았던 이정규李丁奎, 1897~1984와 같은 저명한 식민지 시대 무정부주의 독립투사들조차 '국가' 자체에 대한 기본적 회의에도 불구하고 1950년 이후 민주적 사회주의 이념과 복지국가에 매력을 느꼈다.[34]

1960년 4월 민주혁명은 사회민주주의를 다시 합법화할 기회를 제공했다. 물론, '사회주의'라는 성가신 용어는 무조건 피해야 했다. 1950~70년대 정치적·이데올로기적 투쟁의 베테랑인 전창일(1922년생)은 일단 사회주의를 언급하면 친북이란 비난을 피할 수 없었다고 훗날 연구자들에게 설명했다. 그래서 '사회주의' 또는 '사회민주주의' 대신에 완곡어법으로 '혁신'이라는 단어를 사용했다.[35] 1960년 4월 민주화 이후에 등장한 여러 '혁신정당'인 사회대중당, 독립노동당 등은 계획경제로의 전환을 요구했다. 다른 요구들로는 군비 삭감, (남한 경제의 통제권을 미국 측에 너무 많이 넘겨주었다고 평가받는) 1961년 2월 8일 한미경제기술원조협정 거부, 북조선과의 평화통일을 위한 구체적 조치 등이 있었다. 1960년 4.19혁명과 1961년 5.16군사쿠데타 사이 민주주의의 짧은 막간에 사회민주주의의 정치 활동은 거의 성공을 거두지 못했다. 진보당의 폭력적인 해체는, 정치자금이 희소하고 주류 언론에 대한 접근이 제한적인 조건에서 남한의 사회민주주의자들이 절실히 필요로 했던 풀뿌리 조직 대부분을 제거했다. 상황을 더욱 악화시킨 것은 사회민주주의자 진영도 주로 구진보당계 정통파와 나머지 좌파 야당들로 분열됐다는 점이었다. 그 결과 1960년 7월 29일 실시된 총선에서 겨우 일곱 명의 사회민주주의 정치인이 (그리 오래 지속되지 못했던) 민주 국회에 들어갔다.[36] 그러나 1960~61년, 온건한 사회주의 르네상스의 장기적 효과는 훨씬 더 뚜렷했다. 사회주의 정치인 사이에서 인기 있는 많은 담론들, 예를 들어 보다 계획적인 발전을 위해 국가가 경제에 강력하게 개입하자는 주장은 이미 1960년대 주류 정치인들이 이용하고 있었다. 평화통일 같은 다른 담론도 나중에 주류에 의해 전유돼 1980년대 말과 1990년대 초 정부의 공식 정책이 됐다. 한국 사회주의와 문화 활동을 이어서 언급하기 전에, 먼저 1960~80년대 군부독재 아래서 정치적 사회주의 이야기와 그 이후에 대해 간략히 알아보자.

극단의 탄압에서 풀뿌리 좌파의 재탄생까지: 1970년대와 1980년대

이 시기는 정말로 정부 탄압과 정치적 순교의 슬픈 연대기였다. 통일사회당이 1969년 사회주의인터내셔널에 가입하는 과정에서 국제적으로 유명해진 남한 사회민주주의자 김철金哲, 1926~94은 남북 중립화가 바람직하다는 확고한 믿음 때문에 당국에 반복적으로 체포되는 등 박해를 당했다.[37] 덜 알려진 사회주의자들은 더 심한 고난을 당했다. 전형적으로 군사정권 비밀경찰에 적발돼 파괴당한 지하 좌파 서클은 지하 '당'으로 과장되었고, 활동가들은 정치 토론 또는 비폭력적 조직 활동에 해당하는 것 때문에 종종 자신의 목숨으로 대가를 치러야 했다. 가장 악명 높은 사례는 이른바 인민혁명당 사건이다. (과거 식민주의자들과의 거래라고 인식된) 일본과의 외교 정상화에 반대하는 열띤 대중투쟁 와중에 주로 경상도와 서울 출신의 좌파 지식인 41명이 "북한의 지령에 따라 지하 인민혁명당"을 결성했다는 혐의로 1964년에 체포됐다. 그러나 북조선의 어떠한 개입 증거도 없어서 사건은 겨우 두 명의 유죄로 일단락됐다. 극도로 권위주의적인 유신 체제(1972~79)에 대한 저항이 커지자, 1975년에 군사정부는 인민혁명당 결성 혐의로 수많은 신구 혐의자들을 다시 체포해 여덟 명을 신속하게 처형했다. 그들 대부분은 1960~61년 혁신계 정당 활동의 베테랑이었고, 이 사건은 곧바로 커다란 국제적 비난을 촉발했다.[38] 이 사건은 반사회주의 탄압의 가장 악명 높은 사례일 것이다. 1968년 통일혁명당 사건에서도 정부는 158명의 혐의자를 체포했고, 그 가운데 세 명이 처형당했다. 희생자 가운데 한 명인 신영복申榮福, 1941~2016은 당시 좌파 성향의 젊은 경제학자였고, 1960~61년 민주주의의 막간이 끝나기 전에 마르크스의 《자본 Das Kapital》을 (독일어 원본으로!) 읽었다. 그는 20년(1968~88)을 감옥에서 보낸 뒤 남한에서 진보적 지식인으로 상당한 명성을 얻었다.[39] 다른 희생자인 박성준朴聖焌, 1940~은 12년 동안의 감옥 생활에서 살아남아 결국 사회 참여적 좌파 신학자가 됐다.[40]

그러나 1960~70년대 희생자들 가운데 일부는 1940년대 후반 남한에서 가장 좌파적인 노동조합이 붕괴된 이후 처음으로 성장하는 노동운동과 연계하려고 진지하게 시도했다.[41] 폴 스위지Paul Sweezy, 1910~2004의 신마르크스주의에 매료돼 미국에서 유학한 경제학 교수 권재혁權再赫, 1925~69은 1963년부터 남한에서 노동자 정당을 건설하려고 시도했다. 정부는 권재혁의 좌파 서클을 '남조선해방전략당'이라고 왜곡해 권재혁과 그의 동지들을 체포했고 결국 권재혁은 처형당했다.[42] 이런 선구적 시도는 또 다른 지하 사회주의 서클인 남조선민족해방전선(1976~79)으로 이어졌다. 남조선민족해방전선은 1960~62년 혁신계 정당운동의 베테랑 생존자들이 이끌면서 노동조합 건설을 꿈꾸던 교사와 인쇄 노동자 그룹을 조직했다.[43] 시작은 소박했지만, 새로운 나아감의 징후였다. 사회주의적 지식인들은 점차 노동자를 조직했고, 1930년대 공산주의 노동 조직가처럼 성장하는 노동운동에 사회주의 이데올로기를 접목시키려고 시도했다. 1980년대 내내 군사정권이 점차 대중적 지지를 잃자, 대중적 기반을 가진 사회주의운동이 마침내 수십 년의 박해를 뚫고 되돌아오게 됐다.

1980년대 노학연대운동의 역사를 여기에서 상세히 논하지는 않겠다. 이미 아주 잘 연구된 수많은 논문과 책이 있다.[44] 이남희가 1970~80년대 남한의 저항 정치를 다룬 뛰어난 논문에서 지적한 것처럼, 신영복처럼 서울대학교 출신으로 잘 확립된 지하 마르크스주의 서클 활동의 전통 속에서 성장한 대부분의 사회주의 활동가들(김문수, 장기표 등)이 1970년대부터 공장노동자를 대상으로 노동조합을 조직하고 급진화하려고 시도했다. 그러나 그 당시 좌파운동은 도시산업선교회 같은 좌파 성향의 기독교 단체들이 운동을 주도하고 있었다. 그들은 이론적으로 순수한 마르크스주의 전통보다는 기독교 사회주의 전통에 의존하는 경향이 있었고, 파울로 프레이리Paulo Freire, 1921~97의 《억압받는 사람들의 교육학Pedagogy of the Oppressed》(1968)이 특히 강한 영향력을 행사했다. 그러나 주로 레닌주의적 해석에 기반한 정통 마르크스주의가 되돌아와 급속하게 성장하는 급진적 노동운동의 주요한 이데올로기로 뿌리를 내렸다. 서울노동운동연합(1985~86, 서노련)은 레닌주의 노동자 조직을 꿈꿨고, 노동자들을 레닌의 《무엇을 할 것인가?》(1902) 정신에 따라 단순한 경제적 요구를 넘어설 수 있게 하는 혁명적 의식화를 목표로 했다. 서노련과 비슷한 수많은 그룹들이 야만적 탄압을 당했지만, 이는 이후에 1987년 노동자대투쟁과 독립적 노동조합들의 등장에 결정적 역할을 했다. 이런 투쟁은 지하 사회주의 서클에서 학습한 노동자들이 주도했다.[45] 이른바 학생운동 출신(학출) 노동자들은 화이트칼라 경력을 미루거나 포기하기로 결정하고 공장이나 공장 지대 야간학교(야학)로 가서 그곳의 노동자를 '계몽'시키고 조직하려 한, 대부분 사회주의적 지향을 가진 젊은 지식인이었는데, 수적으로 아주 많지는 않았다. 1980년대 말까지 전국적으로 약 1만 명이 있었던 것으로 추정된다.[46] 그러나 노동자 지도자들의 멘토라는 지위 때문에 그들의 영향력은 그 숫자가 말해주는 것보다는 훨씬 강력했다.

민주노동당(2000~2008) 실험과 그 영향력

권재혁 같은 1960년대 사회주의 지식인들은 독립적인 노동자 조직이 남한 사회 독재로부터의 해방에 결정적으로 기여하고, 국가를 제도적 민주주의의 시대로 인도하여, 사회주의를 위한 정치투쟁이 가능한 시대를 열 수 있으리라고 꿈꿨다. 현재 남한에서 가장 중요한 살아 있는 마르크스주의 학자들 가운데 한 명인 김세균金世均, 1947~은 1989년 독립적 노동자 정당의 건설을 주장했고, 노동계급의 정치 세력화를 위해 자유주의적 반독재 야당에 대한 노동자들의 비판적 지지의 필요성을 역설한 사람들과 논쟁을 벌였다.[47] 1990년대 독립적 노동자 정당의 꿈은 전보다 더 실현 가능한 것처럼 보였다. 1987년 6월 대규모 시위와 노동자대투쟁은 정치적 민주화에 탄력을 부여했다. 물론 1990년대 초반 민주화는 여전히 정치적 사회주의에 대한 용인으로 전환되지 못했다. 1989년 사회주의노동자당을 표방하며 조직된 남한사회주의노동자동맹(사노맹)은 1991~92년 경찰 탄압으로 파괴됐고,[48] 대부분의 지도적 활동가들은 고문당했으며[49] 1990년대 후반까지 감옥에 갇혀 있었다. 일찍 막을 내린 대중정당 실험(민중당, 1990~92)은 서노련 베테랑들에게 40년간 반공주의에 익숙해진 사회에서는 심지어 합법적 사회주의 정당을 출범하는 데에도 엄청난 투쟁이 필요하다는 현실을 보여줬다. 대중정당은 사회주의 정치인을 국회로 보내는 데 결코 성공하지 못했다.[50] 그러나 1997~98년 아시아 금융위기 이후 개발 국가 모델의 사망과 신자유주의의 강제된 이식 이후 상황이 변했다. 경제위기와 그 이후 사회적 탈구dislocation는 정치적 충성에 대한 대가로 국가가 국민에게 약속했던 성장에 대한 대중의 신뢰를 박살 냈고[51] 사회주의자들이 정치적 영역에 재진입하는 것을 가능하게 했다.

1997년 경제위기 직후 노동운동 활동가들은 사회민주주의적 선거 연합인 건설국민승리21를 출범시켰다. 그들 가운데 하나가 서노련 베테랑인 심상정沈相灯, 1959~이었고, 그녀는 이 글을 쓰는 시점에 가장 인정받는 사회민주주의적 정치인이다. 2000년 이 선거 연합은 재편해 민주노동당을 출범시켰다. 민주노동당은 급진파, 사회민주주의, 노동단체의 광범한 연합이었다. 그들 가운데 일부는 좌파 민족주의를 지향했고, 주한미군 반대와 북조선과의 통일을 위한 반제투쟁을 우선시했다(그중 일부는 주체사상을 신봉하기도 했다). 경향이 다른 일부는 사회주의적·사회민주주의적 또는 복지주의 의제를 추구했다(평등파). 당이 통합시킨 그룹들의 광범위함은 처음에 강점이 됐고, 2004년 총선 정당투표에서 13퍼센트 이상을 득표하는 데 도움이 됐고, 이는 거의 반세기 전인 1956년 조봉암이 200만 표 이상, 대략 전체 투표자 수의 30퍼센트를 획득한 이후 남한 사회민주주의자들이 이룩한 최상의 결과였다. 그러나 분파주의, 특히 좌파민족주의자들과 사회민주주의자들 사이의 긴장은 궁극적으로 2008년 당이 셋으로 분열하는 사태로 귀결됐다.[52] 2023년 초에는 남한 정치에서 5개 후계 정당이 좌파반제운동부터 온건한 사회민주주의까지의 스펙트럼을 각각 대표했으며, 이 가운데 오직 한 정당(정의당)만이 국회 내 대표성을 유지했다(국회의원 여섯 명).

조봉암 같은 식민지 시대 지하 공산주의 사업을 오랫동안 경험한 남한 사회민주주의자들 첫 세대는 대부분 탄압에 희생돼, 공적 정치에서 배제되거나 1950~60년대의 금압으로 주변화됐다. 다음 세대인 신영복이나 박성준 세대는 1945년 탈식민화 이후에 훈련받은 사람들이다. 1960~80년대의 탄압은 그들을 정치로부터 배제했고, 진보적 성향의 대중 지식인 역할만을 남겼으며, 심지어 그것도 많은 경우 1980년대 후반 민주화 이후에야 가능하게 됐다. 심상정과 민주노동당과 후계 정당의 동료들은 실질적으로 세 번째 세대를 대표했다. 그들의 성숙은 1980년대 사회정치적 투쟁의 맥락에서 이루어졌다. 사회주의 경향의 학출 조직가들이 1930년대의 선배들처럼(1장을 보라) 노동자의 권리 방어와 궁극적으로는 정치혁명을 위해 노동자를 조직했던 공장 현장 투쟁의 도가니 속에서 훈련받고 성장했다. 심상정 같은 전 학출 활동가들이 1990년대 후반 선거 정치에 참여했을 때, '혁명'은 포기해야 했다. 심지어 사회민주적 의제를 제기하는 것도 1960년대 고속 성장

시대 이후 1990년대 중반까지 개발주의의 희망과 열망이 강력하게 스민 남한 사회에서는 쉬운 일이 아니었다.⁵³ 지배적인 언론 매체에서 배척당한 민주노동당은 위기 이후 신자유주의적 구조조정의 초기였던 2000년대 초반 상대적으로 (군소 정당으로서) 높은 지지율을 기록했음에도 정치적 주류에 결코 합류하지 못했다.

그러나 마치 1980년대 학출 활동가들이 행사한 영향력의 실제 크기를 상대적으로 적은 그들의 숫자가 대표하지 못하는 것처럼, 민주노동당과 그 후계 정당들도 지지율이나 투표 결과에서 드러나는 것 이상으로 남한 정치를 변화시켰다. 민주노동당의 원래 강령은 재벌 자산의 공적 환수, 사회주의적 소유와 미국과의 불평등한 군사동맹 조약 폐지 등을 포함했다. 더 나아가, 민주노동당은 미군을 남한 밖으로 몰아내고 대외정책에서 중립을 선언하기를 원했다. 민주노동당은 또 (북조선과 협력해) 상비군을 6배 이상 감축해 10만 명까지 줄이고 현재의 징집 제도를 폐지해 전원 지원병 군대로 대체하고, 그 밖에 사회적 지출을 크게 증액시키기를 원했다.⁵⁴ 사실 북조선은 공식적으로 일찍이 1960년부터 남북한 상비군을 10만 명까지 상호 감축하기를 제안했지만, 그 당시 남한 정부는 이 제안을 '정치 선전'이라고 무시했다.⁵⁵ 그런 정도의 급진주의는 사회와 경제에 미치는 재벌의 영향력 또는 징병제가 오랫동안 뿌리내린 정도를 고려하면⁵⁶ 남한의 정치적 주류에서 받아들이기 어려운 것이었다.⁵⁷

그러나 사회민주주의적 신조는 여전히 노동계급의 표를 타깃으로 삼으며 사회민주주의적 의제에 대한 지지가 상대적으로 강력한 다른 사회집단(고학력 도시 청년 등)에게 호소하려는 다른 정당들의 강령에 영향을 미쳤다. 자유주의적 노무현 정부(2003~08)는 신자유주의 구조

조정에 전념했음에도, 급격한 복지확대정책을 추진하기로 했고, 국가 예산에서 복지 지출의 비중을 2002년 19.9퍼센트에서 2006년 27.9퍼센트까지 확대했다. 일부 유치원 교육이 무상으로 제공됐고, 노인 장기 요양 서비스도 확대됐다. 2007년 남한 국민총생산(GNP)의 8.6퍼센트가 복지 목적에 사용됐다. 노무현의 야심 찬 장기 전략인 '비전 2030'은 이 비중을 2030년까지 21퍼센트로 확대하는 계획을 제시했다. 노무현 정부는 미흡하나마 남한 복지국가를 어느 정도 건설했다고 말할 수 있다.[58] 이는 부분적으로 조직된 노동자와 청년의 지지를 받던 민주노동당과의 경쟁 압력 아래에서 이루어진 것이었다.[59] 2000년 민주노동당의 정치 무대 데뷔 이후로 복지는 남한 정치 문화에 아주 깊이 뿌리내리게 돼서 심지어 극우 보수파인 박근혜조차 2012년 대통령 선거에서 복지 지출을 확대하고 경제적 불평등을 줄이겠다는 공약을 내걸고 선거운동을 했다. 박근혜가 이런 공약을 지키지 못한 것(그녀의 통치 아래 복지 지출은 정체했다)은 2017년 정부의 극적인 붕괴에서 하나의 중요한 요인이었을 것이다.[60]

노동계급의 파편화와 남한의 정치적 사회주의의 한계

앞에서 지적한 것처럼, 이른바 '사회주의' 북조선의 경우 재분배정책의 정도는 결국 분단된 국가 내 체제 경쟁 상황에서 발생하는 발전주의 드라이브에 의해 제한되었다. 잉여는 다수의 북조선인에게 유리한 방식으로 쓰이기보다는 재투자나 군사적 목적을 위해 사용돼야 했다. 2000년대 초반 이후 남한에서 복지국가 발전을 짓누르는 것은 기업의 이윤 극대화를 향한 드라이브였다. 대기업은 보편적 복지 시스템의 재원이 될 높은 세금이나 교육과 의료의 탈시장화에 동의하기보다는 풀타임 고숙련 핵심 노동자(압도적으로 중년 이상의 남성 중심)와, 후한 급여와 기업 복지 패키지(예를 들어 노동자 자녀의 대학 학자금 지원)를 갖춘 기업별 노동조합을 유지하길 선호한다. 그 결과 붉은 시대 이후 사회주의자들이 혁명적 세력으로 조직하기를 희망했던 남한의 노동계급은 현재 아주 심각하게 분절화되어 있다.[61] 대부분 노동조합으로 조직된 재벌 공장의 고임금 핵심 노동자들은 그들의 요구를 순수하게 경제적 요구에 한정하는 반면, 단기 계약 노동자, 파견 노동자 또는 대기업 하청기업의 노동자 등 주변부 노동자들은 기본적인 것, 예를 들어 고용 승계나 정규직 고용, 아니면 노동조합 가입을 위해 투쟁해야 한다.[62] 그런 노동계급 파편화는 붉은 시대 조선에서는 상대적으로 드문 현상이었고, 1930년대 조선에서는 심지어 비교적 잘사는 철도 노동자들도 때로는 부인을 먹여 살리지 못해 친정으로 보내야 했다.[63] 계급 권력의 차원에서 북조선 노동계급은 병영국가 메커니즘의 사회적 통제 아래 독립적 조직 또는 의식 형성의 기회를 거의 갖지 못하고 있다. 남한의 노동계급에 대해 말하자면, 그들의 협상력은 1987년 노동자대투쟁 이후 1990년대 초중반에, 그리고 1997~98년 신자유주의의 강제 이전 시기에 정점에 올랐던 것 같다. 이 모든 것은 21세기 한국에서 사회정치적 운동으로서 사회주의의 장밋빛 미래를 약속하지 않는다. 가까운 미래에는 어떤 좌선회보다는 현재 패턴의 지속, 즉 북조선에서 관료 주도 자본주의의 꾸준한 발전과 남한에서 보수와 자유주의 정부의 정기적 교체 아래서 재분배 메커니즘의 아주 느린 성장이 계속될 가능성이 훨씬 더 높은 것처럼 보인다.

남한의 주요한 대항 헤게모니 서사와
역동성의 원천으로서의 사회주의

이 모든 것을 인정하면서도 필자가 1919~23년 조선의 붉은 물결에 이은 세기를 그래도 '사회주의의 세기'로 부르자고 주장하는 이유는 이 시기 사회주의사상의 영향력이 담론 영역에서 매우 중요했기 때문이다. 많은 한국인이 오늘날 남한의 이데올로기적·제도적 지형의 일부를 구성하는 사고와 사상에 사회주의가 어느 정도 영향을 주었는지 잘 알지 못한다. 예를 들어 한국의 교육자 대부분은 상식 차원에서 방정환方定煥, 1899~1931이 한국의 현대 어린이 문학의 시조이자 어린이 날(5월 5일)의 제도화 등의 활동을 한 어린이 권리 활동가라고 알고 있다. 그러나 어린이의 주체성을 존중하고 어린이를 부모의 소유물이라기보다 개인으로서 대우하자는 그의 선구적인 생각은 사회주의적 이상에서 영감을 받은 것이었다.[64] 방정환만 그런 것이 아니다. 1920년대 조선에서 사회주의는 풀뿌리 조직보다는 조선의 선구적인 근대 작가를 포함해 교육받은 소수 사이에서 더 빨리 퍼져 나갔다. 한국인 다수가 문학 교과서를 통해 이름을 알고 있는 이효석李孝石, 1907~42 같은 식민지 시대 산문가도 1930년대 중반까지 조선 프롤레타리아문학의 '동반자'로 간주됐다. 좌파 문학 전통과의 연결은 그의 소설에서 사회적 모순을 묘사하는 방식에 크게 영향을 줬다.[65]

앞서 지적한 것처럼, 1950~80년대 남한의 반사회주의적 검열은 1920년대 일본제국과 비교해도 훨씬 엄격했지만, 급진적인 서클에서 정치적·문화적 주류로 흘러가는 사상의 유통 경로는 본질적으로 여전히 같았다. 예를 들어 1980년대 후반 북조선과의 평화 공존과 궁극적 평화통일은 심지어 노태우 대통령이 이끄는 마지막 군사정부(1988~1993)의 공식 정책으로 등장했다.⁶⁶ 그러나 그 당시 평화통일 슬로건을 처음으로 제기한 것은 잔인하게 탄압당한 조봉암의 진보당이었고, 이후 1960~61년의 민주주의 막간에 이런 슬로건이 혁신계 정당들에 의해 대중화되었다는 사실을 기억하는 사람은 거의 없었다. 마찬가지로 주목할 만한 것은, 장시간 저임금 노동에 기반한 수출 경쟁력을 강조하는 남한 발전 모델의 비인간성에 대한 사회주의적 비판이다. 주당 최대 노동시간의 단축(68시간에서 52시간으로)은 문재인의 자유주의 정부(2017~22)의 대표 정책이었지만,⁶⁷ 비인간적 장시간 노동에 대한 비판은 1960년대와 1970년대 노동 투사들과 사회주의의 영향을 받은 학생 활동가들에 의해 더 먼저 제기되었다.⁶⁸ 이러한 사례는 정말로 많지만, 동시에 수많은 사회주의적 담론이 이데올로기적 지형의 전반적 진화에는 중요했지만 정책 실현까지는 이어질 수 없었다는 사실도 기억해야 한다. 예를 들어, 통일의 전제 조건으로서 남한의 중립성을 강조한 민주노동당의 강령적 입장은 1960년대 초부터 혁신계 정당 진영에서 유행한 '중립화를 통한 한국 통일의 가능성'에 관한 테제와 계보적으로 연결돼 있다. 앞에서 언급한 김철 같은 저명한 사회민주주의자들이 정리해낸 테제였다.⁶⁹ 그러나 이런 입장은 미국이 남한 관료제와 특히 군부와 첩보 기관에 미치는 영향력의 깊이를 생각하면, 가까운 미래에 어떤 남한 정부에 의해 채택될 가능성은 거의 없다.

　간략하게 표현해서 사회주의는 붉은 물결 때부터, 그리고 현대까지 한국 근대성의 중심적인 대항 담론으로서 기능해왔다. 사회주의는 자본주의적 축적에 봉사하는 노무관리 체제의 착취성부터 군사적·정치적·경제적 지배의 지역 중심(일본)과 전 세계적 중심(미국)에 대한 한국의 관계적 불평등까지 식민지와 포스트 식민 자본주의의 모든 시스템과 제도에 대한 가장 일관된 비판을 제공했다. 남한 권력 기구는 정치적 사회주의의 대표자들과 권력을 공유하지도 않았고 자본주의에 대한 사회주의적 비판이 자신의 이데올로기적 권력 기구(교육제도 등)에 침투하도록 허용하지도 않았지만, 사회주의적 대항 서사의 일부 측면은 이른바 반공주의적 남한에서도 정당성이나 사회적 통합성을 위해 채택되어야만 했다. 예를 들어 국사편찬위원회가 남한의 모든 학교에서 활용할 용도로 일괄적으로 개발해 1974년부터 2010년까지 사용했던 국정 국사 교과서는 역사적 맥락을 무시하는 민족주의적('한민족'을 고대 이래 한국사의 주요한 주체로 상정했다), 군사주의적(민족의 '국난극복사') 특징을 분명히 보여줬다. 그러나 동시에 이들은 마르크스주의적 담론인 "식민지 부의 유출" 이론을 활용했다. 거기에서 일본제국주의가 일본 본토의 자본축적을 위해 식민지 조선을 수탈하면서 그 개발을 저해시켰다고 비판한 것이다.[70] 마르크스주의 연구자들이 교과서에 실린 식민지 수탈론에서 식민지-핵심부 잉여 이전 논리의 과도한 단순화를 비판할 충분한 이유가 있지만, 그 출처에 대해서는 의심의 여지가 없다. 그 이론은 식민지 시대 마르크스주의 경제학자들이 처음으로 발전시켰다(7장에서 언급했듯, 특히 박문규가 그 작업에 힘썼다).[71] 남한의 지배계급은 식민지 시대 친제국주의 엘리트와의 제도적·개인적 연계로 인해 의심의 여지 없이 식민지 지배 아래서 "근대 자본주의 발전의 성공"을 칭찬하는 뉴라이트 수정주의 버전의 식민지 역사를 최근 선호해왔다. 그러나 이런 논리는 남한 대중 다수에게 받아들여질 수 없는 것으로 입증됐기 때문에[72] 식민지 착취와 부 유출의 서사는 공식

담론대로 그 위치를 유지해야만 했다.

　사회주의는 북조선의 공식 이데올로기이면서 남한의 주요한 대항 헤게모니 서사이기에, 21세기 초반 한국 사회에서 수많은 역할을 하고 있다. 북조선의 공식적 세계관과 사회적 합의 속에서 사회주의의 확고한 위상은 예를 들어, 북조선 당국이 심지어 관료 주도 혼합경제로 지속적으로 이행하는 와중에도 의료 서비스, 교육, 주거의 무상 제공에 대한 법률적 책임(복지 재정이 심각하게 부족한 상황에서 이런 책임이 사실상 별로 의미가 없다고 해도)을 철회하지 못하게 막았다. 남한에서 북조선과의 평화적 통일과 복지주의적 재분배 정의라는 사회민주주의적 개념은 1980년대 후반과 2000년대 중반에 각각 정치적 주류가 수용했다. 1930년대 후반까지 풀뿌리 조선의 대부분에 침투했던 좌파 지하활동가들의 네트워크는 대개 한국전쟁 전후로 절멸했다. 그러나 1980년대 노학연대운동은 그 자체로 남한에서 전후 사회주의적 전통의 장기적 발전의 결과로, 노동 활동가 한 세대 전체를 사회주의사상으로 교육시켰다. 물론 남한에서 유럽 사회민주주의 노선에 따라 계급에 기반한 대중적 노동자 정당을 조직하려 했던 이 세대의 시도는 실패했다. 현재 남한에서 노동계급을 대표한다고 주장하는 정당이 여럿 존재하지만, 그들이 가까운 미래에 대변하겠다고 자처하는 유권자 규모에 상응하는 역할을 정부에서 수행할 가능성은 전혀 없다.

축적의 논리에 맞선 투쟁의 지속으로서의 사회주의

　그러나 일부 연구자들이 주장하는 것처럼 남한의 현재 상황이 '사회주의의 실패'를 의미하는 것일까?[73] 앞서 지적한 신자유주의적 노동계급 파편화로 인한 사회주의적 정치적 대변의 실패가 반드시 노동 전투성의 급격한 감소를 의미하는 것은 아니다. 2015~23년 남한에서 노동자 1,000명당 파업으로 인한 손실 일수는 1995년(30일)에 비해 다소 적었지만, 미국(5일), 영국(6일) 또는 일본(0일)의 통계보다는 그래도 유의미하게 많았다.[74] 정치적 대표성은 취약하지만, 한국의 노동자는 여러 형태의 전투적 활동을 통해 사회적 존재감을 과시한다. 이런 활동은 산업적 근대성과 연계된 기술 발전이 자본축적의 논리보다는 생산자 다수의 이해에 직접 복무하는, 정의正義에 기반한 재분배 사회에 대한 희망에서 비롯된다. 최근 재벌에 포섭된 기업별 노동조합 체제의 외부에 존재하는 노동조합들은 기업 이사회 의사 결정에 참여할 노동자의 권리를 더욱더 요구하고 있다. 다른 말로, 노동자들은 비록 초보적 형태이지만 현장 민주주의의 도입을 요구하고 있다.[75] 물론 이런 형태가 사회주의 자체를 구성하는 것은 아니지만, 이런 제도의 도입은 민주주의가 정치적 수준을 넘어 경제적·사회적 층위에도 존재하는 사회를 위한 장기적 투쟁과 직접 연결되어 있다. 장기적 전망에 기반한 이런 투쟁은 우리가 19세기 말부터 알고 있는 사회주의 프로젝트의 일부였다. 남북한의 사회주의는 실패라기보다는 고점과 저점, 강화와 침체, 패배와 승리를 반복하는 투쟁의 연속이다. 사회주의는 20세기 한반도에서 승리하지 못했고(이른바 사회주의를 표방하는 북조선조차 사회주의 프로젝트의 더 나은 미래 비전을 거의 대표하지 못한다), 다른 곳에서도 승리하지 못했다. 그러나 투쟁은 계속되고 있으며, 이런 투쟁은 조선(한국)의 근대사와 현대사에서 매우 중요한 부분일 것이다.

결론

조선의 붉은 시대

이 책은 1920~30년대 조선의 문화적·사회적 현상으로서 조선 사회주의를 다룬다. 이 책에서 필자는 조선 전간기의 붉은 시대를 구성함에 있어 전 지구적인 것과 지역적인 것의 상호 연결과 1920~30년대 좌파적 급진화의 경향을 강조한다. 지역적으로 1910년 일본의 식민화 이후 전반적 불만의 분위기가 존재했고, 근대적 관료 기구를 통한 외국 지배의 강제가 식민지 주민 절대다수에게 경제적 또는 문화적 혜택을 가져오는 데 실패했기 때문이다. 이런 분위기는 1919년 3월 1일 반식민 봉기로 귀결됐는데, 그 과정에서 내부적 요소만큼이나 외부적 요소 또한 중요했다. 1917년 혁명 이후 민족자결의 보편적 원칙에 대한 볼셰비키의 과감한 호소는 모든 곳에서 주류 자유주의자들을 방어적 입장에 처하게 했고, 당시 미국 대통령 우드로 윌슨Woodrow Wilson, 1856~1924이 민족자결을 원칙적으로 인정하게 했다(패배한 중부 유럽 열강의 식민지들을 제외하면, 민족자결 실행에 그가 진지하게 관심을 보였던 나라는 하나도 없었지만).¹ 윌슨주의 선언은, 독일 군사주의의 패배와 러시아제국의 해체 소식만큼, 수많은 조선의 종교인과 사회적 인사가 1919년 3월 1일 조선 독립 호소에 나서 그때까지 본 적 없었던 규모의 대중 봉기를 촉진하도록 했다.²

조선과 다른 곳의 1920년대: 배경

그러나 그들이 추구하던 조선의 해방은 윌슨주의 선언에도 불구하고 독일 빌헬름 2세의 군사주의와 러시아 로마노프왕조의 패배와 함께 오지 않았다. 승전국 일본은 대부분 비무장한 시위대를 신속하게 잔인하게 탄압했다.³ 일본의 야만적 행위는 미국과 다른 곳에 (특히 선교 단체들의 매체를 통해) 알려졌지만, 어떤 의미 있는 반응을 끌어내지 못했고, 일본의 구독일 산둥 조계지의 점령도 그러했다. 이는 중국에서 반제국주의적 분노의 폭발인 1919년 5월 4일을 촉발했지만, 산둥 조계지 귀환 요구는 승리한 "민주적" 국가들의 심각한 반대에 부딪혔다. 자본주의 세계체제의 자유주의적 주류에 대한 환멸은 더 이상 클 수 없었다. 자신의 국가에 대한 권리 또는 일본국 내에서 어떤 대표권도 박탈당한 인민에게 "민주주의"는 공허하게 울렸다.⁴ 동시에 조선 사회의 압도적이던 농업적 성격은 1919년 이후 이제는 유화 모드에 들어간 식민 정부가 조선의 상업과 산업 투자 관련 규칙을 자유화하자 눈에 띄게 변화하기 시작했다. 역동적으로 발전하던 일본 기업들의 과잉자본이 일본제국에 비해 저임금이었던 조선 식민지에도 투자되기 시작했다. 그 결과, 1920년 2,087개였던 조선의 공장은 1929년

4,025개로 몇 배나 늘어났다. 1929년이 되면 조선의 공장들은 약 10만 명의 조선인 노동자를 고용했고, 추가로 3만 2,700명이 건설 노동자로 등록돼 있었다. 1920년 이후 조선에는 독자적 노동총연맹(조선노동공제회)이 등장했고, 1921년 9~10월 부산에서 약 5000명의 조선인 항만 노동자가 참여한 파업 같은 대규모 파업도 일어났다. 이 항만 파업은 일본인과 조선인 고용주에게 원치 않는 양보를 강제하는 데 성공했다.[5] 충족되지 못한 민족적 열망이 추동한 더 정의로운 세계에 대한 지식인의 추구, 그리고 노동자의 점증하는 전투성은 조선에서 식민지 시대 사회주의가 탄생하게 만든 두 가지 주요한 요소였다.

1920년대 조선 사회주의: 시작

이 책의 1장에서 분명히 밝혔듯이, 1920년대 조선의 초기 사회주의자 사회는 상이한 사회계층과 그룹의 복합적 집단이었다. 러시아의 조선인 디아스포라, 특히 러시아어와 조선어 이중 언어를 구사하는 러시아의 2세대 원호 지식인(교사와 언론인이 특히 두드러진다)도 디아스포라 활동가들이 조선 본토를 거의 여행할 수 없었음에도 공산주의 선구자 대열에 합류했다. 해외 망명객과 유학생은 대부분 일본어와 중국어를 유창하게 구사했고, 많은 이는 영어를 읽었으며 일부는 심지어 러시아어를 마스터했기에 초기 운동을 이끄는 데 중요한 역할을 했다. 그러나 인텔리겐치아의 과도한 역할은 반드시 바람직한 것으로 여겨지지 않았다. 조선의 초기 공산주의자들이 목도한 모델은 공장에 기반한 동시대 독일공산당이나 공장노동자 중심 대규모 집단에 영향력을 가진 1917년 이전 러시아 볼셰비키였다. 의사이자 와세다대학에서 교육받은 언론인에서 공산주의 투사로 변신한 한위건은 자신의 논문 〈조선 프롤레타리아운동에서 방향 전환 시기의 이론적·실천적 오류와 그 비판〉[6]에서 인텔리겐치아 지도부가 암시하는 "프티부르주아의 동요, 의심, 분열, 이탈, 분파주의와 타협"에 대해 개탄했다. 한위건이 본 것처럼, 1920년대 후반 공산주의자들은 분파주의를 "청산"하고 당을 프롤레타리아화하려 시도했음에도 불구하고 여전히 대중에 기반한 전투적 조직을 건설할 수 있는 위치에 있지 못했다. 그들은 조선 민족혁명운동에서 헤게모니적 위치를 획득하기 위한 조건으로서 계속 볼셰비키화할 것을 요구받았다. 그러나 모든 비판에도 불구하고, 1925년 4월 17일 지하에서 결성한 신생 조선공산당은 단순한 부르주아적 좌파 지식인의 집합체 이상이었다. 틀을 갖춘 공산당은 가장 인기 있는 국내 신흥종교인 천도교 내부에서 보다 급진적 민족주의자들과 관계를 맺고, 대한제국 마지막 황제 순종의 장례식에 맞춘 1926년 6월 10일에 반식민 대중 시위를 준비함으로써, 유연성과 잠재력을 모두 발휘했다.[7] 김영만金榮萬, 1898~1929이나 차금봉 같은 초기 공산주의 투사들은 1920년 이후 초기 노동조합운동에서 핵심 지도자로 활동했다. 사회주의 지식인은 다가오는 혁명의 핵심 주체인 노동자와 빈농에게 다가가기 위한 지속적이고 의식적인 노력을 경주했다.[8]

조선 공산주의자들이 사회적·정치적 투쟁을 동시에 추구하는 데 실패하면서 결과는 복합적이게 되었다. 한편 1927년까지 지하 조선공산당은 동시대 중국에서 코민테른의 조정으로 구성된 공산당과 국민당의 국공합작 통일전선 유형의 협력 모델을 모방한 합법적 "민족단일당"이던 신간회의 역사적 결성 배후에서 양대 세력 가운데 하나가 될 정도로 발전했다. 다른 주요 세력은 급진적 민족주의자로, 그 가운데 다수가 천도교 출신이었다(2장을 보라). 신간회는 1927년 2월 15일에 결성됐고, 1931년 5월에 해산할 당시 126개 지역 지부에 3만 9,914명의 회원이 가입되어 있었다. 식민지 시대 조선 역사에서는 본 적 없는 광범위한 규모의 아래로부터의 조직적 정치 참여였다. 많은 부분이 공산주의자와 다른 좌파 세력이 풀뿌리 힘을 강화한 덕분이었 다. 천도교와 개신교 민족주의자의 본거지인 평양과 일부 다른 지역을 제외하면, 지역 지부 대부분을 공산주의자나 그들의 동조자와 협조자 인 다른 좌파 세력이 지도했다. 1928년 10월 일본 경찰은 44개 신간회 지역 지부에서 최소한 45인의 알려진 공산당 간부가 신간회 지도부를 구성하고 있다고 인정했다.[9] 지하 공산당은 경찰의 탄압을 피하기 위 해 핵심 지도부에서 벗어난 채로 전국적 정치 동원에서 지도적 역할을 수행했고, 이는 신간회보다 겨우 2년 먼저 결성된 당으로서는 결코 작 지 않은 성과였다. 다른 한편, 운동의 가장 총명한 이론가들 가운데 한 명인 한위건이 1929년 원산총파업(식민지 시대 조선 최대의 노동 분규로, 3개월간 지속되는 동안 1만 명에 이르는 노동자와 가족이 참여했다)의 경험 을 분석한 긴 논문에서 인정해야 했던 것처럼, 원산의 노동자는 전적 으로 "비전투적이고 기회주의적이고 개량주의적이고 부패한" 노동조 합 우두머리들이 지도했다. 공산주의자는 이 극적인 파업 상황에서 어 떤 가시적 역할도 하지 못했다.[10] 공산당은 자신이 대표하길 원하는 대 중에게 영향력을 강화하기 위해 최선을 다했지만, 그것은 힘겨운 과제 였다.

수차례에 걸친 일본 경찰의 대규모 검거 선풍 이후에 지하 공산당 의 활동은 사실상 마비되어, 1928년 12월 코민테른은 조선공산당이

"사실상 존재하지 않는다"라고 선언했다. 코민테른은 기층(풀뿌리) 노동자와 농민 투쟁에서 헤게모니를 획득하고, "부르주아 민족주의자"를 제침으로써 "아래로부터" 당을 재건할 임무를 조선 공산주의자에게 지침으로 내렸다. 조선 공산주의자는 분파투쟁과 대중에게 다가갈 능력의 부족 때문에 혹독한 비판을 받았고, 대중투쟁의 과정에서 새로운 "혁명적 전위"를 창출하라는 지시를 받았다.[11] 당시 코민테른이 조선의 "부르주아 민족주의자"(그들의 영향권에서 공산주의자는 "노력대중toiling masses"을 끌어내라는 지침을 받았다)[12]에게 보여준 다소 가혹한 태도는 1920년대 후반 코민테른 지도부의 전반적 특징인 극좌적 태도의 대표적 경우로 쉽게 치부할 수도 있지만, 이 상황은 더 광범한 역사적 중요성을 가진 분기점과 일치했다. 1929년 10월 월가 대폭락은 대공황을 촉발했고, 조선을 포함한 전 세계가 세계무역 교란, 경제적 불안, 전반적인 궁핍화, 자급자족경제의 부상, 총동원 국가 건설, 국가 간 전쟁 발발이라는 파멸의 10년으로 이어졌다. 이 10년은 1937년 동아시아, 그리고 2년 뒤 유럽에서 전면전이 시작되며 정점을 찍었다. 다가오는 세계 자본주의의 종말에 관한 코민테른의 파국적 예언이 거의 확실히 실현되는 것처럼 보였다. 자본주의적 축적 메커니즘은 파괴된 것처럼 보였고, 소련이 1928년 5개년 계획과 공업화의 시작과 함께 실천하기 시작한 좌파적 방식이든, 아니면 파시즘의 선도 국가인 무솔리니의 이탈리아 상황에 직접 영감을 받아 일본 군부와 국가주의적 관료("혁신 관료")가 꿈꾸던 우파적 방식이든 일종의 통제경제로 전환하는 것이 시대정신으로 보였다.[13] 어쨌든 정통 자본주의의 내파는, 최소한 코민테른과 일부 조선 공산주의자의 기대대로, 특히 조선 같은 식민지에서는 아래로부터의 급진화 공간 또한 열고 있었다.

1930년대 조선 사회주의: 대중 속으로

1929년 이후 격변에 조선은 심한 타격을 받았고, 낡은 불만 위에 새로운 불만이 쌓였다. 전 세계 상품 가격의 전반적 폭락과 함께 쌀값이 폭락했고, 농촌에서 지속되던 어려움은 더욱 악화됐다. 1930년과 1940년 사이에 토지를 소유하지 않은 소작인의 숫자는 약 55만 가구나 증가했다. 이미 1930년에 조선 농민의 6.7퍼센트가 궁핍한 일용 농민이었고, 그들의 불안정한 삶은 날마다 일자리를 찾을 수 있는지 없는지에 달려 있었다.[14] 농민은 점차 도시로 이주하고 있었지만, 거기에서도 생활은 힘겨웠다. 노동자의 임금은 지속적으로 하락했다. 조선인 성인 남성 노동자는 1929년 매일 1원을 벌었지만, 1935년에는 겨우 90전을 받았다. 당연하게도 공황의 타격을 받은 자본주의 세계의 다른 지역에서처럼 노동문제가 심화하고 있었다. 1931년에는 201건의 분규가, 1934년에는 199건의 분규가 기록되었고 이후 그 수치가 점차 감소했다.[15] 이를 혁명적 기회라고 본 조선공산당은 프로핀테른의 지침을 무장하고 행동에 나섰다. 새로운 혁명적 노동조합을 창출하거나 아래로부터 기존의 노동조합을 접수할 것, 여성과 청소년 노동자의 별도 요구에 주목할 것, 합법과 비합법 사업을 결합할 것, 노동자의 가장 긴박한 일상적 필요를 위한 투쟁으로 시작할 것, 중국인과 심지어 훨씬 더 특권적인 일본인 노동자를 노동조합으로 끌어들이려고 시도할 것.[16] 조선 공산주의자들은 불꽃 같은 풀뿌리 투쟁 이후에 결국 진정한 대중조직으로서의 당을 건설할 것이란 희망을 품고서 열정적으로 현장으로 들어갔다.

만약 그들이 이 임무에 실패했다면, 노력이 부족했기 때문이 아니었다. 현장에 침투해 거기서 필요한 공장 세포 네트워크를 건설하려는 시도는 줄기차게 진행됐고, 노동자와 농민, 심지어 더 특권적인 존재인 학생을 조직하는 데 상당히 성공했다. 1934년 조선의 국내 상황에 관한 일본 경찰의 출판물은 조선 공산주의운동이 "쇠퇴"하고 있다고 낙관적으로 판단하고 있지만, 동시에 서울, 평양, 부산, 목포, 마산, 청진, 신의주 등 사실상 전국적으로 성장하는 모든 산업 중심지로 코민테른 "선동가"가 꾸준히 유입되는 상황을 언급하며, 서울의 지하 당 중앙을 건설하려는 "위협적" 움직임에 대해서도 지적한다. 원산 태생인 이종림은 소련 거주 조선인 사이에서, 그리고 이후에 만주에서 사업을 했는데, 일본 경찰 문서에 종종 언급되어 있다. 그는 1929년 조선에 밀입국해 1931년 서울 근교 김포에서 조선공산당 재건 동맹을 조직했고, 수많은 공산주의 노동, 학생, 농민 그룹과 연계된 복잡한 네트워크를 건설했다. 별개의 사건이지만 (또 다른 분파 계보를 가진) 다른 만주 공산주의운동 베테랑인 윤자영尹滋瑛, 1894~1938은 함경도에서 "혁명적 조합"을 건설하고 조선 좌익노동조합평의회 건설을 위한 준비위원회를 조직하려고 시도했다. 식민지 경찰은 결코 이종림이나 윤자영을 체포하지 못했다. 두 사람은 소련으로 빠져나갔고, 이종림은 1935년 3년 형을 받았고 윤자영은 대숙청의 타깃이 된 고참 볼셰비키의 거두 가운데 한 명인 지노비예프의 금지된 저작을 소유한 것으로 밝혀져 처형당했다.[17]

이종림과 윤자영은 조선의 많은 지역을 포괄하는 광범한 지하 네트워크의 일부였다. 이종림의 협력자 가운데 하나인 와세다대학 출신 권대형權大衡, 1898~1947은 1931년 4월 서울의 영등포 공업지대에서 대구로 이동했고, 거기에서 나중에 경남 양산의 적색농민조합과 전남 광주의 좌익 노동조합 연맹을 조직하는 데 도움이 된 조선 공산주의 동맹을 결성했다. 일본 경찰로서는 당황스럽게, 반제국주의 학생 그룹이 비밀리에 이종림에게 지도를 받았고, 경성제대에 있던 그의 동료 강진은 일본인 학생들까지 대열에 합류시켰다. 한편 조선의 지방에서는 노동자와 농민의 적색조합을 조직하던 지하 공산주의 그룹들이 심지어 영남 시골과 전남 여수에서, 경북 봉화와 영주에서도 적발됐다.[18] 일본 경찰은 분명하게 대부분의 지하 그룹들을 몇 년의 활동 뒤에 부분적으로 또는 전체적으로 파괴할 수 있었지만, 새로운 그룹이 집요하고도 완강하게 재등장하면서 조선 공산주의자들은 마침내 자신들의 대안적 근대의 비전을 도시와 농촌의 조선인 노농 대중 다수의 일상투쟁과 연계할 수 있게 됐다. 지식인들의 서클로 시작한 조직이 1930년대 중반에는 진정한 풀뿌리 운동으로 발전했다. 일본 경찰이 조선의 상황을 보고하며 1933년 성진, 부산, 원산과 기타 조선 항구에서 적발한 선원과 항만 노동자의 적색조합 사건을 핵심으로 적시한 것은 놀라운 일이 아니다.[19] 공산주의는 공식적으로 조직된 당 중앙이 부재했는데도 불구하고 주목해야 할 세력으로 성장하고 있었다.

그러나 1934~35년이 되면 여러 요인들의 결합으로 하강 국면이 분명해졌다. 한편에서 일본 당국은 대공황에 적극적으로 대응해, 금본위제를 포기하고 인플레이션 지출을 늘리고,[20] 공식 식민지, 즉 조선과 타이완, 그 외에 1931년 침략 이후 획득한 만주라는 비공식 식민지에 대한 투자를 장려했다. 값싼 노동력과 반도 북부의 풍부한 자원을 가진 조선은 일본 투자가들이 선호하는 곳 가운데 하나가 됐다. 경제가 다시 성장했고, 제조업 고용은 29만 5,000명으로 증가했고(추가로 광산 고용은 20만 5,000명), 대공황 이후 지속된 실업은 다소 완화됐다. 그러나 개인 소비의 증가는 미미했고(무시할 만한 수준으로 연간 0.3퍼센트), 제조업 임금은 1940년이 되어서야 겨우 1929년 대공황 이전 수준으로 돌아갔다.[21] 임금 억압에 기초한 경제성장은 국내외에서 광범위한 정치 탄압과 결합됐다. 1936년 여전히 조선공산당 재건의 목적을 품고 있던 가장 성공적인 지하 조직가 이재유가 다시 한번 체포됐는데, 이는 그의 연이은 체포 이력 가운데 마지막이었다. 이재유는 결국 감옥에서 사망했다.[22] 대공황이 가져온 적색운동의 고양은 더욱 정교해진 식민 국가의 억압 기구에 대부분 진압당했다. 공산주의 지하 네트워크 가운데 마지막까지 살아남았던 경성콤그룹은 태평양전쟁의 고조에 따른 전시체제 와중인 1938년 설립됐고, 이재유의 동지였던 이관술과 조선공산당 창당 원로 가운데 한 명인 박헌영이 지도했다. 1941년과 1942년 반복된 체포로 조직은 약화됐지만, 1945년까지 불안정하게나마 살아남았다.[23] 경성콤그룹과 다른 생존 그룹은 점차 엄격하게 병영화되고 있던 전시 조선에서 거의 사회적 영향력을 갖지 못했다. 이런저런 그룹에 소속되지 않았던 초기 공산주의 지식인, 예를 들어 뛰어난 문학비평가이자 시인인 임화(4장을 보라)는 혼자가 되어 근대 시민 문학의 죽음을 애도했다. 보다 광범하게 지식인은 대공황과 또 한번의 세계전쟁이 분출한 인종-민족주의적 "전체주의"의 광풍 속에서 객관성과 보편성을 강조하는 진보적 근대 문화 전체의 소멸을 안타까워했다.[24] 완강한 마르크스주의자이자 반자본주의자인 임화가 보기에, 1940년에 유럽 대륙이 파시스트 인종론적 민족주의 세력에 점령될 경우 유럽의 오랜 민주적 문화의 마지막 잔재가 살아남을지도 모른다는 희망을 자본주의의 핵심부 국가인 미국에 걸어야 하는 현실은 심각한 역설이었다.[25] 그러나 이런 희망은 인종-민족주의적, 극우 권위주의 국가가 최소한 해방투쟁의 부분적 잠재력을 가진 민주적 근대성의 마지막 오아시스를 단번에 파괴하고 있음을 목도한 조선의 지식인 마르크스주의자들이 경험한 절망의 깊이를 보여준다.

사회주의적 저항의 A자형 곡선

한마디로 1920~30년대 조선 공산주의운동의 역사적 궤적은 A자형 곡선을 닮았다. 1920년대 초반 디아스포라 혁명가와 지식인이 선도한 운동으로 시작해, 1920년대 대공황의 엄습 이후(역설적으로 코민테른의 승인을 받은 조선공산당이 활동을 중단한 이후) 탄력을 받았고, 그런 다음 천천히 1930년대 후반과 1940년대 초반 식민 국가의 강화된 탄압과 포섭 와중에 서서히 쇠퇴했다. 이 책의 1장에서 보여준 것처럼, 공산주의자의 조직화 사업은 도시와 농촌 지역의 짓밟힌 자들, 즉 적색조합, 급진파들이 지도하는 야학과 독서회에 참여한 노동자와 농민이 사회정치적 주체로서 자신의 정체성을 정립할 수 있도록 하는 데 중요했다. 더 나아가 공산주의자는 그들의 풀뿌리 지지자들이 평범한 삶의 투쟁에서 자신의 주체성을 강화하고 요구와 열망을 표현할 수 있도록 도왔다. 그러나 지하 공산주의자의 활동 방식은 어쩔 수 없이 식민 국가의 경찰 기구에 상대가 되지 않았다. 동시에 식민지 조선의 변경 지역인 만주의 숲속에서 전개된 상황의 궤적도 본질적으로 유사하다. 이 책은 만주에서 조선인이 벌인 무장 공산주의 저항운동을 다루지는 않지만, 그들은 1940년대 초반에 이미 활동 정지 상태였다. 김일성의 전설적인 게릴라 부대는 일련의 일본 토벌대 추적 작전 이후에 소비에트 국경을 넘어 소비에트 영토에서 피란처를 구해야만 했다.[26] 이 점에서 조선은 일본 본토나 중부와 남부 유럽의 우익 권위주의 정권과 유사했다. 독일에서 또는 예컨대 헝가리에서도 공산주의 지하 네트워크는 1941~42년 소비에트연방에 대한 전쟁이 시작된 뒤에 대부분 파괴됐다. 독일에 남아 있던 소수의 공산주의 저항 그룹은 1942년 검거 선풍으로 거의 와해됐다.[27] 헝가리의 경우 1944년경 약 1,000명의 공산주의 활동가만이 존재했다.[28]

식민지 시대 사회주의: 결국 무엇을 남겼는가?

그러나 이 책의 〈후기〉에서 밝힌 것처럼, 전시 조선의 좌파는 일본 본토, 독일 또는 헝가리와 다르지 않게 탄압받았지만, 결코 절멸당하지는 않았다. 일본 식민 지배가 끝나자마자, 과거의 좌파 네트워크가 부활해 도처에 등장한 인민위원회와 결합했다. 남한의 인민위원회들은 다시 미국의 탄압을 받았지만, 결국 새로 탄생한 북조선에는 중요한 지지 기반이 되었다.[29] 수많은 식민지 시대 국내파 공산주의 인물, 저명하게 1945년 이후 남한 공산주의자의 지도자가 됐고 이후 북조선의 외상外相이 된 박헌영 같은 인물은 해방 후에도 정치적으로 아주 뚜렷한 역할을 했다. 〈후기〉에서 자세히 다룬 것처럼, 심지어 남한 정권의 강경 반공주의도 이제는 사회민주주의자로서의 입장을 견지했던 식민지 시대 생존한 좌파가 1950~60년대 정치 활동을 계속하고, 1980년대 태동하는 노동운동과의 연계를 통해 자신을 강화하고 계속해서 현재까지 남한의 정치와 사회 무대에서 그 투쟁을 계속한 좌파-

진보운동을 낳는 것을 막지 못했다. 그러나 다시 한번 일본 본토나 수 많은 중부 유럽 사회와 다르지 않게, 조선의 전간기 사회주의의 가장 커다란 역사적 기여는 조선의 지적 생활에서 좌파의 역할에서 발견할 수 있다. 이 연구가 초점을 맞추는 것은 바로 이런 역할이다.

1920~30년대는 전 세계적으로 마르크스주의의 지적 열정의 황금시대였다. 독일어권 학계에서 헤겔주의적 마르크스주의자인 죄르지 루카치Georg Lukács, 1885~1971는 역사와 계급의식에 대한 기념비적 저작을 생산했고, 이 저작에서 루카치는 생산력과 생산관계에 대한 기계적 이해에서 변증법의 우위를 주장했고, 사회와 그 다중적 현상에 대한 자기 견해의 초석으로서 총체성의 개념을 전면에 부각시켰다. 프롤레타리아트, 아니 차라리 자신을 전위로 위치 지우는 마르크스주의 사상가는 이 총체성을 파악할 수 있었던 반면, "부르주아" 사상가는 자신의 사회적 실천의 피할 수 없는 한계에 구속돼 실패할 수밖에 없는 운명에 처했다.[30] 루카치가 1937년에 발표한 《역사소설The Historical Novel》은 일찍이 1938년 (러시아어에서 일본어로) 일본에서 번역·출판돼[31] 일본과 조선 좌파 작가들에게 영향을 줬고, 조선의 유명한 사회주의 작가인 김남천은 자신의 역사소설에서 이를 영감의 원천으로 삼기도 했다.[32] 다른 영역에서, 루카치의 추구와 일정한 관계가 없지는 않지만, 신생 프랑크푸르트학파Frankfurt School는 동시대 유럽 극우 권위주의의 등장, 그리고 일반적으로 선전, 광고, 문화 산업 등을 통한 전대미문의 대중 의식 조작과 소외 심화를 설명하기 위해, 신프로이트주의적 통찰과 모더니즘적 미학을 끌어들여 사회심리학과 문화 연구 영역에서 마르크스주의의 부족한 부분을 채우려고 시도했다.[33] 독일어권 유럽에서 마르크스의 후계자들은 많은 측면에서 마르크스가 빅토리아시대

런던에서 목격했던 것과 현저하게 다른 20세기 자본주의 세계를 다뤄야 했다. 더 이상 공장 기계에서 단순히 착취당하는 톱니바퀴가 아니게 된 노동자는 이제 산업적으로 생산되는 대중문화의 소외된 소비자이자 권위주의적 국가와 운동에 포섭된 원자화된 정치적 주체가 됐다. 이런 새로운 현실은 대개 1920~30년대에 창출되어 이후에 전후 지적 지형을 본질적으로 정의하는 새로운 분석 언어를 요구했다.

민족주의 해부: 비판의 무기로서 사회주의

루카치와 동시대인이었던 조선의 마르크스주의자나 프랑크푸르트 사상가는 다른 종류의 자본주의 현실에 직면했다. 피식민지 대중 사이에서 계급적 불평등과 경제적 착취는 단일하고 깊이 본질화된 범주로서 '조선' '조선인' '조선인다움'으로 작동되는 민족주의 이데올로기의 가면을 종종 썼고, 모든 조선인을 하나의 대가족으로 표현하는 유교적 비유를 끌어들였다. 동시에 일본제국 전체가 1930년대를 통틀어 경험한 우경화는 자신만의 독특한 관료주의적 보수주의를 유지하면서도 유럽 파시즘과의 명백한 유사성을 보여줬다. 일본의 통치자들은 제국적 민족주의의 또 다른 원천으로 국교인 신토를 활용했고, 이는 동시대 독일이나 이탈리아에서 비교할 명확한 대상이 없는 현상이었다. 마르크스주의적 비판의 대상과 주제는 유럽의 경우와 다를 수 있었다. 독일어권 유럽에서는 루카치나 프랑크푸르트학파 출현 이전에 최소한 한 세대의 마르크스주의 사상가가 있었던 반면, 1920~30년대 조선의 마르크스주의자는 선구자였고, 더 추상적 수준에서 마르크스주의 이론에 기여하기보다 조선과 더 넓은 전 지구적 현실에 대한 명쾌한 마르크스주의적 분석을 그때, 그곳에서 제시하리란 기대를 받았다. 그들의 이론적 접근은 전 지구적 맥락에서 거의 새롭지 않았지만 이런 기대는 충족시켰는데, 동아시아 지역 상황에서 그리고 조선 민족주의부터 독일 파시즘까지 전 지구적으로 부딪혔던 상부구조 현상을 일관되고 날카롭게, 이론적으로 탄탄하게 비판했고, 식민지 사회의 경제적 토대에 대한 마르크스주의적 이해도 심화시켰다. 이 책이 일차적으로 초점을 맞추는 것이 바로 식민지 시대 조선 마르크스주의자의 이러한 성취이다. 최근에 북조선 문학 연구자인 타티아나 가브로루셴코Tatiana Gabroussenko는 1945년 해방 이전에 "조선에는 확립된 공산주의의 지적 전통이 없다"라고까지 말했지만,[34] 그런 전통이 존재했음을, 비록 아직 전 세계적으로 인정받지 못했어도 조선의 지적 세계에 동시대와 그 이후에 깊은 흔적을 남겼음을 증명하는 데 이 책이 도움이 되기를 희망한다.

 4장과 5장에서 보여준 것처럼, 식민지 시대 마르크스주의자는 일본 제국의 어용적 민족주의와 조선의 토착적 민족주의 양자에 맞서 민족과 민족주의를 부르주아 근대성의 일부로 역사화하고, '민족'이라는 상상의 공동체가 사회적 위계제와 경제적 이해의 모순으로 분열된 사회에서 얼마나 내재적으로 모순적인지 지적하고 비판함으로써 대항했다. 마르크스주의적 역사관의 총체성 속에서 '민족'은 그 나름의 자리를 차지했고, 민족국가들이 자본주의적 축적 과정에서 가장 중요한 단위가 된 세계경제에서 지배적인 정치형태를 대표했다. 조선은 포스트 자본주의 사회로 향하는 길에서 일단 민족국가부터 먼저 세워야 했고, 공산주의 정치 강령은 민족·민주혁명을 바람직한 혁명 과정의 첫 단계로 규정했던 반면(3장을 보라), '민족'은 본질화되거나 절대화되어서는 안 되는 것이었다. 조선의 전前 자본주의적 과거는 동시에 전前 민족적인 것으로 간주됐고, 포스트 자본주의적 미래는 포스트 민족적인 것으로 가정됐다. 조선인의 역사적 동질성 또는 고대 문화의 영광에 대한 민족주의적 믿음을 지적하면서, 와세다대학 출신 선구적 마르크스주의자인 김명식은 독일인이 히틀러의 주장과 달리 역사적으로 미국인이나 유럽의 유대인만큼 이질적이었다고 빈정거리면서 언급했고, 조선인의 이질성은 마찬가지로 쉽게 문서로 확인할 수 있다. 고대 조선의 건축적 또는 예술적 위대함의 결여를, 김명식은 그리스의 화려한 고대국가와 비교했다. 그가 보기에, 이는 옛 조선인의 우월한 민족성 여부와 아무런 관계가 없었다. 노예화한 외국인의 결여, 그리고 그 결과 설정된 잉여가치 추출의 한계가 훨씬 더 결정적이었다.[35] 다양한 종류의 '피와 땅Blut und Boden'식의 신비화된 이데올로기가 유럽의 많은 곳을 지배하고 신토 신화가 일본제국 어용 민족주의의 헤게모니적 이데올로기로 재구성된 시대에, 민족(주의)적 서사에 대한 비판적 거리critical distance는 정말로 혁명적이었다.

민족주의에 대한 역사화와 변증법적 분석을 통한 마르크스주의자의 비판은 전 지구적으로 쇠퇴하던 자유주의적 믿음부터 당시 유행하던 하이데거 철학까지 다른 개념과 현상에 대한 비평과 마찬가지로 매우 냉혹할 수 있었다. 4장에서 다뤘던 조선의 선구적 마르크스주의 철학자들 가운데 하나인 박치우는 '민족'의 본질화에 반대했던 것과 똑같은 이유로 '개인'이나 '자유' 같은 개념의 절대화에 명확하게 반대했다. 그가 보기에 후자와 마찬가지로 전자 역시 인간 사회에서 영구불변의 것이라기보다 본질적으로 근대적 역사 발전의 산물이었다. 박치우가 보았듯이, '개인의 자유'는 근대 자본주의 이행 시기에 발명됐고, 운명과 출생으로 부여된 신분 체계에 의해 지배되던 전근대와의 단절을 의미한다. 그러나 자유주의적 자본주의경제에 내재한 모순(과잉생산과 노동자의 과소소비 사이의 불균형으로 인해 이윤율이 하락하고 그에 따라 자본이 군사화로 유입되는 현상)은 세계대전과 함께 부르주아 자유의 원초적 형태와 상반되고 이질적인 통제경제와 파쇼 사회를 불러왔다. 변증법적으로 말하자면, 부르주아적 개인의 자유는 자본주의의 역사적 발전 과정에서 스스로를 부정했다.36 조선의 마르크스주의자가 이해한 것처럼 자기 생활세계의 점진적 파괴에 대한 지식인의 반응 가운데 하나는 마르틴 하이데거Martin Heidegger, 1889~1976가 대표하는 종류의 초기 실존주의였다. 똑같은 논리에 따라, 박치우는 하이데거 철학을 역사화하고, 그뿐 아니라 칼 야스퍼스Karl Jaspers, 1883~1969와 레브 셰스토프Lev Shestov, 1866~1938를 포함해 하이데거와 성향이 유사한 동시대 사상가의 철학도 역사적으로 맥락화했다. 이 과정에서 그는 세계 속의 존재를 드러낸다고 하는 하이데거류의 불안Angst, 죽음을 향하는 존재Sein-zum-Tode에 대한 하이데거류의 강조, 합리성에 대한 하이데거식의 부정과 폄하 모두 역사적으로 결정된 초기 부르주아 자유주의적 문화의 자기부정이 지배하는 동시대 현실과 관련돼 있다고 판단했다. 박치우는 또한 하이데거류의 이성 배제와 피와 땅 신화에 대한 나치의 집착 사이에서 더 깊은 상호 연관을 파악했다.37 프랑크푸르트학파가 상징적 생산물의 대량소비로 더욱 기울어지는 사회에서 소외된 주체의 내적 세계를 더 깊이 파악하려 하고 있었다면, 1930년대 조선의 동시대 마르크스주의자는 자신이 부르주아 문화의 최후의 발악terminal agony으로 파악한 것으로 인해 위험해지고 있던 근대적 이성Vernunft에서 여전히 유의미하고 진보적인 것을 구하려고 했다.

결론: 문화, 성취와 한계로서의 사회주의

되돌아보면, 1930년대 조선의 선구적 마르크스주의자는 "부르주아 자유주의"의 전 지구적 생명력을 분명히 과소평가했다. 일본제국의 전시 총동원 체제 아래 더욱 긴장되어가는 분위기 속에서, (동시대 일본 철학계에서 주로 독일어 원전을 번역해 들여왔기에) 대부분 독일어 텍스트에 의지했기 때문이다. 그들의 순진함naiveté은 추상적 철학 논쟁의 영역에 한정되지 않았다. 김명식 같은 조선 마르크스주의자는 "독점적 금융자본 지배의 시대"를 일당 파쇼 독재가 번성하고 의회주의가 점차 공허해지고 있는 시기로 규정했지만,[38] 동시에 명백하지만 난처한 질문은 회피했다. 그렇다면 소비에트 당 독재는 독재정치로 향하는 전 세계적 전환에서 어느 정도로 예외였을까? 불편한 질문을 회피하면서 조선 마르크스주의자는 자기 모순적인 텍스트를 생산하게 됐다. 모스크바에서 코민테른이 운영하던 동방노력자공산대학의 졸업생인 김세용(1장을 보라)은 소비에트 개척자 소년단에 관한 논문에서 이 단체는 보이스카우트와는 대조적으로 군사주의와 아무 관련이 없다고 진술하고 있다. 동시에 몇 단락 아래서는 소년단이 훈련의 일환으로 사격을 했다고 솔직하게 언급했다.[39] 김세용으로서는 소비에트 어린이들의 군사훈련은 원칙상 "나쁜" 군사주의적인 것으로 분류할 수 없었다. 그런 렌즈를 통해 파악한 모스크바에 대한 서술(7장을 보라)은 스탈린주의적인 가속화된 추격 근대화 모델에 내재한 물질적 궁핍의 정도와 그런 모델이 실현되고 있던 사회에서 만연한 탄압적 관행의 정도 모두를 심각하게 과소평가했다.[40] 좌파 작가 김사량의 1945년 여행기도 전시 중국공산당이 해방시킨 지역을 민중적 참여 민주주의의 천국이라고 (잘못) 표현했고, 또다시 훨씬 더 복잡한 현실보다는 이론적 상황 분석에 더 초점을 맞췄다(6장을 보라).

그렇다면, 1920년대와 1930년대 조선의 좌파 철학, 여행기 또는 논쟁은 그들의 명백한 시대적 한계를 고려해 '진보'에 대한 모스크바 중심적인 과장된 묘사와 '부르주아 문화'의 내재적 자기파괴에 대한 교조적이고 그른 대예언으로만 판단해야 할까? 한계는 명백했지만, 성취 역시 분명하다. 불편한 '비본질적' 뉘앙스가 제거된 신생 소비에트 유토피아에 대한 과장된 묘사는 어쨌든 '현재 속의 미래' 소비에트의 서사에 영감을 받은 '붉은' 노동자와 농민(1장을 보라)에게 자신을 조직하고 교육하고 힘을 키울 수 있도록, 그리고 자신들의 꿈을 근대적 용어로 정리할 수 있도록 하면서 전례 없는 아래로부터의 동원을 강화하는 접착제 역할을 수행하고 있었다. 대체로 유토피아적 서사에 기초한 '붉은' 노동자와 농민 조합은 학생 독서회나 토론회와 함께 조선 근대와 동시대 역사에서 대항 헤게모니적 공적 공간의 토대를 마련했다. 이후 그들은 1980년대 남한에서 급진화된 지식인이 민주화투쟁을 이끌 때 중요한 역사적 선례이자 영감의 원천이 됐다(〈후기〉를 보라). 토지개혁 또는 소비에트에서 영감을 받은, 복지국가를 향한 식민지 시대 공산주의의 요구들은 해방 후 북조선에서 개혁의 방향을 이끌었고, 북조선은 1950년대 중반에 공식적으로 무상교육과 무상의료를 실시하는 최초의 제3세계 복지국가 가운데 하나가 됐다(3장을 보라). 소비에트의 '붉은 수도' 모스크바에 대한 이상화된 이미지는 그 자체로 식민지 시대 조선 좌파에게 신줏단지처럼 여겨졌지만, 좌파 논쟁가와 학자가 사용하는 마르크스주의 역사 분석은 '민족성' 또는 심하게 신화화된 고대 조선의 건설을 포함해 수많은 민족주의적 신줏단지를 상대화하는 데 도움이 됐다(5장을 보라). 자신의 신성한 세계 축(소련)에 대해서는 의문을 제기하지 않았지만, 조선 사회주의는 결국 20세기 한국에서 대중에 기반한 자기반성적이고 비판적인 문화가 발전하는 데 크게 기여했고, 그것이 바로 조선의 '사회주의 세계'를 언급하는 것이 전혀 과장이 아닌 이유다(〈후기〉를 보라). 1920~30년대 조선의 좌파는 유토피아적 세계에 살았지만, 중앙 유럽의 동시대인 칼 만하임Karl Mannheim, 1893~1947이 대공황이 조선 사회주의의 고양을 촉발했던 그해에 암시했던 것처럼, 질적으로 다른 미래를 향해 나아가기 위해서 사회에 유토피아가 불가피하게 필요했을지도 모른다.[41] 1945년 이후 북조선과 남한의 궤적은 식민지 조선의 불꽃 같았던 '붉은 20년'을 언급하지 않고서는 사회적으로, 문화적으로, 또는 정치적으로 이해할 수 없다.

| 감사의 말 |

지난 6년간 식민지 시대 조선 공산주의운동과 문화를 연구했다. 덕분에 여러 사람들에게 많은 빚을 졌다. 도움을 준 모든 분들께 아무리 심심한 감사를 표현해도 충분치 않을 것이다. 로버트 스칼라피 (1919~2011, 캘리포니아대학), 이정식(1931~2021, 펜실베이니아대학), 서대숙(1931~2022, 하와이대학), 한홍구(성공회대학) 같은 선구적 연구자들의 획기적인 저작들이 영감을 주고 연구의 훌륭한 출발점이 됐다. 임경석(성균관대학), 전명혁(동덕대학), 신주백(한림대학), 전상숙(관동대학), 이현주(인하대학), 박종린(한남대학), 반병율(한국외국어대학) 같은 분들에게도 큰 빚을 졌다. 지칠 줄 모르는 선행 연구들이 없었다면 우리의 연구는 불가능했을 것이다. 소련과 러시아 학계의 식민지 시대 공산주의 연구의 선구자는 고 파냐 이사코브나샤브쉬나Fanya Isaakovna Shabshina, 1906~1998(소비에트과학아카데미, 동양연구소)였다. 그녀는 조선 공산당의 창립자 가운데 한 명인 박헌영의 가까운 친구이자, 1945년

해방 전후 조선사의 귀중한 목격자이기도 하다. 직접 만나지는 못했지만, 그녀의 저작들에 크게 빚졌다. 러시아 국립 사회경제 문서고(RGASPI)에 있는 풍부한 코민테른 문서 자료를 이용해 최초로 글을 쓴 분이고, 나 또한 이 문서고에 큰 도움을 받았다.

관련하여 잔나 그리고리예프나 송Zhanna Grigorievna Son(모스크바고등경제대학)에게도 깊은 감사의 마음을 전한다. 그녀는 1937~38년 스탈린의 악명 높은 대숙청 시기에 살해당한 조선인 코민테른 간부들에 관한 문서를 여러 개 보내줬다. 타티아나 미하일로브나심비르체바 박사Dr. Tatiana Mikhailovna Simbirtseva(러시아국립인문대학)도 큰 도움을 줬다. 그녀는 조선, 타이완, 중국의 공산당과 관련해 출판된 코민테른 문서집 여러 권을 보내줬다. 또, 윤상원(전북대학) 선생에게도 엄청난 빚을 졌다. 그는 양명, 박문규, 강진 등 많은 공산주의자들에 관한 수많은 미출간 코민테른 문서를 제공했고, 더불어 모스크바와 하바로프스크에서 구한, 수백 쪽에 이르는 희귀한 1930년대 조선어 출판물의 스캔 문서도 건네주었다. 이 모든 문서는 한국사 데이터베이스(http://db.history.go.kr/)에서 찾아볼 수 있는 일본 경찰 문서들과 함께 이 책을 쓰는 데 필수적인 자료였다. 또한, 초고를 읽고 친절한 논평을 해준 덕에 세부적인 역사적 내용들의 정확성을 높일 수 있었다.

도판을 찾는 험난한 과정에서도 많은 빚을 졌다. 국사편찬위원회의 연구원들(특히 오혜영 박사)의 도움을 받았고, 그 외에 국가보훈부, 독립기념관, 일본 사가대학, 대한민국역사박물관의 도움도 받았다. 그들의 친절한 도움이 없었다면 식민지 시대 경찰 사찰 카드, 판결문, 조선 독립투사와 진보적 문인들의 고해상도 사진을 결코 구하지 못했을 것이다. 또한 깊은샘과 경인문화사를 포함한 한국 출판사들도 도판 사용과 저작권 상황을 정리하는 데 도움을 줬다. 감사하게도, 식민지 시대에 창간된 한국의 주요 일간지《동아일보》와《조선일보》에서 조선 공산주의 관련 기사의 고해상도 사본을 제공받았다. 이 이미지들을 구입하는 과정에서 도움을 준 '포스트 자본주의와 마르크스주의 혁신' SSK 연구팀에 깊이 감사하며, 실무를 대부분 도맡은 이 팀의 연구조교 고민지 씨에게 특히 감사한다. 이외에도 윤경남(식민지 시대 유력 인사인 윤치호의 증손녀), 임경석, 윤태석(서울대학), 한상언(한양대학) 등을 포함해 많은 분들께 큰 도움을 받았다.

여러 학술 지원금과 후원금으로 이 책을 출간했다. 특히 한국 교육부와 한국연구재단이 '포스트 자본주의와 마르크스주의 혁신' SSK 연구팀(경상국립대학)에 제공한 지원(NRF- 2021S1A3A2A02096299)에 감사한다. 이 연구팀에 소속된 덕분에 큰 도움을 받았다. 항상 작업을 지지해준 열정적인 정성진 선생에게 깊이 감사드린다. 연구 주제에 대한 접근 방식에서 그의 통찰력에 많은 빚을 지고 있다. 다른 연구원들과의 토론과 대화도 많은 영감을 줬다. 더불어, 오슬로대학 동양문화언어학과도 서울과 모스크바 출장연구를 지원해주었고, 이 책에서 인용하고 참고한 책 수백 권을 구매하는 데 도움을 줬다. 학과의 관대한 지원이 없었다면 결코 책을 쓰지 못했을 것이다.

책은 토론과 의견 교환 속에서, 지적 상호 작용 과정에서 태어나며, 이 책도 예외는 아니다. 이 책 〈3장〉의 기초가 된 논문을 수정·확대하여 쓰는 과정에서 도움을 준 임경화 교수(중앙대학)에게 특별한 빚을 졌다. '실존 사회주의'에 관한 '국가자본주의' 이론화 문제를 두고 오웬 밀러(SOAS)와 한 토론은 이 책의 서론과 결론에 중요한 기여를 했다. 김경일 선생(한국학중앙연구원)의 논평은 〈후기〉를 수정할 때 큰 도움이 됐다 곽형덕(명지대학)과 김재용(원광대학)의 연구는 〈6장〉의 주인공인 김사량에 대해 이해하는 토대가 됐다. 5장은 조형렬(동아대학)의 학위논문과 1930년대 조선의 마르크스주의 역사에 관한 토론에서 크게 도움을 받았다. 내가 박치우에 대해 처음 관심을 갖게 된 계기는 위상복(전남대학)의 연구였고, 덕분에 〈4장〉에서 박치우의 마르크스주의 철학을 논할 수 있었다. 그리고 이상경(KAIST), 이진경(캘리포니아대학), 시오도어 휴즈Theodore Hughes(콜롬비아대학) 등이 진행한 식민지시대 '프롤레타리아' 문학의 번역은 내가 이 책에서 다룬 시대와 운동의 시대정신zeitgeist을 전반적으로 이해하는 데 엄청난 도움을 줬다.

이 책의 일부 장은 처음엔 구두 발표로 시작해 나중에 논문으로 작성된 내용이다. 발표할 기회를 준 하버드대학 한국학연구소의 카터 에커트Carter Eckert, 1945~2024와 김선주 선생에게 깊이 감사한다. 이 발표문을 바탕으로 〈4장〉을 썼다. 〈6장〉은 2017년 프라하에서 열린 AKSE(유럽학국학연구협회) 토론회에서 발표한 내용을 논문으로 정리했다. 토론회 주최 측과 곽형덕, 김재용, 권나영(듀크대학) 등 동료 패널에게 감사한다. 그리고 로버트 윈스탠리-체스터스Robert Winstanley-Chesters(에든버그대학)에게 큰 빚을 졌다. 원고를 친절히 편집해주었고 수많은 문법상의 오류를 수정하고 도움이 되는 충고를 해줬다.

이 책의 내용은 대부분 이미 발표한 글을 다듬고 보완한 것이다. 1920~30년대 조선 사회주의의 경험을 동시대 국제 상황 속에 위치 지우려고 시도한 서문은《마르크스주의 연구》(17.2, 2020)에 발표한 논문 〈전 세계적 붉은 시대와 식민지 조선: 메타역사적 분석의 시도World-wide 'Red Age' and colonial-era Korea: An Attempt at Meta-historical Analysis〉을 상당 부분 다시 쓴 것이다. 〈1장〉은 독자적 특성, 불문율, 수용된 위계 등을 갖춘 하나의 소사회milieu으로서의 1920~30년대 공산주의운동에 대한 사회학적 분석을 시도한 것으로, 다른 곳에 발표하지 않은 논문이다. 〈2장〉은 조선 공산주의자들 사이에서 벌어진 분파 투쟁의 부정적 영향과 의외의 긍정적 영향을 모두 다루는데,《마르크스주의 연구》(15.2, 2018)에 발표한 논문 〈1920~30년대 초반 조선 공산주의운동의 분파주의 문제The Issue of Factionalism in the Korean Communist Movement of the 1920s~Early 1930s〉을 수정한 내용이다. 〈3장〉은 조선공산당의 강령을 시대순으로 정리해 분석한 것으로 임경화 선생과 같이 쓴 논문 〈조선의 미래에 관한 공산주의 비전: 1920~30년대Communist Visions for Korea's Future: The 1920~30s〉(Review of Korean Studies 20.1, 2017)에 기초한 것이다. 이 기회를 빌려 공저 논문을 책으로 출간할 수 있도록 허락해준 임경화 교수에게 깊이 감사드린다.

2부의 모든 장은 이전에 발표한 글을 재작성한 버전이다. 〈4장〉은 마르크스주의 철학자 박치우의 지적 전기이며, 〈조선의 학술적 마르크스주의의 탄생: 박치우(1909~1949)와 우익 전체주의의 철학적 비판 The Birth of Korean Academic Marxism: Pak Ch'iu(1909~1949) and his Philosophical Critique of Right-Wing Totalitarianism〉(Oriens Extremus 57~58, 2020)을 수정한 것이다. 식민지 시대 마르크스주의자들의 가차없는 민족주의 비판을 다루고 있는 〈5장〉은 〈민족의 탈신비와 1920-30년대 조선에서 공산주의자들의 민족개념Demystifying the Nation: The Communist Concept of Ethno-Nation in 1920s~1930s Korea〉(Cross-Currents: East Asian History and Culture Review 28, 2018)을 고쳐 썼다. 〈6장〉은 1945년 중국공산당이 해방시킨 지역을 지나는 김사량의 여행을 다루며, 〈김사량의《노마만리老馬萬里》: 반식민투쟁의 기억Kim Saryang's Ten Thousand Li of a Dull-Witted Horse: Remembering the Anti-Colonial Struggle〉(European Journal of Korean Studies 17.2, 2018)을 보강한 것이다.

〈7장〉은 1945년 이전과 이후에 이뤄진 조선 지식인들의 모스크바 방문을 다루며, 〈붉은 수도, 식민지의 눈: 1920~30년대 조선 지식인들이 바라본 모스크바Red Capital, Colonial Eyes: Moscow as Seen by Korean Intellectuals in the 1920s~1930s〉(Korea Journal 57.3, 2017)를 약간 수정해 실었다. 마지막으로 〈후기〉는 논문 〈사회주의 세기? 현대 한국의 주요한 대항 이데올로기로서의 사회주의A Socialist Century? Socialism as the Main Counter-Hegemonic Ideology of Contemporary Korea〉(Korea Journal 60.3, 2020)를 토대로 다시 쓴 것이다. 발표한 글을 수정한 형태로 재출판할 수 있도록 허락해준 마르크스주의 연구, Oriens Extremus, Cross-Currents(아쉽게도 지금은 폐간되었다), *European Journal of Korean Studies, and Korea Journal*의 편집자들에게 깊은 감사를 표하고 싶다. 이 책의 〈결론〉은 다른 곳에 발표한 적 없는 원본이다.

조선 공산주의사는 격동의 20세기 한국사를 총체적으로 이해하는 데 무척이나 중요하지만, 오늘날 전 세계 영어권 학술출판 시장에서 주목하는 주제는 아니다. 사실 이런 주제를 다루는 책을 출간하려는 대학출판사를 찾는 일은 쉽지 않았고, 특히 현재 학술 출판물 시장의 위기 상황에서는 더욱 그랬다. 이 책의 출판을 허락해준 하와이대학의 동료들에게 정말 큰 빚을 지게 됐다. 하와이대학 한국학센터 출판위원회 위원장인 김지형Cheehyung Herrison Kim 선생에게 정말 감사하다. 그의 열정과 친절, 노련한 편집 덕분에 이 책이 출간됐다. 또한 하와이대학출판부의 조엘 코스붐Joel Cosseboom 소장님과 이 책의 편집과 출판에 기여한 모든 스탭들에게도 감사한다. 그 외에 익명의 전문심사인 두 분에게도 무척 큰 빚을 졌다. 그들의 비판과 제안, 충고는 이 책의 원고를 향상시키는 데 중대하게 기여했다.

무엇보다 가장 큰 빚은 우리 가족에게 졌다. 남편과 아빠의 잦은 부재를 상냥하게 참아준 가족에게 감사하다. 아내 마리나 백명정Marina Myong Jong Baek은 우리 아이들 유리와 사라를 양육하고 가사노동을 하는 데 있어 정당한 몫을 훨씬 초과해 애썼다. 우리 아이들이 자라는 모습을 바라보는 것은 나의 특권이었고, 과노동으로 늘 바쁜 아빠를 참아준 아이들의 참을성에 깊이 감사한다. 그리고 마지막으로, 내가 궁극적으로 진 빚은 식민지 시대 조선의 모든 사회주의자들께 진 빚이다. 그들은 조선의 해방만이 아니라 인류 전체의 해방을 위해 자신의 노동과 피, 건강, 심지어 목숨까지 희생했다. 더 밝은 내일에 대한 그들의 비전이 나이브함과 주관적인 희망에 머물러 있었더라도, 그들의 희생과 보편주의적 사고(전 지구적 차원의 이상과 포부)의 과감성은 조선을 완전히 바꿔놓았다. 우리 모두는 조선 공산주의 저항운동의 영웅들에게 빚을 지고 있다. 아주 많은 분들이 종국에 탄압과 죽음을 맞이했다. 그들은 일본 식민 경찰뿐 아니라 소비에트와 남북한 정권, 1945~48년 남한의 미 점령군과 옌안과 만주의 중국공산군이 자행한 탄압의 피해자가 됐다. 현대인들이 그들을 영원히 기억하고 그들의 활동과 희생의 세계사적 의미를 더욱 깊이 이해하게 하는 것이 이 책의 주요한 목적이다.

| 옮긴이의 말 |

2024년 12월, 역사학연구소에서 열린 *The Red Decades* 북토크에 참가해 박노자 선생님께 이 책의 한국어판 출간을 제안했고, 우여곡절을 거쳐 마침내 출간을 앞두게 되었다. 이 책은 퇴행적 반동 쿠데타와 탄핵의 와중에 세상에 나온 셈이다.

개인적으로 이번 번역 작업은 격동의 80년대에 접한 조선의 공산주의운동을 40년의 시차를 넘어 재접속하는 과정이었다. 남북 양쪽에서 버림받은(?) 일제하 공산주의운동의 역사를 복원하고 재평가하려는 이 책의 시도는 반가울 수밖에 없었고, 번역 과정은 개인적 운동 경험에 비추어 당시의 공산주의운동을 재평가하고 재해석할 수 있는 좋은 기회이기도 했다.

무엇보다도 이 책의 가장 큰 장점은 20세기 전반 격동의 세계사 속에서 일제하 공산주의운동을 맥락화했다는 점이다. 대부분의 선행 연구가 일국─國운동의 관점을 벗어나지 못하는 방법론적 한계를 갖고 있기에, 국제적 맥락화는 더더욱 중요한 의미를 갖는다. 그 시대에도 코민테른의 1국1당주의로 인해, 조선 본토만이 아니라 일본과 중국, 만주와 연해주, 러시아로 뻗어 나간 운동을 한데 묶을 틀이 없었지만, 적어도 식민지 시대 공산주의자들은 냉전으로 인한 고립에서 자유롭지 못한 남한의 이후 세대에 비해 훨씬 더 국제주의적인 전망과 조직적 연계 속에서 활동했다.

최근 역사학계 동향에 부응하여 사회주의적 소사회socialist milieu의 개념을 수용하여 조선 공산주의운동을 분석했다는 점 또한 이 책의 돋보이는 점이다. 이 과정에서 운동과 주체의 형성 과정을 생생하게 복원하고, 외연의 확장 속에서 공산주의운동을 재현함으로써 운동의 실제적 양상을 더욱 풍부하게 이해할 수 있는 기반을 마련했다. 확실히 식민지 시대 공산주의운동은 단순히 당 조직 자체만이 아니라, 이른바 '운동권'을 형성하면서 민족해방투쟁(운동)의 중심축을 담당했을 뿐만 아니라, 사회문화적 측면에서 지식인 사회에 커다란 영향력을 행사했다.

식민지 시대 지식인과 기층 민중의 급진화 과정은 1980년 광주항쟁을 경과하면서 형성된 광주세대(이른바 386세대(586세대)를 이렇게 부르고자 한다)의 급진화와 놀랍도록 유사하다. 물론 맥락상의 차이는 있지만, 운동의 형성과 확산 과정, 외부의 적에 대한 투쟁 속에서 형성된 내부의 동학과 지적·사회적 영향력의 확장 등을 살펴보면, 어쩌면 광주세대는 포스트 1919년 세대의 경험을 공유한 것일지도 모른다는 생각이 든다.

책 내용 가운데 특히 분파주의에 대한 분석은 탁월하다. 공식적으로는 소아병적 폐해로 부정당했지만, 분파와 분파주의는 어느 조직에서나 나타나는 보편적 현상이었고, 많은 부정적 측면에도 불구하고 초기적 급진화 단계에서 맞게 되는 불가피한 과정이기도 했다. 이 과정에서 과잉 급진화가 가져온 부정적 작용이 운동의 발전을 저해한 것은 분명한 사실이지만, 그럼에도 그 과정이 개인적·정파적 갈등을 넘어, 대립과 논쟁의 와중에도 운동의 사상과 이론을 정립하고 현실 투쟁의 전략과 전술, 조직화 과정을 정교화하는 과정이기도 했음을 이 책은 명료하게 증명한다.

물론 일제 식민 당국의 가혹한 탄압 아래서 합법적 당 운동은 불가능했고, 국제적 차원에서도 예상치 못한 굴절 속에서 1928년 조선공산당은 주체의 의지와 무관하게 해산당하는 불운을 겪어야 했다. 이후 수많은 재건 시도가 집요하고 완강하게 이뤄졌지만, 결국 당의 재건은 실패했다. 그러나 식민 체제의 가혹한 탄압 아래서 비합법 전위전당이 조직적 성공을 거둔 사례는 거의 전무하다는 의미에서, 당 재건의 실패를 곧 운동의 실패로 단정할 수는 없을 것이다.

1945년 이후 해방공간에서 좌파운동이 폭발한 것은 어떤 면에서 1920~30년대 운동이 실패를 무릅쓰고 뿌린 씨앗의 열매이다. 1920~30년대의 치열한 저항과 투쟁이 없었다면, 우리 역사에서 드문 '해방의 순간'에 이뤄진 공산당의 신속한 재건과 인민위원회의 전국적 확산, 이후 대중운동의 분출 등을 적절하게 설명할 수는 없을 것이다. 역사적 우연으로 점철된 분단과 전쟁, 냉전으로 이어진 역사적 과정에서 해방공간의 좌파운동은 북조선의 당-국가 체제로 수렴됐고, 이후 북조선 사회주의 건설 과정에서 주변화되어 일제하 공산주의자들의 헌신적 투쟁과 운동은 역사적 망각의 늪으로 사라졌다.

그러나 1980년대 광주세대의 급진화는 일제하 공산주의운동을 복원했고, 이를 계기로 남한의 진보적 연구 진영에서도 새로운 연구의 지평이 열렸으며, 이후 가열찬 연구 투쟁(?)을 통해 조선 공산주의운동의 역사적 재구성과 재해석이 시도됐다. 그러나 열정적인 연구의 성과가 종합되기도 전에, 사회주의 진영의 해체 이후 운동 전반의 탈급진화 속에서 연구가 다시 주변화되는 비운의 길을 걸어야 했다.

지난 4월 조선공산당 창건 100주년을 맞아 역사학 단체 세 곳에서 주관한 '식민지 조선을 뒤흔든 유령: 사회주의 '비밀결사' 결성 100주년 학술대회'가 열렸다. 이 뜻깊은 행사는 완전히 명맥이 끊겼다고 할 수는 없지만, 1980~90년대의 열정적 관심과 연구가 그 이후 현실의 벽에 부딪혀 고전하고 있는 상황을 돌파하려는 소중한 자리였다. 이 책이 이런 노력과 맥이 닿아 있다는 것은 부정할 수 없는 사실이다.

이 책의 출판과 더불어, 연구자만이 아니라 독자들 사이에서도 일제하 공산주의운동을 더욱 풍부하게 이해할 수 있는 토대가 마련되기를 바란다. 비록 이 책은 공산주의운동의 통사는 아니지만, 최근의 연구 성과와 저자의 집요한 연구를 통해 운동사의 지평을 확장하고 심화시키는 커다란 디딤돌이 될 것이라고 기대한다. 편견과 속박에서 벗어난 새로운 관심과 자극, 새롭고 확장된 관점에서의 재해석. 이것이 내가 이 책의 번역을 결심한 이유이기도 하다.

이 책의 번역과 편집은 개인적으로 무척 흥미로운 과정이었다. 대부분의 번역 작업에서는 번역 언어인 한국어에 대한 저자의 이해가 제한적인데, 이번에는 저자의 한국어 이해와 구사가 한국인 평균을 능가하는 특수한 경우였다. 그런 의미에서 저자의 완벽한 번역 감수가 가능한 예외적 사례라고 할 수 있었고, 저자인 박노자 선생과의 끊임없는 소통은 번역 작업의 완성도를 높이는 데 엄청난 도움이 되었다.

이 작업이 독자가 깔끔히 읽을 수 있는 책이라는 마지막 결과물이

될 수 있었던 것은 전적으로 편집자들의 헌신적인 노동 덕분이다. 거친 번역 투 원고를 편집 과정에서 깔끔하게 변신시켜 준 김지하 편집자님을 비롯한 편집자 선생님들과 한겨레출판 편집부 여러분께 감사의 말씀을 드린다.

어떤 책이든 내용에 대한 재해석은 궁극적으로 독자의 몫이다. 그러나 그 과정은 저자와 끊임없는 상호작용을 하며 미래를 향해 동행하는 여정이기도 하다. 21세기의 다중적 위기 속에서도, 그리고 열악한 독서 환경 속에서도, 이 책이 다루고 있는 주제만큼 끈질긴 생명력으로 멋진 미래를 펼쳐나가길 기대한다.

2025년 여름
원영수

| 추천의 말 |

망각을 거부하라!

장석준 | 사회학자, 출판&연구공동체 산현재 기획위원

올해는 조선공산당 창당 100주년이다. 조선공산당은 1925년 4월 17일 경성(서울)에서 창당했다. 이후 공산당은 6.10 만세운동, 광주학생운동 등 항일투쟁 현장에서 늘 가장 치열하게 싸웠다. 일제강점기에 형무소를 드나든 이들 중 다수는 공산당원이거나 그 지지자 또는 공산당 재건운동 참여자였다. 특히 해방의 그날이 가까워질수록 사상범 가운데 공산주의 관련자가 차지하는 비중이 압도적으로 늘어났다. 그렇다면 조선공산당 창당 100주년을 허투루 지나쳐버릴 수는 없는 노릇이다. 항일독립운동을 바탕으로 건국했다고 자부하는 나라라면 말이다.

그러나 이 나라는 '공산주의'라는 네 음절 단어와 또 다른 복잡하고 심란한 인연을 맺고 있다. 이 단어를 내세운 정권과 끔찍한 전쟁을 벌여야 했고, 이로 인한 상처가 아직까지 모든 이의 삶을 어떤 식으로든 규정하고 있다. 더 슬픈 것은 이런 비극을 독재와 억압, 무지와 폭력의 빌미로 이용하려는 세력이 21세기인 지금까지도 좀처럼 사라질 기미를 보이지 않는다는 사실이다. 친위쿠데타를 시도했다 결국 파면당하고 만 대통령은 집권 3년 내내 이른바 "공산전체주의"와의 전쟁을 부르짖었다. 그리고 마치 이 호소에 응답하기라도 하는 것처럼, 조선공산당 창당 장소에 설치된 작은 표석이 어느 극우 인사에 의해 불법 철거되는 일이 벌어지기도 했다. 이런 형편이니 조선공산당 창당 100주년이 그에 합당한 관심과 평가를 받길 기대하기는 어려웠다. 아니나다를까 올해 4월에 학술적 성격의 몇몇 단체가 주최한 조촐한 기념 토론회조차 이 행사에 반대하는 시위대가 쏟아내는 소음을 참으며 진행돼야 했다.

이러한 어수선한 상황 속에서, 2023년 출간된 박노자 교수의 영문 저작 *The Red Decades*가 드디어 우리말로 옮겨져 한국 독자들과 만나게 되었다. 이 책은 조선공산당과 그 전신인 고려공산당 그리고 공산당 해산 이후 이를 새롭게 재건하려 한 운동을 중심으로 좌파 성향 항일독립운동의 여러 측면을 깊이 파고든다. 최근 들어, 20세기 말에 시작된 좌파 항일독립운동 역사 연구의 성과들이 거대하고 풍부한 서사로 정리돼 대중에게 소개되고 있는데, 이 저작 역시 이러한 흐름의 연장선에 있다.

특히 《붉은 시대》는 사회주의, 공산주의를 표방하며 전개된 항일투쟁의 역사 가운데에서도 그 사상사 혹은 지성사라 할 측면을 부각한다. 공산당 활동에 적극적으로 참여한 세대, 계층, 집단의 지적 궤적을 훑고, 공산당 내 분파 간 논쟁이나 지속적인 당 강령 갱신, 식민지 조선 사회에 대한 체계적 분석 등이 당대인들의 사고에 끼친 영향을 밝혀내며, 우리 시대의 지구화 이전에 이미 한반도 밖 세상과 활발히 소통하며 교섭하던 식민지 세대 지식인들의 드넓은 시야를 되살린다. 그러면서 우리가 오랫동안 잊고 지낸 과거의 이 경험들이 현대 남북한 사회에 어떠한 깊숙한 자국을 남겼는지 환기시킨다.

저자는 이 모든 작업을 20세기 전반의 전 세계적 시대정신이라는 보편적 무대 위에서 전개한다. 책 제목인 '붉은 시대'가 바로 그러한 무대다. 제1차 세계대전 와중에 폭발한 러시아 10월혁명의 여파로 세계 곳곳에서 대중의 전례 없는 각성, 민주적 집단행동이 분출했다. 특히 1919~1923년 사이에 저자가 '붉은 물결'이라 부르는 아래로부터의 민주주의의 놀라운 드라마가 펼쳐졌다. 경영진 없이 노동자의 힘만으로 당대 최첨단 제품(자동차)을 생산하는 실험이 벌어진 이탈리아의 '붉은 2년'도, 모든 역사학자가 현대 중국의 출발점이라 인정하는 5.4운동도, 식민 지배를 받던 민족들에게 제국주의에 맞서는 횃불로 여겨진 인도의 비협력운동도 모두 이 시기에 전개된 전 세계적 민중투쟁의 일부였다. 《붉은 시대》가 지적하듯이, 한반도의 3.1운동도 이 거대한 흐름의 당당한 한 지류였다. 1919~1923년의 전 지구적 항쟁을 계기로 각국에서 공산주의운동이 시작된 것처럼, 식민지 조선에서도 3.1운동에 참여한 세대의 주도로 공산당이 출범한다.

그러나 '붉은 물결'은 오래 가지 못했다. 양차 대전 사이의 훨씬 더 긴 기간은 혁명의 여진이 생동하던 시기라기보다는 파시즘과 스탈린주의가 승리를 구가한 시기로 기억된다. 제1차 세계대전의 충격이 채 진정되지 않은 상태에서 대공황이 닥쳤고, 새로운 세계전쟁이 발발하기 전까지 경제위기가 지속됐다. 저자의 표현에 따르면, 이 시기를 지배한 것은 '비상사태'의 논리였다. 이 논리에 따라, 서유럽에서는 파시즘이 의회민주주의를 철저히 파괴했고, 소비에트 연방에서는 지난날의 혁명 동지들이 서로를 '인민의 적' '파시스트 간첩'으로 고발하고 심판하며 즉결 처형했다. 식민지 조선의 공산주의자들 역시 이런 그늘진 시대정신의 영향을 받지 않을 수 없었다. 그래서 해방 이후 새 나라를 건설하면서 민주주의를 어떻게 발전시켜가야 할지 깊이 고민하지 못한 채 1930년대 소련 사회를 교과서처럼 추앙하기 시작했다. 이것이 후세대인 우리가 '공산주의'라는 말에서 떠올리는 부정적 기억이나 인상과 직결된 '붉은 시대'의 어두운 측면들이다.

그럼에도 저자는 '붉은 물결'을 통해 분출했던 새 세상을 향한 열망과 의지가 '붉은 시대'의 나머지 시기에도 결코 사라지지는 않았음을 강조한다. 가령 파시즘을 자본주의 문명의 필연적 귀결로 파악하고 이에 맞서 가장 전투적으로 싸운 것은 공산주의운동 안팎의 활동가, 지식인들이었다. 일본형 파시즘을 향해 나아가던 일제 치하 조선에서도 박치우 같은 좌파 지식인들이 이와 같은 시각에서 파시즘을 선구적으로 비판했다. 또한 소련 체제가 경직되어가는 와중에도 소련뿐만 아니라 세계 곳곳에서 공산주의운동은 노동자, 농민의 젊은 세대가 구세대의 패배적 정서와 지적 낙후성에서 벗어나 능동적인 정치적 주체로 성장하는 활기찬 통로가 되어주었다. 1930년대 조선에서도 적색노동조합이나 농민조합 활동을 통해 이러한 노동자, 농민의 '유기적 지식인'들이 역사 속에 모습을 드러냈다. '붉은 시대'에 자라난 이 모든 새로운 요소들이 제2차 세계대전 이후, 과거보다 조금은 더 나아진 세계의 토대가 됐다. 그래서 저자는 "전간기 급진파들의 한계가 무엇이었든, 그들은 많은 측면에서 농업의 재구조화, 탈식민화, 성평등과 복지국가가 구현될 1945년 이후 세계의 선구자였다"고 평가한다.

《붉은 시대》의 이러한 공산주의 사상사 복원 작업은 대한민국 정신사의 잃어버린 고리를 찾는 여정이기도 하다. 감히 대한민국과 공산주의를 이런 식으로 엮다니, "공산전체주의에 맞서 자유민주주의를 지키자"는 선동 논리에 여전히 별다른 의심을 품지 않는 이들에게는 너무 황당한 이야기일지 모른다. 그러나 '붉은 시대'를 뜨겁게 살았던 앞 세대를 통째로 망각했기에, 아니 망각을 강요받았기에 무참히 가려지고 만 대한민국의 더 원만한 얼굴과 더 풍부한 가능성이 분명히 있다. 《붉은 시대》는 집단적 기억의 집요한 발굴과 환기를 통해, 우리 자신을 구성하는데도 우리 스스로 채 의식하지 못했던 또 다른 진실을 훤히 드러낸다. "망각을 거부하라!"는 민주주의를 억압해온 중화인민공화국 체제에 맞서 불굴의 투사이자 사상가 첸리췬錢理群이 부르짖은 표어이지만(《망각을 거부하라: 1957년학 연구 기록》, 길정행 외 옮김, 그린비, 2012), 20세기 한반도의 고된 역사를 어깨에 짊어진 우리에게도 역시 절절한 외침이다.

예를 들어, 대한민국의 첫 헌법이 제정되던 현장으로 돌아가보자. 헌법 제정 과정은 1948년 6월 23일, 헌법기초위원회에서 헌법 초안 작성을 주도한 유진오 전문위원의 초안 해설로 시작되었다. 유진오는 헌법의 기본 정신을 "정치적 민주주의와 경제적, 사회적 민주주의의 조화"라고 명확히 정리했다. "모든 사람의 자유와 평등과 권리를 위하고 존중"하면서 동시에 "경제 균등을 실현해보려" 한다는 것이었다. 이 정신은 "경제상 자유"보다도 "사회정의의 실현과 균형 있는 국민경제의 발전"을 경제 질서의 근본 원칙으로 명시한 제헌헌법 제84조, "운수, 통신, 금융, 보험, 전기, 수리, 수도, 가스 및 공공성을 가진 기업"을 모조리 "국영 또는 공영"으로 한다는 제87조 등으로 구체화됐다. 오늘날 자유민주주의를 "공산전체주의"의 반대말쯤으로 이해하는 이들의 짐작과는 달리 대한민국이 건국하며 확인한 지향은 순수한 자본주의보다는 사회민주주의에 훨씬 더 가까웠다.

그날 그 자리에 있던 국회의원들에게는, 헌법 초안 발표자가 어떤 인물인지 굳이 부연할 필요가 없었다. 유진오는《붉은 시대》의 등장인물 가운데 한 사람이다. 비록 태평양전쟁 시기에 일제에 협력한 오점이 있지만, 유진오는 법학자이자 소설가로 활약한 저명한 좌파 지식인이었다. 공산당에 입당하거나 재건운동에 참여하지는 않았지만, 사회주의에 공감하는 입장에서 문필 활동을 했기에 '동반자'라 불린 작가 명단에서 이름이 빠진 적이 없었다.

해방 이후 유진오는 재건 공산당에 합류하지도 않았고, 비판적 태도를 견지했다. 하지만 그 시절 한국인들은 동시대인인 유진오가 헌법의 기본 정신이라 못 박은 "정치적 민주주의와 경제적, 사회적 민주주의의 조화"가 어떠한 오랜 집단적 고뇌와 모색에서 나온 결론인지 너무나 잘 알고 있었다. 거기에는 공산주의자들과 그 반대 진영 모두가 한 세대에 걸쳐('붉은 시대') 치열하게 펼친 논쟁과 상호 영향, 협력과 대립이 깊숙이 새겨져 있었다. 지금의 우리와는 달리 이 경험이 여전히 생생히 살아 있었기에, 반공 노동조합운동(대한노총)을 이끌며 공산당 지지 노동자들과 폭력 대결을 펼치기까지 했던 전진한 의원 같은 인물이 오히려 헌법 초안의 기본 정신에 가장 적극적으로 호응하면서 초안에도 없던 노동자 경영참여권, 이익균점권 등을 더하자는 수정안을 제출했던 것이다.

대한민국 시민 대다수는 이러한 현대 한국 사회의 형성 과정을 제대로 알지 못한다. 그러니 우리 자신에 대해서도 무지할 수밖에 없다. "농업의 재구조화, 탈식민화, 성평등과 복지국가"의 씨앗들이 뿌려진 역사를 모르니, 그 성과들을 줄기차게 발전시켜나가는 힘 또한 약하게 마련이다. 심지어는 우파가 그토록 우상시하는 박정희의 경제성장 위업마저 '경제 계획'이라는 관념을 익숙하게 만들었던 이념-운동의 영향 없이 성립할 수 없었음을 알아차리지 못한다. 그래서 이제 와서는 다른 어느 자본주의 국가보다도 더 신자유주의에 대해 미련을 버리지 못하는 신세가 됐다. 기후 위기 대응이나 돌봄 문제 해결을 위해 경제 전반을 과감히 새로 기획해볼 엄두를 내지 못한다. 이렇듯, 과거의 망각은 미래의 더 풍부한 가능성의 망실로 이어진다.

《붉은 시대》는 이제라도 이런 수렁에서 빠져나오라고 다그치는 나팔 소리다. 그리고 박노자는 이런 기상나팔을 불기에 가장 적격인 저자다. 저자의 고향 러시아는 '붉은 물결'의 진원지였고, '붉은 시대' 내내 조선을 비롯한 전 세계가 영감의 원천으로 삼던 거대한 실험의 현장이었다. 그러나 지금 러시아에서 그 시절은 잊고 싶은 실패의 기억으로만 취급되며, 최근 스탈린의 정신적 후계자 격인 푸틴 정권 치하에서 아류 제국주의적 침략 전쟁의 소용돌이에 휩싸인 상황에서는 더욱 그러하다. 《붉은 시대》의 중요한 두 무대인 러시아와 한국 모두 '붉은 시대'에 대한 의도된 망각에 빠져 있는 것이다. 이 망각의 정도가 강할수록 민주주의를 더욱 발전시킬 가능성이 제약된다는 점 역시 두 나라에 공통되는 사실이다. 역으로, 과거를 망각으로부터 구해낼수록 두 나라의 미래 전망은 보다 풍부해질 것이다. 박노자 교수 말고 또 누가 있어 이런 묘한 운명의 얽힘을 간파하고 일깨우겠는가.

아무래도 첸리췬을 다시 한번 인용해야겠다. '붉은 시대'에 중국의 양심이었던 루쉰의 정신적 후예 첸리췬은 《내 정신의 자서전: 나에게 묻는다, 지식인이란 무엇인가》(김영문 옮김, 글항아리, 2012)에서 다음

같은 지극히 루쉰적인 문장으로 지난 역사를 총괄하고 미래를 향한 의지를 선포한다. "나는 존재한다. 나는 노력한다. 우리는 이처럼 서로서로 부축한다. — 이것으로 충분하다." 그렇다. 우리는 서로서로 부축하며 기어코 앞으로 나아갈 것이다. 이 책이 그 증거다.

| 주 |

서론 1919년에서 1930년대 후반, 전 세계적 붉은 시대와 식민지 조선

1. Sunyoung Park, *The Proletarian Wave: literature and Leftist Culture in Colonial Korea, 1910~1945*, Cambridge, MA: Harvard University Press, 2015, p. 16.
2. Cited in John Crump, *The Origins of Socialist Thought in Japan*, London: Routledge, 2011, p. 75.
3. 이호룡, 《한국의 아나키즘-사상편》, 서울: 지식산업사, 2001, 82~84쪽.
4. Yoshihiro Ishikawa, "Chinese Marxism in the Early 20th Century and Japan," *Sino-Japanese Studies* 14, 2002, pp. 24~34; 이호룡, 《한국의 아나키즘》, 86~87쪽.
5. Sunyoung Park, "Anarchism and Culture in Colonial Korea: Minjung Revolution, Mutual Aid, and the Appeal of Nature," *Cross-Currents: East Asian History and Culture Review* 7(2), 2018, pp. 518~519; 이호룡, 《한국의 아나키즘》, 89쪽.
6. Arif Dirlik, *Anarchism in the Chinese Revolution*, Berkeley: University of California Press, 1993, 13~15.
7. 이호룡, 《한국의 아나키즘》, 112~115쪽
8. Park, "Anarchism and Culture," 509.
9. 이호룡, 《한국의 아나키즘》, 180~198쪽.
10. 황석우, 〈현일본 사상계의 특질과 그 주류〉, 《개벽》 34, 1923, 25~43쪽.
11. Dongyoun Hwang, *Anarchism in Korea: Independence, Transnationalism, and the Question of National Development, 1919 - 1984* (Albany: State University of New York Press. 2016); Park, "Anarchism and Culture."
12. Hwang, *Anarchism in Korea*, 49~51.
13. 이호룡, 《한국의 아나키즘》, 285~291쪽.
14. Hwang, *Anarchism in Korea*, 20~32.
15. 이호룡, 《한국의 아나키즘》, 214~227쪽.
16. Hwang, *Anarchism in Korea*, 36~44.
17. Hwang, *Anarchism in Korea*, 51.
18. Hwang, *Anarchism in Korea*, 179~208.
19. 홍원표, 《비극의 서사: 근현대 한국 지성의 삶과 사상》, 서울: 신서원, 2018, 302~321쪽.

20. 김명식, 〈입헌 영국의 파시즘 정변〉, 《삼천리》 3(10), 1931, 9~11쪽.
21. Talcott Parsons, *On Institutions and Social Evolution*, ed. Leon H. Mayhew, Chicago: University of Chicago Press, 1985, pp. 331~334.
22. Vipan Chandra, *Imperialism, Resistance, and Reform in Late Nineteenth-Century Korea: Enlightenment and the Independence Club*, Berkeley: University of California, Center for Korean Studies, 1988.
23. 김정인, 《오늘과 마주한 3·1운동》, 서울: 책과함께, 2019, 59~99쪽.
24. 조동걸, 《일제하 한국농민운동사》, 서울: 한길사, 1979, 50~70쪽, 84~91쪽; 오미일, 《한국근대자본가연구》, 서울: 한울아카데미, 2002년, 232~274쪽.
25. 장규식, 《일제하 한국기독교민족주의 연구》, 서울: 혜안, 2001, 113~121쪽; 조규태, 《천도교의 민족운동 연구》, 서울: 선인, 2006, 15~25쪽.
26. 김정인·이준식·이송순, 《한국 근대사 2: 식민지 근대와 민족 해방 운동》, 서울: 푸른역사, 2016, 93~111쪽.
27. Richard Vinen, *The Long '68: Radical Protest and Its Enemies*, New York: Penguin Random House, 2019, pp. 1~25, 297~315.
28. Pierre Broué, *The German Revolution 1917~1923*, trans. John Archer, ed. Ian Birchall, Leiden: Brill, 2005, pp. 227~261, 421~449, 491~505, 709~817; Charles Tilly, *European Revolutions, 1492~1992*, Oxford: Blackwell, 1993, pp. 218~233.
29. Bert Hoppe and Mark Keck-Szajbel, "Iron Revolutionaries and Salon Socialists: Bolsheviks and German Communists in the 1920s and 1930s," *Kritika: Explorations in Russian and Eurasian History* 10(3), 2009, pp. 499~526.
30. James Kemmy, "The Limerick Soviet," *Saothar* 2, 1976, pp. 45~52.
31. Istvan Deak, "Budapest and the Hungarian Revolutions of 1918~1919," *Slavonic and East European Review* 46(106), 1968, pp. 129~140.
32. Selma Botman, *Egypt from Independence to Revolution, 1919~1952*, Syracuse, NY: Syracuse University Press, 1991, pp. 27~29; John Gallagher, "Nationalisms and the Crisis of Empire, 1919-1922," *Modern Asian Studies* 15(3), 1981, pp. 355~368; Alan Lawrance, *China since 1919: Revolution and Reform: a Sourcebook*, London: Routledge, 2004, pp. 6~9.
33. 러시아혁명에 대한 해외 반응 관련 참고 문헌은 다음과 같다. Jonathan Smele, *The Russian Revolution and Civil War 1917~1921: An Annotated Bibliography*, London: Continuum, 2003, pp. 215~250.
34. Andrew C Janos, *The Politics of Backwardness in Hungary, 1825~1945*, Princeton, NJ: Prince ton University Press, 1982, pp. 149~201.
35. Reinhard Sieder, "Housing Policy, Social Welfare, and Family Life in 'Red Vienna,' 1919-34," *Oral History* 13(2), 1985, pp. 35~48.

36. Chung-shin Park, *Protestantism and Politics in Korea*, Seattle: University of Washington Press, 2003, p. 135.
37. Karl Marx, "Grundrisse," in *Marx and Engels Collected Works*, 28, New York: International Publishers, 1986[1857-1858], p. 108.
38. Vladimir Il'ich Lenin, "The State and Revolution," in *V. I. Lenin Collected Works*, 25, Moscow: Progress Publishers, 1964[1917], pp. 381~492.
39. Vladimir Il'ich Lenin, "The Tax in Kind (The Significance of the New Policy and Its Conditions)," in *V. I. Lenin Collected Works*, 32, Moscow: Progress Publishers, 1965[1921], pp. 329~365.
40. 예를 들어 독일의 전시 경제동원에 대해서는 다음을 보라. Gerald D. Feldman, "The Political and Social Foundations of Germany's Economic Mobilization, 1914~1916," *Armed Forces and Society* 3(1), 1976, pp. 121~145; 독일의 전시경험에 대한 직접적 언급은 다음을 보라. Lenin, "The Tax in Kind", pp. 329~365.
41. Sheila Fitzpatrick, *The Russian Revolution*, Oxford: Oxford University Press, 2008, pp. 87~93, 107~119, 130~135, 141~149.
42. 강영심·김도훈·정혜경,《1910년대 국외항일운동 2》, 천안: 독립기념관, 2008, 44~59쪽.
43. Kenneth M. Wells, *New God, New Nation: Protestants and Self-Reconstruction Nationalism in Korea, 1896~1937*, Honolulu: University of Hawai'i Press, 1990, p. 101.
44. Alexander Rabinowitch, *The Bolsheviks in Power: The First Year of Soviet Rule in Petrograd*, Bloomington: Indiana University Press, 2007, pp. 64~65, 265.
45. George Katsiaficas, *Asia's Unknown Uprisings, Volume 1: South Korean Social Movements in the 20th Century*, Oakland, CA: PM Press, 2012, p. 45.
46. 이윤희,《한국민족주의와 여성운동》, 서울: 신서원, 1996, 73~74쪽.
47. Joong-Seop Kim, *The Korean Paekjŏng under Japanese Rule: The Quest for Equality and Human Rights*, London: Routledge, 2003, pp. 37~68.
48. Dan Healey, *Homosexual Desire in Revolutionary Russia: The Regulation of Sexual and Gender Dissent*, Chicago: University of Chicago Press, 2001, pp. 100~125.
49. William Rosenberg, *Bolshevik Visions: Creating Soviet Cultural Forms: Art, Architecture, Music, Film, and the New Tasks of Education*, Ann Arbor: University of Michigan Press, 1990, pp. 32~33.
50. 《동아일보》,〈적로[赤露] 군사교육, 대학, 전문학교 남녀학생에게〉,《동아일보》, 1926년 9월 2일;《중외일보》,〈사상 경향이 엿보이는 두 질문에 대하여 여러 학생의 각종 대답, 적로[赤露] 학교의 신실험〉,《중외일보》, 1929년 10월 23일.
51. Samuel Perry, *Recasting Red Culture in Proletarian Japan: Childhood, Korea, and the*

Historical Avant-garde, Honolulu: University of Hawai'i Press, 2014, pp. 12~69.
52. 두전하(窦全霞), 《한중일 프롤레타리아 아동문학》, 서울: 소명출판, 2019, 42~77쪽.
53. Eberhard Kolb, *The Weimar Republic*, London: Routledge, 2004, pp. 53~85.
54. Shahid Amin, *Event, Metaphor, Memory: Chauri Chaura, 1922~1992*, Oxford: Oxford University Press, 2005, pp. 8~18.
55. Jonathan Fenby, *The Penguin History of Modern China* (London: Penguin Books, 2013), pp. 142~156.
56. Jean Chesneaux, *The Chinese Labor Movement 1919~1927*, Stanford, CA: Stanford University Press, 1968, p. 42.
57. Ian Kershaw, *To Hell and Back: Europe, 1914–1949*, London: Penguin Books, 2016, p. 153.
58. Michael Edson Robinson, *Cultural Nationalism in Colonial Korea, 1920~1925*, Seattle: University of Washington Press, 1988, pp. 78~106.
59. Anthony McElligot, *Weimar Germany*, Oxford: Oxford University Press, 2009, pp. 50~52; Dong Wang, *China's Unequal Treaties: Narrating National History*, Lanham, MD: Lexington Books, 2005, pp. 66~76.
60. Tatiana Linkhoeva, *Revolution Goes East: Imperial Japan and Soviet Communism*, Ithaca, NY: Cornell University Press, 2020, pp. 159~185 — case of early Japanese Communists and their complicated relations with Comintern.
61. Eric Hobsbawm, *Age of the Extremes: A History of the World, 1914~1991*, New York: Vintage Books, 1996, p. 75.
62. Robert Jackson Alexander, *International Trotskyism, 1929–1985: A Documented Analysis of the Movement*, Durham, NC: Duke University Press, 1991, pp. 201~224, 958~972; Andrew Gordon, *Labor and Imperial Democracy in Prewar Japan*, Berkeley: University of California Press, 1991, pp. 206~236.
63. Hobsbawm, *Age of the Extremes*, pp. 385~390.
64. Robert Mayer, "Lenin and the Jacobin Identity in Russia," *Studies in East European Thought* 51(2), 1999, pp. 127~154.
65. Sheila Fitzpatrick, *Everyday Stalinism. Ordinary Life in Extraordinary Times: Soviet Russia in the 1930s*, Oxford: Oxford University Press, 1999, pp. 40~66.
66. Fitzpatrick, *The Russian Revolution*, pp. 130~148.
67. Park, *The Proletarian Wave*, pp. 89~121.
68. Chris Bowlby, "Blutmai 1929: Police, Parties and Proletarians in a Berlin Confrontation," *Historical Journal* 29(1), 1986, pp. 137~158.
69. 신남철, 〈이데올로기와 사회 파시즘〉, 《신남철 문장선집 1》, 서울: 성균관대학교출판부, 2013[1932], 127~128쪽.

70. Elena Stasova, *MOPR v Stranakh Kapitala*(The International Red Help in the Countries of Capitalism), Moscow: Izdatel'stvo TsK MOPR, 1929, pp. 30~31.
71. Rudolph Rummel, *China's Bloody Century: Genocide and Mass Murder since 1900*, New Brunswick, NJ: Transaction Publishers, 1991, p. 74.
72. Manch'un Nam, *Ugnetennaya Koreaya* (Oppressed Korea), reprinted in Boris Pak and Bella Pak, *Nam Manch'un*, Moscow: Institut Vostokovedeniya Rossiyskoi Akademii Nauk, 2017[1925], pp. 271~301.
73. Ben Fowkes, *Communism in Germany under the Weimar Republic*, London: Macmillan Press, 1984, p. 103.
74. Stephen Kotkin, *Stalin: Waiting for Hitler, 1929~1941*, New York: Penguin Random House, 2017, pp. 376~378, 383~398, 403~405, 411~416, 440~443.
75. 김성호, 《1930년대 연변 민생단사건연구》, 서울: 백산자료원, 1999, 365~366쪽.
76. Hongkoo Han, *Wounded Nationalism: The Minsaengdan Incident and Kim Il Sung in Eastern Manchuria*, PhD diss., Seattle: University of Washington, 1999.
77. Jon K. Chang, *Burnt by the Sun: The Koreans of the Russian Far East*, Honolulu: University of Hawai'i Press, 2016, pp. 112~167.
78. The FSB Central Archive, Kim Tanya File, pp. 73~74, reproduced in Svetlana Ku-Degai, *Koreitsy— Zhertvy Politicheskikh Repressiy v SSSR, 1934-1938*(Koreans Victimized by the political Repressions in the USSR, 1934~1938), 13, Moscow: Vozvrashchenie, 2009, pp. 156~158.
79. RGASPI, f. 495, op. 228, d. 472, "V Internatsional'nuyu Kontrol'nuyu Komissiyu Byvshego Chlena Koreiskoi Kompartii Li Kang'a Zayavlenie, November 16, 1933"(An Application of a Former Korean Communist Party Member, Li Kang, to the International Control Commission, November 16, 1933), pp. 8~10.
80. The FSB Central Archive, Kim Tanya File, pp. 40~55, reproduced in Ku-Degai, *Koreitsy,* pp. 116~125.
81. РГАСПИ Ф. 495. Оп. 228. Д. 481. Л. 58; cited in Kirill Shirinya and Haruki Wada (eds.), *VKP(b), Komintern i Koreya, 1918~1941*(All-Russian Communist Party of Bolsheviks, Comintern and Korea, 1918~1941), Moscow: ROSSPEN, 2007, p. 737.
82. 임경석, 《이정 박헌영 일대기》, 서울: 역사비평사, 2004, 462~478쪽.
83. Hugh Deane, *The Korean War 1945~1953*, San Francisco: China Books, 1999, pp. 46~51; Gregg A. Brazinsky, *Nation Building in South Korea: Koreans, Americans, and the Making of a Democracy*, Chapel Hill: University of North Carolina Press, 2007, p. 106; 〈후기〉를 참고하라.
84. 《동아일보》사설, 〈집권자의 일당주의〉, 《동아일보》, 1927년 11월 22일, 1면.

85. 《조선일보》, 〈연해주 조선 농민 노인과 차별 전무〉, 《조선일보》 1930년 5월 5일, 2면.
86. 삼천리편집실, 〈京城帝大出身靑年學士는어데갓는가〉 《삼천리》, 7(7), 1935, 135~141쪽.
_____, 〈西伯利亞同胞의運命, 추방되는20만형제强制移民=中央亞細亞로간다= 어대로가나?〉 《삼천리》, 10(1), 1938, 8~11쪽.
87. Vladimir Tikhonov and Owen Miller, *Selected Writings of Han Yongun: From Social Darwinism to Socialism with a Buddhist Face*, Folkestone: Global Oriental, trans. 2008, pp. 22~25.
88. 한용운, 〈반종교운동의 비판〉, 《삼천리》, 10(5), 1938, 78~83쪽.
89. 광동황학루인(廣東 黃鶴樓人), 〈전쟁중의 중국 사상전, 북경대학 시절로부터 현재의 혼전〉, 《삼천리》 11(7), 1939, 107~110쪽.
90. Michael David-Fox, "The 'Heroic Life' of a Friend of Stalinism: Romain Rolland and Soviet Culture," *Slavonica* 11(1), 2005, pp. 3~29.
91. RGASPI, f. 495, op. 228, d. 430, "Spravka, Tsoi-Korye, June 31, 1933"(Reference Letter, Ch'oe Koryŏ, June 31, 1933), 072.
92. 인정식, 〈아등의 정치적 노선에 대하여 동지 제군에게 보내는 공개장〉, 《삼천리》 10(11), 1938, 50~59쪽.
93. 《삼천리》 사설, 〈김일성 등 반국가자에게 권고문〉, 《삼천리》 13(1), 1941, 206~209쪽.
94. Martin van Creveld, *The Rise and Decline of the State*, Cambridge: Cambridge University Press, 1999, pp. 242~263.
95. Tatiana Linhoeva, "New Revolutionary Agenda: The Interwar Japanese Left on the Chinese Revolution," *Cross-Currents: East Asian History and Culture Review* 24, 2017, pp. 83~104; 박찬승, 〈항일운동기 부르주아 민족주의 세력의 신국가건설 구상〉, 《대동문화연구》 27, 1992, 187~204쪽.
96. Janet Poole, *When the Future Disappears: The Modernist Imagination in Late Colonial Korea*, New York: Columbia University Press, 2014, pp. 51~84; 차승기, 《반근대적 상상력의 임계들: 식민지 조선 담론장에서의 전통 · 세계 · 주체》, 서울: 푸른역사 2009, 254~270쪽— exposition of Sŏ's philosophy.
97. Park, *The Proletarian Wave*; Perry, *Recasting Red Culture*, pp. 124~170.
98. 송호정, 《단군, 만들어진 신화》, 서울: 산처럼, 2002, 147~150쪽.
99. 장세윤, 〈북한의 개항~일제시기 민족운동 연구동향〉, 국사편찬위원회 편, 《북한의 한국사 연구동향 (2) - 근 · 현대편)》, 서울: 국사편찬위원회, 2003, 167~221쪽.
100. Benjamin Young, "Juche in the United States: The Black Panther Party's Relations with North Korea, 1969–1971," *Asia-Pacific Journal* 13, 12.2 (2015), https://apjjf.org/2015/13/12/Benjamin-Young/4303.html (2020.4.13 최종 접속)— example on North Korea's Black Panther connections.

101. Irina Filatova, "The Lasting Legacy: The Soviet Theory of the National-Democratic Revolution and South Africa," *South African Historical Journal* 64(3), 2012, pp. 1~31; Tetsuya Kataoka, *Resistance and Revolution in China: The Communists and the Second United Front*. Berkeley: University of California Press, 1974, pp. 183~187.
102. Tetsuya Kataoka, *Resistance and Revolution in China: The Communists and the Second United Front*. Berkeley: University of California Press, 1974, pp. 183~187.
103. Namhee Lee, *The Making of Minjung: Democracy and the Politics of Representation in South Korea*, Ithaca, NY: Cornell University Press, 2007, pp. 145~240.
104. Kevin Gray, "Challenges to the Theory and Practice of Polyarchy: The Rise of the Political Left in Korea," *Third World Quarterly* 29(1), 2008, pp. 107~124.
105. 정재요, 〈노동참여의 헌법정치학과 노동헌법 판례〉,《국제정치연구》19(2), 2016, 283~310쪽; Yeonho Lee and Yoo-Jin Lim, "The Rise of the Labor Party in South Korea: Causes and Limits," *Pacific Review* 19(3), 2006, pp. 305~335.

1장 조선 공산주의운동의 주체들

1. Volker Ullrich, *Die Hamburger Arbeiterbewegung vom Vorabend des Ersten Weltkrieges bis zur Revolution 1918/1919* (Hamburg: Lüdke, 1976), pp. 77~78, 83.
2. Thomas Rigby, *Communist Party Membership in the U.S.S.R., 1917~1967*, Princeton, NJ: Princeton University Press, 1968, p. 85.
3. Sheila Fitzpatrick, "The Bolsheviks' Dilemma: Class, Culture, and Politics in the Early Soviet Years," *Slavic Review* 47(4), 1988, pp. 599~613.
4. Richard Pipes, *A Concise History of the Russian Revolution*, New York: Vintage Books, 1995, p. 107.
5. 노태돈,《시민을 위한 한국역사》, 서울: 창작과비평사, 1997, 350쪽.
6. 이명종, 〈1910년대 조선 농민의 만주 이주와《매일신보》등에서의 '만주식민지'론〉,《한국근현대사연구》78, 2016, 137~162쪽.
7. 임경석,《한국 사회주의의 기원》, 서울: 역사비평, 2003, 555~556쪽.
8. Boris Pak and Bella Pak, *Nam Manch'un*, Moscow: Institut Vostokovedeniya Rossiyskoi Akademii Nauk, 2017, pp. 17~92.
9. *Koreitsy na Rossiyskom Dal'nem Vostoke: Dokumenty i Materialy, 1917~1923* (Koreans in the Russian Far East: Documents and Materials, 1917~1923), Vladivostok: Izdatel'stvo Dal'nevostochnogo Universiteta, 2004, p. 10.
10. Boris Pak, *Han Myŏngse*, Moscow: Institut Vostokovedeniya Rossiyskoi Akademii Nauk, 2005.
11. Boris Pak, *Kim Man'gyŏm*, Moscow: Institut Vostokovedeniya Rossiyskoi Akademii Nauk,

2001, pp. 14~27.
12. Zhanna Son, *Sovetskie Koreitsy: Vsesilie Vlasti i Bessilie Etnicheskoi Obshchnosti, 1920~1930*(Soviet Koreans: Omnipotence of the Authorities and Helplessness of the Ethnic Community, 1920~1930), Moscow: Grif, 2013, p. 63.
13. Vtoroi Kongress Kominterna. Iyul'-Avgust 1920 g, Moscow: Partizdat, 1934, pp. 125~126.
14. RGASPI F. 495, Op. 135, d. 63, "Nam— pis'mo Voitinskomu, October 29, 1922"(Nam to Voitinsky, October 29), 1922, pp. 19~23.
15. RGASPI F. 495, Op. 135, d. 94, "Nam— pis'mo Voitinskomu, November 20, 1924"(Nam to Voitinsky, November 20, 1924), pp. 111~112.
16. Terry Martin, "The Origins of Soviet Ethnic Cleansing," *Journal of Modern History* 70, 1998, pp. 813~861.
17. Yŏng-ho Ch'oe, "The Kapsin Coup of 1884: A Reassessment," *Korean Studies* 6, 1982, pp. 105~124.
18. Byung Yool Ban, *The Rise of the Korean Socialist Movement: Nationalist Activities in Russia and China, 1905~1922* Seoul: Hanul, 2016, p. 49.
19. Ban, *The Rise of the Korean Socialist Movement*, p. 130.
20. Ban, *The Rise of the Korean Socialist Movement*, p. 144.
21. 임경석, 《한국 사회주의의 기원》, 49~73쪽.
22. 임경석, 《한국 사회주의의 기원》, 361~363쪽.
23. 반병률, 《여명기 민족운동의 순교자들》, 서울: 신서원, 2013, 348~400쪽.
24. 강덕상, 《여운형과 상해 임시정부》, 서울: 선인, 2017, 302~313쪽.
25. RGASPI F. 495, Op. 228, d. 607, "Vypiska iz Soobshcheniya Tov. Ilyicheva N. 199302c, May 9, 1946"(A Fragment from a Depeche from Comrade Ilyichev, No. 199302c, May 9, 1946), p. 2.
26. 홍원표, 《비극의 서사: 근현대 한국 지성의 삶과 사상》, 서울: 신서원, 2018, 302~321쪽.
27. Dongyoun Hwang, *Anarchism in Korea: Independence, Transnationalism, and the Question of National Development, 1919~1984*, Albany: State University of New York Press, 2016, p. 63.
28. 이원규, 《조봉암 평전: 잃어버린 진보의 꿈》, 서울: 한길사, 2013, 255~584쪽.
29. 임경석, 〈박헌영과 김단야〉, 《역사비평》 53, 2000, 118~148쪽.
30. 순게즈(孫科志), 《上海 韓人 社會史 1910~1945》, 서울: 한울아카데미, 2000, 57~59쪽.
31. Son, *Sovetskie Koreitsy*, 344.
32. RGASPI, F. 495, Op. 228, d. 430, "Obyasneniya na Dopolnitel'nye Voprosy, February 2, 1936"(Explanations to the Additional Questions, February 2, 1936), pp. 38~41.
33. Son, *Sovetskie Koreitsy*, p. 275.
34. Son, *Sovetskie Koreitsy*, p. 268, 293.

35. 강만길·성대경 엮음,《한국사회주의운동 인명사전》, 서울: 창작과비평사, 1996, 190쪽; Son, *Sovetskie Koreitsy*, 294; 송준서, 〈모스크바 동방노력자공산대학의 조선학부와 대학원의 편제와 운영, 1921~1938〉,《슬라브학보》35(2), 2020, 47쪽.
36. Tatiana Bek, "Yuly Kim: po Zhiznennomu Puti" (Yuly Kim: Following Life's Course), *Lehaim* 158, 2005. https://lechaim.ru/ARHIV/158/kim.htm (2020.10.14. 최종 접속); Son, *Sovetskie Koreitsy*, p. 293.
37. 염인호,《조선의용대·조선 의용군》, 천안: 독립기념관, 한국 독립운동사 연구소, 2009, 103~114쪽.
38. Nym Wales and San Kim, *Song of Arirang: The Story of a Korean Rebel Revolutionary in China*, Los Angeles: Kaya Press, 2019[1941].
39. 전상숙,《일제시기 한국 사회주의 지식인 연구》, 서울: 지식산업사, 2004, 83~94쪽; Hwang, *Anarchism in Korea*, p. 58.
40. Miriam Rom Silverberg, *Changing Song: The Marxist Manifestos of Nakano Shigeharu*, Princeton, NJ: Princeton University Press, 1990, p. 48.
41. 임경석, 〈박헌영과 김단야〉, 118~148쪽.
42. 국제레닌학교의 교육과정에 대해서는 다음을 보라. Alexander V. Pantsov and Daria A. Spichak, "New Light from the Russian Archives: Chinese Stalinists and Trotskyists at the International Lenin School in Moscow,1926~1938," *Twentieth-Century China* 33(2), 2008, pp. 61~64.
43. 이현주,《한국 사회주의세력의 형성 (1919~1923)》, 서울: 일조각, 2003, 139~154쪽.
44. 이현주,《한국 사회주의세력의 형성》, 158~170쪽.
45. 정미량,《1920년대 재일조선유학생의 문화운동》, 서울: 지식산업사, 2012, 76~79쪽.
46. 고봉기(김학철),《김일성의 비서실장: 고봉기의 유서》, 서울: 천마, 1989, 207쪽.
47. 박종린, 〈1920년대 '통일' 조선공산당의 결성과정에 관한 연구〉, 연세대학교 석사논문, 1993, 27~33쪽.
48. 김영모,《일제하 한인지배층 연구》, 서울: 고헌, 2008, 132~133쪽.
49. Son, *Sovetskie Koreitsy*, pp. 136~137.
50. 송준서, 〈모스크바 동방노력자공산대학〉, 131~133쪽.
51. 우동수, 〈조선공산당 재건운동과 코민테른: 동방노력자공산대학 졸업자들의 활동을 중심으로〉,《일제하 사회주의 운동사》, 서울: 한길사, 1991, 575~625쪽.
52. 京畿道警察部長,「京高特秘 第1273号の1: 共産大学卒業生の検挙に関する件」,《思想に関する情報綴（副本）》2, 1937年6月18日. http://db.history.go.kr/id/had_159_0220 (2020.09.28. 최종 접속)
53. RGASPI F. 495, Op. 228, d. 418, "Guryanov— Uspevaemost' po Semestram, June 9, 1932" ([Kim Yongbŏm, aka] Guryanov, Grades by Semester, June 9, 1932, p. 15.

54. Heather Ashby, *Third World Activists and the Communist University of the Toilers of the East*, PhD diss., University of Southern California, 2014, p. 5.
55. 이계형·전병무 공편,《숫자로 본 식민지 조선》, 서울: 역사공간, 2014[1931~1935].
56. 김남식,《남로당 연구》, 서울: 돌베개, 1984, 551쪽.
57. Kirill Shirinya and Haruki Wada, eds., *VKP(b), Komintern i Koreya, 1918~1941* (All-Russian Communist Party of Bolsheviks, Comintern and. Korea, 1918~1941), Moscow: ROSSPEN, 2007, pp. 565~573.
58. 최규진,《조선공산당 재건운동》, 천안: 독립기념관 한국독립운동사 연구소, 2009, 183쪽.
59. 김희곤,《조선공산당 초대 책임비서 김재봉》, 서울: 경인문화사, 2006, 156~171쪽.
60. RGASPI, F. 495, Op. 228, d. 418, "Aftobiografiya Guryanova, Stud. Bilet N. 4630, June 30, 1932" (The Autobiography of [Kim Yongbŏm, aka] Guryanov, Student Card No. 4630, June 30, 1932), p. 9.
61. Andrei Lankov, *KNDR Vchera i Segodnya*(North Korea Yesterday and Today), Moscow: Vostok-Zapad, 2005, pp. 177~178.
62. RGASPI F. 495, Op. 228, d. 418, "Guryanov—Uspevaemost' po Semestram, June 9, 1932" ([Kim Yongbŏm, aka] Guryanov, Grades by Semester, June 9, 1932, p. 9.
63. RGASPI, F. 495, Op. 228, d. 637, "Vypiska iz Soobshcheniya Tov. Shtykova N. 01746, June 17, 1946"(A Fragment from a Depeche from Comrade Shtykov, No. 01746, June 17, 1946), p. 4.
64. Barbara Molony, "Noguchi Jun and Nitchitsu: Colonial Investment Strat-egy of a High Technology Enterprise," in William Wray, ed., *Managing Japanese Enterprise: Cases from Japan's Prewar Experience*, Cambridge, MA: Harvard University Press, 1989, pp. 229~267.
65. 이종민, 〈당재건운동의 개시: 1929-1931년〉. 한국역사연구회 1930년대연구반,《일제하 사회주의 운동사》, 서울: 한길사, 1991, 91~140쪽.
66. 홍원표,《비극의 서사》, 276~280쪽.
67. 강덕상,《여운형과 상해 임시정부》, 서울: 선인, 2017, 414쪽.
68. 이원규,《조봉암 평전: 잃어버린 진보의 꿈》, 서울: 한길사, 2013, 113~159쪽.
69. 임경석, 〈박헌영과 김단야〉, 118~148쪽.
70. 이원규,《조봉암 평전》, 263~264쪽.
71. 노조 조직책으로서의 혁명 이전 스탈린의 활동에 대한 심층 연구는 다음을 참고하라. Ronald Grigor Suny, "A Journeyman for the Revolution: Stalin and the Labor Movement in Baku, June 1907 – May 1908," *Soviet Studies* 23(3), 1972, pp. 373~394.
72. Tatiana Gabroussenko, *Soldiers on the Cultural Front: Developments in the Early Literary History of North Korean literature and Literary Policy* (Honolulu: University of Hawai'i Press, 2010), 87; Sunyoung Park, *The Proletarian Wave: literature and Leftist Culture in Colonial*

Korea, 1910~1945 (Cambridge, MA: Harvard University Press, 2015), 138~139쪽; 원문 이기영, 〈제지 공장촌〉, 《오빠의 비밀편지》, 166~184쪽. 평양: 문학예술종합출판사, 1993[1932], 166~184쪽.
73. 김인덕, 〈조선공산당의 투쟁과 해산〉, 46~57쪽.
74. 이애숙, 〈이재유 그룹의 당재건 운동 (1933~1936년)〉, 《일제하 사회주의 운동사》, 서울: 한길사, 1991, 141~206쪽.
75. 강만길 · 성대경 엮음, 《한국사회주의운동 인명사전》, 79쪽.
76. 강만길 · 성대경 엮음, 《한국사회주의운동 인명사전》, 388~389쪽.
77. 강만길 · 성대경 엮음, 《한국사회주의운동 인명사전》, 315쪽.
78. 오미일, 〈박진홍-비밀 지하투쟁의 레포로 활약〉, 《역사비평》 19, 1992, 288~295쪽.
79. 《동아일보》, 〈옥중 출생의 2세 이재유 어머니 공판에 방청〉, 《동아일보》, 1936년 7월 16일.
80. 장문석, "김태준과 연안행", 《인문논총》, 73(2), 2016, 319~360쪽.
81. 김도형 등 편, 《근대 대구 경북 49인》, 서울: 혜안, 1999, 237쪽.
82. 강만길 · 성대경 엮음, 《한국사회주의운동 인명사전》, 306쪽.
83. 곽형덕, 《김사량과 일제 말 식민지문학》, 서울: 소명출판, 2017, 62~63쪽.
84. 신남철, 〈혁명시인 하이네〉, 《신남철 문장선집 1》, 75~93쪽. 서울: 성균관대학교출판부, 2013[1931], 75~93쪽.
85. Haruki Wada and Grant Adibekov, eds., *VKP(b), Komintern i Yaponiya. 1917 – 1941* (All-Russian Communist Party of Bolsheviks, Comintern and Japan, 1917 – 1941) (Moscow: ROSSPEN, 2001), 315 – 318; RGASPI, F. 495, Op. 127, d. 80, "Pis'mo Voitinskogo Vostochnomu Byuro, 1924" (Voitinsky to Eastern Bureau, 1924), pp. 1~6. 여기에서 코민테른이 일본 공산당의 재건 과정에서 더 많은 노동자들을 당에 가입시키기를 원했다는 것을 알 수 있다.
86. *Obzor Priamurskoi Oblasti za 1913 g*(The Overview of the Amur District for 1913), Vladivostok: Tipografiya Primorskogo Oblastnogo Pravleniya, 1915, p. 70.
87. 박종린, 〈1920년대 '통일' 조선공산당의 결성과정에 관한 연구〉, 247쪽.
88. Boris Pak, *Koreitsy v Sovetskoi Rossii: 1917–konets 1930–kh Godov*(Koreans in Soviet Russia: 1917 to the Late 1930s), Irkutsk: Irkust State Peda-gogical Institute, 1995), pp. 13~14.
89. 임경석, 《한국 사회주의의 기원》, 216~225쪽.
90. 임경석, 《한국 사회주의의 기원》, 238~246쪽.
91. Afanasiy Kim, "Koreiskaya Delegatsiya Beseduet s Leninym"(Korean Delegation Talks to Lenin), reprinted in Yuri Vanin, ed., *Koreitsy v SSSR*(Koreans in the USSR), Moscow: Institut Vostokovedeniya Rossiyskoi Aka-demii Nauk, 2004[1929], pp. 150~153.
92. Shirinya and Wada, *VKP(b), Komintern i Koreya*, p. 333.
93. 김경재, 〈김찬 시대의 화요회〉, 《삼천리》 7(5), 1935, 45~48쪽.

94. 강만길 · 성대경 엮음, 《한국사회주의운동 인명사전》, 300쪽, 452쪽.
95. 김희곤, 《조선공산당 초대 책임비서 김재봉》, pp. 55~67.
96. Suny, "A Journeyman for the Revolution."
97. Alexander Rabinowitch, *The Bolsheviks Come to Power: The Revolution of 1917 in Petrograd*, London: Pluto Press, 2004, p. 58.
98. Manch'un Nam, *Ugnetennaya Koreaya* (Oppressed Korea), reprinted in Boris Pak and Bella Pak, *Nam Manch'un*, Moscow: Institut Vostokove-deniya Rossiyskoi Akademii Nauk, 2017[1925], p. 278, 285.
99. 김준엽 · 김창순, 《한국공산주의운동사 3권》, 서울: 청계연구소, 1986, 122쪽; 김경일, 《일제하 노동운동사》, 서울: 창작과비평사, 1992, 308~310쪽.
100. 김준엽 · 김창순, 《한국공산주의운동사 3권》, 269~289쪽.
101. RGASPI, F. 495, Op. 228, d. 622, "Li Chuha, December 10, 1949"(Yi Chuha, December 10, 1949), p. 4.
102. RGASPI, F. 495, Op. 228, d. 15, "Li Kangguk, sostavleno t. Kalininoi, 1947"(Yi Kangguk, Compiled by Comrade Kalinina, 1947), p. 6.
103. RGASPI, F. 495, Op. 228, d. 720, "Tsoi Yongdal, 1947"(Ch'oe Yongdal, 1947), p. 2.
104. 심지연, 《이주하 연구》, 서울: 백산서당, 2007, 22~44쪽.
105. 강만길 · 성대경 엮음, 《한국사회주의운동 인명사전》, 498쪽.
106. John Keep, "Russian Social-Democracy and the First State Duma," *Slavonic and East European Review* 34, 1955, 180 – 199쪽.
107. 이상의, 《일제하 조선의 노동정책 연구》, 서울: 혜안, 2006, 51 – 107.
108. Anne Booth, *Colonial Legacies: Economic and Social Development in East and Southeast Asia*, Honolulu: University of Hawai'i Press, 2007, pp. 44~46.
109. Gabroussenko, *Soldiers on the Cultural Front*, pp. 80~85; 권영민, 《한국계급문학운동연구》, 서울: 서울대학교출판문화원, 2014, 429~430쪽; Sunyoung Park, *The Proletarian Wave: Literature and Leftist Culture in Colonial Korea, 1910 – 1945*, Cambridge, MA: Harvard University Press, 2015, p. 147; 원문 이기영, 〈민촌〉, 《오빠의 비밀편지》, 166~184쪽. 평양: 문학예술종합출판사, 1993[1925], 69~102쪽.
110. 조동걸, 《일제하 한국농민운동사》, 서울: 한길사, 1979, 57쪽, 112쪽.
111. Nam, *Ugnetennaya Koreaya*, p. 284.
112. 이훈구, 《조선농업론》, 경성: 한성도서주식회사, 1935, 325쪽; 조동걸, 《일제하 한국농민운동사》, 112~125쪽.
113. 서종택, 《한국 근대소설과 사회갈등》, 서울: 푸른사상, 2015, 116~163쪽.
114. Samuel Perry, *Recasting Red Culture in Proletarian Japan: Childhood, Korea, and the Historical Avant-garde*, Honolulu: University of Hawai'i Press, 2014, pp. 145~155.

115. RGASPI, F. 495, Op. 228, d. 472, "Li Gang, Nastoyashchaya Familiya Yan Myon, July 20, 1933"(Li Kang, the Authentic Name Is Yang Myŏng, July 20, 1933), p. 6.
116. Son, *Sovetskie Koreitsy*, p. 273.
117. 김희곤,《조선공산당 초대 책임비서 김재봉》, 62~64쪽.
118. 김희곤,《권오설》, 서울: 푸른역사, 2010, 1권, 24~35쪽.
119. 지수걸,《일제하 농민조합운동 연구: 1930년대 혁명적 농민조합운동》, 서울: 역사비평사, 1993.
120. 유승환. "적색농민의 글쓰기: 1930년대 울진 적색농민조합 수사자료를 중심으로." 임화문학연구회,《임화연구 6》, 서울: 소명출판, 2019, 210~272쪽.
121. Perry, *Recasting Red Culture*, pp. 114~121.
122. Gabroussenko, *Soldiers on the Cultural Front*, pp. 88~91; Park, *The Proletarian Wave*, pp. 147~156; 원문《고향》, 서울: 글누림, 2007[1933~1934].
123. James W. Heinzen, *Inventing a Soviet Countryside: State Power and the Transformation of Rural Russia, 1917–1929*, Pittsburgh: University of Pittsburgh Press, 2004, pp. 60~61.
124. 김희곤,《권오설》, 서울: 푸른역사, 2010, 2권, 44쪽.
125. 김인덕,〈재일조선인 민족해방운동 연구〉, 석사논문, 성균관대학교, 1995, 76~79쪽.

2장 분파와 분파투쟁

1. 송건호,《한국현대사론 韓國現代史論》, 서울: 한국신학연구소, 1978, 136~143쪽; 강만길,《고쳐쓴 한국 현대사》, 서울: 창작과비평사, 2007, 102쪽.
2. 독일의 경우에 대해서는 다음을 보라. Jean-François Fayet, "Paul Levi and the Turning Point of 1921: Bolshevik Emissaries and International Discipline in the Time of Lenin," in LaPorte Norman, Morgan Kevin, Worley Matthew, eds., *Bolshevism, Stalinism and the Comintern*, London: Palgrave Macmillan, 2008, pp. 105~123.
3. Robert A. Scalapino and Chong-Sik Lee, *Communism in Korea: The Movement*, Berkeley: University of California Press, 1972, p. 11, 25. Classical research on Korean Communist history.
4. 임경석,《한국 사회주의의 기원》, 서울: 역사비평, 2003, 349~396쪽, 428~495쪽; Byung Yool Ban (Pan Pyŏngnyul), *The Rise of the Korean Socialist Movement: Nationalist Activities in Russia and China,1905~1921*, P'aju: Hanul Ak'ademi, 2016, pp. 311~321, 331~339.
5. RGASPI, F. 495, Op. 135, d. 168, "Kim Tanya, Istoriya komdvizheniya nachinaya s 1921 g.—ot koreiskikh emigrantov v Rossii i Kitae"(The History of the Communist Movement beginning from 1921—from the Russia- and China-Based Korean immigrants), 87, cited in Lyudmila Usova, *Koreiskoe Kommunisticheskoe Dvizhenie, 1918~1945*(Korean Communist Movement, 1918~1945), Moscow: Vostochnaya Literatura, 1997, p. 32.

6. 전정희, 〈한국정치문화에 나타난 유교적 요소〉, 《한국정치외교사논총》 21(2), 2000, 55~79쪽.
7. David Hume, *Political Essays*, Cambridge: Cambridge University Press, 1994, pp. 34~38.
8. Françoise Boucek, "Rethinking Factionalism: Typologies, Intra-Party Dynamics and Three Faces of Factionalism," *Party Politics* 15(4), 2009, pp. 455~485.
9. 이청원·송군찬·황병인, 〈조선혁명론〉, 《시쇼이호[思想彙報]》 19 (1939), 326~338쪽. 재출판: 신주백 편, 《1930년대 민족해방운동론 연구 1; 국내 공산주의운동 자료편》 서울: 새길, 1989[1938], 304~313쪽.
10. 김하일, 〈제국주의 전쟁 배격 도상에서의 조선공산주의자들의 임무〉, 《시쇼이호(思想彙報)》 14, 97~110쪽. 재출판: 신주백 편, 《1930년대 민족해방운동론 연구 1; 국내 공산주의운동 자료편》 서울: 새길, 1989[1938], 317~328쪽.
11. Lucian W. Pye, *The Dynamics of Chinese Politics*, Cambridge, MA: Oelgeschlager, Gunn & Hain, 1981, pp. 6~7.
12. Jing Huang, *Factionalism in Chinese Communist Politics*, Cambridge: Cambridge University Press, 2000, p. 10.
13. Andrew Nathan, "A Factionalism Model for CCP Politics," *China Quarterly* 53, 1973, pp. 33~66.
14. Andrei Lankov, "Kim Takes Control: The "Great Purge" in North Korea, 1956~1960," *Korean Studies* 26(1), 2002, pp. 87~119.
15. 반병률, 《성재 이동휘 일대기》, 서울: 범우사, 1998.
16. 임경석, 〈이르쿠츠크파 공산주의 그룹의 기원〉, 성대경 편, 《한국현대사와 사회주의》, 서울: 역사비평사, 2000, 149~179쪽.
17. Nam Manch'un, "Ob Otnoshenii k Natsional'nym i Burzhuaznym Organizatsiyam"(Theses on the Report by Nam Manch'un on the Stance vis-à-vis National and Bourgeois Organizations), *Narody Dal'nego Vostoka* 2 1921, p. 221. Reprinted in Yuri Vanin, ed., *Koreitsy v SSSR*(Koreans in the USSR), Moscow: Institut Vostokovedeniya Rossiyskoi Akademii Nauk, 2004, pp. 71~73.
18. RGASPI, F. 495, Op. 135, d. 22, "Pis'mo gruppy delegatov koreiskikh kommunisticheskikh organizatsiy Primorya i Sakhalina v Ispolkom Kominterna o resheniyakh Uchreditel'nogo syezda Koreiskoi Kommunisticheskoi Partii, June 1921" (A Letter from a Group of Delegates from Russian Maritime Province and Sakhalin-based Korean Communist Organizations to the Comintern Executive, on the Resolutions of the Initial Congress of the Korean Communist Party, June 1921), pp. 66~69. Reprinted in Kirill Shirinya and Wada Haruki, eds., *VKP(b), Komintern i Koreya, 1918~1941*(All-Russian Communist Party of Bolsheviks, Comintern and. Korea, 1918~1941), Moscow: ROSSPEN, 2007, pp. 134~140.

19. Cited in John Sexton, *Alliance of Adversaries: The Congress of the Toilers of the Far East*, Leiden: Brill, 2019, pp. 144~158.
20. Namhee Lee, *The Making of Minjung Democracy and the Politics of Representation in South Korea*, Ithaca, NY: Cornell University Press, 2007, p. 180; NL 운동의 역사와 관련해서는 다음 문헌을 참고하라. 박찬수,《NL 현대사》, 서울: 인물과사상사, 2017; 이창언, 〈NL(민족해방) 계열 학생운동의 주류화와 한계: 전국대학생대표자협의회와 한국대학총학생회연합〉, 이호룡·정근식,《학생운동의 시대》, 서울: 선인, 2013, 211~264쪽.
21. 이창언, 〈NL(민족해방) 계열 학생운동의 주류화와 한계: 전국대학생대표자협의회와 한국대학총학생회연합〉, 이호룡·정근식,《학생운동의 시대》, 서울: 선인, 2013, 211~264쪽.
22. 전명혁, 〈조선공산당 제1차 당대회 연구〉, 성대경 편,《한국 현대사와 사회주의》, 서울: 역사비평사, 2000, 17~52쪽.
23. 이현주,《한국 사회주의세력의 형성 (1919~1923)》, 서울: 일조각, 2003, 186~317쪽.
24. 박종린, 〈1920년대 '통일' 조선공산당의 결성과정에 관한 연구〉, 연세대학교 석사논문, 1993, 33~55쪽.
25. 박종린, 〈1920년대 사회주의사상의 수용과 맑스주의 원전 번역:《임금·가격·이윤》을 중심으로〉,《한국사상사학》51 (2009): 301~320쪽.
26. Chongnin Pak(Park, Jong-rin), "Irwolhoe and the Introduction of Marxism into Korea in the 1920s," *Korea Journal* 49(1), 2009, pp. 33~60.
27. 별건곤,《新語大辭典》,《별곤건별乾坤》36, 1931, 119쪽.
28. Avtobiografiya Kim Danya: Delo Kim Danya(Kim Tanya's Autobiography: Kim Tanya File), Tsentral'nyi Arkhiv FSB, pp. 56~65. Reprinted in Svetlana 1934~1938, 13(Koreans— Victims of the political Repressions in the USSR, 1934~1938), Moscow: Vozvrashchenie, 2009[1937], pp. 145~151.
29. V Sekretnuyu Chast' IKKI: Delo Kim Danya(To the Secret Department of the Comintern Executive: Kim Tanya File), Tsentral'nyi Arkhiv FSB, pp. 9~12. Reprinted in Ku-Degai, Koreitsy— Zhertvy Politicheskikh Repressiy v SSSR, pp. 156~158; 〈서론〉을 참고하라
30. 경성지방법원 검사국, "피고인 권오설 신문조서 제5회", 김희곤 엮음,《권오설1》, 서울: 푸른역사, 2010, 372~377쪽.
31. 현대 한국어로 재출판된 심문조서는 다음을 보라. 김준엽·김창순,《한국공산주의운동사 자료편 1》, 고려대학교: 아시아문제연구소, 1979, 71쪽; 원문:《思想月報》, 〈朝鮮共産党のスローガン〉,《思想月報》第1卷 第4号(1931): 174面.
32.《개벽》편집부, 〈치안유지법의 실시와 금후 조선 사회운동〉,《개벽》60, 1925, 10~18쪽.
33. 김경재, 〈사회운동자가 본 사회운동〉,《개벽》57, 1925, 8~14쪽.
34. RGASPI, F. 495, Op. 135, d. 127, "Dokladnaya zapiska Pak Din Shun'ya v Koreiskuyu

Komissiyu IKKI, February 16, 1926" (Pak Chinsun's Report to the Korean Commission of the Comintern Executive, February 16, 1926), pp. 30~33. Reprinted in Shirinya and Wada, *VKP(b)*, 351 - 354; 'komchvanstvo'라는 단어의 기원과 용법에 대해서는 다음의 저서를 참고하라. Afanasy Selishchev, *Trudy po Russkomu Yazyku*. Tom 1: *Sotsiolingvistika*(Works on Russian Language, Volume 1: Sociolinguistics), Moscow: Yazyki Slavyanskoi Kul'tury, 2003, p. 140.

35. RGASPI, F. 495, Op. 135, d. 117, "Pis'mo Pavlova(Nam Manch'un'a) v Vostochnyi Otdel IKKI B. Vasilyevu o rabote Zaganbyuro KKP v Shanhae, May 17, 1926"(A Letter from Pavlov(Nam Manch'un) to B. Vasilyev in the Oriental Bureau of Comintern Executive on the work of Korean Communist Party's Foreign Bureau in Shanghai, May 17, 1926), pp. 57~60. Reprinted in Shirinya and Wada, *VKP(b)*, pp. 371~376; 레닌과 동시대인들이 khvostizm이란 단어를 사용한 방식에 대해서는 다음을 보라. *V Mire Slov* (In the World of the Words), Moscow: Prosveshchenie, 1978, pp. 121~122

36. 한위건, 〈조선 프롤레타리아운동에서 방향 전화 시기의 이론적 · 실천적 오해와 그 비판〉,《계급투쟁》, 3권. 재출판: 배성찬 편역,《식민지 시대 사회운동론 연구》, 서울: 돌베개: 1987[1930], 181~209쪽.

37. RGASPI, F. 495, Op. 2, d. 67, pp. 72~73.

38. 전명혁,《1920년대 한국사회주의 운동연구》, 서울: 선인, 2006, 310~317쪽.

39. RGASPI, F. 495, Op. 135, d. 123, "Protokol Vtorogo Uchreditel'nogo Syezda Koreiskoi Kommunisticheskoi Partii, December 6, 1926,"(The Protocol of the Second Inaugural Congress of the Korean Communist Party, December 6, 1926), pp. 45~48. Reprinted in Shirinya and Wada, *VKP(b)*, pp. 397~400.

40. 경성지방법원 검사국, 〈권오설 판결〉, 1928년 2월 13일. 김희곤 엮음,《권오설1》, 593~601쪽.

41. 선언이 발표된 자세한 상황에 대해서는 다음을 보라. 전명혁,《1920년대 한국사회주의 운동연구》, 337~391쪽.

42. 김인덕, 〈조선공산당의 투쟁과 해산〉,《일제하 사회주의 운동사》, 서울: 한길사, 1991, 57쪽; 후쿠모토주의에 대해서는 다음을 보라: Robert A. Scalapino, *Democracy and the Party Movement in Prewar Japan: The Failure of the First Attempt*, (Berkeley: University of California Press, 1975), pp. 333~334.

43. 정우회, 〈선언〉,《조선일보》1926년 11월 17일.

44. 전진회, 〈검토문〉,《조선일보》1926년 12월 26일.

45. 김인덕, 〈조선공산당의 투쟁과 해산〉, 58쪽.

46. 서중석, 〈일제시대 사회주의자들의 민족관과 계급관〉, 박현재 · 정창렬 편,《한국민족주의론 3》, 서울: 창작과비평사, 1995, 272~342쪽.

47. 이균영,《신간회 연구》, 서울: 역사비평사, 1993, 99쪽.

48. 안광천, 〈신간회와 그에 대한 임무〉, 《조선지광》 73, 1927, 1~7쪽.
49. 홍양명, 〈조선운동의 특질-번역주의 극복과 특수조선의 인식〉, 《조선일보》 1928년 1월 13~23일; 전명혁, 《1920년대 한국사회주의 운동연구》, 386~390쪽.
50. 이균영, 《신간회 연구》, 143쪽.
51. 이균영, 《신간회 연구》, 138~139쪽.
52. 고경흠, 〈《조선운동》 발간선언의 비판〉, 《현단계》 1, 1928. 재출판: 배성찬 편역, 《식민지 시대 사회운동론 연구》, 서울: 돌베개: 1987, 209~219쪽.
53. 안광천 (사공표), 〈조선정세와 조선 공산주의의 당면임무〉, 《레닌주의》 1호, 재출판: 배성찬 엮음, 《식민지시대 사회운동론 연구》, 서울: 돌베게, 1987 [1929], 65~131쪽.
54. 한위건, 《朝鮮 前衛同盟の問題》, 東京: 左翼書房, 1930, 90~93面.
55. Sŏng'u Ch'oe, "Itogi Diskussii o Polozhenii na Vostokovednom Fronte" (The Conclusions of the Discussion on the Situation on the Oriental Studies Frontlines), *Agrarnye Problemy* 1(2), 1931, pp. 15~30.
56. 이균영, 《신간회 연구》, 433~461쪽.
57. 진영철(김경재), 〈'조선운동'의 신전망〉, 《혜星》 2(10), 1931, 4~15쪽.
58. Izdatel'stvo Inostrannykh Rabochikh, 《조선 혁명에 대한 문제》(The Questions of Korean Revolution), Moscow-Leningrad: Izdatel'stvo Inostrannykh Rabochikh, 1935, pp. 56~61.
59. 임경석, 〈국내 공산주의 운동의 전개과정과 그 전술(1937~1945)〉, 한국역사연구회 1930년대 연구반 지음, 《일제하 사회주의운동사》, 서울: 한길사, 1991, 227~234쪽.
60. Committee's Manifesto, RGASPI, F. 495, op. 135, d. 162, "Manifest Podgotovitel' noi Komissii po vossozdaniyu KKP 'Ko vsem tovarishcham kommunistam Korei,' June 25, 1929"(The Manifesto of the Preparatory Committee for Re-establishment of the Korean Communist Party "To All the Communist Comrades of Korea," June 25, 1929), pp. 24~27. Reprinted in Shirinya and Wada, *VKP(b)*, pp. 577~580.
61. 이운혁, 〈[당] 재건의 조직방침에 관한 테제〉, 신주백 편, 《1930년대 민족해방운동론 연구 1》, 서울: 새길, 1989[1938], 107~113쪽.
62. 안광천, 〈조선정세와 조선 공산주의의 당면임무〉.
63. 한위건(이철악), 〈조선혁명의 특질과 노동계급 전위의 당면임무〉, 《계급투쟁》, 1권. 재출판: 배성찬 편역, 《식민지 시대 사회운동론 연구》, 서울: 돌베개: 1987 [1929], 131~181쪽.
64. 한위건, 〈조선 프롤레타리아운동에서 방향 전화 시기의 이론적·실천적 오해와 그 비판〉, 《계급투쟁》, 3권. 재출판: 배성찬 편역, 《식민지 시대 사회운동론 연구》, 서울: 돌베개: 1987[1930], 181~209쪽.

3장 공산주의 강령

1. 다음 문헌을 참고하라. Immanuel Wallerstein, *World-Systems Analysis: An Introduction*, Durham, NC: Duke University Press, 2004.
2. 다음 문헌을 참고하라. Silvio Pons, *The Global Revolution: A History of International Communism 1917-1991*, Oxford: Oxford University Press, 2014); and David Priestland, *The Red Flag: A History of Communism*, New York: Grove Press, 2010, for the outline histories of Communist movements worldwide.
3. 혁명 전 볼셰비키의 역사에 대한 좋은 개괄서로는 다음이 있다. Alan Woods, *Bolshevism: The Road to Revolution*, London: Wellred Publications, 1999.
4. Yemelian Yaroslavsky, ed., *5-yi Syezd PSDRP: Protokoly*(The Fifth Congress of the RSDRP: The Protocols), Moscow: Partizdat, 1935, pp. 720~726.
5. R. I. Markova, *Chetvertyi (Obyedinitel'nyi) Syezd RSDRP. Aprel-Mai 1906 goda. Protokoly*(The Sixth (Unifying) Congress of RSDRP. April- May 1906. The Protocols), Moscow: Politizdat, 1959, pp. xiii-xviii.
6. Boris Kagarlitsky, *Empire of the Periphery: Russia and the World System*, London: Pluto Press, 2008.
7. Liliana Riga, *The Bolsheviks and the Russian Empire*, Cambridge: Cambridge University Press, 2012, pp. 4~8.
8. Vos'moi Syezd Rossiyskoi Komunisticheskoi Partii Bol'shevikov: Stenograficheskiy Otchet(The Eighth Congress of the Russian Communist Party of the Bolsheviks: Stenographic Protocols), Moscow: Kommunist, 1919, pp. 337~355.
9. 다음 문헌을 참고하라. Protokoll des Gründungsparteitags der Kommunistischen Partei Deutschlands 1918, Berlin: Dietz Verlag, 1972.
10. 1992년 코민테른 4차대회에서 벌어진 '동방문제'에 관한 아주 상세한 논쟁이 실려 있다. John Riddell, trans. and ed., *Toward the United Front: Proceedings of the Fourth Congress of the Communist International, 1922*, Leiden: Brill, 2011, pp. 649~789.
11. James R. Townsend, *Political Participation in Communist China*, Berkeley: University of California Press, 1967, p. 44.
12. 중국 공산당의 발전주의적 비전에 대해서는 다음을 참조하라. Nai-Ruenn Chen and Walter Galenson, *The Chinese Economy under Maoism: The Early Years, 1949~1969*, Chicago: Aldine, 1969, pp. 33~50.
13. Robert A. Scalapino and Chong-Sik Lee, *Communism in Korea: The Movement*, Berkeley: University of California Press, 1972, pp. 3~66.
14. 임경석, 〈세계 대공황기 사회주의·민족주의 세력의 정세인식〉, 《역사와 현실》 11, 1994, 22~49쪽.

15. 임경석, 〈일제하 공산주의자들의 국가건설론〉, 《대동문화연구》 27, 1992, 205~226쪽; 우동수, 〈1920년대 말~30년대 한국 사회주의자들의 신국가건설론에 관한 연구〉, 석사논문, 연세대학교, 1989.
16. Koen De Ceuster, "The YMCA's Rural Development Program in Colonial Korea, 1925~35: Doctrine and Objectives," *Review of Korean Studies* 3(1), 2000, pp. 5~33; 박찬승, 《한국 근대 정치사상사연구》, 서울: 역사비평사, 1991, 197~242쪽.
17. Dae-Sook Suh, ed., *Documents of Korean Communism, 1918‐1948* (Princeton, NJ: Princeton University Press, 1970), 25‐33; 임경석, 《한국 사회주의의 기원》, 서울: 역사비평, 2003, 194~210쪽, 375~396쪽. 추가적으로는 상해파 고려공산당 관련 내용을 참고하라.
18. Yuri Vanin, ed., *Koreitsy v SSSR*(Koreans in the USSR), Moscow: Institut Vostokovedeniya Rossiyskoi Akademii Nauk, 2004, pp. 69~75.
19. Kuo-T'ao Chang, *The Rise of the Chinese Communist Party, 1921~1927*, 1, Lawrence: University Press of Kansas, 1971, p. 44.
20. 코민테른의 이른바 저발전 사회의 2단계 혁명론에 대해서는 다음을 참조하라. Kermit McKenzie, *Comintern and World Revolution, 1928~43: The Shaping of Doctrine*, New York: Columbia University Press, 1964, pp. 68~76.
21. 石堂清倫・山辺健太郎 編, 《コミンテルン日本にかんするテーゼ集》, 東京: 青木書店, 1961, 46~75面.
22. Mikhail Titarenko, ed., *Kommunisticheskiy Internatsional i Kitaiskaya Revolyutsiya: Dokumenty i Materialy*(Communist International and Chinese Revolution: Documents and Materials), Moscow: Glavnaya Redaktsiya Vostochnoi Literatury Izdatel'stva Nauka, 1986, p. 58, 61.
23. Ben Fowkes, trans., *The German Left and the Weimar Republic: A Selection of Documents*, Leiden: Brill, 2014, pp. 291~292.
24. 전명혁, 《1920년대 한국사회주의 운동연구》, 서울: 선인, 2006, 221쪽.
25. 黒瀬郁二 著, 《東洋拓殖会社: 日本帝国主義とアジア太平洋》, 東京: 日本経済評論社, 2003.
26. RGASPI, F. 495,Oop.135, d.110, pp. 132~139, reprinted in Kirill Shirinya and Haruki Wada, eds., *VKP(b), Komintern i Koreya, 1918~1941*(All-Russian Communist Party of Bolsheviks, Comintern and. Korea, 1918‐1941, Moscow: ROSSPEN, 2007, p. 332.
27. Wi Jo Kang, *Christ and Caesar in Modern Korea: A History of Christianity and Politics*, Albany: State University of New York Press, 1997, pp. 43~61.
28. RGASPI, F. 495, Op.135, d.104, pp. 60~62, reprinted in Shirinya and Wada, *VKP(b)*, p. 340.
29. 역사비평 편, 〈자료발굴《조선공산당선언》1926〉, 《역사비평》 19, 1992, 349~361쪽; 전

명혁,《1920년대 한국사회주의 운동연구》, 219~224쪽에서 재인용.
30. RGASPI, F. 495, Op.135, d. 117, "Pis'mo Nam Manch'un'a Grigoriyu [Voitinskomu], March 11, 1926" (The Letter from Nam Manch'un to Grigory [Voitinsky], March 11, 1926), pp. 11~13.
31. Quoted in Suh, *Documents of Korean Communism*, pp. 140~141.
32. Natalia Lebina, Pavel Romanov, and Elena Yarskaya-Smirnova, "Zabota i Kontrol': Sotsial'naya Politika v Sovetskoi Deistvitel'nosti, 1970~1930-e Gody" (Care and Control: Social Policy inside the (Framework) of the Soviet Realities, 1970 to the 1930s), in Pavel Romanov and Elena Yarskaya-Smirnova, eds., Sovetskaya Sotsial'naya Politika 1920-kh – 1930-kh Godov: Ideologiya i Povsednevnost' (Soviet Social Policy of the 1920s and 1930s: Ideology and Quotidian Life) (Moscow: Variant Publishers, 2007), pp. 21~68.
33. 《동아일보》,〈적로의 교육계: 학령아동은 의무교육, 문맹자는 사회교육〉,《동아일보》, 1929년 3월 31일, 1면;《동아일보》,〈쏘련 모성과 아동보호, 노동자 중심의 각 시설〉,《동아일보》, 1931년 1월 1일, 3면.
34. Cornelie Usborne, *The Politics of the Body in Weimar Germany: Women's Reproductive Rights and Duties* (London: Palgrave Macmillan, 1992), 49.
35. 김준엽 · 김창순,《한국공산주의운동사 3권》, 서울: 청계연구소, 1986, 374~376쪽.
36. 1926년 국민당 쿠데타에 대해서는 다음을 참조하라. Tien-wei Wu, "A Review of the Wuhan Debacle: The Kuomintang-Communist Split of 1927," *Journal of Asian Studies* 29(1), 1969, pp. 125~143.
37. 姜德相 · 梶村秀樹 編,《現代史資料》29, 朝鮮5, 東京: みすず書房, 1972, 133面; 김준엽 · 김창순,《한국공산주의운동사 3권》, 265~266쪽.
38. 이균영,《신간회 연구》, 서울: 역사비평사, 1993, 277~278쪽.
39. 김준엽 · 김창순,《한국공산주의운동사 3권》, 303~305쪽.
40. RGASPI, F. 495, Op.3, d. 71, pp. 137~149; reprinted in Shirinya and Wada, VKP(b), pp. 565~573.
41. 1928년 코민테른의 급진적 선회에 대해서는 다음을 보라. Robert Service, *Comrades!: A History of World Communism*, Cambridge, MA: Harvard University Press, 2007, p. 167.
42. 배성찬 편역,《식민지 시대 사회운동론 연구》, 서울: 돌베개; 1987, 11~14쪽.
43. 김준엽 · 김창순,《한국공산주의운동사 3권》, 247~249쪽.
44. 베이징에서 발행된《레닌주의》1(1), 1929년 5월호에 수록되었다.
45. 배성찬 편역,《식민지 시대 사회운동론 연구》, 65~131에서 인용.
46. 《레닌주의》2(1), 1930년 1월.
47. Suh, *Documents of Korean Communism*, pp. 156~167.
48. 역설적으로 일본경찰 관보《思想月報》1937년 6월 11일에 실렸다.

49. 신주백 편,《1930년대 민족해방운동론 연구 1: 국내 공산주의운동 자료편》, 서울: 새길, 1989[1938], 73~88쪽.
50. 김경일,《이재유, 나의 시대 나의 혁명》, 서울: 푸른역사, 2007, 75~76쪽, 101~106쪽.
51. 오토 쿠시넨, 〈국제형편과 국제공산당 섹치아들의 과업에 대하여〉, 하바로프스크: 원동 국립출판사, 1933, 17~21쪽.
52. 김경일,《이재유 연구》, 서울: 창작과비평사, 1995, 59쪽.
53. 김경일,《이재유 연구》, 61쪽.
54. 신주백 편,《1930년대 민족해방운동론 연구》, 297~301쪽; Suh, *Documents of Korean Communism*, pp. 171~176.
55. 강만길·성대경 엮음,《한국사회주의운동 인명사전》, 서울: 창작과비평사, 1996, 135쪽.
56. Suh, *Documents of Korean Communism*, pp. 177~198.
57. Zhanna Son, *Sovetskie Koreitsy: Vsesilie Vlasti i Bessilie Etnicheskoi Obshchnosti, 1920~1930*(Soviet Koreans: Omnipotence of the Authorities and Helplessness of the Ethnic Community, 1920~1930), Moscow: Grif, 2013, p. 292.
58. 임영태 등 편,《식민지시대 한국사회와 운동》, 서울: 사계절, 1985, 382~383쪽.
59. Suh, *Documents of Korean Communism*, pp. 326~350.
60. 신주백 편,《1930년대 근대 민족운동사》, 서울: 선인, 2005, 143~174쪽.
61. 강만길·성대경 엮음,《한국사회주의운동 인명사전》, 538쪽.
62. 안태정, 〈미군정기 조선노동조합전국평의회의 정치·경제적 지향〉, 성대경 편,《한국 현대사와 사회주의》, 서울: 역사비평사, 2000, 263~299쪽.
63. Charles Armstrong, *The North Korean Revolution, 1945~1950*, Ithaca, NY: Cornell University Press, 2003, pp. 78~80.
64. Yuri Vanin, ed., *Sovetskiy Soyuz i Severnaya Koreya, 1945~1948*(Soviet Union and North Korea, 1945~1948), Moscow: Institut Vostokovedeniya Rossiyskoi Akademii Nauk, 2016, pp. 106~107.
65. Vanin, *Sovetskiy Soyuz*, pp. 107~113.
66. Gi-Wook Shin, *Peasant Protest and Social Change in Colonial Korea*, Seattle: University of Washington Press, 1996, pp. 174~175.
67. Vanin, *Sovetskiy Soyuz*, pp. 114~115.
68. 《조선중앙일보》통신사 편,《조선중앙연감》, 평양: 조선중앙통신사, 1949, 135면.
69. 임경순·김정남·박경민, 〈남북한 보건의료제도의 비교〉,《한국보건간호학회지》15(1), 2001, 191쪽.
70. 한성훈,《전쟁과 인민 - 북한 사회주의 체제의 성립과 인민의 탄생》, 서울: 돌베개, 2012, 71~87쪽.
71. 법제처,《북한 법제 개요》, 서울: 법제처, 1991, 475쪽.

72. Daniel Schwekendiek, *A Socioeconomic History of North Korea*, Jefferson, NC: McFarland, 2011, pp. 66~75.
73. 북조선과 남한 학교에서 교실내 권위주의에 대해서는 다음을 보라: Geir Helgesen, *Democracy and Authority in Korea: The Cultural Dimension in Korean Politics*, London: Routledge, 1998, p. 178.
74. 다음 문헌을 참고하라. Suh, *Documents of Korean Communism*, 340.
75. 신두원·한형구 공편,《한국근대문학과 민족-국가담론 자료집》, 315~326쪽. 서울: 소명출판, 2015, 483쪽.

4장 박치우의 마르크스주의 철학

1. 안병직·나카무라 테츠오(中村哲),《근대조선공업화의 연구(1930~1945년)》, 서울: 일조각, 1993, 16~18쪽
2. 권영민,《한국계급문학운동연구》, 서울: 서울대학교출판문화원, 2014, 346~410쪽.
3. 이현주,《한국 사회주의세력의 형성 (1919~1923)》, 서울: 일조각, 2003, 139~170쪽, 186~200쪽.
4. 박종린,《사회주의와 맑스주의 원전 번역》, 서울: 신서원, 2018, 33쪽.
5. 강덕상,《여운형과 상해 임시정부》, 서울: 선인, 2017, 220쪽.
6. 맑스, 카-르,《賃金勞働及資本》, 京城: 民衆社, 1923[1849].
7. 박종린,《사회주의와 맑스주의 원전 번역》, 119~123쪽.
8. 박형병,《사회 진화론》, 서울: 사회과학연구사, 1927. 이 책은 사회진화를 생산수단의 발전과 계급투쟁이 추동하는 생산관계의 진보 양자를 통해 설명하려는 시도였다.
9. 박종린,《사회주의와 맑스주의 원전 번역》, 40~48쪽.
10. 이충우·최종고,《다시 보는 경성제국대학》, 서울: 푸른사상, 2013, 37~41쪽.
11. 위상복,《불화 그리고 불온한 시대의 철학: 박치우의 삶과 철학사상》, 서울: 길, 2012, 71~87쪽; 森川 多聞, 〈安倍能成の〈個人主義〉〉,《동북아문화연구》1(19), 369~385쪽.
12. 정종현,《제국대학의 조센징》, 서울: 휴머니스트, 2019, 126~127쪽.
13. 미야케의 견해에 대해서는 김경일, 〈지배와 연대의 사이에서: 재조일본인 지식인 미야케 시카노스케(三宅鹿之助)〉,《사회와역사》105, 2015, 287~318쪽을 보라.
14. 위상복,《불화 그리고 불온한 시대의 철학: 박치우의 삶과 철학사상》, 93쪽.
15. 김경일, 〈지배와 연대의 사이에서〉; 최규진,《조선공산당 재건운동》, 천안: 독립기념관 한국독립운동사 연구소, 2009, 185~187쪽; 高等法院検事局思想部, 〈城大教授·三宅鹿之助を中心とする朝鮮内赤化工作事件の検挙に関する件〉,《思想彙報》2, 1935, 34~38面. 원문은 미야케의 형사소송 판결문이다.
16. 식민 만행과 억압에 반대하는 동맹(Liga gegen Kolonialgreuel und Unterdrückung)의 결성에 관해서는 다음을 참조하라. Vijay Prashad, *The Darker Nations: A People's History of the*

Third World, New York: New Press, 2007, p.21

17. 이 분파의 역사에 대해서는 김준엽·김창순, 《한국공산주의운동사 3권》, 서울: 청계연구소, 1986, 247~249쪽을 보라.
18. 조용만, 〈1930년대의 문화계: '반전격'〉, 《중앙일보》, 1984년 9월 5일, 11면.
19. 京城本町警察署長, 〈京本警高秘第6751호〉; 김경일, 〈1930년대 전반기 서울의 반제운동과 노동운동〉, 한국사회사연구회 엮음, 《한국의 민족문제와 일본 제국주의》, 서울: 문학과지성사, 1992, 178~228쪽.
20. 이충우·최종고, 《다시 보는 경성제국대학》, 233~236쪽.
21. 윤대석, 〈아카데미즘과 현실 사이의 긴장: 박치우의 삶과 사상〉, 《우리말글》 36, 2006, 373쪽.
22. 위상복, 《불화 그리고 불온한 시대의 철학》, 341~350쪽.
23. 宮本 和吉, 《哲學槪論》, 東京: 岩波書店, 1920.
24. 윤대석, 〈아카데미즘과 현실 사이의 긴장: 박치우의 삶과 사상〉, 374~376쪽.
25. 고성애, 〈박종홍의 현대 신유학 연구〉, 서울대학교 박사논문, 2014.
26. 박치우, 〈세대 사관 비판 1〉, 《신흥》 9, 1937, 27~39쪽; 윤태석·윤미란 공편, 《박치우 전집: 사상과 현실》, 인천: 인하대학교출판부, 2010, 242~257쪽.
27. 심지연, 《이강국 연구》, 서울: 백산서당, 2006, 21~23쪽; 1장을 보라.
28. 삼천리편집실, 〈京城帝大出身靑年學士는어데갓는가〉, 《삼천리》, 7(7), 1935, 138쪽.
29. 이순웅, 〈박치우의 삶과 죽음을 통해 본 해방정국의 인텔리겐치아 문제〉, 《진보평론》 69, 2016, 67~68쪽.
30. 여성, 〈그 안해, 그 남편: 내 안해는 어디가 조은가. 김종숙, 박치우〉, 《여성》 1(2), 1936, 8쪽.
31. Yang-Son Kim, "Compulsory Shintō Shrine Worship and Persecution," in Chai-Shin Yu, ed., *Korea and Christianity*, Berkeley, CA: Asian Humanities Press, 1996, p. 103.
32. 《조선일보》 사료연구실 편, 《조선일보 사람들》, 서울: 랜덤하우스/중앙코리아, 2004, 414~418쪽.
33. 위상복, 《불화 그리고 불온한 시대의 철학》, 369~378쪽.
34. 윤해동, 〈한국 현대사의 증언 - 박헌영의 아들 원경 스님: 혁명과 박헌영과 나〉, 《역사비평》 5 (1997): 114쪽.
35. 《중앙일보》 특별취재반 편, 《비록 조선 민주주의 인민공화국》, 1권, 서울: 중앙일보사, 1992, 188쪽, 210쪽.
36. 위상복, 《불화 그리고 불온한 시대의 철학》, 398~411쪽.
37. 김남천, 〈변화하는 철학〉, 《독립시보》, 1946년 12월 10일.
38. Fanya Isaakovna Shabshina, *Ocherki Noveishei Istorii Korea, 1918~1954* (The Sketches of Korea's Contemporary History, 1918 to 1954), Moscow: Gospolitizdat, 1959, pp. 85~86.

39. 윤대석, 〈아카데미즘과 현실 사이의 긴장〉, 379쪽.
40. 《중앙일보》특별취재반 편,《비록 조선 민주주의 인민공화국》, 274~275쪽.
41. 박치우,《사상과 현실》, 서울: 백양당, 1947.
42. 위상복,《불화 그리고 불온한 시대의 철학》, 433쪽.
43. 박치우, 〈國粹主義의 파시즘化의 危機와 文學者의 任務〉,《조선일보》, 1946년 2월 11~12일.
44. 장학봉,《북조선을 만든 고려인 이야기》, 서울: 경인문화사, 2006, 367~375쪽.
45. 김남식,《남노당 연구》, 서울: 돌베개, 1984, 395~403쪽.
46. 위상복,《불화 그리고 불온한 시대의 철학》, 449~452쪽.
47. 장학봉,《북조선을 만든 고려인 이야기》, 434~441쪽.
48. 김남식,《남노당 연구》, 서울: 돌베개, 1984, 420~422쪽.
49. 자유신문, 〈방위 태세에 자신, 공비 근멸도 불원장래〉,《자유신문》, 1949년 12월 4일, 459~460면.
50. 馬越徹 著,《韓国近代大学の成立と展開—大学モデルの伝播研究》. 名古屋: 名古屋大学出版会, 1995, 101~118面.
51. 정종현,《제국대학의 조센징》, 서울: 휴머니스트, 2019, 182~198쪽.
52. 위상복,《불화 그리고 불온한 시대의 철학》, 474~478쪽.
53. Jane Degras, ed., The Communist International, 1919~1943, Documents, III, London: Routledge, 1971, pp. 355~370. 1935년 코민테른 7차대회의 파시즘, 노동계급 단결과 코민테른의 임무에 관한 결의안 발췌문을 싣고 있다.
54. Leon Trotsky, "Bonapartism and Fascism," New International 1(2), 1934, pp. 37~38.
55. Gerhard Botz, "Austro-Marxist Interpretation of Fascism," Journal of Contemporary History 11(4), 1976, 142~145.
56. Rudolf Hilferding, "State Capitalism or Totalitarian State Economy," Modern Review 6, 1947[1940] pp. 266~271.
57. Karl Kautsky, "Hitlerism and Social Democracy," in Joseph Shaplen and David Shub, eds., Socialism, Fascism, Communism, New York: American League for Democratic Socialism, 1934.
58. 박치우, 〈세대 사관 비판 1〉; 윤태석 · 윤미란 공편,《박치우 전집》, 50~66쪽.
59. 현대 한국 민족주의 사상의 이용에 대해서는 Michael Robinson, "National Identity and the Thought of Sin Ch'aeho: Sadaejuǔi and Chuch'e in History and Politics," Journal of Korean Studies 5, 1984, pp. 121~142를 보라; 북조선 주체사상의 형성에 대해서는 "Total, Thus Broken: Chuch'e Sasang and North Korea's Terrain of Subjectivity," Journal of Korean Studies 17(1), 2012, pp. 69‐96를 보라.
60. Hilferding, "State Capitalism." 힐퍼딩은 1940년에 이미 소련과 나치 독일을 당시 등장

하던 동일한 사회정치적 · 경제적 전체주의 질서의 일부로 간주했다.

61. Katerina Clark, *Moscow, the Fourth Rome: Stalinism, Cosmopolitanism, and the Evolution of Soviet Culture, 1931~1941*, Cambridge, MA: Harvard University Press, 2001), pp. 42~78.
62. Igal Halfin, *From Darkness to Light: Class, Consciousness, and Salvation in Revolutionary Russia*, Pittsburgh: University of Pittsburgh Press, 2000, pp. 27~39.
63. '인간본성의 변혁'에 대한 소련의 노력에 대해서는 다음을 참조하라. David Hoffman, *Stalinist Values: The Cultural Norms of Soviet Modernity, 1917~1941*, Ithaca, NY: Cornell University Press, 2003, pp. 15~57; Karl Marx, *The Poverty of Philosophy*, Moscow: Progress Publishers, 1955[1947]), pp. 182~183. "인간 본성 변혁"의 기원은 마르크스 자신에게 돌아갈 수 있는데, 그는 유명하게 "모든 역사는 인간본성의 지속적 변혁에 불과하다"고 진술했다.
64. 일본의 유명한 철학자 와츠지 테츠로(和辻 哲郞, 1889~1960)의 저작들에서 나타나는 본질주의적 대조에 대해서는 Robert N. Bellah, "Japan's Cultural Identity: Some Reflections on the Work of Watsuji Tetsuro," *Journal of Asian Studies* 24(4), 1965를 보라.
65. 박치우, 〈나의 인생관: 인간 철학사상 1-5〉,《동아일보》, 1935년 1월 12~17일; 윤대석 · 윤미란 공편,《박치우 전집》, 67~80쪽.
66. Myra Moss, *Mussolini's Fascist Philosopher: Giovanni Gentile Reconsidered*, New York: Peter Lang, 2004, pp. 57~79.
67. 이광수, 〈옛 조선의 근본도덕, 전체주의, 구실주의 인생관〉,《동광》 34 (1932): 2~4쪽.
68. 사희영,《제국시대 잡지『國民文學』과 한일작가들》, 서울: 도서출판 문, 2011.
69. 예를 들어 崔載瑞, 〈国民文学の要件〉,《国民文学》1, 1941, 35~36面을 보라.
70. 《매일신보》사설,〈전체주의와 황도주의〉,《매일일보》, 1940년 8월 8일.
71. 이광수 외,〈아관[我觀] 히틀러 총통〉,《삼천리》12(8), 1940, 39~42쪽.
72. 후지이 다케시,《파시즘과 제3세계주의 사이에서 - 족청계의 형성과 몰락을 통해 본 해방 8년사》, 서울: 역사비평사, 2012년. 이 책은 족청(민족청년단, 1946~1954)과 관련된 준 파시스트 이데올로기에 대한 정보를 제공하고 있다.
73. 박치우,〈자유주의의 철학적 해명〉《조선일보》, 1936년 1월 1~4일; 윤태석 · 윤미란 공편,《박치우 전집》, 132~141쪽.
74. 이헌구,〈佛國 超現實主義〉,《동아일보》, 1933년 6월 18일. 비판적 스케치.
75. 앙드레 지드의 Retouches à mon Retour de l'U.R.S.S (1937)에 대한 서평은 백철,〈歐美現代 作家群像: 나의 지드觀〉,《동아일보》, 1938년 2월 5일을 보라. 지드 등의 모스크바 여행기에 대해서는 이 책의 서문을 보라.
76. 윤대석 · 윤미란 공편,《박치우 전집》, 141쪽.
77. 윤대석,〈아카데미즘과 현실 사이의 긴장: 박치우의 삶과 사상〉, 390쪽.
78. 서인식,〈전체주의의 역사관, 그 현대적 영도성에 대하여〉,《조선일보》, 1939년 2월

21일.

79. 윤덕영, 〈1930년대 동아일보 계열의 정세인식 변화와 배경〉, 《사학연구》 108 (2012): 191~261쪽.
80. 제1선, 〈파시즘〉, 《第1線》 2(5), 1932, 34~36쪽
81. 《동아일보》, 1934년 1월 1~5일. 재출판: 백남운, 《백남운 전집 4》, 서울: 이론과 실천, 1991, 192~204쪽.
82. 《동아일보》, 1936년 1월 1~9일. 재출판: 백남운, 《백남운 전집 4》, 267~277쪽.
83. 백남운, 《백남운 전집 4》, 277쪽.
84. 배성용, "독일 구식민지 회수문제." 《중앙》 4(2), 1936, 44~47쪽; 김기승, 《한국근현대사 회사상사연구》, 서울: 신서원, 1994, 65~87쪽.
85. 박치우, 〈全體主義의 諸像: 全體主義의 哲學的 解明-'ism'에서 '學'으로서 成立過程 1-3〉, 《조선일보》, 1939년 2월 22~24일; 윤대석 · 윤미란 공편, 《박치우 전집》, 142~149쪽.
86. 戶坂潤 著, 《日本イデオロギー論》, 東京: 岩波文庫, 1977[1935]; and Ken C. Kawashima, Fabian Schäfer, and Robert Stolz, *Tosaka Jun: A Critical Reader*, Honolulu: Hawai'i University Press, 2014, pp. 59~68.
87. 박치우, 〈全體主義의 諸像〉; 윤대석 · 윤미란 공편, 《박치우 전집》, 148~149쪽. 와츠지의 전시선전에 대한 기여에 대해서는 Bellah, "Japan's Cultural Identity," pp. 578~591를 보라.
88. 박치우, 〈全體主義의 論理的 基礎〉, 《朝光》 7(1), 1941, 79~91쪽; 윤태석 · 윤미란 공편, 《박치우 전집》, 178~193쪽.
89. 후지이 다케시, 《파시즘과 제3세계주의 사이에서》, 97~172쪽. 다음 문헌 또한 참고하라. Hugh Deane, The Korean War 1945~1953, San Francisco: China Books and Periodicals, 1999, pp. 37~40.
90. 《조선일보》, 〈국수주의 파시즘화의 위기와 문학자의 임무〉, 1946년 2월 11~12일, 《사상과 현실》, 서울: 백양당, 1946에 수록되어 있다.
91. 박치우, 〈國粹主義의 파시즘化의 危機와 文學者의 任務〉; 윤대석 · 윤미란 공편, 《박치우 전집》, 271~278쪽.
92. John Merill, Korea: *The Peninsular Origins of the War*, Newark: University of Delaware Press, 1989, pp. 79~80; 미군정의 족청에 대한 태도에 대해서는 후지이 다케시, 《파시즘과 제3세계주의 사이에서》, 97~106쪽을 보라.
93. Charles K. Armstrong, *The North Korean Revolution, 1945~1950*, Ithaca, NY: Cornell University Press, 2003, pp. 60~71, 191~215.
94. 이후 이태준의 운명에 대해 이 일화가 갖는 의미에 대해서는 다음을 참조하라. Arkadiy Perventsev, V Koree (In Korea), Moscow: *Sovetskiy Pisatel*, 1950, 23; Tatiana Gabroussenko,

    Soldiers on the Cultural Front: Developments in the Early Literary History of North Korean Literature and Literary Policy, Honolulu: University of Hawai'i Press, 2010, p. 124.
95. 북조선에서 남쪽 출신 국내파 공산주의자들에 대한 탄압에 대해서는 다음을 참조하라. Andrei Lankov, *Crisis in North Korea: The Failure of De-Stalinization, 1956* (Honolulu: University of Hawai'i Press, 2005), pp. 7~26.

5장 사회주의 민족 개념과 역사

1. 민족주의 연구에서 구성주의적 접근에 대해서는 다음을 보라: David Brown, *Contemporary Nationalism: Civic, Ethnocultural and Multicultural Politics*, London: Routledge, 2000, pp. 4~30.
2. 사회적 범주에 관한 본질주의적 믿음에 대해서는 다음을 보라. Nick Haslam, Louis Rothschild, and Donald Ernst, "Essentialist Beliefs about Social Categories," *British Journal of Social Psychology* 39(1), 2000, pp. 113~127.
3. Emma Campbell, *South Korea's New Nationalism: The End of "One Korea"?*, Boulder, CO: First Forum Press, 2016.
4. 남한 젊은 세대의 민족주의 대해서는 다음을 보라. Sook-Jong Lee, "The Assertive Nationalism of South Korean Youth: Cultural Dynamism and political Activism," *SAIS Review of International Affairs* 26(2), 2006, pp. 123~132.
5. Gi-Wook Shin, *Ethnic Nationalism in Korea: Genealogy, Politics, and Legacy*, Stanford, CA: Stanford University Press, 2006, pp. 89~93.
6. 《로동신문》, 〈다민족 다인종 사회론은 민족말살〉,《로동신문》, 2006년 4월 27일, 1면.
7. 북인권 모니터팀, 〈우려스러운 북의 단일민족관〉,《프레시안》, 2007년 9월 11일. https://www.pressian.com/pages/articles/85497.
8. 지표누리, 재외동포현황. https://www.index.go.kr/unity/potal/main/EachDtlPageDetail.do?idx_cd=1682
9. Dong-Hoon Seol and John D. Skrentny, "Ethnic Return Migration and Hierarchical Nationhood: Korean Chinese Foreign Workers in South Korea," *Ethnicities* 9(2), 2009, pp. 147~174, 151~153.
10. 오정은 등 편, 〈국내체류 조선족 동포 현황조사〉, 서울: 해외동포재단, 2016, 58쪽.
11. Jin-kyung Lee, *Service Economies: Militarism, Sex Work, and Migrant Labor in South Korea*, Minneapolis: University of Minnesota Press, 2010, pp. 185~233.
12. Seol and Skrentny, "Ethnic Return Migration."
13. 권보드래, 〈근대 초기 '민족' 개념의 변화: 1905~1910년 대한매일신보를 중심으로〉, 고미숙·정선태,《근대계몽기 지식의 굴절과 현실적 심화》, 서울: 소명출판, 2007, 47~75쪽; 메이지 일본에서의 '민족' 개념의 담론적 계보에 대해서는 이 문헌을 참고하라.

Kevin M. C, "Ethnic Nationalism and Romanticism in Early Twentieth-Century Japan," *Journal of Japanese Studies* 22(1), 1996, pp. 81~82.
14. 〈西勢 東占의 起因〉,《황성신문》재인쇄본 8권, 서울: 경인문화사, 1984, 26면.
15. 〈渋沢 伯爵의 주전론〉, 1903년 11월 7일;《황성신문》재인쇄본 8권, 서울: 경인문화사, 1984, 642면.
16. 허동현, 〈한국 근대에서 단일민족 신화의 역사적 형성 과정〉,《동북아역사논총》23, 2009, 17~19쪽.
17. 권보드래, 〈근대 초기 '민족' 개념의 변화〉, 48~55쪽.
18. 백동현, 〈러·일전쟁 전후 '民族' 용어의 등장과 민족인식:《皇城新聞》과《大韓每日申報》를 중심으로〉,《한국사학보》10, 2001, 149~179쪽.
19. Martina Deuchler, *The Confucian Transformation of Korea: A Study of Society and Ideology*, Cambridge, MA: Harvard University Press, 1992, pp. 129~179.
20. 20세기 초반 조선에서 사회 다윈주의의 인기에 대해서는 다음을 보라.《대한매일신보》사설, 〈민족과 국민의 구별〉,《대한매일신보》, 재인쇄본 4권, 한국 신문연구소 편, 서울: 경인문화사, 2001, 4491면; Vladimir Tikhonov, *Social Darwinism and Nationalism in Korea: The Beginnings(1880s~1910s): Survival as an Ideology of Korean Modernity*, Leiden: Brill, 2010.
21. 사설, 〈근본적 개량〉,《황성신문》, 재인쇄본 16권, 서울: 경인문화사, 1984, 408면.
22. 사설, 〈민족 경쟁의 최후 승리〉, 1910년 4월 23일,《대한매일신보》재인쇄본 6권, 한국 신문연구소 편, 서울: 경인문화사, 2001, 6487면.
23. 사설, 〈保國論〉, 1907년 5월 6일,《황성신문》재인쇄본 15권, 서울: 경인문화사, 1984년, 18면.
24. 〈女子 敎育論: 편집자에게 보내는 편지〉, 1908년 8월 11일,《대한매일신보》재인쇄본 5권, 한국 신문연구소 편, 서울: 경인문화사, 2001, 4531면.
25. 독일 민족주의의 맥락에서 이 개념의 발생에 대해서 다음을 보라: Brian Vick, "The Origins of the German Volk: Cultural Purity and National Identity in Nineteenth-Century Germany," *German Studies Review* 26(2), 2003, pp. 241~256.
26. Edward I-te Chen, "The Attempt to Integrate the Empire: Legal Perspectives," in Ramon Hawley Myers and Mark Peattie, eds., *The Japanese Colonial Empire* (Prince ton, NJ: Prince ton University Press, 1984, pp. 241~274; Marie Seong-Hak Kim, *Law and Custom in Korea: Comparative Legal History*, Cambridge: Cambridge University Press, 2012, pp. 181~189.
27.《조선중앙일보》,〈도일증 일매에 소개료 5원 수취〉,《조선중앙일보》, 1933년 12월 23일, 4면.
28. 박찬승,《민족·민족주의》, 서울: 소화, 91~93쪽.
29. 정윤태·이지원·이윤상, 〈3.1운동의 전개양상과 참가계층〉, 한국역사연구회 엮음,《3.1

민족해방운동 연구》, 229~257쪽. 서울: 청년사, 1989, 229~257쪽.
30. 한기형, 〈법역과 문역: 제국 내부의 표현력 차이와 식민지 텍스트〉, 정근식 편,《검열의 제국-문화의 통제와 재생산》, 서울: 푸른역사, 2016, 30~55쪽.
31. 《동아일보》, 〈세계개조의 벽두를 당해야 조선의 민족운동을 논하노라〉,《동아일보》, 1920년 4월 6일, 1면.
32. 《동아일보》, 〈세계개조의 벽두를 당해야 조선의 민족운동을 논하노라〉,《동아일보》,《동아일보 사설논집》, 서울:《동아일보》, 1977, 27~28쪽.
33. 김기진, 〈십자교에서〉,《개벽》 59, 1925, 28~36쪽.
34. 《동아일보》, 〈정신력의 위대성〉,《동아일보》, 1926년 6월 11일.
35. 《동아일보》, 〈정신력의 위대성〉.
36. 박은식,《韓國 獨立運動之血史》,《박은식 전집 1》, 서울: 단국대학교출판부, 1975[1920], 509~512쪽.
37. 안확,《조선 문학사》, 권오성, 이태진, 최원식 편,《자산 안확 국학논저집 2》, 서울: 여강출판사, 1994[1922], 146~185쪽.
38. 안확,《조선 문학사》.
39. 이명화,《도산 안창호의 독립운동과 통일노선》, 서울: 경인문화사, 2002, 264~292쪽.
40. 안창호,《도산 안창호 논설집》, 서울: 을유문화사, 1973[1926], 74~78쪽.
41. Kyung-Koo Han, "The Archaeology of the Ethnically Homogeneous Nation-State and Multiculturalism in Korea," *Korea Journal* 47(4), 2007, pp. 8~31.
42. 《독립신문》, 〈太皇祖聖誕 及 建國 祈願節 祝賀式〉,《獨立新聞》, 1919년 11월 27일, 1면.
43. 《권업신문》, 〈단군 태황조 성탄절〉,《勸業新聞》, 1912년 11월 10일, 1면.
44. 김윤식,《임화와 신남철: 경성제대와 신문학사의 관련 양상》, 서울: 역락, 2011, 4~14쪽.
45. 박찬승,《민족 · 민족주의》, 103~106쪽.
46. 식민지 시대 민족주의의 다양한 경향에 대해서 다음을 보라: 박찬승,《민족주의 시대》, 서울: 경인문화사, 2007, 281~308쪽; Michael Edson Robinson, *Cultural Nationalism in Colonial Korea, 1920~1925*, Seattle: University of Washington Press, 1988.
47. 식민지 시대 조선인과 일본인 결혼 정책에 대해서는 다음을 보라. Su Yun Kim, "Romancing Race and Gender: Intermarriage and the Making of a 'Modern Subjectivity' in Colonial Korea, 1910~1945," PhD diss., University of California – San Diego, 2009; Vladimir Tikhonov, *Modern Korea and Its Others: Perceptions of the Neighbouring Countries and Korean Modernity*, London: Routledge, 2015, pp. 151~183.
48. Vladimir Tikhonov and Owen Miller, trans., *Selected Writings of Han Yongun: From Social Darwinism to "Socialism with a Buddhist Face"*, London: Global Oriental, 2008, pp. 1~30.
49. 김병로 · 한용운 · 황애시덕 · 우봉은, 〈이민족과의 교혼 시비〉,《삼천리》 3(9), 1931, 26~29쪽.

50. 예를 들어 이광수는 다음과 같은 명시적 제목의 논문을 연재했다. 〈한일 양족의 합하지 못할 이유〉, 《독립신문》, 1919년 9월 4~9일. 김원모, 《춘원의 공복론: 독립신문》, 서울: 단국대학교출판부, 2009, 62~72쪽에서 재인쇄.
51. Otto Klineberg, "A Science of National Character," *Society for the Psychological Study of Social Issues Bulletin* 19, 1944, pp. 147~162.
52. John Glenn, "Nations and Nationalism: Marxist Approaches to the Subject," *Nationalism and Ethnic Politics* 3(2), 1997, pp. 79~100.
53. Karl Marx and Friedrich Engels, *Marx/Engels Collected Works*, London: Lawrence & Wishart, 1975~2005, 8, p. 227; 20, pp. 152~161.
54. Karl Marx and Friedrich Engels, *The Russian Menace to Europe*, eds. Paul Blackstock and Bert Hoselitz, London: George Allen & Unwin, 1953, pp. 116~120.
55. Vladimir Lenin, *ollected Works*, 22, Moscow: Progress Publishers, 1973, pp. 143~156.
56. 모리야 에이후(守屋栄夫), 〈革命後의 露西亞: 2〉, 《매일신보》, 1925년 12월 4일, 3면.
57. Lenin, *Collected Works*, 22, pp. 148~153.
58. Otto Bauer, *The Question of Nationalities and Social Democracy*, Minneapolis: University of Minnesota Press, 2000[1907], pp. 62~63.
59. Ivan Sablin, "National Autonomies in the Far Eastern Republic: Post-Imperial Diversity Management in Pacific Russia, 1920~1922," *History and Anthropology* 28(4), 2017, pp. 445~460.
60. Ivan Sablin and Alexander Kuchinsky, "Making the Korean Nation in the Russian Far East, 1863~1926," *Nationalities Papers* 45(5), 2017, pp. 798~814.
61. Lenin, *Collected Works*, 20, pp. 17~51.
62. Karl Kautsky, "Nationality and Internationality, Part 2," trans. Ben Lewis, *Critique* 38(1), 2010[1908], pp. 143~163.
63. Benedict R. O'G Anderson, *Imagined Communities: Reflections on the Origin and Spread of Nationalism*, London: Verso, 1991.
64. Ernest Gellner, *Nations and Nationalism*, Ithaca, NY: Cornell Uni-versity Press, 1983.
65. 르낭의 연설을 둘러싼 역사적 맥락에 대해서는 다음을 참조하라. Ernest Renan, *Qu'est-ce qu'une nation?*(What Is a Nation?), Paris: Calmann Lévy, 1882; Martin Thom, "Tribes within Nations: The Ancient Germans and the History of Modern France," in Homi Bhabha, ed., *Nation and Narration*, London: Routledge, 1990, pp. 23~43.
66. Bauer, *The Question*, pp. 20~22.
67. Joseph Stalin, *Marxism and the National Question*, Calcutta: New Book Centre, 1975[1913].
68. 신남철, 《전환기의 이론》, 서울: 백양당, 1948, 80쪽.
69. 이병수, 〈일제하 식민지 지식인의 전통 인식: '신남철'과 '박종홍'을 중심으로〉, 《통일인

문학》 63, 2015, 5~33쪽.
70. 신남철, 〈복고주의에 대한 수언: E. 스프랑거Spranger의 언설을 중심으로〉,《동아일보》, 1935년 5월 9~11일, 3면.
71. 신남철, 〈동양사상과 서양사상: 양자가 과연 구별되는 것인가〉,《동아일보》, 1934년 3월 15~23일, 3면.
72. 신남철, 〈복고주의에 대한 수언〉.
73. 한위건, 〈조선혁명의 특질과 노동계급 전위의 당면임무〉. 재출판: 배성찬 편역,《식민지 시대 사회운동론 연구》, 서울: 돌베개: 1987[1929], 131~179쪽.
74. Kang Li [Yang Myŏng], "O National-reformizme v Koree"(On Korea's National Reformism), in Yuri Vanin, *Kolonial'naya Koreia* (Colonial-Era Korea), Moscow: Institut Vostokovedeniia RAN, 2007[1933], pp. 146~178.
75. Marc Matera and Susan Kingsley Kent, *The Global 1930s: The International Decade*, London: Routledge, 2017, 164.
76. *Programmnye Dokumenty Kommunisticheskijh Partiy Vostoka*(Program Documents of the Communist Parties of the East), Moscow: Partizdat, 1934, p. 294.
77. 이여성, 〈유태인 '시오니즘'과 장래 약소민족운동의 전망 2〉,《조선일보》, 1931년 1월 2일, 5면.
78. Natalya Mamaeva, *Komintern i Gomindang, 1919~1929*(Comintern and Guomindang, 1919~1929), Moscow: ROSSPEN, 1999.
79. John W. Garver, "Chiang Kai-shek's Quest for Soviet Entry into the Sino-Japanese War," *Political Science Quarterly* 102(2), 1987, pp. 295~316.
80. Vladimir Tikhonov, "'Korean Nationalism Seen through the Comin-tern Prism, 1920s~30s," *Region: Regional Studies of Russia, Eastern Europe, and Central Asia* 6(2), 2017, pp. 201~222.
81. 백승철, 〈'朝鮮學運動' 계열의 자기 정당성 모색과 근대관〉, 김도형 등 저,《일제하 한국 사회의 전통과 근대인식》, 서울: 혜안, 2008, 97~128쪽.
82. 백승철, 〈'朝鮮學運動' 계열의 자기 정당성 모색과 근대관〉, 110쪽.
83. 안재홍,《민세 안재홍 선집》, 서울: 지식산업사, 1981, 558~560쪽, 564쪽.
84. Li, "O national-reformizme v Koree."
85.《민세 안재홍 선집》, 546~547쪽에서 재인쇄.
86. 조형렬, 〈1930년대 조선의 역사과학에 대한 학술문화운동론적 분석〉, 고려대학교 박사 논문, 2015, 77~79쪽.
87. 이여성, 〈민족문제 개관 2〉,《조선일보》, 1929년 11월 29일; 조형렬, 〈1930년대 조선의 역사과학에 대한 학술문화운동론적 분석〉, 78쪽.
88. 강영주, 〈국학자 홍기문 연구〉,《역사비평》 68, 2004, 154~198쪽.

89. 홍기문, 〈조선문학의 양의(兩義)〉, 신두원·한형구 공편, 《한국근대문학과 민족-국가담론 자료집》, 서울: 소명출판, 2015[1934], 315~326쪽.
90. 조형렬, 〈1930년대 조선의 역사과학에 대한 학술문화운동론적 분석〉, 80쪽.
91. 이광수, 〈조선문학의 개념〉, 신두원·한형구 공편, 《한국근대문학과 민족-국가담론 자료집》, 서울: 소명출판, 2015[1934], 186~192쪽.
92. 홍기문, 〈조선문학의 兩義〉.
93. 대공황, 파시즘, 제국주의 정치와 관련된 그의 글에 대해서는 다음을 보라. Leonid Petrov, "Turning Historians into Party Scholar-Bureaucrats: North Korean Historiography in 1955~1958," *East Asian History* 31, 2006, pp. 101~124; 4장을 참조하라.
94. 백남운, 〈조선연구 기운에 제하야 1: 일문일답〉, 《동아일보》, 1934년 9월 11일.
95. 백남운, 《조선 사회경제사》, 서울: 보문사, 1989[1933], 145쪽.
96. 백남운, 《조선 사회경제사》, 145쪽.
97. 백남운, 《조선 사회경제사》, 129쪽.
98. 백남운, 《조선 사회경제사》, 145쪽.
99. 김명식의 1916년 신아동맹 참여와 초기 사회주의 조직들에서의 역할에 대해서는 다음을 보라. 김동전, "근대 제주지역 지식인의 외부세계 소통과 활동", 《역사민속학》 7, 2008, 63~92쪽; 또한 1장을 참조하라.
100. Maurice Bloch, *Marxism and Anthropology: The History of a Relationship*, London: Routledge, 1983, pp. 126~128.
101. 김명식, 〈조선민족 기원의 문화적 고찰〉, 《삼천리》 7(1), 1935, 56~58쪽.
102. 김명식, 〈조선민족 기원의 문화적 고찰〉, 52~55쪽.
103. 임화, 〈문학상의 지방주의 문제〉, 하정일 등 편, 《임화문학예술전집: 평론 1》 서울: 소명출판, 2009[1936], 704~723쪽.
104. 김기전, 〈조선민족만이 가진 우월성〉, 《개벽》 61, 1925, 4~7쪽.
105. 백승철, 〈'朝鮮學運動' 계열의 자기 정당성 모색과 근대관〉, 김도형 등 저, 《일제하 한국사회의 전통과 근대인식》, 서울: 혜안, 2008, 97~128쪽.
106. 정민영, 〈1930~40년대 홍기문의 역사연구〉, 《중원문화연구》 18~19, 2012, 241~283쪽; 홍기문, 〈역사학의 연구: 정신사관과 유물사관〉, 《조선일보》 1935년 3월 2일, 4면.
107. 안병주, 〈민족문제 재음미: 2〉, 《조선일보》, 1930년 1월 20일, 4면.
108. 백남운, 〈북리뷰: 보전[普成專門]학회 논집에 대한 독후감〉, 《동아일보》, 1934년 5월 4일, 3면.
109. 역사비평 편, 〈자료발굴 《조선공산당선언》 1926〉, 《역사비평》 21, 1992, 349~361쪽.
110. 〈민족과 문화, 1946〉, 윤대석·윤미란 공편, 《사상과 현실》, 인천: 인하대학교출판부, 2010[1946], 279~286쪽.

111. 김윤식,《임화와 신남철: 경성제대와 신문학사의 관련 양상》, 332~350쪽에서 재인쇄..
112. 박찬승,《민족 · 민족주의》, 232~256쪽.

6장 1945년, 김사량의 중국 해방구 관찰

1. 곽형덕,《김사량과 일제 말 식민지문학》, 서울: 소명출판, 2017; 곽형덕, 〈김사량의 동경 제국대학 시절(1936-1939)〉, 김재용 · 곽형덕 공편,《김사량, 작품과 연구 1》서울: 역락, 2008, 381~411쪽.
2. 전면적 강제동화 시스템에 대한 김사량의 저항방식에 대해서는 다음을 보라. 김재용, 〈일제말 김사량 문학의 저항과 양극성: 〈천마〉, 〈무궁일가〉, 〈향수〉를 중심으로〉, 김재용 · 곽형덕 공편,《김사량, 작품과 연구 1》, 서울: 역락, 2008, 411~429쪽.
3. 김사량의 일본어 작품에 대해서는 다음을 보라. 김사량, 〈內地語の文學(내지어의 문학)〉,《요미우리 신문》, 1941년 2월 14일, 김재용 · 곽형덕 공편,《김사량, 작품과 연구 1》, 263~264쪽.
4. 곽형덕,《김사량과 일제 말 식민지문학》, 서울: 소명출판, 2017, 76~95쪽.
5. 김재용,《협력과 저항》, 서울: 소명출판, 2004, 241~261쪽.
6. 김사량,《노마만리(駑馬萬里)》, 평양: 양서각, 1947.
7. 김사량,《김사량 선집》, 평양: 국립출판사, 1955.
8. 김사량,《노마만리》, 김재용 편, 서울: 실천문학사, 2002[1947].
9. 일본에서 바라본 2차대전 말의 유럽에 대해서는 다음으로 보라. Yukiko Koshiro, "Eurasian Eclipse: Japan's End Game in World War II," *American Historical Review* 109(2), 2004, pp. 417~444.
10. 풀뿌리 수준의 작동에 대해서는 다음을 보라. 윤해동,《지배와 자치: 식민지기 촌락의 삼국면구조》, 서울: 역사비평사, 2006, 360~373쪽.
11. 김사량,《노마만리》, 19~21쪽, 315쪽.
12. 이영선의 배경에 대해서는 다음을 보라. 안우식, 심원섭 역,《김사량 평전》, 서울: 문학과지성사, 2000, 362쪽; 정병준, 〈조선건국동맹의 조직과 활동〉,《한국사연구》80, 1993, 91~134쪽.
13. 손염홍,《근대 북경의 한인사회와 민족운동》, 서울: 역사공간, 2010, 344~345쪽.
14. 김사량,《노마만리》, 228쪽.
15. Dongyoun Hwang, *Anarchism in Korea: Independence, Transnationalism, and the Question of National Development, 1919~1984*, Albany: State University of New York Press, 2016, p. 142.
16. 강만길,《조선민족혁명당과 통일전선》, 서울: 역사비평사, 2003, 56~81쪽, 268~279쪽.
17. Il Sung Kim, "Talk with Nosaka Sanzo and His Party," December 21, 1945, in *Kim Il Sung Complete Works*, 2(August 1945~December 1945), Pyongyang: Foreign Language

Publisher House, 2011, pp. 410~415.
18. Hwang, Anarchism in Korea, p. 150.
19. 염인호, 《조선의용대 · 조선 의용군》, 천안: 독립기념관, 한국 독립운동사 연구소, 2009, pp. 152~158.
20. 김사량, 《노마만리》, 230쪽.
21. 강만길, 《조선민족혁명당과 통일전선》, 280쪽.
22. 김사량, 《노마만리》, 228~229쪽.
23. David Goodman, *Social and Political Change in Revolutionary China: The Taihang Base Area in the War of Resistance to Japan, 1937~1945*, Lanham, MD: Rowman & Littlefield, 2000, pp. 30, 61~62, 83~100.
24. Jack Belden, *China Shakes the World*, New York: Harpers, 1949, p. 72.
25. 김사량, 《노마만리》, 35~39쪽.
26. 황묘희, 〈침략전쟁 시기 천진의 친일한인조직 연구", 강태민 등 편, 《침략전쟁기 친일조선인들의 해외활동》, 서울: 경인문화사, 2013, 36~70쪽.
27. 김태준, 이주명 교주, 《김태준의 조선소설사》, 서울: 필맥, 2017.
28. 김태준, 《김태준 전집 1권》, 서울: 보고사, 433~467쪽. 김태준의 옌안 여행기는 원래 계간지 《문학》에 1946년 7월부터 1947년 4월까지 연재되었다.
29. 김사량, 《노마만리》, 40쪽.
30. 김사량, 《노마만리》, 42쪽.
31. 김사량, 《노마만리》, 42~43쪽.
32. 염인호, 《조선의용대 · 조선 의용군》, 172~173쪽.
33. 김사량, 《노마만리》, 119쪽.
34. 김사량, 《노마만리》, 120쪽.
35. Iosif Stalin, *Lieningzhuyi wenti(Problems of Leninism)*, Moscow: Foreign Workers' Publishing House, 1935[1926].
36. Iosif Stalin, *Guanyu Lieningzhuyi diwenti(On the Problems of Leninism)*, Yan'an: Jiefangshe, 1943[1926].
37. 김사량, 《노마만리》, 158쪽.
38. 김사량, 《노마만리》, 156~157쪽.
39. 김태준, 《김태준 전집 3권》, 461쪽.
40. 박경식, 《일본 제국주의의 조선 지배》, 서울: 청아출판사, 1986, 497~500쪽.
41. 김사량, 《노마만리》, 156쪽.
42. 김사량, 《노마만리》, 140쪽, 156~157쪽; 정풍운동의 자세한 역사에 대해서는 다음을 보라. 高華, 紅太陽是怎樣升起的 : 延安整風運動的來龍去脈(How Did the Sun Rise over Yan'an: A History of the Rectification Movement), Hong Kong: Chinese University Press, 2000.

43. 김사량,《노마만리》, 140쪽.
44. 丁玲,《意外集》, 北京: 中国国际广播出版社, 2013[Ling Ding, *Yiwaiji*(The Unexpected Collection)], Beijing: Zhongguo Guoji Guangbo Chubanshe, 2013.
45. 김사량,《노마만리》, 139쪽.
46. Yi-tsi Mei Feuerwerker, *Ding Ling's Fiction: Ideology and Narrative in Modern Chinese Literature*, Cambridge, MA: Harvard University Press, 1982, pp. 102~105.
47. Mao Zedong, *Selected Works of Mao Tse-Tung*, 3, Beijing: Foreign Language Press, 1965, p. 86.
48. 김사량,《노마만리》, 181~192쪽.
49. 김사량,《노마만리》, 103쪽.
50. 김사량,《노마만리》, 105쪽.
51. 김사량,《노마만리》, 111~112쪽.
52. 김사량,《노마만리》, 104쪽.
53. 김사량,《노마만리》, 231~233쪽.
54. 염인호,《조선의용대·조선 의용군》, 215쪽.
55. Andreï Lankov, *From Stalin to Kim Il Song: The Formation of North Korea, 1945~1960*, London: Hurst, 2002, pp. 52~54.
56. 유임하,〈김사량론: 인민문학으로의 모색과 전회〉, 이화여자대학교 통일학연구원 편,《북한 문학의 지형도: 대표 작가와 대표작으로 본 북한 문학의 어제와 오늘》, 서울: 이화여자대학교출판문화원, 2008, 19~43쪽.
57. 김청수,〈[구술56] 서울-평양-북경 국제선에 올라 (김학철편 5)〉,《길림신문》, 2020년 7월 3일. http://www.jlcxwb.com.cn/qihua/content/2020-07/03/content_259994.html (2020.09.15. 최종 접속)
58. 김학철,《최후의 분대장》, 서울: 문학과지성사, 1995, 337쪽.
59. 유임하,〈사회주의적 근대기획과 조국해방의 담론: 해방 전후 김사량 문학의 도정〉,《한국근대문학연구》1(2), 2000, 174~199쪽.
60. Pauline Keating, "Getting Peasants Organized: Grassroots Organizations and the Party State in the Shaan-Gan-Ning Border Region, 1934~45," in David Goodman and Chongyi Feng, eds., *North China at War: The Social Ecology of Revolution* (New York: Rowman & Littlefield, 1999), pp. 25~59; also Goodman, *Social and Political Change*.
61. 염인호,《조선의용대·조선 의용군》, 159쪽.
62. 김사량,《노마만리》, 158~166쪽.
63. 염인호,《조선의용대·조선 의용군》, 160쪽.
64. 김사량,《노마만리》, 113~115쪽.
65. 근대 중국의 정체성 창출에서 문학의 역할에 대해서는 다음을 보라. Prasenjit Duara,

Rescuing History from the Nation: Questioning Narratives of Modern China, Chicago: University of Chicago Press, 1995, p. 19.

66. 김사량,《노마만리》, 226쪽.
67. 김사량,《노마만리》, 250~252쪽.
68. 염인호,《조선의용대·조선 의용군》, 천안: 독립기념관, 한국 독립운동사 연구소, 2009, 255~263쪽.
69. Tomer Nisimov, "Troublesome Brotherhood: The Korean Volunteer Army and the CPC," *Journal of Northeast Asian History* 17(1), 2020, pp. 45~90.
70. 김사량,《노마만리》, 251~252쪽.
71. 북조선 정치에서 CCP의 동맹이었던 "연안파"의 최종적 패배에 대해서는 다음을 보라: Guangxi Jin, "'The August Incident' and the Destiny of the Yanan Faction," *International Journal of Korean History* 17(2), 2012, pp. 47~76.
72. 유임하,〈김사량론〉.
73. 김사량,《노마만리》, 122~125쪽에서는 일본군 내에서 조선인 병사에 대한 특히 소름끼치는 학대가 묘사되어 있다.
74. Ken Kawashima, *The Proletarian Gamble: Korean Workers in Interwar Japan* (Durham, NC: Duke University Press, 2009), pp. 64~66, 93, 127~128.
75. 김사량,〈무큐 이카(無窮一家)〉,《카이조(改造)》, 1940년 9월. 김재용·곽형덕 공편,《김사량, 작품과 연구 4》, 서울: 역락, 2014, 273~327쪽; 곽형덕,《김사량과 일제 말 식민지 문학》, 220~225쪽.
76. 염인호,《조선의용대·조선 의용군》, 153쪽.
77. 일본군의 중국인 포로 학살에 대해서는 다음을 보라: Rotem Kowner, "Imperial Japan and Its POWs: The Dilemma of Humaneness and National Identity," in Guy Podoler, ed., *War and Militarism in Modern Japan: Issues of History*, Leiden: Brill, 2009, p. 89.
78. 김사량,《노마만리》, 166~187쪽.

7장 조선인 여행자의 눈에 비친 붉은 수도 모스크바

1. Anne Hartmann, "Lion Feuchtwanger, A German Opponent to Gide," *Cahiers du Monde Russe* 52(1), 2011, pp. 109~132.
2. 자와할랄 네루(1889~1964)와 라빈트라나트 타고르(1861~1941)의 소련 여행기와 소비에트 러시아에 관한 글은 다음 글에 다뤄져 있다. Rahul Vaidyanath, "Soviet Studies in India," *Canadian Slavonic Papers* 11(2), 1969, pp. 145~155.
3. 취추바이(瞿秋白, 1899~1935)의 소련 여행기는 다음을 보라. Tsi-an Hsia, "Ch'ü Ch'iu-pai's Autobiographical Writings: The Making and Destruction of a 'Tender-Hearted' Communist," *China Quarterly* 25, 1966. pp. 176~212.

4. 많은 여행기의 선입견에 대해서는 다음을 보라: Yunte Huang, *Transpacific Displacement: Ethnography, Translation, and Intertextual Travel in Twentieth-Century American Literature*, Berkeley: University of California Press, 2002, pp. 1~7.
5. 조광, 〈한말 외교무대에 남긴 신문―노도 특파 대사의 고급수원 윤치호씨〉,《朝光》3(5), 1937, 37~39쪽.
6. 윤치호,《윤치호 일기》4권, 서울: 탐구당, 1973~1989, 205~206쪽.
7. 윤치호,《윤치호 일기》, 183쪽.
8. 윤치호,《윤치호 일기》, 200쪽.
9. 소비에트 러시아에 대한 태도에 대해서는 다음을 보라: 장영은, 〈금지된 표상, 허용된 표상-1930년대 초반《삼천리》에 나타난 러시아 표상을 중심으로〉,《상허학보》22, 2008, 195~232쪽.
10. 김해춘, 〈막사과(莫斯科 Moscova)의 신연극: 모스크바 예술좌[藝術座]의 부활〉,《삼천리》, 6(11), 1934, 250~252쪽.
11. 철부, 〈쏘베츠 동맹은 아동을 이렇게 보호한다〉,《신계단新階段》8~9호, 1933, 29~32쪽. 이 논문은 철부라는 가명을 이용하는 기자가 주로 영어와 일본어 자료를 이용해 좌파 월간지《신계단》에 기고했다.
12. 황동하, 〈일제 식민지시대(1920년~1937년) 지식인에 비친 러시아혁명: 대중적으로 유통된 합법잡지를 중심으로〉,《서양사론》102, 2009, 204쪽. 이 논문은 소련의 모성보호와 육아 시스템을 전반적으로 긍정적으로 평가한다.
13. 이동민·김해퉁·최일선·한명, 〈막사과[莫斯科]의 신여성과 신문화〉,《삼천리》7(8), 1935, 210~218쪽.
14. 진남생, 〈세계여성 예찬〉,《별건곤(別乾坤)》32, 1930, 113~120쪽.
15. 송계월, 〈惡制度의 撤廢〉,《동광東光》29, 1931, 73쪽.
16. 차혜영, 〈식민지시대 소비에트총영사관 통역 김동한의《로서아 방랑기》연구〉,《중소연구》, 제40권 제3호, 2016 가을, 401~451쪽. 김서삼은 남한 학계에서 김동한으로 파악되는데, 그는 소련에서 교육을 받은 음악과 무용교사였고, 1925~1938년 경성의 소련영사관에서 조선어-러시아어 통역사로 일했다.
17. Youn-ok Song, "Japanese Colonial Rule and State-Managed Prostitution: Korea's Licensed Prostitutes," *Positions* 5(1), 1997, pp. 171~217.
18. Vladimir Tikhonov, *Modern Korea and Its Others: Perceptions of the Neigh-bouring Countries and Korean Modernity*, London: Routledge, 2016, p. 55. 축약한 형태로의 번역은 1914년 최남선(1890~1957)이 했고, 박효환(1892~?)의 각색 번역본이 1918년에 출판됐다.
19. 막심 고리키, 진학문 옮김, 〈意中知人〉,《新生活》7, 1922, 139~147쪽; 김진영, 〈일본 유학생과 러시아문학: 조선의 1세대 노문학도를 찾아서〉,《러시아연구》25(1), 2015, 10쪽. 러시아 원어는 1897년에 출판됐다. 진학문(秦學文, 1894~1974)이 조선어 각색 번

역본은 1922년에 출판됐다.
20. 김진영, 《시베리아의 향수: 근대 한국과 러시아 문학, 1896~1946》, 서울: 이숲, 2016, 316~321쪽.
21. 이동민 등, 〈莫斯科의 신여성과 신문화〉.
22. Beth Holmgren, "'The Blue Angel' and Blackface: Redeeming Entertainment in Aleksandrov's 'Circus,'" *Russian Review* 66(1), 2007, pp. 5~22.
23. 1933년 그들이 소개받은 배경에 대해서는 다음을 보라: Nobuo Shimotomai, "Management of the Municipal Economy," in *Moscow under Stalinist Rule, 1931~34*, London: Palgrave Macmillan, 1991, pp. 108~124.
24. 이동민 · 김해룡 · 최일선 · 한명, 〈막사과의 여당원과 신흥 공기〉, 《삼천리》 7(9), 1935, 202~209쪽.
25. Bengt Idestam-Almquist, Landet som skall skratta, Stockholm: Natur och Kultur, 1932, p. 38.
26. 일본어와 식민지 시대 조선어의 어법에서 이 차용어(high-collar)인 의복이 유행을 따르거나 세련됐다는 의미를 가지기도 했다.
27. 이동민 등, 〈막사과의 여당원과 신흥 공기〉.
28. 김원모, 《춘원의 광복론: 독립신문》, 서울: 단국대학교출판부, 2009, 817쪽.
29. 여운형, 《몽양 여운형 전집 1》, 서울: 한울, 1991, 70~74쪽.
30. 이관용, 〈적로수도 산견표문[赤露散首見表文]: 여관 하녀로 정치에 간섭!〉, 《동아일보》, 1925년 6월 14일; 이관용, 〈적로수도 산견표문: 세계 대중의 이상을 집중〉, 《동아일보》, 1925년 6월 16일.
31. 이관용, 〈중학생의 공장관습 광경〉, 《동아일보》, 1925년 6월 2일.
32. 이관용, 〈적로수도 산견표문〉.
33. 이관용, 〈적로수도 산견표문: 〈적로수도 산견표문: 야소[예수] 대신에 레닌을 구주로〉, 《동아일보》, 1925년 6월 17일.
34. 이현희, 〈이관용의 사상 발전과 현실 인식〉, 《동방학지》 174, 2016, 163~199쪽.
35. Theodore Dreiser, *Dreiser Looks at Russia*, New York: H. Livenght, 1928, p. 66.
36. 김진영, 〈일본유학생과 러시아문학〉, 20~26쪽.
37. 강용훈, 〈해방전후 함대훈 소설에 나타난 '러시아' 표상 연구〉, 《비교문화연구》 44, 2016, 87~121쪽.
38. 함대훈, 《청춘보》, 서울: 경향출판사, 1947, 78~79쪽.
39. 강용훈, 〈해방전후 함대훈 소설에 나타난 '러시아' 표상 연구〉.
40. 강호정, 〈朴露兒 시 연구〉, 《한국학연구》 43, 2012, 127~155쪽.
41. 박로아, 〈北國의 겨울〉, 《별건곤》 24, 1929, 2~5쪽.
42. 이중연, 《책의 운명: 조선~일제강점기 금서의 사회 · 사상사》, 서울: 혜안, 2001,

401~502쪽.
43. 요-그리, 〈쏘비에트 공산대학생 생활〉,《삼천리》7, 1930, 57~59쪽.
44. 김세용, 〈막사과의 회상〉,《삼천리》4(3), 1932, 58~61쪽.
45. 권영민,《한국계급문학운동연구》, 서울: 서울대학교출판문화원, 2014, 400~410쪽.
46. 백낙관, 〈모스크바 극장〉,《삼천리》6(5), 1934, 160~161쪽.
47. 함대훈, 〈소베트 연극의 이론과 실제〉,《비판》1, 1932, 93~99쪽.
48. 박을라, 〈모스크바 영화학교 참관기〉,《삼천리》7(7), 1935, 143~149쪽.
49. 황동하, 〈일제 식민지시대 지식인에 비친 러시아혁명〉, 211~212쪽.
50. Jawaharlal Nehru, "Introduction to M. R. Masani, Soviet Sidelights," in *Selected Works of Jawaharlal Nehru*, 7, New Delhi: Orient Longman, 1972[1936], pp. 128~129.
51. 문지규, 〈쏘련 제2차 5개년 계획〉,《비판》3, 1932, 9~16쪽.
52.《동아일보》, 〈적로[赤露] 궁전과 탱크〉,《동아일보》, 1934년 4월 3일.
53. 리트비노브, 므, 무,《평화를 위한 투쟁에서의 쎄쎄쎄르》, 하바롭쓰크: 당출판부 원동지부 1934.
54. 김경재, 〈一九三五年來와 國際政局大觀〉,《삼천리》7(1), 1945, 41~53쪽.
55. Tatiana Gabroussenko, *Soldiers on the Cultural Front: Developments in the Early Literary History of North Korean Literature and Literary Policy*, Honolulu: University of Hawai'i Press, 2010, pp. 31~33.
56. Walter Duranty, "All Russia Suffers Shortage of Food," *New York Times*, November 25, 1932.
57. David Engerman, "Modernization from the Other Shore: American Observers and the Costs of Soviet Economic Development," *American Historical Review* 105(2), 2000, pp. 383~416.
58. John Garver, "China's Wartime Diplomacy," in James C. Hsiung and Steven I. Levine, eds., *China's Bitter Victory: The War with Japan, 1937~1945*, Armonk, NY: M. E. Sharpe, 1992, pp. 3~33.
59. 식민지 이전과 식민지 시대 이 신흥종교의 발전에 대해서는 다음을 보라. Karl Young, "From Tonghak to Ch'ŏndogyo: Changes and Developments, 1895~1910," PhD diss., School of Oriental and African Studies 2004.
60. Sunyoung Park, *The Proletarian Wave: Literature and Leftist Culture in Colonial Korea, 1910~1945*, Cambridge, MA: Harvard University Press, 2015, 143. 이 책은 1920년 진보적 잡지인《조선농민》을 창간한 이성환을 자세히 다룬다.
61. 이성환, 〈일소 전투의 경험과 조선 민심의 동향〉,《삼천리》10(12), 1938, 35~41쪽.
62. 차재정, 〈녯 동지에 고함〉,《삼천리》10, 11호, 109~118쪽, 134쪽.
63. 인정식, 〈아등의 정치적 노선에 대하여 동지 제군에게 보내는 공개장〉,《삼천리》10(11), 1938, 50~59쪽.

64. 이애숙, 〈일제말기 반파시즘 인민전선론〉, 방기중 편, 《일제하 지식인의 파시즘체제 인식과 대응》, 서울: 혜안, 2002, 361~397쪽.
65. 배개화, "이태준: 해방기 중간파 문학자의 초상," 《한국현대문학연구》 32, 2010, 473~513쪽. 이 책은 1948~1988년 남한에서 금서였다.
66. 이태준, 《소련기행. 농토. 먼지》(이태준문학전집 4). 서울: 깊은샘, 2001[1947], 50쪽.
67. Gabroussenko, *Soldiers on the Cultural Front*, p. 39.
68. 이태준, 《소련기행》, 46~80쪽.
69. Susan M. Hartmann, "Women's Employment and the Domestic Ideal in the Early Cold War Years," in Joanne Meyerowitz, ed., *Not June Cleaver: 322. Women and Gender in Postwar America, 1945~1960*, Philadelphia: Temple University Press, 1994, pp. 84~103.
70. 이태준, 《소련기행》, 168쪽.
71. 이태준, 《소련기행》, 170~171쪽.
72. T'aejun Yi, "V Srazhayushcheisya Koree"(In Struggling Korea), *Pravda*, May 1, 1952.
73. 백남운은 1949년 모스크바를 방문했다. 백남운, 《쏘련인상》, 서울: 선인, 2005[1950].
74. Gabroussenko, *Soldiers on the Cultural Front*, pp. 21~24.
75. 김진영, 《시베리아의 향수》, 서울: 이숲, 2016, 46~47쪽.
76. 예를 들면 다음 문헌을 참고하라. John Steinbeck, *A Russian Journal*, New York: Viking Press, 1948.
77. 이태준, 《소련기행》, 33쪽.
78. 이태준, 《소련기행》, 98~99쪽; Gabroussenko, *Soldiers on the Cultural Front*, 26.
79. Kees Boterbloem, *The Life and Times of Andrei Zhdanov, 1896~1948*, Montreal: McGill-Queen's University Press, 2004, pp. 279~281.
80. Gabroussenko, Soldiers on the Cultural Front, pp. 123~133; Hyŏnggi Sin and Sŏngho O, Pukhan munhaksa(The History of North Korean Literature), Seoul: P'yŏngminsa, 2000, p. 167; 다음 문헌 또한 참고하라. RGASPI, F. 495, Op. 228, d. 677, "Po Materialam Organa TsK TPK Gazety Rodong Sinmun, April 13, 1953"(Following the Materials from Newspaper Rodong Sinmun, the Organ of Korean Labor Party's Central Committee, April 13, 1953, 3. The latter source provides a record of his downfall in the documents of Soviet Embassy in Pyongyang.
81. Gabroussenko, *Soldiers on the Cultural Front*, pp. 21~23.
82. 이행선, 〈해방공간, 소련·북조선기행과 반공주의〉, 《인문과학연구논총》 34(2), 2013, 65~107쪽.
83. 스탈린의 "가족가치" 복원에 대해서는 다음을 보라. David Lloyd Hoffman, *Stalinist Values: The Cultural Norms of Soviet Modernity, 1917~1941*, Ithaca, NY: Cornell University Press, 2003, pp. 88~118.
84. 이행선, 〈해방공간, 소련·북조선기행과 반공주의〉, 92쪽.

85. 이만재,《월북한 천재 문인들: 통일문학의 새로운 진단》, 서울: 답게, 2016.
86. 김진영, 〈이태준의 '붉은 광장': 해방기 소련여행의 지형학〉,《러시아연구》26(2), 2016, 46~47쪽.
87. 이행선, 〈해방공간〉, 74~75쪽.
88. Gabroussenko, *Soldiers on the Cultural Front*, pp. 92~104.
89. Cited in Gabroussenko, 29; Gabroussenko's translation.
90. 이행선, 〈해방공간〉, 92쪽.
91. 김진영, 〈이태준의 '붉은 광장'〉 48~49쪽. 1945~1948년 북조선 영토에서 소비에트 군정의 반대파 체포는 그러한 묘사의 한 가지 근거를 제공했다.
92. 쇼·빠나드, 〈余가 본 露西亞〉,《삼천리》3(9), 1931, 65~67쪽.
93. Cited in Wendy Z. Goldman, *Women, the State and Revolution: Soviet Family Policy and Social Life, 1917~1936*, Cambridge: Cambridge University Press, 1993, pp. 110~119.
94. Natalia Lebina, *Sovetskaya Povsednevnost': Normy i Anomalii*(The Soviet Quotidian Life: Norms and Anomalies), Moscow: Novoye Literaturnoe Obozrenie, 2015, pp. 321~401.
95. Frances Bernstein, *The Dictatorship of Sex: Lifestyle Advice for the Soviet Masses*, De Kalb: Northern Illinois University Press, 2007, pp. 185~190.
96. Marina Salamatova, "'Nam Ugrozhaet Opasnost' Zakhvata Gorsoveta Chuzhdym Elementom' ⋯ Uchastie Neproletarskikh Sloev Gorodskogo Naseleniya v Izbiratel'nykh Kampaniyakh 1920-kh gg. v RSFSR"('We Are Threatened with a Possibility of City Soviet being Captured by Alien Ele-ment' ⋯ Participation of Non-Proletarian Layers of the Urban Population in 1920s' Electoral Campaigns in Soviet Russia), *Genesis: Istoricheskie Issledovaniya* 4, 2005, pp. 384~407.
97. 박헌호,《이태준과 한국 근대소설의 성격》, 서울: 소명출판, 1999, 261~269쪽. 이태준은 1946년 7~8월 북으로 넘어가기 전인 1945~1946년 점진적으로 급진화됐다.

후기 남한과 북조선의 사회주의

1. Mancur Olson, "Dictatorship, Democracy, and Development," *American Political Science Review* 87(3), 1993, pp. 567~576.
2. Francis Fukuyama, *Political Order and Political Decay: From the Industrial Revolution to the Present Day*, New York: Farrar, Straus & Giroux, 2014, pp. 335~386.
3. Gøsta Esping-Andersen, *Politics against Markets: The Social Democratic Road to Power*, Princeton, NJ: Princeton University Press, 1985.
4. 전상숙,《일제시기 한국 사회주의 지식인 연구》, 서울: 지식산업사, 2004, 83~94쪽.
5. 조영득, 〈1930년대 경주지역의 적색 농민조합운동〉,《한국 근현대사 연구》64, 2013, 69~91쪽.

6. 지수걸, 〈함북 명천 지역의 혁명적 농민조합 운동(1934~1937)〉,《일제하 사회주의 운동사》, 서울: 한길사, 1991, 359~427쪽; 신주백 편,《1930년대 근대 민족운동사》, 서울: 선인, 2005, 296~301쪽.
7. 윤해동,《지배와 자치: 식민지기 촌락의 삼국면구조》, 서울: 역사비평사, 2006, 105쪽.
8. Suzy Kim, *Everyday Life in the North Korean Revolution, 1945~50*, Ithaca, NY: Cornell University Press, 2013, pp. 43~52.
9. 1960~1980년대 북조선 모델에 대해서는 다음을 참조하라. Bruce Cumings, "Corporatism in North Korea," *Journal of Korean Studies* 4, 1982~1983, 269~294.
10. Yong-Pyo Hong, "North Korea in the 1950s: The Post Korean War Policies and Their Implications," *Korean Journal of International Studies* 2(1), 2004, pp. 215~234.
11. TASS, "Protsess po Delu Antigosudarstvennogo Shpionsko-terroristicheskogo Tsentra v KNDR"(The Process against the Anti-State Espionage-Terrorist Center in the DPRK), *Izvestiya*, August 8, 1945, p. 2.
12. RGASPI, F. 495, Op. 228, d. 7, "Kang Din—Kharakteristika, November 22, 1959"(Kang Chin—the Personal Assessment, November 22, 1959, pp. 2~3.
13. RGASPI, F. 495, Op. 228, d. 22, "Pak Mun'gyu—Ministr Vnutrennikh Del KNDR, November 21, 1963"(Pak Mun'gyu—the DPRK Minister of the Interior, November 21, 1963), p. 31.
14. Andrei Lankov, *The Real North Korea: Life and Politics in the Failed Stalinist Utopia*, Oxford: Oxford University Press, 2013, p. 39~41.
15. Friedrich Engels, "Socialism: Utopian and Scientific", in Karl Marx and Friedrich Engels, *Selected Works*, 3, Moscow: Progress Publishers, 1970, pp. 149~150.
16. 이 문제에 관한 마르크스주의 문헌에 대한 개괄적 소개서로는 다음이 있다. Marcel van der Linden, *Western Marxism and the Soviet Union: A Survey of Critical Theories and Debates since 1917*, Leiden: Brill, 2007.
17. Immanuel Wallerstein, *After Liberalism*, New York: New Press, 1995, pp. 108~125.
18. Charles K. Armstrong, *The North Korean Revolution, 1945~1950*, Ithaca, NY: Cornell University Press, 2003, pp. 215~240.
19. Mervyn Matthews, *Party, State, and Citizen in the Soviet Union: A Collection of Documents*, New York: M. E. Sharpe, 1989, p. xxix.
20. Helen-Louise Hunter and Stephen J. Solarz, *Kim Il-song's North Korea*, Westport, CT: Praeger, 1999, pp. 207~239.
21. Lyong Choi and Il-young Jeong, "North Korea and Zimbabwe, 1978~1982: From the Strategic Alliance to the Symbolic Comradeship between Kim Il Sung and Robert Mugabe," *Cold War History* 17(4), 2017, pp. 329~349.

22. Herbert Obinger and Shinyong Lee, "The Cold War and the Welfare State in Divided Korea and Germany," *Journal of International and Comparative Social Policy* 29(3), 2013, pp. 258~275.
23. Scott Snyder and Joyce Lee, "The Impact of the Korean War on the Political-Economic System of North Korea," *International Journal of Korean Studies* 14(2), 2010, p. 168.
24. Cheehyung Harrison Kim, *Heroes and Toilers: Work as Life in Postwar North Korea, 1953~1961*, New York: Columbia University Press, 2018, pp. 108~111.
25. Miriam Rom Silverberg, *Changing Song: The Marxist Manifestos of Nakano Shigeharu*, Princeton, NJ: Princeton University Press, 1990, p. 48.
26. David Goodman, *Communism and Reform in East Asia*, London: Routledge, 1988, p. 16.
27. for example, John Peterson and Fred Weston, "Where Is North Korea Going?," *In Defence of Marxism*, April 26, 2017. https://www.marxist.com/where-is-north-korea-going101006.htm (2019.09.11. 최종 접속)
28. 맑스·엥겔스·레닌·스탈린,《노동계급의당》, 평양: 노동당출판사, 1965.
29. Thomas Stock, "North Korea's Marxism-Leninism: Fraternal Criticisms and the Development of North Korean Ideology in the 1960s," *Journal of Korean Studies* 24(1), 2019, pp. 127~147.
30. 서재진,《북한의 맑스-레닌주의와 주체사상 비교연구》, 서울: 통일연구원, 2002, 122~124쪽.
31. 《자본론Das Kapital》은 1947년 처음으로 번역되어 출판됐다. 맑쓰, 칼, 전석담·최영철, 허동 옮김,《자본론》, 서울: 서울출판사, 1947[1867].
32. Jae-hyun Kim, "Marxism in Korea: From the Japanese Colonial Era to the 1950s," *Korea Journal* 39(1), 1999, pp. 86~129.
33. 이원규,《조봉암 평전: 잃어버린 진보의 꿈》, 서울: 한길사, 2013, 141~207쪽, 495~585쪽; 정태영,《조봉암과 진보당》, 서울: 한길사, 1991은 진보당에 관한 표준적 학술서적이다.
34. Dongyoun Hwang, *Anarchism in Korea: Independence, Transnationalism, and the Question of National Development, 1919~1984*, Albany: State University of New York Press, 2016, pp. 169~208.
35. 김순천, 〈인터뷰: 전창일 통일연대 상임고문〉,《기억과전망》 14, 2006, 106~139쪽.
36. 황병주, 〈4,19와 5,16을 전후한 시기 주요 정치세력들의 동향과 이념적 지향〉,《기억과전망》 14, 2006, 66~86쪽.
37. 윤성효, 〈'민주적 사회주의' 주창한 김철 살리기: 장상환 교수 경상대 사회과학연구소 월례발표회 발제〉,《오마이뉴스》, 2011년 1월 4일. http://www.ohmynews.com/NWS_Web/view/at_pg.aspx?CNTN_CD=A0000038528 (2020.09.17. 최종 접속)

38. 김형태, 〈인혁당 재건위 사건의 경과와 의미〉, 《과거청산 포럼자료집》 4, 2007, 3~25쪽.
39. 한홍구, 〈신영복의 60년을 사색하다〉, 《한겨레 21》 2006년 5월 11일. http://legacy.h21.hani.co.kr/section-021075000/2006/05/02107 5000200605110609056.html (2020.09.15. 최종 접속)
40. 김진호, 〈민중신학의 계보학적 이해 : 문화정치학적 민중신학을 전망하며〉, 《시대와 민중신학》 4, 1997, 6~29쪽.
41. 1940년대 후반 좌파 노동조합의 파괴에 대해서는 다음을 보라: 임송자, 《대한민국 노동운동의 보수적 기원》, 서울: 선인, 2007, 33~84쪽.
42. 이창훈·이계환, 〈당시 보기 드물게 노동운동을 한 권재혁!: '남조선해방전략당 사건' 권재혁 선생 43주기 추모제〉, 《통일뉴스》, 2012년 11월 4일. http://www.tongilnews.com/news/quickViewArticleView.html?idxno=100496 (2020.09.15 최종 접속)
43. 조희연, 〈1970년대 비합법전위조직의 이념에 대한 연구: '남민전'을 중심으로〉, 《역사와 현실》 5, 1991, 281~300쪽.
44. Mi Park, *Democracy and Social Change: A History of South Korean Student Movements, 1980~2000*, Oxford: Peter Lang, 2007, pp. 75~201.
45. Namhee Lee, *The Making of Minjung: Democracy and the Politics of Representation in South Korea*, Ithaca, NY: Cornell University Press, 2007, pp. 213~268.
46. Mi Park, "South Korean Trade Union Movement at the Crossroads: A Critique of "Social-Movement" Unionism," *Critical Sociology* 33, 2007, p. 324.
47. 김세균, 〈계급운동과 국가〉, 한국정치연구회 엮음, 《현대자본주의 정치이론》 서울: 백산서당, 1989, 37~77쪽.
48. 조희연, 《현대 한국 사회운동과 조직: 통혁당, 남민전, 사노맹을 중심으로 본 비합법 전위조직 연구》, 서울: 한울 1994, 208~224쪽, 256~280쪽, 313~346쪽.
49. Lawyers Committee for Human Rights, *Critique: Review of the U.S. De-partment of State's Country Reports on Human Rights Practices for 1991*, New York: Human Rights First, 1992, 358.
50. Kevin Gray, "Challenges to the Theory and Practice of Polyarchy: The Rise of the Political Left in Korea," *Third World Quarterly* 29(1), 2008, pp. 107~124.
51. Hyun-Chin Lim and Jin-Ho Jang, "Neo-liberalism in Post-crisis South Korea: Social Conditions and Outcomes," *Journal of Contemporary Asia* 36(4), 2006, pp. 442~463.
52. 정영태, 《파벌: 민주 노동당 정파 갈등의 기원과 종말》, 서울: 이매진, 2011. 민주노동당 내부의 분파투쟁과 역사가 잘 정리돼 있다.
53. Eun-shil Kim, "The Cultural Logic of the Korean Modernization Project and Its Gender Politics," *Asian Journal of Women's Studies* 6(2), 2000, pp. 50~77.
54. David I. Steinberg and Myung Shin, "Tensions in South Korean Political Parties in

Transition: From Entourage to Ideology?," *Asian Survey* 46(4), 2006, pp. 517~537.
55. TASS correspondence from Pyongyang for 1960, September 11: RGASPI, F. 495, Op. 228, d.22, pp. 14~16.
56. Thomas Kalinowski, "The Politics of Market Reforms: Korea's Path from Chaebol Republic to Market Democracy and Back," *Contemporary Politics* 15(3), 2009, pp. 287~304, on the corporate influence over the policies before and after the Asian Financial Crisis.
57. Seungsook Moon, *Militarized Modernity and Gendered Citizenship in South Korea*, Durham, NC: Duke University Press, 2005.
58. Peng Ito, "Social Investment Policy in South Korea," in Rianne Mahon and Fiona Robinson, eds., *Feminist Ethics and Social Policy: Towards New Global Political Economy of Care*, Vancouver: UBC Press, 2011, pp. 94~111.
59. Jae-jin Yang, "Parochial Welfare Politics and the Small Welfare State in South Korea," *Comparative Politics* 4, 2013, pp. 457~475.
60. Hyejin Kim, "'Spoon Theory' and the Fall of a Populist Princess in Seoul," *Journal of Asian Studies* 76(4), 2017, pp. 839~849.
61. Hyorae Cho, "Industrial Relations and Union Politics in Large Firms in South Korea," in Changwon Lee and Sarosh Kuruvilla, eds., *The Transformation of Industrial Relations in Large-Size Enterprises in Korea*, Seoul: Korea Labor Institute, 2006, pp. 84~131.
62. Jennifer Jihye Chun, *Organizing at the Margins: The Symbolic Politics of Labor in South Korea and the United States*, Ithaca, NY: Cornell University Press, 2009, pp. 44~68.
63. 김경일, 《일제하 노동운동사》, 서울: 창작과비평사, 1992, 79~80쪽.
64. 민윤식, 《소파 방정환 평전: 문화예술을 사랑한 어린이 인권운동가》, 스타북스, 2014, 239~273쪽.
65. Theodore Hughes et al., eds., *Rat Fire: Korean Stories from the Japanese Empire*, Ithaca, NY: Cornell University Press, 2013, pp. 89~90.
66. Norman D. Levin and Yong-Sup Han, *Sunshine in Korea: The South Korean Debate over Policies toward North Korea*, Santa Monica: RAND Corporation, 2002, pp. 8~9.
67. Benjamin Haas, "South Korea Cuts 'Inhumanely Long' 68-Hour Working Week," *The Guardian*, March 1, 2018. https://www.theguardian.com/world/2018/mar/01/south-korea-cuts-inhumanely-long-68-hour-working-week (2020.09.16. 최종 접속)
68. 이창언, 《박정희 시대 학생운동》, 서울: 한신대학교출판부, 2014, pp. 186~188.
69. 임태식 등 편, 《논쟁으로 읽는 한국사 2: 근현대》, 서울: 역사비평사, 2016, 309~310쪽.
70. 전종식, 〈고등학교 '국사' 교과서의 민족주의적 경향에 대한 분석〉, 한일합동교육연구회 12, 2002, 22~30쪽.
71. 정태헌, 〈수탈론의 속류화 속에 사라진 식민지〉, 《창작과비평》 25(3), 1997, 344~357쪽.

72. Vladimir Tikhonov, "The Rise and Fall of the New Right Movement and the Historical Wars in 2000s South Korea," *European Journal of Korean Studies* 18(2), 2019, pp. 11~44.
73. Yunjong Kim, *The Failure of Socialism in South Korea: 1945~2007*, London: Routledge, 2015.
74. OECD, OECD: Industrial Disputes, 2017. https://www.oecd.org/els/emp/Industrial-disputes.pdf (2019.09.24. 최종 접속)
75. 곽정수, 〈노동자 경영참여 활발한 유럽, 갈등 줄어 성장 밑천으로〉, 《한겨레신문》, 2018년 1월 8일. http://www.hani.co.kr/arti/economy/economy_general/826695.html

결론 조선의 붉은 시대

1. 식민지 체제의 관료적 성격과 1910년대 유의미한 국가주도 산업발전의 실패에 대해서는 다음을 참조하라. Kyung Moon Hwang, *Rationalizing Korea: The Rise of the Modern State, 18940~1945*, Oakland: University of California Press, 2016, pp. 119~145.
2. Erez Manela, *The Wilsonian Moment: Self-Determination and the International Origins of Anticolonial Nationalism*, Oxford: Oxford University Press, 2007, pp. 119~145.
3. Frank Baldwin, "Missionaries and the March 1st Movement: Can Moral Men Be Neutral?," in Andrew C. Nahm, ed., *Korea under Japanese Colonial Rule: Studies of the Policy and Techniques of Japanese Colonialism*, Kalamazoo: West Michigan University, Center for Korean Studies, Institute of International and Area Studies, 1973, pp. 193~219.
4. 박찬승, 《한국근대 정치사상사연구》, 서울: 역사비평사, 1991, 168~176쪽.
5. 김윤환, 《한국 노동운동사 1》, 서울: 청사, 1982, 89~117쪽.
6. 《계급투쟁》, 3권, 1930년에 1월에 처음 발표됨. 재출판: 배성찬 편역, 《식민지 시대 사회운동론 연구》, 서울: 돌베개: 1987[1930], 182~206쪽.
7. 임경석, 《잊을 수 없는 혁명가에 대한 기록》, 서울: 역사비평사, 2008, 99~106쪽.
8. 이현주, 《한국 사회주의세력의 형성 (1919~1923)》, 서울: 일조각, 2003, 221~226쪽.
9. 서중석, 〈일제시대 사회주의자들의 민족관과 계급관〉, 박현채·정창렬 편, 《한국민족주의론 3》, 서울: 창작과비평사, 1995. 272~342쪽.
10. Kōjō 2권, 1930년 2월에 일본어로 처음 발표됨. 배성찬 편역, 《식민지 시대 사회운동론 연구》, 348~376쪽 한국어로 재출간; 현명호, 〈원산총파업의 공간적 전개〉, 《한국독립운동사연구》 73, 2021, 125~169쪽.
11. RGASPI, F. 495, Op 135, d. 161, "Obrashchenie Ispolkoma Kominterna k Revolyutsionnym Rabochim i Krestyanam Korei, January 3, 1929"(The Appeal of Comintern's Executive to the Revolutionary Workers and Peasants of Korea, January 3, 1929), pp. 1~2.
12. RGASPI, F. 495, Op. 3, d. 71, "Rezolyutsiya Politsekretariata IKKI po Koreiskomu

Voprosu, December 10, 1928"(The Resolution of Comintern Executive's Political Secretariat on the Korean Question, December 10, 1928), pp. 137~149.
13. Janis Mimura, *Planning for Empire: Reform Bureaucrats and the Wartime Japanese State*, Ithaca, NY: Cornell University Press, 2011, pp. 7~40.
14. 호리 가즈오(堀和生), 주익종 옮김, 《한국 근대의 공업화》, 서울: 전통과현대, 2003, 108~109쪽.
15. 김윤환, 《한국 노동운동사 1》, 250쪽.
16. Profintern, "Zadachi Revolyutsionnogo Profdvizheniya v Koree"(The Tasks of Revolutionary Union Movement in Korea), *Vostok i Kolonii*(Orient and Colonies) 23(4), 1930, pp. 3~4.
17. 김희곤, 〈건국훈장 추서된 '잊혀진 혁명가' 윤자영〉, 《월간 신동아》 12, 2004. https://shindonga.donga.com/3/all/13/104071/6 (2020.09.29. 최종 접속); Svetlana Ku-Degai, ed., *Koreitsy— Zhertvy Politicheskikh Repressiy v SSSR, 1934~1938*(Koreans Victimized by the Political Repressions in the USSR, 1934~1938), 11, Moscow: Vozvrashchenie, 2008, p. 32.
18. 朝鮮総督府警務局 編, 《最近に於ける朝鮮治安状況》, 京城 : 朝鮮総督府, 1934, 12~22面.
19. 朝鮮総督府警務局 編, 《最近に於ける朝鮮治安状況》, 296~297面.
20. Myung Soo Cha, "Did Korekiyo Takahashi Rescue Japan from the Great Depression?," *Journal of Economic History* 63(1), 2003, pp. 127~144.
21. Toshiyuki Mizoguchi, "Economic Growth of Korea under the Japanese Occupation: Background of Industrialization of Korea 1911~1940," *Hitotsubashi Journal of Economics* 20(1), 1979, pp. 1~19.
22. 김경일, 《이재유, 나의 시대 나의 혁명》, 서울: 푸른역사, 2007, 247~255쪽.
23. 임경석, 《이정 박헌영 일대기》, 서울: 역사비평사, 2004, 188~204쪽.
24. 임화, 〈시민문화의 종언〉, 하정일 등 편, 《임화문학예술전집: 평론 2》, 서울: 소명출판, 2009[1940], 187~190쪽.
25. 임화, 〈무너져가는 낡은 구라파〉, 하정일 등 편, 《임화문학예술전집: 평론 2》, 225~228쪽. 서울: 소명출판, 2009[1940], 225~228쪽.
26. Charles K. Armstrong, *The North Korean Revolution, 1945~1950*, Ithaca, NY: Cornell University Press, 2003, p. 32.
27. Frank McDonough, *Opposition and Resistance in Nazi Germany*, Cambridge: Cambridge University Press, 2001, pp. 6~9.
28. Peter Kenez, *Hungary from the Nazis to the Soviets: The Establishment of the Communist Regime in Hungary, 1944~1948*, Cambridge: Cambridge University Press, 2006, p. 20.
29. Armstrong, *The North Korean Revolution*, pp. 38~70.
30. Georg Lukács, *History and Class Consciousness: Studies in Marxist Dialectics*, Cambridge, MA: MIT Press, 2000[1923].

31. Georg Lukács, *Rekishi Bungakuron*(On Historical Literature), trans. Yamamura Fusaji, Tokyo: Mikasa Shōbō, 1938[1937].
32. Sunyoung Park, *The Proletarian Wave: Literature and Leftist Culture in Colonial Korea, 1910~1945*, Cambridge, MA: Harvard University Press, 2015, p. 243.
33. David Held, *Introduction to Critical Theory: Horkheimer to Habermas*, Berkeley: University of California Press, 1980, pp. 29~147.
34. Tatiana Gabroussenko, *Soldiers on the Cultural Front: Developments in the Early Literary History of North Korean Literature and Literary Policy*, Honolulu: University of Hawai'i Press, 2010, p. 167.
35. 김명식, 〈조선민족 기원의 문화적 고찰〉, 《삼천리》 7(1), 1935, 52~58쪽.
36. 박치우, 〈시민적 자유주의, 1936〉, 박치우, 《사상과현실》, 인천: 인하대학교출판부, 2010[1946], 132~141쪽.
37. 박치우, 〈불안의 정신과 인테리의 장래, 1935〉, 박치우, 《사상과현실》, 인천: 인하대학교출판부, 2010[1946], 81~90쪽.
38. 김명식, 〈독재 정치와 의회 정치〉, 《삼천리》 9(4), 1937, 20~21쪽.
39. 김세영, 〈적로(赤露) 삐오녤(Pionel) 조직과 훈련)〉, 《삼천리》 10, 1930, 7~16쪽.
40. Gabroussenko, *Soldiers on the Cultural Front*, 33, pp. 36~38.
41. Karl Mannheim, *Ideology and Utopia: An Introduction to the Sociology of Knowledge*, London: Routledge, 1956[1929], pp. 229~235.

| 참고문헌 |

한국어 문헌

강덕상,《여운형과 상해 임시정부》. 서울: 선인, 2017.
강만길,《고쳐쓴 한국 현대사》. 서울: 창작과비평사, 2007.
____,《조선민족혁명당과 통일전선》. 서울: 역사비평사, 2003.
강만길·성대경 엮음,《한국사회주의운동 인명사전》. 서울: 창작과비평사, 1996.
강영심, 김도훈, 정혜경,《1910년대 국외항일운동 2》. 천안: 독립기념관, 2008.
강영주, 〈국학자 홍기문 연구〉,《역사비평》 68, 2004, 154~198쪽.
강용훈, "해방전후 함대훈 소설에 나타난 '러시아' 표상 연구",《비교문화연구》 44, 2016, 87~121쪽.
강호정, 〈朴露兒 시 연구〉,《한국학연구》 43, 2012, 127~155쪽.
《개벽》 편집부, 〈치안유지법의 실시와 금후 조선 사회운동〉,《개벽》 60, 1925, 10~18쪽.
京城地方法院檢事局, 〈권오설 판결〉, 1928년 2월 13일. 김희곤 엮음,《권오설1》, 593~601쪽. 서울: 푸른역사, 2010.
京城地方法院檢事局, 〈피고인 권오설 신문조서 제5회〉, 김희곤 엮음,《권오설1》, 서울: 푸른역사, 2010, 372~377쪽.
고경흠, 〈《조선운동》 발간선언의 비판〉,《현단계》 1, 1928; 배성찬 편역,《식민지 시대 사회운동론 연구》, 209~219쪽. 서울: 돌베개: 1987.
고봉기(김학철),《김일성의 비서실장: 고봉기의 유서》, 서울 천마, 1989.
고성애, 〈박종홍의 현대 신유학 연구〉, 서울대학교 박사논문, 2014.《박종홍의 현대 신유학》, 서울: 문사철 2019.
곽정수, 〈노동자 경영참여 활발한 유럽, 갈등 줄어 성장 밑천으로〉,《한겨레신문》, 2018년 1월 8일. http://www.hani.co.kr/arti/economy/economy_general/826695.html
곽형덕, 〈김사량의 동경제국대학 시절(1936~1939)〉, 김재용·곽형덕 공편,《김사량, 작품과 연구 1》, 서울: 역락, 2008, 381~411쪽.
____,《김사량과 일제 말 식민지문학》, 서울: 소명출판, 2017.
광동황학루인(廣東 黃鶴樓人), 〈전쟁중의 중국 사상전, 북경대학 시절로부터 현재의 혼전〉,《삼천리》 11(7), 1939, 107~110쪽.
권보드래, 〈근대 초기 '민족' 개념의 변화: 1905~1910년 대한매일신보를 중심으로〉, 고

미숙 · 정선태,《근대계몽기 지식의 굴절과 현실적 심화》, 서울: 소명출판, 2007, 47~75쪽.
권업신문,〈단군 태황조 성탄절〉,《勸業新聞》, 1912년 11월 10일.
권영민,《한국계급문학운동연구》, 서울: 서울대학교 출판문화원, 2014.
김경일,《이재유 연구》. 서울: 창작과비평사, 1995.
＿＿,《이재유, 나의 시대 나의 혁명》, 서울: 푸른역사, 2007.
＿＿,《일제하 노동운동사》. 서울: 창작과비평사, 1992.
＿＿,〈1930년대 전반기 서울의 반제운동과 노동운동〉, 한국사회사연구회 엮음,《한국의 민족문제와 일본 제국주의》, 178~228쪽. 서울: 문학과지성사, 1992.
＿＿,〈지배와 연대의 사이에서: 재조일본인 지식인 미야케 시카노스케(三宅鹿之助)〉,《사회와역사》105, 2015, 287~318쪽.
김경재,〈사회운동자가 본 사회운동〉,《개벽》57, 1925, 8~14쪽.
＿＿,〈一九三五年來와 國際政局大觀〉,《삼천리》7(1), 1945, 41~53쪽.
＿＿,〈김찬 시대의 화요회〉,《삼천리》7(5), 1935, 45~48쪽.
김기승,《한국근현대사회사상사연구》. 서울: 신서원, 1994.
김기전,〈조선민족만이 가진 우월성〉,《개벽》61, 1925, 4~7쪽.
김기진,〈십자교에서〉,《개벽》59, 1925, 28~36쪽.
김남식,《남로당 연구》. 서울: 돌베개, 1984.
김남천,〈변화하는 철학〉,《독립시보》, 1946년 12월 10일.
김도형 등 편,《근대 대구 경북 49인》, 서울: 혜안, 1999.
김동전, "근대 제주지역 지식인의 외부세계 소통과 활동."《역사민속학》7, 2008, 63~92쪽.
김명식,〈독재 정치와 의회 정치〉,《삼천리》9(4), 1937, 20~21쪽.
＿＿,〈입헌 영국의 파시즘 정변〉,《삼천리》3(10), 1931, 9~11쪽.
＿＿,〈조선민족 기원의 문화적 고찰〉,《삼천리》7(1), 1935, 52~58쪽.
김병로 · 한용운 · 황애시덕 · 우봉운,〈이민족과의 교혼 시비〉,《삼천리》3(9), 1931, 26~29쪽.
김사량,《노마만리(駑馬萬里)》, 김재용 편. 서울: 실천문학사, 2002[1947].
＿＿,〈內地語の 文學(내지어의 문학)〉,《요미우리 신문(読売新聞)》, 1941년 2월 14일. 김재용 · 곽형덕 공편,《김사량, 작품과 연구 1》, 서울: 역락, 2008, 263~264쪽.
＿＿,〈무큐 이카(無窮一家)〉,《카이조(改造)》, 1940년 9월. 김재용 · 곽형덕 공편,《김사량, 작품과 연구 4》, 서울: 역락, 2014, 273~327쪽.
＿＿,《김사량 선집》. 평양: 국립출판사, 1955.
김서삼,〈로서아 방랑기〉,《조광》2(1), 1936, 320~330쪽; 2(2), 1936, 142~151쪽.
김성호,《1930년대 연변 민생단사건연구》, 서울: 백산자료원, 1999.
김세균,〈계급운동과 국가〉, 한국정치연구회 엮음,《현대자본주의 정치이론》, 서울: 백산서당, 1989, 37~77쪽.

김세영, 〈막사과(莫斯科 Moscova)의 회상〉, 《삼천리》 4(3), 1932, 58~61쪽.

＿＿＿, 〈적로(赤露) 삐오넬(Pionel) 조직과 훈련)〉, 《삼천리》 10, 1930, 7~16쪽.

김순천, 〈인터뷰: 전창일 통일연대 상임고문〉, 《기억과전망》 14, 2006, 106~139쪽.

김영모, 《일제하 한인지배층 연구》, 서울: 고헌, 2008.

김원모, 《춘원의 광복론: 독립신문》, 서울: 단국대학교 출판부, 2009.

김윤식, 《임화와 신남철: 경성제대와 신문학사의 관련 양상》, 서울: 역락, 2011.

김윤환, 《한국 노동운동사 1》, 서울: 청사, 1982.

김인덕, 〈조선공산당의 투쟁과 해산〉, 《일제하 사회주의 운동사》, 서울: 한길사, 1991, 44~90쪽.

＿＿＿, 〈재일조선인 민족해방운동 연구〉, 석사논문, 성균관대학교, 1995.

김일수, 《쏘련의 일상생활》, 서울: 세계문화연구소, 1948.

김재용, 《협력과 저항》, 서울: 소명출판, 2004.

김재용, 〈일제말 김사량 문학의 저항과 양극성: [천마], [무궁일가], [향수]를 중심으로〉, 김재용·곽형덕 공편, 《김사량, 작품과 연구 1》, 411~429쪽. 서울: 역락, 2008.

김정인, 《오늘과 마주한 3·1운동》. 서울: 책과 함께, 2019.

김정인·이준식·이송순, 《한국 근대사 2: 식민지 근대와 민족 해방 운동》. 서울: 푸른역사, 2016.

김준엽·김창순, 《한국공산주의운동사 1~5권》. 서울: 청계연구소, 1986.

＿＿＿, 《한국공산주의운동사 자료편 1》. 고려대학교: 아시아문제연구소, 1979.

김진영, 《시베리아의 향수: 근대 한국과 러시아 문학, 1896~1946》, 서울: 이숲, 2016.

＿＿＿, 〈이태준의 '붉은 광장'-해방기 소련여행의 지형학〉, 《러시아연구》 26(2), 2016, 35~69쪽.

＿＿＿, 〈일본유학생과 러시아문학: 조선의 1세대 노문학도를 찾아서〉, 《러시아연구》 25(1), 2015, 1~32쪽.

김진호, 〈민중신학의 계보학적 이해: 문화정치학적 민중신학을 전망하며〉, 《시대와 민중신학》 4, 1997, 6~29쪽.

김청수, 〈[구술56] 서울-평양-북경 국제선에 올라 (김학철편 5)〉, 《길림신문》, 2020년 7월 3일. http://www.jlcxwb.com.cn/qihua/content/2020-07/03/content_259994.html

김태준, 《김태준 전집》. 서울: 보고사, 1998.

＿＿＿, 《조선소설사》. 서울: 청진서관, 1933.

김하일, 〈제국주의 전쟁 배격 도상에서의 조선공산주의자들의 임무〉, 《시소이호(思想彙報)》 14, 97~110쪽. 신주백 편, 《1930년대 민족해방운동론 연구 1: 국내 공산주의운동 자료편》, 317~328쪽. 서울: 새길, 1989[1938].

김학철, 《최후의 분대장》, 서울: 문학과지성사, 1995.

김해춘, 〈막사과(莫斯科 Moscova)의 신연극: 모스크바 예술좌[藝術座]의 부활〉,《삼천리》, 6(11), 1934, 250~252쪽.

김형태, 〈인혁당 재건위 사건의 경과와 의미〉,《과거청산 포럼자료집》4, 2007, 3~25쪽.

김희곤,《권오설 1. 2》. 서울: 푸른역사, 2010.

____, 〈건국훈장 추서된 '잊혀진 혁명가' 윤자영〉,《월간 신동아》 12, 2004. https://shindonga.donga.com/3/all/13/104071/6 (2020.9.29. 최종 접속)

____,《조선공산당 초대 책임비서 김재봉》, 서울: 경인문화사, 2006.

노태돈,《시민을 위한 한국역사》, 서울: 창작과비평사, 1997.

대한매일신보》, 재인쇄본, 1-6권. 한국 신문연구소 편, 서울: 경인문화사, 2001.

독립신문, 〈太皇祖聖誕 及 建國 祈願節 祝賀式〉,《독립신문》, 1919년 11월 27일.

《동아일보》, 〈집권자의 일당주의〉,《동아일보》 사설, 1927년 11월 22일, 1면.

____,《동아일보 사설선집 1》, 서울: 동아일보사, 1977.

____, 〈세계개조의 벽두를 당해야 조선의 민족운동을 논하노라〉,《동아일보》, 1920년 4월 6일.

____, 〈쏘련 모성과 아동보호, 노동자 중심의 각 시설〉,《동아일보》, 1931년 1월 1일.

____, 〈옥중 출생의 2세 이재유 어머니 공판에 방청〉,《동아일보》, 1936년 7월 16일.

____, 〈적로[赤露] 군사교육, 대학, 전문학교 남녀학생에게〉,《동아일보》, 1926년 9월 2일.

____, 〈적로[赤露]의 교육계: 학령아동은 의무교육, 문맹자는 사회교육〉,《동아일보》, 1929년 3월 31일.

____, 〈정신력의 위대성〉,《동아일보》, 1926년 6월 11일.

____, 〈적로[赤露] 궁전과 탱크〉,《동아일보》, 1934년 4월 3일.

두전하(窦全霞),《한중일 프롤레타리아 아동문학》. 서울: 소명출판, 2019년.

《로동신문》, 〈다민족 다인종 사회론은 민족말살〉,《로동신문》, 2006년 4월 27일.

리트비노브, 므, 무,《평화를 위한투쟁에서의 쎄쎄쎄르》, 하바롭쓰크: 당출판부 원동지부, 1934.

막심 고리키, 진학문 옮김, 〈意中知人〉,《新生活》7, 1922, 139~147쪽.

맑스, 엥겔스, 레닌& 스탈린,《노동계급의당》. 평양: 노동당출판사, 1965.

맑스, 카-르,《賃金勞働及資本》, 京城:民衆社, 1923[1849].

맑쓰, 칼, 전석담, 최영철, 허동 옮김,《자본론》, 서울: 서울출판사, 1947[1867].

《매일신보》 사설, 〈전체주의와 황도주의〉,《매일일보》, 1940년 8월 8일.

모리야 에이후(守屋栄夫), 〈革命後의 露西亞: 2〉,《매일신보》, 1925년 12월 4일.

문지규, 〈쏘련 제2차 5개년 계획〉,《비판》 3, 1932, 9~16쪽.

민윤식,《소파 방정환 평전: 문화예술을 사랑한 어린이 인권운동가》, 스타북스, 2014.

박경식,《일본 제국주의의 조선 지배》, 서울: 청아출판사, 1986.

박로아, 〈北國의 겨울〉,《별건곤》 24, 1929, 2~5쪽.

박민원, 〈쏘련 기행〉, 《동아일보》, 1948년 10월 28일~11월 5일.
박은식, 《韓國 獨立運動之血史》, 《박은식 전집 1》, 509~781쪽. 서울: 단국대학교출판부, 1975[1920].
박을라, 〈모스크바 영화학교 참관기〉, 《삼천리》 7(7), 1935, 143~149쪽.
박종린, 《사회주의와 맑스주의 원전 번역》, 서울: 신서원, 2018.
_____, 〈1920년대 사회주의사상의 수용과 맑스주의 원전 번역: 《임금·가격·이윤》을 중심으로〉, 《한국사상사학》 51, 2009, 301~320쪽.
_____, 〈1920년대 '통일' 조선공산당의 결성과정에 관한 연구〉, 연세대학교 석사논문, 1993.
박종홍, 〈북레뷰: 박치우 저, 사상과 현실〉, 《경향신문》, 1946년 12월 1일.
박찬수, 《NL 현대사》, 서울: 인물과사상사, 2017.
박찬승, 《민족·민족주의》, 서울: 소화, 2010.
_____, 《민족주의 시대》, 서울: 경인문화사, 2007.
_____, 〈항일운동기 부르주아 민족주의 세력의 신국가건설 구상〉, 《대동문화연구》 27, 1992, 187~204쪽.
_____, 《한국근대 정치사상사연구》. 서울: 역사비평사, 1991.
박치우, 《사상과현실》, 서울: 백양당, 1947.
_____, 〈國粹主義의 파시즘化의 危機와 文學者의 任務〉, 《조선일보》, 1946년 2월 11~12일.
_____, 〈나의 인생관: 인간 철학사상 1~5〉, 《동아일보》, 1935년 1월 12~17일.
_____, 〈민족과 문화, 1946〉, 윤태석·윤미란 공편, 《사상과현실》, 인천: 인하대학교출판부, 2010[1946], 279~286쪽.
_____, 〈불안의 정신과 인테리의 장래, 1935〉, 박치우, 《사상과현실》, 인천: 인하대학교 출판부, 2010[1946], 81~90쪽.
_____, 〈세대 사관 비판 1〉, 《신흥》 9, 1937, 27~39쪽.
_____, 〈시민적 자유주의, 1936〉, 박치우, 《사상과현실》, 인천: 인하대학교 출판부, 2010[1946], 132~141쪽.
_____, 〈위기의 철학〉, 《철학》 2, 1934, 2~18쪽.
_____, 〈全體主義의 論理의 基礎〉, 《朝光》 7(1), 1941, 79~91쪽.
_____, 〈全體主義의 諸像: 全體主義의 哲學的 解明-'ism'에서 '學'으로서 成立過程〉, 《조선일보》, 1939년 2월 22~24일.
_____, 〈자유주의의 철학적 해명〉, 《조선일보》, 1936년 1월 1~4일.
박헌호, 《이태준과 한국 근대소설의 성격》, 서울: 소명출판, 1999.
박형병, 《사회 진화론》, 서울: 사회과학연구사, 1927.
반병률, 《성재 이동휘 일대기》. 서울: 범우사, 1998.
_____, 《여명기 민족운동의 순교자들》, 서울: 신서원, 2013.
배개화, 〈이태준: 해방기 중간과 문학자의 초상〉, 《한국현대문학연구》 32, 2010, 473~513쪽.

배성용, 〈독일 구식민지 회수문제〉, 《중앙》 4(2), 1936, 44~47쪽.
배성찬 엮음, 《식민지시대 사회운동론 연구》, 서울: 돌베개, 1987.
백낙관, 〈모스크바 극장〉, 《삼천리》 6(5), 1934, 160~161쪽.
백남운, 《백남운 전집 4》. 서울: 이론과 실천, 1991.
____, 《쏘련인상》. 서울: 선인, 2005[1950].
____, 《조선 사회경제사》. 서울: 보문사, 1989[1933].
____, 〈조선연구 기운에 제하야 1: 일문일답〉, 《동아일보》, 1934년 9월 11일b.
____, 〈북리뷰: 보전[普成專門]학회 논집에 대한 독후감〉, 《동아일보》, 1934년 5월 4일.
백동현, 〈러・일전쟁 전후 '民族' 용어의 등장과 민족인식: 《皇城新聞》과 《大韓每日申報》를 중심으로〉, 《한국사학보》 10, 2001, 149~179쪽.
백승철, 〈'朝鮮學運動' 계열의 자기 정당성 모색과 근대관〉, 김도형 등저, 《일제하 한국사회의 전통과 근대인식》, 서울: 혜안, 2008, 97~128쪽.
백철, 〈歐美現代 作家群像: 나의 지드觀〉, 《동아일보》, 1938년 2월 5일.
법제처, 《북한 법제 개요》, 서울: 법제처, 1991.
별건곤, 《新語大辭典》, 《별곤건별乾坤》 36, 1931, 119쪽.
북인권 모니터팀, 〈우려스러운 북의 단일민족관〉, 《프레시안》, 2007년 9월 11일. https://www.pressian.com/pages/articles/85497.
사희영, 《제국시대 잡지『國民文學』과 한일작가들》, 서울: 도서출판문, 2011.
《삼천리》 사설, 〈김일성 등 반국가자에게 권고문〉, 《삼천리》 13(1), 1941, 206~209쪽.
《삼천리》 편집부, 〈西伯利亞同胞의運命, 추방되는20만형제強制移民=中央亞細亞로간다= 어대로가나?〉, 《삼천리》 10(1), 1938, 8~11쪽.
《삼천리》 편집부, 〈京城帝大出身青年學士는어느데갓는가〉, 《삼천리》 7(7), 1935, 135~141쪽.
서인식, 〈전체주의 역사관, 그 현대적 영도성에 대하여〉, 《조선일보》, 1939년 2월 21일.
서재진, 《북한의 맑스-레닌주의와 주체사상 비교연구》, 서울: 통일연구원, 2002.
서종택, 《한국 근대소설과 사회갈등》, 서울: 푸른사상, 2015.
서중석, 〈일제시대 사회주의자들의 민족관과 계급관〉, 박현재・정창렬 편, 《한국민족주의론 3》, 서울: 창작과비평사, 1995, 272~342쪽.
손염홍, 《근대 북경의 한인사회와 민족운동》, 서울: 역사공간, 2010.
송건호, 《한국현대사론 韓國現代史論》, 서울: 한국신학연구소, 1978.
송계월, 〈惡制度의 撤廢〉, 《동광》 29, 1931, 73쪽.
송준서, 〈모스크바 동방노력자공산대학의 조선학부와 대학원의 편제와 운영, 1921~1938〉, 《슬라브학보》 35(2), 2020, 125~152쪽.
송호정, 《단군, 만들어진 신화》, 서울: 산처럼, 2002.
쇼・빠나드, 〈余가 본 露西亞〉, 《삼천리》 3(9), 1931, 65~67쪽.
순게즈(孫科志), 《上海 韓人 社會史 1910~1945》, 서울: 한울아카데미, 2000.

시라카와 유타카, 〈사가고등학교 시절의 김사량〉, 김재용 · 곽형덕 공편,《김사량, 작품과 연구 1》, 서울: 역락, 2008, 325~381쪽.
신남철, 〈동양사상과 서양사상: 양자가 과연 구별되는 것인가〉,《동아일보》, 1934년 3월 15~23일.
____, 〈복고주의에 대한 수언: E. 스프랑거Spranger의 언설을 중심으로〉,《동아일보》, 1935년 5월 9~11일.
____, 〈이데올로기와 사회 파시즘〉,《신남철 문장선집 1》, 124~133쪽. 서울: 성균관대학교 출판부, 2013[1932].
____, 〈혁명시인 하이네〉,《신남철 문장선집 1》, 서울: 성균관대학교 출판부, 2013[1931], 75~93쪽.
____,《전환기의 이론》, 서울: 백양당, 1948.
신두원 · 한형구 공편,《한국근대문학과 민족-국가담론 자료집》, 서울: 소명출판, 2015, 315~326쪽.
신주백 편,《1930년대 민족해방운동론 연구 1; 국내 공산주의운동 자료편》, 서울: 새길, 1989, 317~328쪽.
____,《1930년대 근대 민족운동사》, 서울: 선인, 2005.
신형기 · 오성호,《북한문학사》, 서울: 평민사, 2000.
심지연,《이강국 연구》, 서울: 백산서당, 2006.
____,《이주하 연구》, 서울: 백산서당, 2007.
안광천(사공표), 〈조선정세와 조선 공산주의의 당면임무〉,《레닌주의》1호, 배성찬 엮음,《식민지시대 사회운동론 연구》, 65~131쪽, 서울: 돌베게, 1987[1929].
____, 〈신간회와 그에 대한 임무〉,《조선지광》 73, 1927, 1~7쪽.
안병주, 〈민족문제 재음미: 2〉,《조선일보》, 1930년 1월 20일, 4면.
안병직 · 나카무라 테츠오(中村哲),《근대조선공업화의 연구(1930~1945년)》, 서울: 일조각, 1993.
안우식, 심원섭 역,《김사량 평전》, 서울: 문학과지성사, 2000.
안재홍,《민세 안재홍 선집》, 서울: 지식산업사, 1981.
안창호,《도산 안창호 논설집》, 서울: 을유문화사, 1973[1926].
안태정, 〈미군정기 조선노동조합전국평의회의 정치 · 경제적 지향〉, 성대경 편,《한국 현대사와 사회주의》, 서울: 역사비평사, 2000, 263~299쪽.
안확, 〈조선 문학사〉, 권오성, 이태진, 최원식 편,《자산 안확 국학논저집 2》, 5~250쪽. 서울: 여강출판사, 1994[1922].
《여성》편, 〈그 안해, 그 남편: 내 안해는 어디가 조은가, 김종숙, 박치우〉,《여성》1(2), 1936, 8쪽.
여운형,《몽양 여운형 전집 1》, 서울: 한울, 1991.

《역사비평》편, 〈자료발굴《조선공산당선언》1926〉, 《역사비평》19, 1992, 349~361쪽.
염인호, 《조선의용대·조선 의용군》, 천안: 독립기념관, 한국 독립운동사 연구소, 2009.
오미일, 〈박진홍- 비밀 지하투쟁의 레포로 활약〉, 《역사비평》19, 1992, 288~295쪽.
____, 《한국근대자본가연구》, 서울: 한울아카데미. 2002년.
오정은 등 편, 〈국내체류 조선족 동포 현황조사〉, 서울: 해외동포재단, 2016.
오토 쿠시넨, 《국제형편과 국제공산당 섹치아들의 과업에 대하여》, 하바로프스크: 원동국립 출판사. 1933.
외국인로동자출판부 엮음, ≪조선혁명에 대한 문제≫, 모스크바-레닌그라드: 외국인로동자 출판부, 1935.
요-그리(露國 莫斯科 大學生). 〈쏘비에트 공산대학생 생활〉, 《삼천리》7, 1930, 57~59쪽.
우동수, 〈1920년대 말~30년대 한국 사회주의자들의 신국가건설론에 관한 연구〉, 연세대학교 석사논문, 1989.
____, 〈조선공산당 재건운동과 코민테른: 동방노력자공산대학 졸업자들의 활동을 중심으로〉, 《일제하 사회주의 운동사》, 575~625쪽. 서울: 한길사, 1991.
위상복, 《불화 그리고 불온한 시대의 철학: 박치우의 삶과 철학사상》, 서울: 길, 2012.
유승환. 〈적색농민의 글쓰기: 1930년대 울진 적색농민조합 수사자료를 중심으로〉, 임화문학연구회, 《임화연구 6》, 서울: 소명출판, 2019, 210~272쪽.
유임하, 〈사회주의적 근대기획과 조국해방의 담론: 해방 전후 김사량 문학의 도정〉, 《한국 근대문학연구》1(2), 2000, 174~199쪽.
____, 〈김사량론: 인민문학으로의 모색과 전회〉, 이화여자대학교 통일학연구원 편, 《북한 문학의 지형도: 대표 작가와 대표작으로 본 북한 문학의 어제와 오늘》, 서울: 이화여자대학교 출판문화원, 2008, 19~43쪽.
윤대석, 〈아카데미즘과 현실 사이의 긴장: 박치우의 삶과 사상〉, 《우리말글》36, 2006, 371~397쪽.
윤대석·윤미란 공편. 《박치우전집: 사상과 현실》, 인천: 인하대학교 출판부, 2010.
윤덕영, 〈1930년대 동아일보 계열의 정세인식 변화와 배경〉, 《사학연구》108, 2012, 191~261쪽.
윤성효, 〈'민주적 사회주의' 주창한 김철 살리기: 장상환 교수 경상대 사회과학연구소 월례 발표회 발제〉, 《오마이뉴스》, 2011년 1월 4일. https://www.ohmynews.com/NWS_Web/View/at_pg.aspx?CNTN_CD=A0000038528
윤치호. 《윤치호 일기》, 서울: 탐구당, 1973~1989.
윤해동, 〈한국 현대사의 증언-박헌영의 아들 원경 스님: 혁명과 박헌영과 나〉, 《역사비평》5, 1997, 99~151쪽.
____, 《지배와 자치: 식민지기 촌락의 삼국면구조》, 서울: 역사비평사, 2006.
이계형·전병무 공편, 《숫자로 본 식민지 조선》, 서울: 역사공간, 2014[1931~1935].

이관용, 〈적로수도 산견표문: 야소[예수] 대신에 레닌을 구주로〉, 《동아일보》, 1925년 6월 17일.
_____, 〈적로수도 산견표문: 여관 하녀로 정치에 간섭!〉, 《동아일보》, 1925년 6월 14일.
_____, 〈중학생의 공장관습 광경〉, 《동아일보》, 1925년 6월 2일.
_____, 〈적로수도 산견표문[赤露散首都見表文]: 세계 대중의 이상을 집중〉, 《동아일보》, 1925년 6월 16일.
이광수 외, 〈아관[我觀] 히틀러 총통〉, 《삼천리》 12, 8, 1940, 39~42쪽.
이광수, 〈옛 조선의 근본도덕, 전체주의, 구실주의 인생관〉, 《동광》 34, 1932, 2~4쪽.
_____, 〈조선문학의 개념〉, 신두원·한형구 공편, 《한국근대문학과 민족-국가담론 자료집》, 186~192쪽. 서울: 소명출판, 2015[1934].
이균영, 《신간회 연구》, 서울: 역사비평사, 1993.
이기영, 《고향》, 서울: 글누림, 2007[1933~1934].
_____, 〈민촌〉, 《오빠의 비밀편지》, 평양: 문학예술종합출판사, 1993[1925], 166~184쪽.
_____, 〈제지 공장촌〉, 《오빠의 비밀편지》, 평양: 문학예술종합출판사, 1993[1932], 166~184쪽.
이동민, 〈막사과의 여당원과 신흥 공기〉, 《삼천리》 7(9), 1935, 202~209쪽.
이동민·김해룡·최일선·한명, 〈막사과[莫斯科]의 신여성과 신문화〉, 《삼천리》 7(8), 1935, 210~218쪽.
이만재, 《월북한 천재 문인들: 통일문학의 새로운 진단》, 서울: 답게, 2016.
이명종, 〈1910년대 조선 농민의 만주 이주와 ≪매일신보≫ 등에서의 '만주식민지'론〉, 《한국근현대사연구》 78, 2016, 137~162쪽.
이명화, 《도산 안창호의 독립운동과 통일노선》, 서울: 경인문화사, 2002.
이병수, 〈일제하 식민지 지식인의 전통 인식: '신남철'과 '박종홍'을 중심으로〉, 《통일인문학》 63, 2015, 5~33쪽.
이상의, 《일제하 조선의 노동정책 연구》, 서울: 혜안, 2006.
이성환, 〈일소 전투의 경험과 조선 민심의 동향〉, 《삼천리》 10, 12, 1938, 35~41쪽.
이순웅, 〈박치우의 삶과 죽음을 통해 본 해방정국의 인텔리겐치아 문제〉, 《진보평론》 69, 2016, 63~95쪽.
이애숙, 〈이재유 그룹의 당재건 운동(1933~1936년)〉, 《일제하 사회주의 운동사》, 서울: 한길사, 1991, 141~206쪽.
_____, 〈일제말기 반파시즘 인민전선론〉, 방기중 편, 《일제하 지식인의 파시즘체제 인식과 대응》, 서울: 혜안, 2002, 361~397쪽.
이여성, 〈유태인 '시오니즘'과 장래 약소민족운동의 전망 2〉, 《조선일보》, 1931년 1월 2일.
_____, 〈민족문제 개관 2〉, 《조선일보》, 1929년 11월 29일.
이운혁, 〈[당] 재건의 조직방침에 관한 테제〉, 신주백 편, 《1930년대 민족해방운동론 연구

1》, 107~113쪽. 서울: 새길, 1989[1938].
이원규,《조봉암 평전: 잃어버린 진보의 꿈》, 서울: 한길사, 2013.
이윤희,《한국민족주의와 여성운동》, 서울: 신서원, 1996.
이정원·송근찬·황병인, 〈조선혁명론〉,《시쇼이호[思想彙報]》19 ,1939, 326~338쪽. 신주백 편,《1930년대 민족해방운동론 연구 1; 국내 공산주의운동 자료편》, 서울: 새길, 1989[1938], 304~313쪽.
이종민, 〈당재건운동의 개시:1929~1931년〉, 한국역사연구회 1930년대연구반,《일제하 사회주의 운동사》, 서울: 한길사, 1991, 91~140쪽.
이중연,《책의 운명: 조선~일제강점기 금서의 사회·사상사》, 서울: 혜안, 2001.
이창언,《박정희 시대 학생운동》. 서울: 한신대학교출판부, 2014.
____, 〈NL(민족해방) 계열 학생운동의 주류화와 한계: 전국대학생대표자협의회와 한국대학총학생회연합〉, 이호룡·정근식,《학생운동의 시대》, 서울: 선인, 2013, 211~264쪽.
이창훈·이계환, 〈당시 보기 드물게 노동운동을 한 권재혁!: '남조선해방전략당 사건' 권재혁 선생 43주기 추모제〉,《통일뉴스》, 2012년 11월 4일. http://www.tongilnews.com/news/articleView.html?idxno=100496
이충우·최종고,《다시 보는 경성제국대학》, 서울: 푸른사상, 2013.
이태준,《소련기행. 농토. 먼지》(이태준문학전집 4), 서울: 깊은샘, 2001[1947].
이행선, 〈해방공간, 소련·북조선기행과 반공주의〉,《인문과학연구논총》34, 2, 2013, 65~107쪽.
이헌구, 〈佛國 超現實主義〉,《동아일보》, 1933년 6월 18일.
이현주,《한국 사회주의세력의 형성(1919~1923)》, 서울: 일조각, 2003.
이현희, 〈이관용의 사상 발전과 현실 인식〉,《동방학지》174, 2016, 163~199쪽.
이호룡,《한국의 아나키즘-사상편》, 서울: 지식산업사, 2001.
이훈구,《조선농업론》, 경성: 한성도서주식회사, 1935.
인정식, 〈아등의 정치적 노선에 대하여 동지 제군에게 보내는 공개장〉,《삼천리》10(11), 1938, 50~59쪽.
일송 기념사업회 편,《좌·우파에서 보수와 진보로: 보수, 진보의 개념과 역사적 전개》, 서울: 푸른역사, 2014.
임경석,《이정 박헌영 일대기》, 서울: 역사비평사, 2004.
____,《잊을 수 없는 혁명가에 대한 기록》, 서울: 역사비평사, 2008.
____, 〈국내 공산주의 운동의 전개과정과 그 전술(1937~1945)〉, 한국역사연구회 1930년대 연구반 지음,《일제하 사회주의운동사》, 서울: 한길사, 1991, 207~250쪽.
____, 〈박헌영과 김단야〉,《역사비평》53, 2000, 118~148쪽.
____, 〈세계 대공황기 사회주의·민족주의 세력의 정세인식〉,《역사와 현실》11, 1994,

22~49쪽.

＿＿＿, 〈이르쿠츠크파 공산주의 그룹의 기원〉, 성대경 편, 《한국현대사와 사회주의》, 149~179쪽. 서울: 역사비평사, 2000.

＿＿＿, 〈일제하 공산주의자들의 국가건설론〉, 《대동문화연구》 27, 1992, 205~226쪽.

＿＿＿, 《한국 사회주의의 기원》, 서울: 역사비평, 2003.

임경순·김정남·박경민, 〈남북한 보건의료제도의 비교〉, 《한국보건간호학회지》 15(1), 2001, 182~201쪽.

임송자, 《대한민국 노동운동의 보수적 기원》, 서울: 선인, 2007.

임영태 등 편, 《식민지시대 한국사회와 운동》, 서울: 사계절, 1985.

임태식 등 편, 《논쟁으로 읽는 한국사 2: 근현대》, 서울: 역사비평사, 2016.

임화, 〈무너져가는 낡은 구라파〉, 하정일 등 편, 《임화문학예술전집: 평론 2》, 225~228쪽. 서울: 소명출판, 2009[1940].

＿＿＿, 〈시민문화의 종언〉, 하정일 등 편, 《임화문학예술전집: 평론 2》, 187~190. 서울: 소명출판, 2009[1940].

＿＿＿, 〈문학상의 지방주의 문제〉, 하정일 등 편, 《임화문학예술전집: 평론 1》, 704~723쪽. 서울: 소명출판, 2009[1936].

《자유신문》, 〈방위 태세에 자신, 공비 근멸도 불원장래〉, 《자유신문》, 1949년 12월 4일.

장규식, 《일제하 한국기독교민족주의 연구》, 서울: 혜안, 2001.

장문석, "김태준과 연안행", 《인문논총》, 73(2), 2016, 319~360쪽.

장세윤, 〈북한의 개항~일제시기 민족운동 연구동향〉, 국사편찬위원회 편, 《북한의 한국사 연구동향 (2)-근·현대편)》, 서울: 국사편찬위원회, 2003.

장영은, 〈금지된 표상, 허용된 표상-1930년대 초반 《삼천리》에 나타난 러시아 표상을 중심으로〉, 《상허학보》 22, 2008, 195~232쪽.

장학봉, 《북조선을 만든 고려인 이야기》, 서울: 경인문화사, 2006.

전명혁, 《1920년대 한국사회주의 운동연구》, 서울: 선인, 2006.

＿＿＿, 〈조선공산당 제1차 당대회 연구〉, 성대경 편, 《한국 현대사와 사회주의》, 17~52쪽, 서울: 역사비평사, 2000.

전상숙, 《일제시기 한국 사회주의 지식인 연구》, 서울: 지식산업사, 2004.

전정희, 〈한국정치문화에 나타난 유교적 요소〉, 《한국정치외교사논총》 21(2), 2000, 55~79쪽.

전종식, 〈고등학교 '국사' 교과서의 민족주의적 경향에 대한 분석〉, 한일합동교육연구회 12, 2002, 22~30쪽.

전진희, 〈검토문〉, 《조선일보》 1926년 12월 26일.

정미량, 《1920년대 재일조선유학생의 문화운동》, 서울: 지식산업사, 2012.

정민영, 〈1930~40년대 홍기문의 역사연구〉, 《중원문화연구》 18~19호, 2012, 241~283쪽.

정병준,《한국전쟁: 38선 충돌과 전쟁의 형성》, 서울: 돌베개, 2006.
____, 〈조선건국동맹의 조직과 활동〉,《한국사연구》 80, 1993, 91~134쪽.
정영태,《파벌: 민주 노동당 정파 갈등의 기원과 종말》, 서울: 이매진, 2011.
정우회, 〈선언〉,《조선일보》 1926년 11월 17일.
정윤태, 이지원, 이윤상, 〈3.1운동의 전개양상과 참가계층〉, 한국역사연구회 엮음,《3.1 민족 해방운동 연구》, 229~257쪽. 서울: 청년사, 1989.
정재요, 〈노동참여의 헌법정치학과 노동헌법 판례〉,《국제정치연구》 19(2), 2016, 283~310쪽.
정종현,《제국대학의 조센징》, 서울: 휴머니스트, 2019.
정태영,《조봉암과 진보당》, 서울: 한길사, 1991.
정태헌, 〈수탈론의 속류화 속에 사라진 식민지〉,《창작과비평》 25(3), 1997, 344~357쪽.
제1선, 〈파시즘〉,《第1線》 2(5), 1932, 34~36쪽.
조광, 〈한말 외교무대에 남긴 신문—노도 특파 대사의 고급수원 윤치호씨〉,《朝光》 3(5), 1937, 37~39쪽.
조규태,《천도교의 민족운동 연구》, 서울: 선인, 2006.
조동걸,《일제하 한국농민운동사》, 서울: 한길사, 1979.
《조선일보》, 〈연해주 조선 농민 노인과 차별 전무〉,《조선일보》 1930년 5월 5일, 2면.
《조선일보》 사료연구실 편,《조선일보 사람들》, 서울: 랜덤하우스/중앙코리아, 2004.
《조선중앙일보》 통신사 편,《조선중앙연감》. 평양: 조선중앙통신사, 1949.
《조선중앙일보》, 〈도일증 일매에 소개료 5원 수취〉,《조선중앙일보》, 1933년 12월 23일, 4면.
조용덕, 〈1930년대 경주지역의 적색 농민조합운동〉,《한국 근현대사 연구》 64, 2013, 69~91쪽.
조용만, 〈1930년대의 문화계: '반전격'〉,《중앙일보》, 1984년 9월 5일, 11면.
조현연,《한국 진보 정당 운동사: 진보당에서 민주노동당 분당까지》, 서울: 후마니타스, 2009.
조형렬, 〈1930년대 조선의 역사과학에 대한 학술문화운동론적 분석〉, 박사논문: 고려대학교, 2015.
조희연, 〈1970년대 비합법전위조직의 이념에 대한 연구: '남민전'을 중심으로〉,《역사와현실》 5, 1991, 281~300쪽.
____,《현대 한국 사회운동과 조직: 통혁당, 남민전, 사노맹을 중심으로 본 비합법 전위조직 연구》, 서울: 한울 1994.
《중앙일보》 특별취재반 편,《비록 조선 민주주의 인민공화국》, 1권, 서울: 중앙일보사, 1992.
《중외일보》, 〈사상 경향이 엿보이는 두 질문에 대하여 여러 학생의 각종 대답, 적로[赤露] 학교의 신실험〉,《중외일보》, 1929년 10월 23일.
지수걸,《일제하 농민조합운동 연구: 1930년대 혁명적 농민조합운동》, 서울: 역사비평사,

1993.

____, 〈함북 명천 지역의 혁명적 농민조합 운동(1934~1937)〉,《일제하 사회주의 운동사》, 서울: 한길사, 1991, 359~427쪽.

지표누리. 재외동포현황. https://www.index.go.kr/unity/potal/main/EachDtlPageDetail.do?idx_cd=1682

진남생,〈세계여성 예찬〉,《별건곤(別乾坤)》32, 1930, 113~120쪽.

진영철(김경재),〈'조선운동'의 신전망〉,《彗星》2(10), 1931, 4~15쪽.

차승기,《반근대적 상상력의 임계들: 식민지 조선 담론장에서의 전통 · 세계 · 주체》, 서울: 푸른역사 2009.

차재정,〈녯 동지에 고함〉,《삼천리》10, 11호, 109~118쪽.

차혜영,〈식민지시대 소비에트총영사관 통역 김동한의《로서아 방랑기》연구〉,《중소연구》, 제40권 제3호, 2016 가을, 401~451쪽.

철부,〈쏘베츠 동맹은 아동을 이렇게 보호한다〉,《신계단新階段》8~9호, 1933, 29~32쪽.

최규진,《조선공산당 재건운동》, 천안: 독립기념관 한국독립운동사 연구소, 2009.

한기형,〈법역과 문역: 제국 내부의 표현력 차이와 식민지 텍스트〉, 정근식 편,《검열의 제국-문화의 통제와 재생산》, 서울: 푸른역사, 2016, 30~55쪽.

한성훈,《전쟁과 인민-북한 사회주의 체제의 성립과 인민의 탄생》, 서울: 돌베개, 2012.

한용운,〈반종교운동의 비판〉,《삼천리》, 10(5), 1938, 78~83쪽.

한위건,〈朝鮮 前衛同盟の問題〉,東京: 左翼書房, 1930.

____, 〈조선혁명의 특질과 노동계급 전위의 당면임무〉,《계급투쟁》, 1권. 재출판: 배성찬 편역,《식민지 시대 사회운동론 연구》, 131~179쪽. 서울: 돌베개: 1987[1929].

____, 〈조선 프롤레타리아운동에서 방향 전화 시기의 이론적 · 실천적 오해와 그 비판〉,《계급투쟁》, 3권. 재출판: 배성찬 편역,《식민지 시대 사회운동론 연구》, 181~209쪽. 서울: 돌베개: 1987[1930].

한홍구,〈신영복의 60년을 사색하다〉,《한겨레 21》, 2006년 5월 11일.

함대훈,〈소베트 연극의 이론과 실제〉,《비판》1, 1932, 93~99쪽.

____,《청춘보》, 서울: 경향출판사, 1947.

허동현,〈한국 근대에서 단일민족 신화의 역사적 형성 과정〉,《동북아역사논총》23, 2009, 7~35쪽.

현명호,〈원산총파업의 공간적 전개〉,《한국독립운동사연구》73, 2021, 125~169쪽.

호리 가즈오(堀和生), 주익종 번역.《한국근대의공업화》. 서울: 전통과현대. 2003년.

홍기문,〈역사학의 연구: 정신사관과 유물사관〉,《조선일보》1935년 3월 2일, 4면.

____,〈조선문학의 양의(兩義)〉, 신두원 · 한형구 공편,《한국근대문학과 민족-국가담론 자료집》, 315~326쪽, 서울: 소명출판, 2015[1934].

홍양명,〈조선운동의 특질-번역주의 극복과 특수조선의 인식〉,《조선일보》1928년 1월

13~23일.

홍원표,《비극의 서사: 근현대 한국 지성의 삶과 사상》, 서울: 신서원, 2018.

황동하,〈일제 식민지시대(1920년~1937년) 지식인에 비친 러시아혁명 – 대중적으로 유통된 합법잡지를 중심으로-〉,《서양사론》102, 2009, 191~228쪽.

황묘희,〈침략전쟁 시기 천진의 친일한인조직 연구", 강태민 등 편,《침략전쟁기 친일조선인들의 해외활동》, 36~70쪽. 서울: 경인문화사, 2013.

황병주,〈4,19와 5,16을 전후한 시기 주요 정치세력들의 동향과 이념적 지향〉,《기억과전망》14, 2006, 66~86쪽.

황석우,〈현일본 사상계의 특질과 그 주류〉,《개벽》34, 1923, 25~43쪽.

《황성신문》영인본, 1~21권. 서울: 경인문화사, 1984.

후지이 다케시,《파시즘과 제3세계주의 사이에서-족청계의 형성과 몰락을 통해 본 해방8년사》. 서울: 역사비평사. 2012년.

일본어 문헌

ゲオルグ・ルカチ著; 山村房次 訳,《歷史文學論》, 東京: 三笠書房, 1938[1937].

姜德相・梶村秀樹 編,《現代史資料》29, 朝鮮5, 東京: みすず書房, 1972.

京畿道警察部長,「京高特秘 第1273号の1: 共産大学卒業生の検挙に関する件」,《思想に関する情報綴（副本）》2, 1937年6月18日. http://db.history.go.kr/id/had_159_0220 (2020.09.28. 최종 접속)

京城本町警察署長,「京本警高秘第6751号: ML系 朝鮮共産党再組織事件 検挙に関する件」,《思想に関する情報綴》1, 1931年10月2日. http://db.history.go.kr/item/level.do?setId=1&itemId=had&synonym=off&chinessChar=on&page=1&pre_page=1&brokerPagingInfo=&position=0&levelId=had_148_0770 (2020.09.02. 최종 접속)

高等法院検事局思想部,〈城大教授・三宅鹿之助を中心とする朝鮮内赤化工作事件の検挙に関する件〉,《思想彙報》2, 1935, 34~38面.

宮本 和吉,《哲學概論》, 東京: 岩波書店, 1920.

馬越徹 著,《韓国近代大学の成立と展開 大学モデルの伝播研究》, 名古屋: 名古屋大学出版会, 1995.

森川 多聞,〈安倍能成の〈個人主義〉〉,《동북아문화연구》1(19), 369~385面.

石堂清倫・山辺健太郎 編,《コミンテルン日本にかんするテ一ゼ集》, 東京: 青木書店, 1961.

〈朝鮮共産党のスロ一ガン〉,《思想月報》1(4), 1931, 174面.

朝鮮総督府警務局 編,《最近に於ける朝鮮治安状況》, 京城: 朝鮮総督府

崔載瑞,〈国民文学の要件〉,《国民文学》1, 1941, 35~36面.

戸坂潤 著,《日本イデオロギ一論》, 東京: 岩波文庫, 1977[1935].

黒瀬郁二 著, ≪東洋拓殖会社: 日本帝国主義とアジア太平洋≫, 東京: 日本経済評論社, 2003.

중국어 문헌

高华, ≪陽是怎樣升起的: 延安整風運動的來龍去脈≫, 香港: 中文大學出版社, 2000.

＿＿＿, ≪革命年代≫, 广州: 广东人民出版社, 2010.

斯大林 著, ≪列寧主義問題≫, 莫斯科: 苏联外国工人出版局, 1935[1926].

＿＿＿, ≪關於列寧主義底問題≫, 延安: 解放社, 1943[1926].

丁玲, ≪意外集≫, 北京: 中国国际广播出版社, 2013.

영어 문헌

Alexander, Robert Jackson, *International Trotskyism, 1929~1985: A Documented Analysis of the Movement*. Durham, NC: Duke University Press, 1991.

Amin, Shahid, *Event, Metaphor, Memory: Chauri Chaura, 1922~1992*. Oxford: Oxford University Press, 2005.

Anderson, Benedict R. O'G, *Imagined Communities: Reflections on the Origin and Spread of Nationalism*, London: Verso, 1991.

Armstrong, Charles K, *The North Korean Revolution, 1945~1950*, Ithaca, NY: Cornell University Press, 2003.

Ashby, Heather, *Third World Activists and the Communist University of the Toilers of the East*, PhD thesis, University of Southern California, 2014.

Ban, Byung Yool(Pan Pyŏngnyul), *The Rise of the Korean Socialist Movement: Nationalist Activities in Russia and China, 1905~1912*, Seoul: Hanul Academy, 2016.

Baldwin, Frank, "Missionaries and the March 1st Movement: Can Moral Men Be Neutral?" In Andrew C. Nahm, ed., *Korea under Japanese Colonial Rule: Studies of the Policy and Techniques of Japanese Colonialism*, pp. 193~219. Kalamazoo: West Michigan University, Center for Korean Studies, Institute of International and Area Studies, 1973.

Bauer, Otto, *The Question of Nationalities and Social Democracy*, Minneapolis: University of Minnesota Press, 2000[1907].

Belden, Jack, *China Shakes the World*, New York: Harpers, 1949.

Bellah, Robert N., "Japan's Cultural Identity: Some Reflections on the Work of Watsuji Tetsuro," *Journal of Asian Studies* 24(4), 1965, pp. 573~594.

Bernstein, Frances, *The Dictatorship of Sex: Lifestyle Advice for the Soviet Masses*, De Kalb: Northern Illinois University Press, 2007.

Bloch, Maurice, *Marxism and Anthropology: The History of a Relationship*, London: Routledge, 1983.

Booth, Anne, *Colonial Legacies: Economic and Social Development in East and Southeast Asia*.

Honolulu: University of Hawai'i Press, 2007.

Boterbloem, Kees, *The Life and Times of Andrei Zhdanov, 1896~1948*, Montreal: McGill-Queen's University Press, 2004.

Botman, Selma, *Egypt from Independence to Revolution, 1919~1952*, Syracuse, NY: Syracuse University Press, 1991.

Botz, Gerhard, "Austro-Marxist Interpretation of Fascism," *Journal of Contemporary History* 11(4), 1976, pp. 129~156.

Boucek, Françoise, "Rethinking Factionalism: Typologies, Intra-Party Dynamics and Three Faces of Factionalism," *Party Politics* 15(4), 2009, pp. 455~485.

Bowlby, Chris, "Blutmai 1929: Police, Parties and Proletarians in a Berlin Confrontation," *Historical Journal* 29(1), 1986, pp. 137~158.

Brazinsky, Gregg A, *Nation Building in South Korea: Koreans, Americans, and the Making of a Democracy*, Chapel Hill: University of North Carolina Press, 2007.

Broué, Pierre, *The German Revolution 1917~1923*. Translated by John Archer, edited by Ian Birchall. Leiden: Brill, 2005.

Brown, David, *Contemporary Nationalism: Civic, Ethnocultural and Multicultural Politics*. London: Routledge, 2000.

Campbell, Emma, *South Korea's New Nationalism: The End of "One Korea"?* Boulder, CO: First Forum Press, 2016.

Cha, Myung Soo, "Did Korekiyo Takahashi Rescue Japan from the Great De-pression?" *Journal of Economic History* 63(1), 2003, pp. 127~144.

Chandra, Vipan, *Imperialism, Resistance, and Reform in Late Nineteenth-Century Korea: Enlightenment and the Independence Club*. Berkeley, CA: Institute of East Asian Studies, 1988.

Chang, Jon K, *Burnt by the Sun: The Koreans of the Russian Far East*, Honolulu: University of Hawai'i Press, 2016.

Chang, Kuo-T'ao, *The Rise of the Chinese Communist Party, 1921~1927*, Volume 1. Lawrence: University Press of Kansas, 1971.

Chen, Edward I-te, "The Attempt to Integrate the Empire: Legal Perspectives," In Ramon Hawley Myers and Mark Peattie, eds., *The Japanese Colonial Empire*, Princeton, NJ: Princeton University Press, 1984, pp. 241~274.

Chen, Nai-Ruenn, and Walter Galenson, *The Chinese Economy under Maoism: The Early Years, 1949~1969*, Chicago: Aldine Pub, 1969.

Chesneaux, Jean, *The Chinese Labor Movement 1919~1927*, Stanford, CA: Stanford University Press, 1968.

Ch'oe, Yŏng-ho, "The Kapsin Coup of 1884: A Reassessment," *Korean Studies* 6, 1982, pp. 105~124.

Clark, Katerina, *Moscow, the Fourth Rome: Stalinism, Cosmopolitanism, and the Evolution of Soviet Culture, 1931~1941*, Cambridge, MA: Harvard University Press, 2001.

Cho, Hyorae, "Industrial Relations and Union Politics in Large Firms in South Korea," In Lee Changwon and Sarosh Kuruvilla, eds., *The Transformation of Industrial Relations in Large-Size Enterprises in Korea*, Seoul: Korea Labor Institute, 2006, pp. 84~131.

Choi, Lyong, and Il-young Jeong, "North Korea and Zimbabwe, 1978~1982: From the Strategic Alliance to the Symbolic Comradeship between Kim Il Sung and Robert Mugabe," *Cold War History* 17(4), 2017, pp. 329~349.

Chun, Jennifer Jihye, *Organizing at the Margins: The Symbolic Politics of Labor in South Korea and the United States*, Ithaca, NY: Cornell University Press, 2009.

Crump, John, *The Origins of Socialist Thought in Japan*. London: Routledge, 2011.

Cumings, Bruce, "Corporatism in North Korea," *Journal of Korean Studies* 4, 1982~1983, pp. 269~294.

David-Fox, Michael, "The 'Heroic Life' of a Friend of Stalinism: Romain Rolland and Soviet Culture," *Slavonica* 11(1), 2005, pp. 3~29.

Deak, Istvan, "Budapest and the Hungarian Revolutions of 1918~1919," *Slavonic and East European Review* 46(106), 1968, pp. 129~140.

Deane, Hugh, *The Korean War 1945~1953*, San Francisco: China Books, 1999.

De Ceuster, Koen. "The YMCA's Rural Development Program in Colonial Korea, 1925~35: Doctrine and Objectives," *Review of Korean Studies* 3(1), 2000, pp. 5~33.

Degras, Jane, ed., *The Communist International, 1919~1943, Documents*, III(1929~1943). London: Routledge, 1999.

Deuchler, Martina, *The Confucian Transformation of Korea: A Study of Society and Ideology*, Cambridge, MA: Harvard University Press, 1992.

Dirlik, Arif, *Anarchism in the Chinese Revolution*, Berkeley: University of California Press, 1993.

Doak, Kevin M., "Ethnic Nationalism and Romanticism in Early Twentieth-Century Japan," *Journal of Japanese Studies* 22(1), 1996, pp. 77~103.

Dreiser, Theodore, *Dreiser Looks at Russia*, New York: H. Livenght, 1928.

Duara, Prasenjit, *Rescuing History from the Nation: Questioning Narratives of Modern China*, Chicago: University of Chicago Press, 1995.

Duranty, Walter, "All Russia Suffers Shortage of Food," *New York Times*, November 25, 1932.

Engerman, David, "Modernization from the Other Shore: American Observers and the Costs of Soviet Economic Development," *American Historical Review* 105(2), 2000, pp.

383~416.

Esping-Andersen, Gøsta, *Politics against Markets: The Social Democratic Road to Power*, Princeton, NJ: Princeton University Press, 1985.

"Espionage against US and SK Government," Box 77, RG 332, Records of US Theatres of War, WW II, US Army Forces in Korea, XXIV Corps, G-2, Historical Section, Records Regarding the Okinawa Campaign, US Military Government in Korea, US-USSR Relations in Korea, and Korean Political Affairs, NARA, 1945~48.

Fayet, Jean-François, "Paul Levi and the Turning Point of 1921: Bolshevik Emissaries and International Discipline in the Time of Lenin," In Norman LaPorte, Morgan Kevin, and Worley Matthew, eds., *Bolshevism, Stalinism and the Comintern*, London: Palgrave Macmillan, 2008, pp. 105~123.

Feldman, Gerald D., "The Political and Social Foundations of Germany's Economic Mobilization, 1914~1916," *Armed Forces and Society* 3(1), 1976, pp. 121~145.

Fenby, Jonathan, *The Penguin History of Modern China*, London: Penguin Books, 2013.

Filatova, Irina, "The Lasting Legacy: The Soviet Theory of the National-Democratic Revolution and South Africa," *South African Historical Journal* 64(3), 2012, pp. 1~31.

Fitzpatrick, Sheila, "The Bolsheviks' Dilemma: Class, Culture, and Politics in the Early Soviet Years," *Slavic Review* 47(4), 1988, pp. 599~613.

─── , *Everyday Stalinism, Ordinary Life in Extraordinary Times: Soviet Russia in the 1930s*, Oxford: Oxford University Press, 1999.

─── , *The Russian Revolution*, Oxford: Oxford University Press, 2008.

Fowkes, Ben, *Communism in Germany under the Weimar Republic*, London: Macmillan Press, 1984.

─── , trans., *The German Left and the Weimar Republic: A Selection of Documents*, Leiden: Brill, 2014.

Fukuyama, Francis, *Political Order and Political Decay: From the Industrial Revolution to the Present Day*, New York: Farrar, Straus & Giroux, 2014.

Gabroussenko, Tatiana, *Soldiers on the Cultural Front: Developments in the Early Literary History of North Korean Literature and Literary Policy*, Honolulu: University of Hawai'i Press, 2010.

Gallagher, John, "Nationalisms and the Crisis of Empire, 1919~1922," *Modern Asian Studies* 15(3), 1981, pp. 355~368.

Garver, John W., "Chiang Kai-shek's Quest for Soviet Entry into the Sino-Japanese War," *Political Science Quarterly* 102(2), 1987, pp. 295~316.

─── , "China's Wartime Diplomacy," In James C. Hsiung and Steven I. Levine, eds., *China'* s *Bitter Victory: The War with Japan, 1937~1945*, Armonk, NY: M. E. Sharpe, 1992, pp. 3~33.

Gellner, Ernest, *Nations and Nationalism*, Ithaca, NY: Cornell University Press, 1983.

Glenn, John, "Nations and Nationalism: Marxist Approaches to the Subject," *Nationalism and Ethnic Politics* 3(2), 1997, pp. 79~100.

Goldman, Wendy Z., *Women, the State and Revolution: Soviet Family Policy and Social Life, 1917~1936*, Cambridge: Cambridge University Press, 1993.

Goodman, David, *Communism and Reform in East Asia*, London: Routledge, 1988.

──, "Resistance and Revolution, Religion, and Rebellion: The Sixth Trigram Movement in Licheng, 1939~1942," In David Goodman and Feng Chongyi, eds., *North China at War: The Social Ecology of Revolution*, New York: Rowman & Littlefield, 1999, pp. 131~155.

──, *Social and Political Change in Revolutionary China: The Taihang Base Area in the War of Resistance to Japan, 1937~1945*, Lanham, MD: Rowman & Littlefield, 2000.

Gordon, Andrew, *Labor and Imperial Democracy in Prewar Japan*, Berkeley: University of California Press, 1991.

Gray, Kevin, "Challenges to the Theory and Practice of Polyarchy: The Rise of the Political Left in Korea," *Third World Quarterly* 29(1), 2008, pp. 107~124.

Haas, Benjamin, "South Korea Cuts 'Inhumanely Long' 68-Hour Working Week," *The Guardian*, March 1, 2018, https://www.theguardian.com/world /2018/mar/01/south-korea-cuts-inhumanely-long-68-hour-working-week (2020.09.16 최종 접속).

Halfin, Igal, *From Darkness to Light: Class, Consciousness, and Salvation in Revolutionary Russia*, Pittsburgh: University of Pittsburgh Press, 2000.

Han, Hongkoo, *Wounded Nationalism: The Minsaengdan Incident and Kim Il Sung in Eastern Manchuria*, PhD diss., University of Washington, 1999.

Han, Kyung-Koo, "The Archaeology of the Ethnically Homogeneous Nation-State and Multiculturalism in Korea," *Korea Journal* 47(4), 2007, pp. 8~31.

Hartmann, Anne, "Lion Feuchtwanger, A German Opponent to Gide," *Cahiers du Monde Russe* 52(1), 2011, pp. 109~132.

Hartmann, Susan M., "Women's Employment and the Domestic Ideal in the Early Cold War Years," In Joanne Meyerowitz, ed., *Not June Cleaver: Women and Gender in Postwar America, 1945~1960*, Philadelphia: Temple University Press, 1994, pp. 84~103.

Haslam, Nick, Louis Rothschild, and Donald Ernst, "Essentialist Beliefs about Social Categories," *British Journal of Social Psychology* 39(1), 2000, pp. 113~127.

Healey, Dan, *Homosexual Desire in Revolutionary Russia: The Regulation of Sexual and Gender*

Dissent, Chicago: University of Chicago Press, 2001.

Heinzen, James W., *Inventing a Soviet Countryside: State Power and the Trans-formation of Rural Russia, 1917~1929*, Pittsburgh: University of Pittsburgh Press, 2004.

Held, David, *Introduction to Critical Theory: Horkheimer to Habermas*, Berkeley: University of California Press, 1980.

Helgesen, Geir, *Democracy and Authority in Korea: The Cultural Dimension in Korean Politics*, London: Routledge, 1998.

Hilferding, Rudolf, "State Capitalism or Totalitarian State Economy," *Modern Review* 6, 1947[1940], pp. 266~271.

Hobsbawm, Eric, *Age of the Extremes: A History of the World, 1914~1991*. New York: Vintage Books, 1996.

Hoffman, David Lloyd, *Stalinist Values: The Cultural Norms of Soviet Modernity, 1917~1941*, Ithaca, NY: Cornell University Press, 2003.

Holmgren, Beth, "'The Blue Angel' and Blackface: Redeeming Entertainment in Aleksandrov's 'Circus'," *Russian Review* 66(1), 2007, pp. 5~22.

Hong, Yong-Pyo, "North Korea in the 1950s: The Post Korean War Policies and Their Implications," *Korean Journal of International Studies* 2(1), 2004, pp. 215~234.

Hoppe, Bert, and Mark Keck-Szajbel, "Iron Revolutionaries and Salon Socialists: Bolsheviks and German Communists in the 1920s and 1930s," *Kritika: Explorations in Russian and Eurasian History* 10(3), 2009, pp. 499~526.

Hsia, Tsi-an. "Ch'ü Ch'iu-pai's Autobiographical Writings: The Making and Destruction of a 'Tender-Hearted' Communist," *China Quarterly* 25, 1966, pp. 176~212.

Huang, Jing, *Factionalism in Chinese Communist Politics*, Cambridge: Cambridge University Press, 2000.

Huang, Yunte, *Transpacific Displacement: Ethnography, Translation, and Inter-textual Travel in Twentieth-Century American Literature*, Berkeley: University of California Press, 2002.

Hughes, Theodore, et al., eds., *Rat Fire: Korean Stories from the Japanese Empire*. Ithaca, NY: Cornell University Press, 2013.

Hume, David, *Political Essays*. Cambridge: Cambridge University Press, 1994.

Hunter, Helen-Louise, and Stephen J. Solarz, *Kim Il-song's North Korea*, Westport, CT: Praeger, 1999.

Hwang, Dongyoun, *Anarchism in Korea: Independence, Transnationalism, and the Question of National Development, 1919~1984*, Albany: State University of New York Press, 2016.

Hwang, Kyung Moon, *Rationalizing Korea: The Rise of the Modern State, 1894~1945*, Oakland: University of California Press, 2016.

Ishikawa, Yoshihiro, "Chinese Marxism in the Early 20th Century and Japan," *Sino-Japanese Studies* 14, 2002, pp. 24~34.

Ito, Peng, "Social Investment Policy in South Korea." In Rianne Mahon and Fiona Robinson, eds., *Feminist Ethics and Social Policy: Towards New Global Political Economy of Care*, Vancouver: UBC Press, 2011, pp. 94~111.

Janos, Andrew C., *The Politics of Backwardness in Hungary, 1825~1945*, Princeton, NJ: Princeton University Press, 1982.

Jin, Guangxi, "'The August Incident' and the Destiny of the Yanan Faction," *International Journal of Korean History* 17(2), 2012, pp. 47~76.

Johnson, Chalmers, *Peasant Nationalism and Communist Power: The Emergence of Revolutionary China, 1937~1945*. Stanford, CA: Stanford University Press, 1962.

Kagarlitsky, Boris, *Empire of the Periphery: Russia and the World System*. London: Pluto Press, 2008.

Kalinowski, Thomas, "The Politics of Market Reforms: Korea's Path from Chaebol Republic to Market Democracy and Back," *Contemporary Politics* 15(3), 2009, pp. 287~304.

Kang, Wi Jo, *Christ and Caesar in Modern Korea: A History of Christianity and Politics*, Albany: State University of New York Press, 1997.

Kataoka, Tetsuya, *Resistance and Revolution in China: The Communists and the Second United Front*, Berkeley: University of California Press, 1974.

Katsiaficas, George, *Asia's Unknown Uprisings, Volume 1: South Korean Social Movements in the 20th Century*, Oakland, CA: PM Press, 2012.

Kautsky, Karl, "Hitlerism and Social Democracy," In Joseph Shaplen and David Shub, eds., *Socialism, Fascism, Communism*. New York: American League for Democratic Socialism, 1934.

―――, "Nationality and Internationality, Part 2," Translated by Ben Lewis. *Critique* 38(1), 2010[1908], pp. 143~163.

Kawashima, Ken, *The Proletarian Gamble: Korean Workers in Interwar Japan*. Durham, NC: Duke University Press, 2009.

Kawashima, Ken C., Fabian Schäfer, and Robert Stolz, eds. *Tosaka Jun: A Critical Reader*. Ithaca, NY: Cornell University Press, 2014.

Keating, Pauline, "Getting Peasants Organized: Grassroots Organizations and the Party State in the Shaan-Gan-Ning Border Region, 1934~45," In David Goodman and Feng Chongyi, eds., *North China at War: The Social Ecology of Revolution*, New York: Rowman & Littlefield, 1999, pp. 25~59.

Keep, John, "Russian Social-Democracy and the First State Duma." *Slavonic and East European*

Review 34, 1955, pp. 180~199.

Kemmy, James, "The Limerick Soviet." *Saothar* 2, 1976, pp. 45~52.

Kenez, Peter, *Hungary from the Nazis to the Soviets: The Establishment of the Communist Regime in Hungary, 1944~1948*, Cambridge: Cambridge University Press, 2006.

Kershaw, Ian, *To Hell and Back: Europe, 1914~1949*, London: Penguin Books, 2016.

Kim, Cheehyung Harrison, *Heroes and Toilers: Work as Life in Postwar North Korea, 1953~1961*, New York: Columbia University Press, 2018.

──, "Total, Thus Broken: Chuch'e Sasang and North Korea's Terrain of Subjectivity," *Journal of Korean Studies* 17(1), 2012, pp. 69~96.

Kim, Eun-shil, "The Cultural Logic of the Korean Modernization Project and Its Gender Politics," *Asian Journal of Women's Studies* 6(2), 2000, pp. 50~77.

Kim, Hyejin, "'Spoon Theory' and the Fall of a Populist Princess in Seoul," *Journal of Asian Studies* 76(4), 2017, pp. 839~849.

Kim, Il Sung, "Talk with Nosaka Sanzo and His Party," December 21, 1945. In *Kim Il Sung Complete Works*, 2, August 1945~December 1945, pp. 410~415. Pyongyang: Foreign Language Publisher House, 2011.

Kim, Jae-hyun, "Marxism in Korea: From the Japanese Colonial Era to the 1950s," *Korea Journal* 39(1), 1999, pp. 86~129.

Kim, Joong-Seop, *The Korean Paekjŏng under Japanese Rule: The Quest for Equality and Human Rights*, London: Routledge, 2003.

Kim, Marie Seong-Hak, *Law and Custom in Korea: Comparative Legal History*, Cambridge: Cambridge University Press, 2012.

Kim, Richard S., *The Quest for Statehood: Korean Immigrant Nationalism and U.S. Sovereignty, 1905~1945*, Oxford: Oxford University Press, 2011.

Kim, Su Yun, *Romancing Race and Gender: Intermarriage and the Making of a "Modern Subjectivity" in Colonial Korea, 1910~1945*, PhD diss., University of California–San Diego, 2009.

Kim, Suzy, *Everyday Life in the North Korean Revolution, 1945~50*, Ithaca, NY: Cornell University Press, 2013.

Kim, Yang-Son, "Compulsory Shintō Shrine Worship and Persecution," In Chai-Shin Yu, ed., *Korea and Christianity*, Berkeley, CA: Asian Humanities Press, 1996, pp. 87~120.

Kim, Yunjong, *The Failure of Socialism in South Korea: 1945~2007*, London: Routledge, 2015.

Klineberg, Otto, "A Science of National Character," *Society for the Psychological Study of Social Issues Bulletin* 19, 1944, pp. 147~162.

Kolb, Eberhard, *The Weimar Republic*, London: Routledge, 2004b.

Kotkin, Stephen, *Stalin: Waiting for Hitler, 1929~1941*, New York: Penguin Random House, 2017.

Kowner, Rotem, "Imperial Japan and Its POWs: The Dilemma of Humaneness and National Identity." In Guy Podoler, ed., *War and Militarism in Modern Japan: Issues of History*, Leiden: Brill, 2009, pp. 80~110.

Lankov, Andrei, *Crisis in North Korea: The Failure of De-stalinization, 1956*, Honolulu: University of Hawai'i Press, 2005.

─────, *From Stalin to Kim Il Song: The Formation of North Korea, 1945~1960*, London: Hurst, 2002.

─────, "Kim Takes Control: The "Great Purge" in North Korea, 1956~1960," *Korean Studies* 26(1), 2002, pp. 87~119.

─────, *The Real North Korea: Life and Politics in the Failed Stalinist Utopia*, Oxford: Oxford University Press, 2013.

Lawrance, Alan, *China since 1919: Revolution and Reform: A Sourcebook*. London: Routledge, 2004.

Lawyers Committee for Human Rights, *Critique: Review of the U.S. Department of State's Country Reports on Human Rights Practices for 1991*, New York: Human Rights First, 1992.

Lee, Jin-kyung, *Service Economies: Militarism, Sex Work, and Migrant Labor in South Korea*, Minneapolis: University of Minnesota Press. 2010.

Lee, Namhee, *The Making of Minjung Democracy and the Politics of Representation in South Korea*, Ithaca, NY: Cornell University Press, 2007.

Lee, Sook-Jong, "The Assertive Nationalism of South Korean Youth: Cultural Dynamism and Political Activism," *SAIS Review of International Affairs* 26(2), 2006, pp. 123~132.

Lee, Yeonho, and Yoo-Jin Lim, "The Rise of the Labor Party in South Korea: Causes and Limits." *Pacific Review* 19(3), 2006, pp. 305~335.

Lenin, Vladimir, *Collected Works*. 45, Moscow: Progress Publishers, 1973. Lenin, Vladimir Il'ich. "The State and Revolution," In V. I. Lenin, *Collected Works*, 25, Moscow: Progress Publishers, 1964[1917], pp. 381~492.

─────, "The Tax in Kind (The Significance of the New Policy and Its Conditions)," In V. I. Lenin, *Collected Works* 32, Moscow: Progress Publishers, 1965[1921], pp. 329~365.

Levin, Norman D., and Yong-Sup Han. *Sunshine in Korea: The South Korean Debate over Policies toward North Korea*, Santa Monica, CA: RAND Cor-poration, 2002.

Lim, Hyun-Chin, and Jin-Ho Jang, "Neo-liberalism in Post-crisis South Korea: Social Conditions and Outcomes," *Journal of Contemporary Asia* 36(4), 2006, pp. 442~463.

Linkhoeva, Tatiana, "New Revolutionary Agenda: The Interwar Japanese Left on the 'Chinese Revolution'," *Cross-Currents: East Asian History and Culture Review* 24, 2017, pp. 83~104.

Linkhoeva, Tatiana, *Revolution Goes East: Imperial Japan and Soviet Communism*, Ithaca, NY: Cornell University Press, 2020.

Lukács, Georg, *History and Class Consciousness: Studies in Marxist Dialectics*, Cambridge, MA: MIT Press, 2000[1923].

Manela, Erez, *The Wilsonian Moment: Self-Determination and the International Origins of Anticolonial Nationalism*, Oxford: Oxford University Press, 2007.

Mannheim, Karl, *Ideology and Utopia: An Introduction to the Sociology of Knowledge*, London: Routledge, 1956[1929].

Mao, Zedong, *Selected Works of Mao Tse-Tung*, 1~5. Beijing: Foreign Language Press, 1965.

Martin, Terry, "The Origins of Soviet Ethnic Cleansing," *Journal of Modern History* 70, 1998, pp. 813~861.

Marx, Karl, "Grundrisse," In Marx and Engels, *Collected Works*, 28, New York: International Publishers, 1986[1857~1858], pp. 5~540쪽.

―――, *The Poverty of Philosophy*, Moscow: Progress Publishers, 1955[1947]. Marx, Karl, and Friedrich Engels, *Collected Works* 50, London: Lawrence & Wishart, pp. 1975~2005.

―――, *The Russian Menace to Europe*. Edited by Paul Blackstock and Bert Hoselitz. London: George Allen & Unwin, 1953.

―――, *Selected Works*, 1~3. Moscow: Progress Publishers, 1970.

Matera, Marc, and Susan Kingsley Kent, *The Global 1930s: The International Decade*, London: Routledge, 2017.

Matthews, Mervyn, *Party, State, and Citizen in the Soviet Union: A Collection of Documents*, New York: M. E. Sharpe, 1989.

Mayer, Robert, "Lenin and the Jacobin Identity in Russia," *Studies in East European Thought* 51(2), 1999, pp. 127~154.

McDonough, Frank, *Opposition and Resistance in Nazi Germany*, Cambridge: Cambridge University Press, 2001.

McElligot, Anthony, *Weimar Germany*, Oxford: Oxford University Press, 2009.

McKenzie, Kermit, *Comintern and World Revolution, 1928~43: The Shaping of Doctrine*, New York: Columbia University Press, 1964.

Mei Feuerwerker, *Yi-tsi. Ding Ling's Fiction: Ideology and Narrative in Modern Chinese Literature*, Cambridge, MA: Harvard University Press, 1982.

Merill, John, *Korea: The Peninsular Origins of the War*, Newark: University of Delaware Press,

1989.

Mimura, Janis, *Planning for Empire: Reform Bureaucrats and the Wartime Japanese State*, Ithaca, NY: Cornell University Press, 2011.

Mizoguchi, Toshiyuki, "Economic Growth of Korea under the Japanese Occupation—Background of Industrialization of Korea 1911~1940," *Hitotsubashi Journal of Economics* 20(1), 1979, pp. 1~19.

Molony, Barbara, "Noguchi Jun and Nitchitsu: Colonial Investment Strategy of a High Technology Enterprise," In William Wray, ed., *Managing Japanese Enterprise: Cases from Japan's Prewar Experience*, Cambridge, MA: Harvard University Press, 1989, pp. 229~267.

Moon, Seungsook, *Militarized Modernity and Gendered Citizenship in South Korea*, Durham, NC: Duke University Press, 2005.

Moss, Myra, *Mussolini's Fascist Philosopher: Giovanni Gentile Reconsidered*, New York: Peter Lang, 2004.

Nathan, Andrew, "A Factionalism Model for CCP Politics," *China Quarterly* 53, 1973, pp. 33~66.

Nehru, Jawaharlal, "Introduction to M. R. Masani, Soviet Sidelights." In *Selected Works of Jawaharlal Nehru*, 7, New Delhi: Orient Longman, 1972[1936].

Nisimov, Tomer, "Troublesome Brotherhood: The Korean Volunteer Army and the CPC," *Journal of Northeast Asian History* 17(1), 2020, pp. 45~90.

Obinger, Herbert, and Shinyong Lee, "The Cold War and the Welfare State in Divided Korea and Germany," *Journal of International and Comparative Social Policy* 29(3), 2013, pp. 258~275.

OECD, *OECD: Industrial Disputes*, 2017. https://www.oecd.org/els/emp/Industrial-disputes.pdf (2019.09.24. 최종 접속).

Olson, Mancur, "Dictatorship, Democracy, and Development," *American Political Science Review* 87(3), 1993, pp. 567~576.

Pantsov, Alexander V., and Daria A. Spichak, "New Light from the Russian Archives: Chinese Stalinists and Trotskyists at the International Lenin School in Moscow, 1926~1938," *Twentieth-Century China* 33(2), 2008, pp. 29~50.

Park, Chung-shin, *Protestantism and Politics in Korea*, Seattle: University of Washington Press, 2003.

Park, Mi, *Democracy and Social Change: A History of South Korean Student Movements, 1980~2000*, Oxford: Peter Lang, 2007.

―――, "South Korean Trade Union Movement at the Crossroads: A Critique of 'Social-

Movement Unionism'," *Critical Sociology* 33, 2007, pp. 311~344.

Park, Sunyoung, "Anarchism and Culture in Colonial Korea: Minjung Revolution, Mutual Aid, and the Appeal of Nature," *Cross-Currents: East Asian History and Culture Review* 7(2), 2018, pp. 504~532.

──, *The Proletarian Wave: Literature and Leftist Culture in Colonial Korea, 1910~1945*, Cambridge, MA: Harvard University Asia Center, 2015.

Parsons, Talcott, *On Institutions and Social Evolution*, Edited by Leon H. Mayhew. Chicago: University of Chicago Press, 1985.

Perry, Samuel, *Recasting Red Culture in Proletarian Japan: Childhood, Korea, and the Historical Avant-garde*, Honolulu: University of Hawai'i Press, 2014.

Peterson, John, and Fred Weston, "Where Is North Korea Going?" *Defence of Marxism*, April 26, 2017. https://www.marxist.com/where-is-north-korea-going101006.htm (2019.09.11. 최종 접속)

Petrov, Leonid, "Turning Historians into Party Scholar-Bureaucrats: North Korean Historiography in 1955~1958." *East Asian History* 31, 2006, pp. 101~124.

Pipes, Richard, *A Concise History of the Russian Revolution*, New York: Vintage Books, 1995.

Pons, Silvio, *The Global Revolution: A History of International Communism 1917~1991*, Oxford: Oxford University Press, 2014.

Poole, Janet, *When the Future Disappears: The Modernist Imagination in Late Colonial Korea*, New York: Columbia University Press, 2014.

Prashad, Vijay, *The Darker Nations: A People's History of the Third World*, New York: New Press, 2007.

Priestland, David, *The Red Flag: A History of Communism*, New York: Grove Press, 2010.

Pye, Lucian W., *The Dynamics of Chinese Politics*, Cambridge, MA: Oelgeschlager, Gunn & Hain, 1981.

Rabinowitch, Alexander, *The Bolsheviks Come to Power: The Revolution of 1917 in Petrograd*, London: Pluto Press, 2004.

──, *The Bolsheviks in Power: The First Year of Soviet Rule in Petrograd*. Bloomington: Indiana University Press, 2007.

Riddell, John, trans. and ed., *Toward the United Front: Proceedings of the Fourth Congress of the Communist International, 1922*, Leiden: Brill, 2011.

Riga, Liliana, *The Bolsheviks and the Russian Empire*, Cambridge: Cambridge University Press, 2012.

Rigby, Thomas, *Communist Party Membership in the U.S.S.R., 1917~1967*, Princeton, NJ: Princeton University Press, 1968.

Robinson, Michael Edson, *Cultural Nationalism in Colonial Korea, 1920~1925*, Seattle: University of Washington Press, 1988.

────, "National Identity and the Thought of Sin Ch'aeho: Sadaejuŭi and Chuch'e in History and Politics," *Journal of Korean Studies* 5, 1984, pp. 121~142.

Rosenberg, William, *Bolshevik Visions: Creating Soviet Cultural Forms: Art, Architecture, Music, Film, and the New Tasks of Education*, Ann Arbor: University of Michigan Press, 1990.

Rummel, Rudolph, *China's Bloody Century: Genocide and Mass Murder since 1900*. New Brunswick, NJ: Transaction Publishers, 1991.

Sablin, Ivan, "National Autonomies in the Far Eastern Republic: Post-Imperial Diversity Management in Pacific Russia, 1920~1922," *History and Anthropology* 28(4), 2017, pp. 445~460.

Sablin, Ivan, and Alexander Kuchinsky, "Making the Korean Nation in the Russian Far East, 1863~1926." *Nationalities Papers* 45(5), 2017, pp. 798~814.

Scalapino, Robert A., *Democracy and the Party Movement in Prewar Japan: The Failure of the First Attempt*, Berkeley: University of California Press, 1975.

Scalapino, Robert A., and Chong-Sik Lee, *Communism in Korea: The Movement*, Berkeley: University of California Press, 1972.

Schwekendiek, Daniel, *A Socioeconomic History of North Korea*, Jefferson, NC: McFarland, 2011.

Seol, Dong-Hoon, and John D. Skrentny, "Ethnic Return Migration and Hierarchical Nationhood: Korean Chinese Foreign Workers in South Korea," *Ethnicities* 9(2), 2009, pp. 147~174.

Service, Robert, *Comrades! A History of World Communism*, Cambridge, MA: Harvard University Press, 2007.

Sexton, John, *Alliance of Adversaries: The Congress of the Toilers of the Far East*, Leiden: Brill, 2019.

Shimotomai, Nobuo, *Moscow under Stalinist Rule, 1931~34*, London: Palgrave Macmillan, 1991.

Shin, Gi-Wook, *Ethnic Nationalism in Korea: Genealogy, Politics, and Legacy*, Stanford, CA: Stanford University Press, 2006.

────, *Peasant Protest and Social Change in Colonial Korea*, Seattle: University of Washington Press, 1996.

Sieder, Reinhard, "Housing Policy, Social Welfare, and Family Life in 'Red Vienna,' 1919~34," *Oral History* 13(2), 1985, pp. 35~48.

Silverberg, Miriam Rom, *Changing Song: The Marxist Manifestos of Nakano Shigeharu*, Princeton, NJ: Princeton University Press, 1990.

Smele, Jonathan, *The Russian Revolution and Civil War 1917~1921: An Annotated Bibliography*, London: Continuum, 2003.

Snyder, Scott, and Joyce Lee, "The Impact of the Korean War on the Political-Economic System of North Korea," *International Journal of Korean Studies* 14(2), 2010, pp. 161~182.

Song, Youn-ok, "Japanese Colonial Rule and State-Managed Prostitution: Korea's Licensed Prostitutes," *Positions* 5(1), 1997, pp. 171~217.

Stalin, Joseph, *Marxism and the National Question*, Calcutta: New Book Centre, 1975[1913].

Steinbeck, John, *A Russian Journal*, New York: Viking Press, 1948.

Steinberg, David I., and Myung Shin, "Tensions in South Korean Political Parties in Transition: From Entourage to Ideology?" *Asian Survey* 46(4), 2006, pp. 517~537.

Stock, Thomas, "North Korea's Marxism-Leninism: Fraternal Criticisms and the Development of North Korean Ideology in the 1960s," *Journal of Korean Studies* 24(1), 2019, pp. 127~147.

Suh, Dae-Sook, ed., *Documents of Korean Communism, 1918~1948*, Princeton, NJ: Princeton University Press, 1970.

Suny, Ronald Grigor, "A Journeyman for the Revolution: Stalin and the Labor Movement in Baku, June 1907~May 1908," *Soviet Studies* 23(3), 1972, pp. 373~394.

Thom, Martin, "Tribes within Nations: The Ancient Germans and the History of Modern France," In Homi Bhabha, ed., *Nation and Narration*, London: Routledge, 1990, pp. 23~43.

Tikhonov, Vladimir, "The Concept of Nation in the Communist Usage in 1920~30s' Korea," In Ute Huesken, Lutz Edzard, and Jens W. Borgland, eds., *Festschrift for Jens Braarvig*, Wiesbaden: Harrassowitz Verlag, 2017, pp. 299~312.

─────, "Demystifying the Nation: The Communist Concept of Ethno-Nation in 1920s~1930s Korea," *Cross-Currents: East Asian History and Culture Review*(e-journal) 28, 2018, pp. 69~92.

─────, "The Issue of Factionalism in the Korean Communist Movement of the 1920s - early 1930s," *Marŭk'ŭsŭchuŭi Yŏn'gu* 15(2), 2018, pp. 92~122.

─────, "Kim Saryang's Ten Thousand Li of a Dull-Witted Horse: Remembering the Anti-Colonial Struggle," *European Journal of Korean Studies* 17(2), 2018, pp. 1~22.

─────, "'Korean Nationalism Seen through the Comintern Prism, 1920s~30s," *Region: Regional Studies of Russia, Eastern Europe, and Central Asia* 6(2), 2017, pp. 201~222.

─────, *Modern Korea and Its Others: Perceptions of the Neighbouring Countries and Korean Modernity*, London: Routledge, 2016.

─────, "Red Capital, Colonial Eyes: Moscow as Seen by Korean Intellectuals in the 1920s~1930s," *Korea Journal* 57(3), 2017, pp. 5~30.

―――, "The Rise and Fall of the New Right Movement and the Historical Wars in 2000s South Korea," *European Journal of Korean Studies* 18(2), 2019, pp. 11~44.

―――, *Social Darwinism and Nationalism in Korea: The Beginnings (1880s~1910s): Survival as an Ideology of Korean Modernity*, Leiden: Brill, 2010.

Tikhonov, Vladimir, and Kyounghwa Lim, "Communist Visions for Korea's Future: The 1920~30s," *Review of Korean Studies* 20(1), 2017, pp. 7~34.

Tikhonov, Vladimir, and Owen Miller, trans., *Selected Writings of Han Yongun: From Social Darwinism to Socialism with a Buddhist Face*, Folkestone, UK: Global Oriental, 2008.

Tilly, Charles, *European Revolutions, 1492~1992*, Oxford: Blackwell, 1993.

Townsend, James R., *Political Participation in Communist China*, Berkeley: University of California Press, 1967.

Trotsky, Leon, "Bonapartism and Fascism," *New International1*, 2, 1934, pp. 37~38.

Usborne, Cornelie, *The Politics of the Body in Weimar Germany: Women's Reproductive Rights and Duties*, London: Palgrave Macmillan, 1992.

Vaidyanath, Rahul, "Soviet Studies in India," *Canadian Slavonic Papers* 11(2), 1969, pp. 145~155.

Van Creveld, Martin, *The Rise and Decline of the State*, Cambridge: Cambridge University Press, 1999.

Van der Linden, Marcel, *Western Marxism and the Soviet Union: A Survey of Critical Theories and Debates since 1917*, Leiden: Brill, 2007.

Vick, Brian, "The Origins of the German Volk: Cultural Purity and National Identity in Nineteenth-Century Germany," *German Studies Review* 26(2), 2003, pp. 241~256.

Vinen, Richard, *The Long '68: Radical Protest and Its Enemies*, New York: Penguin Random House, 2019.

Wales, Nym, and San Kim, *Song of Arirang: The Story of a Korean Rebel Revolutionary in China*, Los Angeles: Kaya Press, 2019[1941].

Wallerstein, Immanuel, *After Liberalism*, New York: New Press, 1995.

―――. *World-Systems Analysis: An Introduction*, Durham, NC: Duke University Press, 2004.

Wang, Dong, *China's Unequal Treaties: Narrating National History*, Lanham, MD: Lexington Books, 2005.

Wells, Kenneth M., *New God, New Nation: Protestants and Self-Reconstruction Nationalism in Korea, 1896~1937*, Honolulu: University of Hawai'i Press, 1990.

Woods, Alan, Bolshevism: *The Road to Revolution*, London: Wellred Publications, 1999.

Wu, Tien-wei, "A Review of the Wuhan Debacle: The Kuomintang-Communist Split of 1927," *Journal of Asian Studies* 29(1), 1969, pp. 125~143.

Yang, Jae-jin, "Parochial Welfare Politics and the Small Welfare State in South Korea," *Comparative Politics* 4, 2013, pp. 457~475.

Young, Benjamin, "Juche in the United States: The Black Panther Party's Relations with North Korea, 1969~1971," *Asia-Pacifc Journal* 13, 13.3, 2015. https://apjjf.org/2015/13/12/Benjamin-Young/4303.html (2020.04.13. 최종 접속).

Young, Karl, *From Tonghak to Ch'ŏndogyo: Changes and Developments, 1895~1910*. PhD diss., SOAS, 2004.

독일어 문헌

Protokoll des Gründungsparteitags der Kommunistischen Partei Deutschlands 1918, Berlin: Dietz Verlag, 1972.

Ullrich, Volker, *Die Hamburger Arbeiterbewegung vom Vorabend des Ersten Weltkrieges bis zur Revolution 1918/1919*, Hamburg: Lüdke, 1976.

프랑스어 문헌

Renan, Ernest, *Qu'est-ce qu'une nation?* (What Is a Nation?), Paris: Calmann Lévy, 1882.

스웨덴어 문헌

Idestam-Almquist, Bengt, *Landet som skall skratta*, Stockholm: Natur och Kultur, 1932.

러시아어 문헌

Bek, Tatiana, "Yuly Kim: po Zhiznennomu Puti"(Yuly Kim: Following Life's Course). *Lehaim* 158, 2005. https://lechaim.ru/ARHIV/158/kim.htm (2020.10.14. 최종 접속)

Ch'oe, Sŏng'u(Цой-Шену), "Itogi Diskussii o Polozhenii na Vostokovednom Fronte"(The Conclusions of the Discussion on the Situation on the Oriental Studies Frontlines), *Agrarnye Problemy* 1~2, 1931, pp. 15~30.

Kim, Afanasiy, "Koreiskaya Delegatsiya Beseduet s Leninym"(Korean Delegation Talks to Lenin). Reprinted in Yuri Vanin, ed., *Koreitsy v SSSR*(Koreans in the USSR), pp. 150~153. Moscow: Institut Vostokovedeniya Rossiyskoi Akademii Nauk, 2004[1929].

Kim, Danya, "Avtobiografiya Kim Danya. Delo Kim Danya"(Kim Tanya's Autobiography: Kim Tanya File), Tsentral'nyi Arkhiv FSB, 1937, pp. 56~65. Reprinted in Svetlana Ku-Degai, ed., *Koreitsy—Zhertvy Politicheskikh Repressiy v SSSR, 1934~1938*, 13(Koreans—Victims of the Political Repressions in the USSR, 1934~1938, 13), Moscow: Vozvrashchenie, 2009, pp. 145~151.

―――, "V Sekretnuyu Chast' IKKI: Delo Kim Danya"(To the Secret Department of the

Comintern Executive: Kim Tanya File), Tsentral'nyi Arkhiv FSB, 1937, pp. 9~12. Reprinted in Svetlana Ku-Degai, ed., *Koreitsy—Zhertvy Politicheskikh Repressiy v SSSR, 1934~1938*, 13(Koreans—Victims of the Political Repressions in the USSR, 1934~1938, 13), Moscow: Vozvrashchenie, 2009, pp. 156~158.

Koreitsy na Rossiyskom Dal'nem Vostoke: Dokumenty i Materialy, 1917~1923(Koreans in the Russian Far East: Documents and Materials, 1917~1923), Vladivostok: Izdatel'stvo Dal' nevostochnogo Universiteta, 2004.

Ku-Degai, Svetlana, ed., *Koreitsy—Zhertvy Politicheskikh Repressiy v SSSR, 1934~1938*, 11(Koreans Victimized by the Political Repressions in the USSR, 1934~1938, 11), Moscow: Vozvrashchenie, 2008.

――――, *Koreitsy—Zhertvy Politicheskikh Repressiy v SSSR, 1934~1938*, 13(Koreans Victimized by the Political Repressions in the USSR, 1934~1938, 13), Moscow: Vozvrashchenie, 2009.

Lankov, Andrei, *KNDR Vchera i Segodnya*(North Korea Yesterday and Today), Moscow: Vostok-Zapad, 2005.

Lebina, Natalia, *Sovetskaya Povsednevnost': Normy i Anomalii*(The Soviet Quotidian Life: Norms and Anomalies), Moscow: Novoye Literaturnoe Obozrenie, 2015.

Lebina, Natalia, Pavel Romanov, and Elena Yarskaya-Smirnova, "Zabota i Kontrol': Sotsial' naya Politika v Sovetskoi Deistvitel'nosti, 1970~1930-e gody"(Care and Control: Social Policy inside the (Framework) of the Soviet Realities, 1970 to the 1930s), In Pavel Romanov and Elena Yarskaya-Smirnova, eds., *Sovetskaya Sotsial'naya Politika 1920-kh~1930-kh Godov: Ideologiya i Povsednevnost'*(Soviet Social Policy of the 1920s and 1930s: Ideology and Quotidian Life), Moscow: Variant Publishers, 2007, pp. 21~68.

Li, Kang(Yang Myŏng), "O National-reformizme v Koree"(On Korea's National Reformism). In Yuri Vanin, ed., *Kolonial'naya Koreia*(Colonial-Era Korea), Moscow: Institut Vostokovedeniya RAN, 2007[1933], pp. 146~178.

Mamaeva, Natalya, *Komintern i Gomindang, 1919~1929*(Comintern and Guomindang, 1919~1929), Moscow: ROSSPEN, 1999.

Markova, R. I., *Chetvertyi (Obyedinitel'nyi) Syezd RSDRP. Aprel'~Mai 1906 goda. Protokoly*(The Sixth (Unifying) Congress of RSDRP. April~May 1906. The Protocols). Moscow: Politizdat, 1959.

Nam, Manch'un, "Ob Otnoshenii k Natsional'nym i Burzhuaznym Organizatsiyam"(Theses on the Report by Nam Manch'un on the Stance vis-à-vis National and Bourgeois Organizations), Narody Dal'nego Vostoka 2, 1921, p. 221. Reprinted in Yuri Vanin, ed., *Koreitsy v SSSR*(Koreans in the USSR), Moscow: Institut Vostokovedeniya Rossiyskoi Akademii Nauk, 2004, pp. 71~73.

──, *Ugnetennaya Koreaya*(Oppressed Korea). Reprinted in Boris Pak and Bella Pak, *Nam Manch'un*, Moscow: Institut Vostokovedeniya Rossiyskoi Akademii Nauk, 2017[1925], pp. 271~301.

Obzor Priamurskoi Oblasti za 1913 g(The Overview of the Amur District for 1913), Vladivostok: Tipografiya Primorskogo Oblastnogo Pravleniya, 1915.

Pak, Boris, *Han Myŏngse*, Moscow: Institut Vostokovedeniya Rossiyskoi Akademii Nauk, 2005.

──, *Kim Man'gyŏm*, Moscow: Institut Vostokovedeniya Rossiyskoi Akademii Nauk, 2001.

──, *Koreitsy v Rossiyskoi Imperii*(Koreans in the Russian Empire). Moscow: International Centre of Korean Studies, Moscow State University, 1993.

──, *Koreitsy v Sovetskoi Rossii: 1917-konets 1930-kh Godov*(Koreans in So-viet Russia: 1917 to the Late 1930s), Irkutsk: Irkutsk State Pedagogical In-stitute, 1995.

Pak, Boris, and Bella Pak, *Nam Manch'un*, Moscow: Institut Vostokovedeniya Rossiyskoi Akademii Nauk, 2017.

Perventsev, Arkadiy, *V Koree*(In Korea), Moscow: Sovetskiy Pisatel', 1950.

Profintern, "Zadachi Revolyutsionnogo Profdvizheniya v Koree"(The Tasks of Revolutionary Union Movement in Korea), *Vostok i Kolonii*(Orient and Colonies) 23(4), 1930, pp. 3~4.

Programmnye Dokumenty Kommunisticheskijh Partiy Vostoka(Program Documents of the Communist Parties of the East), Moscow: Partizdat, 1934.

RGASPI, F. 495, Op. 127, d. 80, "Pis'mo Voitinskogo Vostochnomu Byuro"(Voitinsky to Eastern Bureau), 1924, pp. 1~6.

──, F. 495, Op. 135, d. 63, "Nam─pis'mo Voitinskomu"(Nam to Voitinsky), October 29, 1922, pp. 19~23.

──, F. 495, Op. 135, d. 94, "Nam─pis'mo Voitinskomu"(Nam to Voitinsky), November 20, 1924, pp. 111~112.

──, F. 495, Op. 228, d. 622, "Li Chuha"(Yi Chuha), December 10, 1949, p. 4.

──, F. 495, Op. 228, d. 22, "Pak Mun'gyu o Mirolyubivom Prizyve KNDR, (Pak Mun'gyu on DPRK's Peace-Loving Appeal), September 11, 1960, pp. 14~16.

──, F. 495, Op. 228, d. 15, "Li Kangguk, sostavleno t. Kalininoi"(Yi Kangguk, Compiled by Comrade Kalinina), 1947, p. 6.

──, F. 495, Op. 228, d. 472, "Li Gang, Nastoyashchaya Familiya Yan Myon"(Li Kang, the Authentic Name Is Yang Myŏng), July 20, 1933, p. 6.

──, F. 495, Op. 228, d. 607, "Vypiska iz Soobshcheniya Tov. Ilyicheva N. 199302c, 09.V.1946"(A Fragment from a Depeche from Comrade Ilyichev, No 199302c, May 9, 1946), May 9, 1946, p. 2.

──, F. 495, Op. 228, d. 22, "Pak Mun'gyu─Ministr Vnutrennikh Del KNDR"(Pak Mun' gyu—the DPRK Minister of the Interior), November 21, 1963, p. 31.

———, F. 495, Op. 228, d. 7, "Kang Din—Kharakteristika"(Kang Chin—the Personal Assessment), November 22, 1959, p. 2~3.

———, F. 495, Op. 228, d. 418, "Guryanov—Uspevaemost' po Semestram"([Kim Yongbŏm, aka] Guryanov, Grades by Semester), June 9, 1932, p. 15.

———, F. 495, Op. 228, d. 418, "Aftobiografiya Guryanova, Stud. Bilet N. 4630"(The Autobiography of [Kim Yongbŏm, aka] Guryanov, Student Card No 4630), June 30, 1932, p. 9.

———, F. 495, Op. 228, d. 430, "Obyasneniya na Dopolnitel'nye Voprosy"(Explanations to the Additional Questions), February 2, 1936, pp. 38~41.

———, F. 495, Op. 228, d. 637, "Vypiska iz Soobshcheniya Tov. Shtykova N. 01746 17.VI 1946"(A Fragment from a Depeche from Comrade Shtykov, No 01746, June 17, 1946), June 17, 1946, p. 4.

———, F. 495, Op. 135, d. 117, "Pis'mo Nam Manch'un'a Grigoriyu [Voitinskomu]"(The Letter from Nam Manch'un to Grigory [Voitinsky]), March 11, 1926, pp. 11~13.

———, F. 495, Op. 135, d. 161, "Obrashchenie Ispolkoma Kominterna k Revolyutsionnym Rabochim i Krestyanam Korei"(The Appeal of Comintern's Executive to the Revolutionary Workers and Peasants of Korea), January 3, 1929, pp. 1~2.

———, F. 495, Op. 228, d. 720, "Tsoi Yongdal"(Ch'oe Yongdal), 1947 (month and day date unknown), p. 2.

———, F. 495, Op. 228, d. 472, "V Internatsional'nuyu Kontrol'nuyu Komissiyu Byvshego Chlena Koreiskoi Kompartii Li Kang'a Zayavlenie"(An Application of a Former Korean Communist Party Member, Li Kang, to the International Control Commission), November 16, 1933, pp. 8~10.

———, F. 495, Op. 228, d. 677, "Po Materialam Organa TsK TPK Gazety Rodong Sinmun" (Following the Materials from Newspaper Rodong Sinmun, the Organ of Korean Labor Party's Central Committee), April 13, 1953, p. 3.

———, F. 495, Op. 3, d. 71, "Rezolyutsiya Politsekretariata IKKI po Koreiskomu Voprosu"(The Resolution of Comintern Executive's Political Secretariat on the Korean Question), December 10, 1928, pp. 137~149.

———, F. 495, Op. 135, d. 117, "Pis'mo Pavlova(Nam Manch'un'a) v Vostochnyi Otdel IKKI B.Vasilyevu o rabote Zaganbyuro KKP v Shanhae"(A Letter from Pavlov(Nam Manch'un) to B. Vasilyev in the Oriental Bureau of Comintern Executive on the work of Korean Communist Party's Foreign Bureau in Shanghai), May 17, 1926, pp. 57~60. Reprinted in Kirill Shirinya and Haruki Wada, eds., *VKP(b), Komintern i Koreya, 1918~1941*(All-

Russian Communist Party of Bolsheviks, Comintern and Korea, 1918~1941), Moscow: ROSSPEN, 2007, pp. 371~376.

―――, F. 495, Op. 135, d. 123, "Protokol Vtorogo Uchreditel'nogo Syezda Koreiskoi Kommunisticheskoi Partii"(The Protocol of the Second Inaugural Congress of the Korean Communist Party), December 6, 1926, pp. 45~48. Reprinted in Kirill Shirinya and Haruki Wada, eds., *VKP(b), Komintern i Koreya,. 1918~1941*(All-Russian Communist Party of Bolsheviks, Comintern and Korea, 1918~1941), Moscow: ROSSPEN, 2007, pp. 397~400.

―――, F. 495, Op. 135, d. 127, "Dokladnaya zapiska Pak Din Shun'ya v Koreiskuyu Komissiyu IKKI"(Pak Chinsun's Report to the Korean Commission of the Comintern Executive). February 16, 1926, pp. 30~33. Reprinted in Kirill Shirinya and Haruki Wada, eds., *VKP(b), Komintern i Koreya,. 1918~1941*(All-Russian Communist Party of Bolsheviks, Comintern and Korea, 1918~1941), Moscow: ROSSPEN, 2007, pp. 351~354.

―――, F. 495, Op. 135, d. 162, "Manifest Podgotovitel'noi Komissii po vossozdaniyu KKP 'Ko vsem tovarishcham kommunistam Korei'"(The Manifesto of the Preparatory Committee for Re-establishment of the Korean Communist Party "To all the Communist Comrades of Korea"), June 25, 1929, pp. 24~27. Reprinted in Kirill Shirinya and Haruki Wada, eds., *VKP(b), Komintern i Koreya, 1918~1941*(All-Russian Communist Party of Bolsheviks, Comintern and Korea, 1918~1941), Moscow: ROSSPEN, 2007, pp. 577~580.

―――, F. 495, Op. 135, d. 168, "Kim Tanya, Istoriya komdvizheniya, nachinaya s 1921 g.― ot koreiskikh emigrantov v Rossii i Kitae"(The History of the Communist Movement Beginning from 1921―from the Russia-and China-Based Korean Immigrants), In Lyudmila Usova, *Koreiskoe Kommunisticheskoe Dvizhenie, 1918~1945*(Korean Communist Movement, 1918~1945), Moscow: Vostochnaya Literatura, 1997, p. 87.

―――, F. 495, Op. 135, d. 22, "Pis'mo gruppy delegatov koreiskikh kommunisticheskikh organizatsiy Primorya i Sakhalina v Ispolkom Kominterna o resheniyakh Uchreditel' nogo syezda Koreiskoi Kommunisticheskoi Partii"(A Letter from a Group of Delegates from Russian Maritime Province and Sakhalin-Based Korean Communist Organizations to the Comin-tern Executive, on the Resolutions of the Initial Congress of the Korean Communist Party), June 1921, pp. 66~69. Reprinted in Kirill Shirinya and Haruki Wada, eds., *VKP(b), Komintern i Koreya, 1918~1941*(All-Russian Communist Party of Bolsheviks, Comintern and Korea, 1918~1941), Moscow: ROSSPEN, 2007, pp. 134~140.

―――, F. 495, Op. 2, d. 67. "Pezolyutsiya Prezidiuma Ispolkoma Kominterna po koreiskomu voprosu"(The Resolution of the Comintern Executive's Presidium on the Korean Issue), March 31, 1926, pp. 72~73. Reprinted in Kirill Shirinya and Haruki Wada, eds., *VKP(b)*,

Komintern i Koreya, 1918~1941(All-Russian Communist Party of Bolsheviks, Comintern and Korea, 1918~1941), Moscow: ROSSPEN, 2007, pp. 356~357.

──, F. 495, Op. 228, d. 430, "Spravka, Tsoi-Korye"(Reference Letter, Ch'oe Koryŏ), June 31, 1933, p. 72.

Salamatova, Marina, "'Nam Ugrozhaet Opasnost' Zakhvata Gorsoveta Chuzhdym Elementom' … Uchastie Neproletarskikh Sloev Gorodskogo Naseleniya v Izbiratel'nykh Kampaniyakh 1920-kh gg. v RSFSR"("We Are Threatened with a Possibility of City Soviet Being Captured by Alien Element" … Participation of Non-Proletarian Layers of the Urban Population in 1920s' Electoral Campaigns in Soviet Russia), *Genesis: Istoricheskie Issledovaniya* 4, 2005, pp. 384~407.

Selishchev, Afanasy, *Trudy po Russkomu Yazyku*. Tom 1: Sotsiolingvistika(Works on Russian Language, Volume 1: Sociolinguistics), Moscow: Yazyki Slavyanskoi Kul'tury, 2003.

Shabshina, Fanya Isaakovna, *Ocherki Noveishei Istorii Korea, 1918~1954*(The Sketches of Korea's Contemporary History, 1918 to 1954), Moscow: Gospolitizdat, 1959.

Shansky, Nikolai, *V Mire Slov*(In the World of the Words), Moscow: Prosveshchenie.

Shirinya, Kirill, and Wada, Haruki, eds., *VKP(b)*, *Komintern i Koreya, 1918~1941*(All-Russian Communist Party of Bolsheviks, Comintern and Korea, 1918~1941), Moscow: ROSSPEN, 2007.

Son, Zhanna, *Sovetskie Koreitsy: Vsesilie Vlasti i Bessilie Etnicheskoi Obshchnosti, 1920~1930*(Soviet Koreans: Omnipotence of the Authorities and Helplessness of the Ethnic Community, 1920~1930), Moscow: Grif, 2013.

Stasova, Elena, *MOPR v Stranakh Kapitala*(The International Red Help in the Countries of Capitalism), Moscow: Izdatel'stvo TsK MOPR, 1929.

TASS, "Protsess po Delu Antigosudarstvennogo Shpionsko-terroristicheskogo Tsentra v KNDR"(The Process against the Anti-State Espionage-Terrorist Center in the DPRK), *Izvestiya*, August 8, 1953.

Titarenko, Mikhail, ed., *Kommunisticheskiy Internatsional i Kitaiskaya Revolyutsiya. Dokumenty i Materialy*(Communist International and Chinese Revolution. Documents and Materials), Moscow: Glavnaya Redaktsiya Vostochnoi Literatury Izdatel'stva Nauka, 1986.

Vanin, Yuri, ed., *Koreitsy v SSSR*(Koreans in the USSR), Moscow: Institut Vostokovedeniya Rossiyskoi Akademii Nauk, 2004.

──, *Sovetskiy Soyuz i Severnaya Koreya, 1945~1948*(Soviet Union and North Korea, 1945~1948), Moscow: Institut Vostokovedeniya Rossiyskoi Akademii Nauk, 2016.

Vos'moi Syezd Rossiyskoi Komunisticheskoi Partii Bol'shevikov: Stenograficheskiy Otchet(The Eighth Congress of the Russian Communist Party of the Bolsheviks: Stenographic Protocols), Moscow:

Kommunist, 1919.

Vtoroi Kongress Kominterna. Iyul'-Avgust 1920 g, Moscow: Partizdat, 1934.

Wada, Haruki, and Adibekov, Grant, eds., *VKP(b), Komintern i Yaponiya. 1917~1941*(All-Russian Communist Party of Bolsheviks, Comintern and. Japan, 1917~1941), Moscow: ROSSPEN, 2001.

Yaroslavsky, Yemelian, ed., *5-yi Syezd PSDRP: Protokoly*(The Fifth Congress of the RSDRP: The Protocols), Moscow: Partizdat, 1935.

Yi, T'aejun, "V Srazhayushcheisya Koree"(In Struggling Korea), *Pravda*, May 1, 1952.

| 찾아보기 |

ㄱ

가브로루셴코, 타티아나Tatiana Gabroussenko 324
간첩 혐의 32, 58, 61, 294
갑신정변(1884) 55
강동정치학원 173
강만길 97
강목구 69
강진(라브렌티 강) 70~71, 92, 168
개량주의 정당 294~296
《개벽》 108
개신교 8, 13, 174, 175, 314; 평신도 108, 138; 민족주의자 314
건설국민승리21 300
게릴라 부대 29, 190, 320
게릴라 투쟁 29, 173~174
경성제국대학 64, 69, 71, 75, 77, 85, 93, 163~167, 169~170, 174~175, 177, 287, 288, 293, 318
경성콤그룹 75, 76, 153, 272, 319
경제연구회 164~166
경제적 실용주의 158
경주 285
계급 92; 갈등 91; '계급 대 계급' 전략 119; 계급의식 89; 모순 225; 해방 226
계급투쟁 28, 104, 126, 186, 194, 215, 217
고경흠 118~120
고려인 소비에트 정부 147, 150
고리키, 막심Maxim Gorky 90, 259, 265, 269
고명자 31
고종 111
공공병원 156
공산당 22; →조선공산당; →중국공산당; 1945년 이전 일본공산당 39

《공산당 선언》 11, 32, 57, 163
공산주의 강령 38, 129, 133, 144~145, 157~158; 군사주의적·국가주의적 국수주의 조직의 해체 148; →〈조선공산당 강령〉; 핵심부와 주변부, 129~134
공산주의 첩보 활동 68
공장 기반 노동운동 68
공장 기숙사 147, 149, 150
공장 노동자 16, 79, 82, 110, 313
공중화장실 275
교육 156, 242; 교육 부문의 급진적 민주화, 148; 무상교육 135, 139, 291, 328; 차별, 141; 초등학교 의무교육, 151, 155
교토학파 187
국가 간 시스템 20, 21
국내파 혁명가 73~74; 노동자 79~86; 농민, 86~91; 학생과 지식인 74~79
《국민문학》 181
국민총력조선연맹 230
국민회 80
국사 교과서 307
국유화 155
국제레닌학교 62
국제주의적 민족 정체성
국체 181, 182
군사 퍼레이드 257
군사동맹 조약(불평등) 302
군사화 28, 29, 148, 293
권독사勸讀社 106
권보드래 196, 197
권영태 68, 69, 95
권오설 89, 93, 107, 108
권위주의 정치

권재혁 297, 298, 299
극좌주의, 85, 92, 259
근대 93; 산업적 근대 284; 해방적 근대 157
근대 부르주아 시민사회 182
금광 80
기독교 13, 16, 56, 57, 58, 72, 76, 137, 182, 206, 298
기독교 사회주의 298
김경재 109, 120
김광진 223
김규식 54, 104
김규열 122, 123
김기전 223
김기진 202
김남천 171
김낭님 230
김달삼 174
김립 56, 57
김만겸 52, 53, 57, 58
김명식 12, 63, 220~222, 325, 327
김무정 231, 248
김병로 120
김사국(김해광) 108
《김사량 선집》229
김사량(김시창) 29, 77~79, 227~231, 228, 235, 250, 328; 국제주의적 민족 정체성 244~246; 김일성 243, 246~249; 김학철 243; 농민 시장 238; 무라야마 토모요시 228; 민병 241~242; 베이징 229~230; 베이징 고급 호텔 236; 사회주의국가 건설 244; 옌안 239; 이영선 230; 이익성 247; 일본 체류 경험 250; 일본 포로수용소 250; 일본어 구사 능력과 일본 본토에서의 문학적 명성 227~228; 임시정부에 대한 견해 237; 전쟁에 유린당한 중국의 두 세계 235~240; 정치교육 방법 241~242; 조선독립동맹 231; 중공 10대 정책에 대한 견해 239~240; 중국 체류 조선인 사회 236; 중국공산당 조직과 정치 사업 244; 중국공산당 팔로군 유격대 231; 중국의 '신민주주의' 정책

238~239; 지역 민병 241~242; 초등교육 접근 242; 탈주의 배경, 228~231; 풀뿌리 수준 조직에 집중 241; 형성 중인 새로운 조선 정체성 244
김삼룡 75
김서삼 259, 280
김세균 299
김세용 67, 68, 268, 327
김약수 64, 65, 81, 93
김영만 313
김용범 67, 70
김원봉 61, 232
김인국 68
김일성 29, 32, 36, 41, 68, 102, 154, 243, 246, 247~249, 252, 287, 320; 유격대 29, 36, 41, 243, 246, 247; 정권 32
김일수 276
김재봉 81, 82, 89, 93
김좌진 11
김준연 117
김찬 81, 107, 112, 139
김창만 238, 249
김철 296, 306
김철산 60
김철수 63, 113, 162
김태준 77, 223, 237, 240
김하일 101
김학철 243, 246, 247
김해춘 258
김형선 149
김호반 85

ㄴ
나경석 9
남만춘 28, 51~54, 82, 87~88, 95, 103, 109~114, 123, 138
남조선민족해방전선 298
남조선해방전략당 297
남한사회주의노동자동맹(사노맹) 300
남한 16, 23, 99, 171~173, 278, 283~286, 321; 공산주의자 190; 극단주의적 민족주의

187; 노동계급 파편화 303~304; 다문화주의 194; 대항 헤게모니 서사로서의 사회주의 289~292; 레닌주의 43; 마르크스주의 294; 미군정 68, 164, 171, 190; 민주노동당, 299~303; 민주화운동 42~44; 사회민주주의적 전통(1950~1960년대) 290~292; 인민유격대 제1연대 173; 저항의 정치 296; 정치적 사회주의의의 한계 303~304; 좌파 노동조합 297; 지도자 중심의 분파 99; 축적과 사회주의 308~309; 1950~80년대 반공주의 검열 321

냉전 23, 175, 191, 252, 255, 274, 276, 278, 293, 338, 339

네루, 자와할랄Jawaharlal Nehru 269

네프맨NEPmans 264

노긴, 빅토르Viktor Nogin 82

〈노동 문제에 관한 테제〉135

〈조선 혁명의 특수성과 노동계급 전위의 당면한 임무에 대하여〉(한위건) 124

노동계급 24~25, 41, 49, 83, 97, 104, 109, 118, 120, 123~128, 130, 136, 176, 189, 208, 290, 299, 302~304; 의식 120; 투표 302; 파편화와 정치적 사회주의의 한계 303~304

노동당 155

노동자대투쟁 299, 300, 304

노동자 반대파 48

노동자 48~49, 92, 121, 134, 147, 299, 303, 312, 316; 노동자 급진주의 86; 노동자 기반 운동 79~86, 297; 노동자 정부의 권력 157~158; 도시 노동자 139; 독일 노동자 봉기 14; 여성 노동자 280

노동조합 조직화, 147, 305

노동조합 10, 47~48, 68, 73, 83, 85, 120, 131, 138, 145, 154, 267, 280, 285, 297~299, 304, 309, 316

노령연금 139, 151

《노마만리怒馬萬里》(김사량) 79, 229~230, 232~233, 241~243, 244~249, 250~252

노무현 302~303

노백린 54

노사카 산조野坂 参三 232

노태우 306

《논연합정부》(마오쩌둥) 239

농민 48, 66, 86~91, 92, 120, 132, 135, 143, 154, 173, 237, 242, 283, 316; 농업혁명 120; 문맹 142; 운동 112; 적색농민조합 90, 91, 93, 285, 317; 정부 권력 157; 집단화 33, 34, 135; 토지에 대한 열망 153, 154

〈농업 문제에 관한 테제〉135

니시다 기타로西田 幾多郎 40

니콜라스 2세Nikolas II, Tsar 256, 257

ㄷ

다문화주의 194, 195

다언어 구사 활동가 10, 24, 39, 72, 92, 242

단계론 42, 43

단군, 40~41, 197~198, 203, 205, 220~221; 신화 204~205; 혈통 197

당-국가 25~27; 민주화 26; 정치적 형태 283

당 조직론 101, 118

대공황 42, 88, 120, 143, 166, 176, 214, 269, 318~320, 329, 344

대숙청 29, 30, 53, 61, 69, 89, 317, 331

대장정(1934~1935) 101

대중 121, 122, 129, 279; 공장 128; 자연발생적 운동 116

대중 기반 사회주의운동 298

대중 기반 조직 121

대중 동원 117, 119, 128, 133, 177

대중 소비 269, 284

《대한매일신보》197, 198, 199

대한민국임시정부 18, 53, 204~205, 231

대한제국 197, 313

대항 지식인 285

도스토예프스키, 표도르Feodor Dostoevsky 259

도시산업선교회 298

도이하라 겐지土肥原 賢二 236

도쿄제국대학 78, 117, 164, 227

독립노동당 295

《독립신문》 205, 218, 262
독립적 노동자 정당 299
독립협회 13
독서회 74, 77, 92, 285, 320, 328
독일 12, 14, 20, 27, 137, 311; 노동자 봉기 14; 파시즘 184, 186, 324; 〈1924년 행동강령〉 137
독일공산당 15, 28, 47, 79, 85, 93, 98, 131, 137, 168, 312
독재 11, 17, 33, 176, 189, 226, 237, 294, 299, 327, 342; 민주적 독재 142, 144; 파시즘 41, 327; 프롤레타리아 독재 16, 17, 132, 134, 143, 144
동방노력자공산대학 59, 60, 62, 65~70, 72, 152, 213, 268, 272, 294, 327
《동아일보》 33, 64, 84, 201~202, 264, 270, 274, 332
동양척식주식회사 137~138
듀란티, 월터Walter Duranty 270
드라이저, 시어도어Theodore Dreiser 265
디미트로프, 게오르기Georgi Dimitrov 176
디아스포라 29, 49~51, 53, 69, 82, 87, 92, 195, 205, 227, 312, 320,
딩링丁玲 241, 243

ㄹ
라즈노친치raznochintsy 110
러시아 급진파 15~16
러시아 사회민주주의 노동자당(RSDRP) 48, 130
러시아혁명 80, 136, 262~263, 253
러시아 14, 16~17, 50; 조선인 혁명가 망명자 107; 후진국의 정의 131; 1917년 10월혁명 17, 71, 82, 130, 157, 162, 344
레닌, 블라디미르Vladimir Lenin 17, 57, 72, 106, 112, 208~210, 251
레닌주의 17, 43, 67, 101, 105, 106, 114, 116, 124~126, 209, 239, 298; 마르크스-레닌주의파(ML파) 106, 112, 114, 118~120, 122~126, 143~144, 150, 166, 213
《레닌주의의 제諸 문제》(스탈린) 239

《로동신문》 195
로마노프왕조 311
로젠베르크, 알프레드Alfred Rosenberg 186
로조프스키, 솔로몬Solomon Lozovsky 154
롤랑, 로맹Romain Rolland 35
루카치, 죄르지Georg Lukács 322
르낭, 에르네스트Ernest Renan 211
르마르크, 에리히 마리아Erich Maria Remarque 162
리머릭Limerick 15
리트비노프, 막심Maxim Litvinov 270

ㅁ
마녀사냥 30, 32, 34
마르크스, 카를Karl Marx 17, 47, 290, 322
마르크스-레닌주의(ML)파 106, 112, 114, 118~120, 122~126, 143~144, 150, 166, 213
마르크스-레닌주의(ML)파 투사 213
마르크스주의 9, 161, 162, 175; 민족문제 208~211
마르크스주의 역사 이론 223
마르크스주의 저작 292~294
마르크스주의적 사회주의 9, 11, 12
마르크스주의적 사회주의자와 무정부주의자 사이의 협력 9, 232
마오쩌둥 237~238, 239~241
만주 11, 30, 41, 70~71, 74, 78, 88, 94, 124, 161, 163, 166, 220~221, 246~249, 286, 317~318, 320, 336, 338
만하임, 칼Karl Mannheim 329
망명 52, 55~62, 107, 113, 203, 213; 비난 30; 생존 69; 유학생 72~74, 92; 저항 조직 247, 257; 조선민족혁명당 232
《매일신보》 181
메이예르홀트, 프세볼로트Vsevold Meyerhold 269
메이지明治 유형 283
멘셰비키 48, 130
모성 정책 139, 150, 259
모스크바 260, 261~272; 공산주의자 266; 두 얼굴의 야누스 257; 문학과 재판

(1936~1938) 34; 변모(1896~1937) 256~261; 볼쇼이 극장 267; 사회적 또는 정치적 급진주의 268; 신경제정책 시대 17, 158, 264; 인류 진보의 수도 272~276; 초고속 근대적 발전: 278; 혁명 전 277; 혁명적 모스크바 277; 환대 257

몰로토프, 뱌체슬라프Vyacheslav Molotov 154
무라야마 토모요시村山 知義 228
《무엇을 할 것인가》(레닌) 299
무정부주의 8~11, 17, 23, 58, 61, 63, 232, 295
《무큐이카無窮一家》(김사량) 250
문맹률 감소 234
문맹 퇴치 캠페인 155, 234
문화적 민족주의 40
문화적 발전 194, 221
문화적 본질주의 99
문화적 자본 18
미국, 213, 234, 242, 247, 248
미야모토 와키치宮本 和吉 167
미야케 스카노스케三宅鹿之助 165
《민성》 229
민족 193, 194, 224; 마르크스주의의 비판과 민족주의의 반응 215~218; 민족과 종족의 구별 219; 민족자결 310; 식민지 이전 조선 193~194; 원 구성주의와 해방의 목적론 222~224; 조선에서 민족의 시작 196~199
민족과 민족주의 199~208; 부르주아 123; 부르주아 민족주의 142; 탈정치화 215; 해부 323~327
민족과 식민지 민족주의: '민족 동질성'과 조선 민족주의의 이질성 204~208; 동질성, 핏줄과 정신 201~202; 법적 · 담론적 범주로서의 종족 199~201; 조선인과 그들의 민족성 202~204
민족국가 11, 38, 42, 136, 143, 157, 192, 201, 208, 210, 216, 324
민족문화 40, 158, 195, 215, 222, 227
《민족-식민지 문제에 관한 자료Materialy po Natsional'no-kolonial'nym problemam》 213

민족 주권 132, 205
민족청년단(족청) 188
민족해방 36, 42, 101, 104, 132, 133, 134, 139, 140, 206, 222, 253
민주노동당(민노당) 229~303
민주적 사회주의 295
민주적 · 해방적 근대사회 157
민주주의 27, 33, 43, 44, 55, 58, 119, 133, 142, 156
민주주의 혁명 20
민주화 16, 18, 19, 24, 37, 43, 136, 148, 253, 267, 300
민주화운동 42, 44, 328
민중당 300
민중사 106
〈민촌〉(이기영) 87

ㅂ

바르가, 오이겐Eugen Varga 134
바우어, 오토Otto Bauer 177, 209~211
바이마르 독일, 11, 16, 45, 74, 111, 240
박, 미하일Mikhail Park 274
박근혜 303
박로아 266, 277, 280,
박문규 165, 288, 307
박민영 60
박민원 274
박병률 173
박선영 7
박성준 297
박영출 175
박은식 203
박정애 69~70, 94~95
박종홍 168, 172
박진순 32, 53, 93, 109~111
박치우 4, 161, 166~182, 187, 190, 226, 288, 293, 325~326; 개인과 주체 181; 경성제국대학 철학과 164; 교토학파 관념론 철학에 대한 언급 187; 근대적 자유의 정의 182; 동시대 분석 188; 동시대 전체주의에 대한 식민지 시대 분석 188; 마르크스주의에 대한 관심 175; 미군정 당국 171; 미야모토 와키치 167, 174; 민주주의민족전선 조직화 170; 박헌영 175, 189, 191; 반파쇼 동맹의 필요성 189; 변증법적 이해 180; 보편주의 174; 볼셰비즘 177; 부르주아 시민사회 182; 사회 모순에 대한 이해 178; 삶과 경력에서의 보편주의적 경향, 174; 서울로 귀환 170; 와츠지 테츠로의 모순성 187~188; 우익 민족주의 188; 우익 전체주의 181; 우익 전체주의 세계관 비판 182; 인민유격대 제1연대 정치위원 173; 일본의 선구적 후설주의적 현상학자 187; 일본제국주의 이데올로기 비판 187; 저작 출판 171~172; 《조선일보》 기자 169; 조소문화협회 조직화 170; 집단과 개인의 이분법 180; 파시즘 176, 181; 평양 방문 170; 학생 시절 급진화 166; 학업 중단 169; 《현대일보》 편집장 171

박헌영 31, 58, 60, 62~63, 71, 170, 189, 191, 287, 319, 321

박효삼 232

반공주의 172, 175, 191, 214, 274, 287, 294, 300

반마르크스주의 292, 294

반봉건적 자본주의, 118

반사회주의 297, 305

반제국주의동맹 166, 246, 291

반제국주의 63, 74~75, 85, 101, 103, 137; 국제주의적 반제국주의 연대 캠페인 291

반체제운동 23, 104

방정환 305

배성룡 185

배재학당 58

백남운 184

베르사유 평화 조약(1919) 21

베벨, 아우구스트August Bebel 47

벨던, 잭Jack Belden 235

보성전문학교 69

보아스, 프란츠Franz Boas 220

보이틴스키, 그리고리Grigory Voitinsky 37, 110

보험, 12, 112, 121

복지국가 39, 44, 152, 284, 292, 303, 328, 345, 347

복지제도 153, 158

〈볼레스〉(고리키) 259

볼셰비키 19, 34, 37, 48~49, 51~53, 66, 80, 82, 91, 95, 110, 130~133, 158, 209~211, 285, 190, 310, 313, 317

봉건적 학대 철폐 147

부르주아(지) 153, 177, 179, 181, 182, 213, 264, 277, 322

《부활》(톨스토이) 258

북성회 64, 65

북조선 41~42, 70, 73, 102, 154, 156~158, 165, 170, 173, 178, 190, 194~195, 219, 229, 245, 276, 278, 283, 286~295, 308

북조선임시인민위원회 155

부첵, 프랑수아Françoise Boucek 100

북풍회 65

분파와 분파주의 94, 95, 97, 313; '계급 대 계급' 전략 119; '구'서울파 112; 개인적 분파 99; 국제주의 124; 물리적 폭력 107; 반식민주의 100, 114, 117, 121, 126; 반제국주의 101, 103, 119; 분파적 노선 95; 분파주의 청산 313; 사회운동(공산주의) 분파 117; 사회주의 담론을 심화하는 논쟁 126~128; 서울파와 상해파 106~108, 116; 원칙에 기반한 분파 99; 의제 설정 과정 100; 이데올로기적 분파 100, 114; 이해에 기반한 분파 99, 100; 전술적 차이 98, 102, 118; 정치적 분파 100; 정통파 대 민족주의자 105~109; 조선 지배계급의 근대적 분파 141; 조선에서 분파의 기원 102~105; 지도자 중심적 분파 99; 프롤레타리아 헤게모니 120; 현실적 분파 99

《불꽃》 138

《붉은 각모》 166

붉은 물결(1919~1923) 15, 18, 20~22, 157, 305~306

붉은 빈 16

붉은 시대 21~24, 26~34, 37~41, 44, 93, 129, 229
붉은전선투사동맹Roter Frontkämpferbund 28
브뤼닝, 하인리히Heinrich Brüning 27
블라디보스토크 36, 52, 55~57, 70, 71, 80, 85, 205
비공산계 민족주의자 128
비밀경찰 30~32, 59, 107, 141, 296
비사회주의 민족운동 142, 205, 206
비산업 노동자 281
비상사태 26, 29, 33, 35, 344
비전2030 303
비주류 분파 112
비협력운동(인도) 344
빈곤화(궁핍화) 26, 87, 88, 315
빌헬름 피에크Wilhelm Pieck 85

ㅅ
사적 자본주의 264, 279, 289
사카이 도시히코堺利彦 163
사쿠라이 사부로櫻井三良 166
사회 파시즘, 17
사회개혁, 4, 230
사회대중당, 242
사회민주주의 12, 23, 43, 48, 290, 294~296, 300~301, 347
《사회민주주의와 민족문제Die Sozialdemokratie und die Nationalitätenfrage》(바우어) 209
사회보험 152
사회주의 혁명 229, 277
사회주의 124, 283~284, 287; 사회주의적 급진주의 43, 132
사회주의적 저항 320~321
사회혁명당 52, 63~64
산업 국유화 138, 147
산업 발전 13, 160, 270, 281, 289
산업혁명 217
산업화 16, 49, 105, 269~270, 272, 289, 293
《삼천리三千里》 34, 206, 218, 258, 259, 270, 279
삼한三韓 219

상업화 86~87
상하이임시정부 18, 204
상해파 고려공산당 53, 56~57, 64, 79, 103, 105, 134~135
샤브쉬나, 파냐이사코브나Fanya Isaakovna Shabshina 171
샤카이-슈기社會主義 7
서노련(서울노동운동연합 1985~1986) 298
《서부 전선 이상 없다Im Westen nichts Neues》(르마르크) 162
서울고무공장 69
서인식 40~41
서휘 249
성역할 260
성평등 37, 39, 96, 138, 141, 155, 229, 259, 265, 268, 279, 282
세르게예프-아르티욤, 표도르Fyodor Sergeev-Artyom 82
셰스토프, 레브Lev Shestov 326
소년개척단Young Pioneers 106
소련 17, 94, 110, 139, 277; 모성 보호와 아동 보호 제도 139; 발전 성과, 270; 소련 출신 조선인 196; 인종주의와 배외주의와의 투쟁 282; 집단화 33; 초기 소련 경험의 세계사적 가치 277~283; 투표권, 265
《소련기행》 272
《소련으로부터의 귀환Retour de l'U.R.S.S》(지드) 255
소비에트 고려공화국 54
소수민족 30, 48~50, 95, 131, 208~210
소작(소작인) 13, 87, 88, 89, 119, 138, 142, 316
송건호 97
쇼, 버나드Bernard Shaw 279
숙신肅慎족 219
숙종 219
순종 111, 202, 313
《숫자조선연구》(이여성) 67
쉴랴프니코프, 알렉산드르Alexander Shlyapnikov 48
슈미트식 '비상사태Ausnahmezustand' 29
슈판, 오트마르Othmar Spann 186

스위지, 폴Paul Sweezy 297
스타소바, 엘레나Elena Stasova 28
스탈린, 요시프Joseph Stalin 29, 32, 34, 49, 60, 89, 254, 260, 276
스탈린의 모스크바 260, 276
스탈린주의 소비에트 모델 15, 289, 327
스탈린주의 폭력 36~37
스페인 내전(1936~1939) 189
시민권 22, 50, 51, 200
시베리아 조선인 80
시부사와 에이치渋沢 栄一 196
시온주의 214
시장경제 158, 252
식량 부족 270~271, 275, 278
식민주의 20, 28, 77, 104, 127, 182, 203~205, 255; 동시대 전체주의 188; 학교, 58; 사회주의, 284~286, 321~322; 통일전선 전략과 전술 132
신간회 109, 115~121, 128, 141, 144, 214~215, 313~314; 1926년 6월 10일과 그 이후 113~114; 결성 115; 도쿄 지부 141; 박진순 대 남만춘, 109~113; 정우회 대 전진회 114~117; 프롤레타리아와 농민 기반 위에서 재구성 142
신경제정책NEP 17
신흥과학연구회 94
신남철 211~212
신민주주의 238
《신민주주의》(마오쩌둥) 239
신식 식민주의 104
신아동맹단 63
《신어대사전》 106
신영복 297
신일본주의 108
신일용 118
신태영 174
신토神道 189, 323, 325
신현중 166
《신흥新興》 168
실버버그, 미리엄Miriam Silverberg 293
실업: 실업수당 139

실존주의 326
실학파 219
심상정 300~301
싱청興城 237
쑨얏센孫逸仙(쑨원孫文) 72

ㅇ

《아귀도餓鬼道》 88
아동 노동 금지 135, 155
아리스토텔레스 178
아베 요시시게安倍能成 164
아일랜드 15
안광천 65, 113, 117~120, 123~124, 143~144, 147, 150, 153
안막 231
안재홍 215~217
안창호 204~205
안확 203, 211, 221
야마가와 히토시山川 均 9
야스퍼스, 칼Karl Jaspers 326
야학 76, 90, 93, 234, 299, 320
양명(이강) 31, 59, 89, 92, 116, 118~120, 213, 215, 217, 331
《어머니》(고리키) 90
《어머니》(푸도프킨) 269
《억압받는 사람들의 교육학》(프레이리) 298
엘리트 13, 16, 100, 128, 204, 261, 277, 285, 307
엥겔스, 프리드리히Friedrich Engels 208~209, 288, 290
여공 147
여성 간부 95
여성 고용 150, 273, 280
여운형 11, 32, 57~58, 72, 163, 185, 230, 263, 265
《역사소설》(루카치) 322
연극 운동 228
연해주 30, 33, 34, 50, 52~54, 80, 103, 135, 152, 167, 210, 256, 338
영국 노동당 12
《옌안 문예강화》(마오쩌둥) 241

옌안 61, 62, 77, 94, 231, 237, 239, 240~241
오스트리아 16, 21~22, 27, 42, 177, 184, 209
와쓰지 데쓰로Tetsurō Watsuji 153
우익 편향 116
원산총파업(1929) 314
원시공동체 220
원탁 토론(1935, 《삼천리》 편집실 주최) 259
원호 조선인 50~52, 80, 135, 312
웨일스, 님Nym Wales 61
〈위기의 철학〉(박치우) 177
윌슨, 우드로Woodrow Wilson 310
윌슨주의 '민족자결' 200
윌슨주의 선언 311
유진오 278
유진희 64
〈유쾌한 친구Vesyolye Rebyata〉(영화) 260
유토피아 217, 281, 328
《유토피아에서 과학으로 사회주의의 발전 Die Entwicklung des Sozialismus von der Utopie zur Wissenschaft》(엥겔스) 106
윤자영 317
윤치호, 209, 211, 213, 227
을사늑약 197
의료 서비스 156, 308
의회주의 12, 43, 148, 327
이강국 85, 93, 168, 170, 287
이관술 76, 319
이관용 264, 265, 277, 280
이광수 181, 182, 205, 218
이기영 74, 87, 91, 278
이기택 150
이남희 298
이데스탐-알름퀴스트, 벵트Bengt Idestam-Almquist 261
이동규 20
이동녕 205
이동화 164
이동휘 56~58, 71~72, 122, 134
이르쿠츠크파 고려공산당 50, 52~54, 57~58, 64, 79~80, 103~105, 110, 135, 163
이문홍 71

이범석 188
이봉수 64
이성태(김춘성) 31~32, 106~107
이성환 271
이승만 31, 294
이여성 67~68, 217~218
이영선 230~231
이익성 232, 247
이재유 74~78, 94~95, 145~150, 153, 165, 175, 319
이정규 295
이종림 166, 317~318
이주 혁명가: 디아스포라 50~55; 교육받은 2세대 조선인 50~51; 이민과 귀환 69~73; 망명자 30, 52, 55~62, 71~73, 79, 92, 162, 232; 유학생 62~69
이주하 83, 85, 92, 94
이주홍 20
《이즈베스티야Izvestiya》 287
이치카와 아사히코市川朝彦 166
이탈리아 파시즘 182, 184, 186
이태준 171, 190, 272~276, 278, 282
이현상 76
이호룡 8
이호제 173
이화영 66
이효석 305
이효정 77
이훈구 88
인민공화국 140
인민당 68
인민 민병 제도 138, 148, 241~242
인민민주주의 134, 153
인민위원회 91, 286, 321, 339
인민주권 205
인민혁명당(인혁당) 297
인신매매 259~260
인종 간 결혼 195, 206
인종 평등 265
인종주의 220, 250, 267, 282
인텔리겐치아 15, 38, 80, 82~83, 86, 95, 123,

125, 128, 132, 206, 255, 282, 312~313
일본: 중국 침략(1937) 22, 35, 161, 162, 271; 만주 침략(1931) 71, 74, 318; 치안유지법(1925) 108, 162; 중일전쟁 162, 공산주의 유격대 탄압 30
일본 간첩 혐의 61
일본 경찰 9, 16, 28, 31~32, 62, 66, 68~69, 94, 120, 122, 139~141, 146, 150, 165, 185~286, 314, 316, 318, 331
일본 공산주의운동 101, 165
일본 식민화 이후의 불만 13, 310
일본 영사경찰 57~60
《일본 이데올로기론》(토사카 준) 187
일본 제국주의 150
일본 파시즘 188
일본의 학생운동 148
일본인 소유 토지 157
일본인 전쟁포로 252, 275
일월회 65, 105, 106, 113, 115, 117, 143
임금노동자 82, 135, 141
임금 316, 319; 동일노동 동일임금 원칙 147, 155; 임금인상 149; 최저임금 150, 152; 야간조 노동에 대한 특별임금 151
《임금노동과 자본》(마르크스) 163
임화 171, 222, 287, 319
잉여가치론 163

ㅈ

《자본》(마르크스) 297
자본주의적 민주주의 189
자본축적 14, 39, 284, 288~289, 292, 307, 309
자코뱅 25, 29, 40
장덕수 64
장지락(김산) 61, 95
장혁주 88
장호익 196
재벌 302, 304, 309
재분배 정의 308
재외동포재단 195
전 세계적 사회주의 251
전 지구적 반란의 해(1919) 12, 14, 95, 136

전라남도 조선공산당 재건동맹 150
전북 공산주의 강령 151
전술적 차이 98
전시 동원 162
전위 125; 반식민 대중 시위 313; 전위당 119, 285
전진회 114, 116, 122
전차 노동자 81, 82
전창일 295
전체주의 39, 168, 175~179, 181~182, 184, 186, 188, 192, 319, 334
점심 식사 차별 149
정백 106, 112
정순년 170
〈정우회 선언〉 115, 116, 117, 123, 124
정운해 81
정치적 망명 55, 57, 59, 79, 213
정치적 현실주의자 17
정치투쟁 107, 115~116, 123, 125, 166, 299
정태식 69, 165, 170
제1차 세계대전 8, 14~15, 18, 21, 37, 50, 80, 129, 136, 184, 262, 344
제3세계: 운동 41~42; 복지주의 291~292, 328
젠틸레, 지오반니 Gentile Giovanni 181
《조광朝光》 184, 256
조동호 81, 137
조봉암 31, 32, 58, 59, 72, 108, 164, 294, 295, 301, 306
조선 공산주의 강령 96; 2단계 혁명론 42, 136~140; 공산주의자들의 희망과 요구 153~156; 모스크바에 기반을 둔 조선 공산주의자 152~153; 새로운 급진화 140~143; 초기의 낙관주의 134~136; 코민테른 급진주의에 대한 조선인들의 반응 143~145; 풀뿌리 조직가 145~151
조선 공산주의 단체 중앙위원회 80
조선 공산주의동맹 318
〈조선 공산주의자들의 당면한 임무〉(안광천) 143
조선 마르크스주의 68, 121, 211, 214, 324,

327
조선 사회주의 12, 23, 220, 312~315, 316~320, 321~323; 1920년대 312~315; 1930년대 316~320
조선 왕조 202
조선 좌익노동조합평의회 317
〈조선 프롤레타리아 운동에서 방향 전환 시기의 이론적·실천적 오류와 그 비판〉(한위건) 313
조선 프롤레타리아운동 124, 125
조선공산당 20, 24, 30~31, 52, 59~60, 65, 68, 70, 73, 81, 83, 93, 95, 101, 110, 112, 121, 137, 144, 153, 294, 313~314, 316~317, 319~320
조선공산당 강령 134
〈조선공산당 선언〉 138, 224
조선공산당 재건 동맹 317
조선공산당 행동강령 152
조선노농총동맹 82~83
조선노동조합전국평의회(전평) 154
조선독립동맹 231
《조선문학사》(안확) 203
조선민족전선연맹 61
조선민족혁명당 61, 232
〈조선에서 공산주의운동의 특수성과 그 발전 문제〉(이재유) 146
조선의용군 61, 231~233, 238~239, 247~249, 251
조선의용대 61, 232~234, 243, 247~248
조선인민유격대 제1연대 173
조선인 정체성 형성 197, 208, 219, 225, 227, 244~252
조선인 해외 유학생 9, 49, 62~69
조선인민회 236
《조선일보》 33, 34, 67, 82, 116, 117, 118, 169, 184, 215, 216, 217, 218
조선족 195, 243
조선프롤레타리아예술가동맹(KAPF) 162, 269
조합주의corporatism 291
조훈 80

존슨, 차머스Chalmers Johnson 132
종교와 종교 단체 103, 106, 138, 142, 244
주종건 81
주체사상 156, 293, 300
중국 21; '신민주주의' 경험 238; 1945~1949년 내전 236; 민족해방운동 101; 일본에 맞선 저항 전쟁 26, 240; 조선 공산주의자들의 피난처 60; 혁명 후 일당 지배 102;
중국 공산주의 102, 132
중국공산당 26, 30, 35, 61, 101, 132, 144, 228, 233, 238, 241, 244~245; 간부 사이의 '첩자' 편집증 29~33; 국민당과의 동맹 229
〈중국공산당 강령〉 136
중국공산당 팔로군八路軍 231~233, 239, 246
중국국민당 28, 102, 132, 137, 141, 170, 214, 231~233, 235, 241, 245
중세 봉건 사회 283
중하급 간부 39, 91
주오찬현左權縣 233
즈다노프, 안드레이Andrei Zhdanov 275
지도자 중심의 파벌 99
지드, 앙드레André Gide 183, 255, 277, 281
지식인: 국내파 혁명가, 74~79; 급진적 지식인 47, 161; 자칭 지식인 73; 지식인의 역할 122, 128
지적 진보(1930년대) 161~167
지주 13, 31, 65, 76, 87~89, 91, 111, 119, 125, 135, 138, 153~155, 235; 마름 91
지하 공산당 24, 58, 66, 110, 314
진보당 31, 164, 294~296, 306
집단주의 146, 147, 148, 149
집단화 33, 135

ㅊ
차금봉 83~84, 313
차르 제국 19, 26, 50~51, 183, 258~259, 268, 273
차재정 75
천도교 110, 223, 271, 313, 314
철도 노동자 85

청년 공산주의인터내셔널 71
청산주의 118
청소년 야간노동 금지 151
《청춘보》 266
체제 경쟁 292, 303
초국경주의 74
초민족주의 174, 189, 212
《초코제츠長広舌》 8
최성우 36, 52~54, 59, 60, 66, 95, 119, 121, 152~153
최용달 85, 165, 170
최익한 65, 90, 93, 116
최재서 181
최창옥 230
최창익 61, 231
최학소 90, 91
추취바이瞿秋白 73

ㅋ
카와이 에이지로河合 栄治郎 164
카와카미 하지메河上 肇 9, 163
카우츠키, 칼Karl Kautsky 47, 48, 177, 210
코민테른 12, 22~24, 27, 31~32, 42, 51~54, 59~60, 64~68, 71, 73, 79, 82, 85, 92~95, 97~100, 101, 103~125, 132~153, 164~166, 168, 176, 213~214, 271, 294, 313~315, 320, 327, 331, 338; 공산주의 강령 133, 134~136, 144~145, 157~158; 국내 혁명가 73, 77, 83, 85; 독일공산당, 168; → 동방노력자공산대학; 모스크바 학교의 조선인 학생 65~69; 반식민 민족주의 42; 분파주의 97~100, 101, 102~104, 109~113, 117, 118, 124~125; 시온주의의 정의 214; 이주민 혁명가 50~55, 50~51; 트로츠키주의운동 23, 36; 혁명 213, 214
코민테른 동양뷰로 137
코야마 이와오高山 岩男 40
코자키 히로미치小崎 弘道 8
코토쿠 슈스이幸徳 秋水 8
콜론타이, 알렉산드라Alexandra Kollontai 268

쿠니사키 테이도国崎 定洞 165
쿠데타 102, 141, 214, 295, 337, 343
크로포트킨, 표트르Peter Kropotkin 9
킴, 리처드Richard Kim 205
킴, 아파나시Afanasiy Kim 81
킴, 율리Yuly Kim 60

ㅌ
타나베 하지메田辺 元 187
타이완 39, 148, 318, 331
타이항산 근거지 61, 228, 231, 233, 236, 238, 242, 244, 247, 248
타카하시 사토미高橋 里美 187
탈시장화 292, 304
탈식민화 39, 301, 345, 347
톈진 236
토리 류조鳥居 龍藏 221
토사카 준戸坂 潤 187, 191
토지: 재분배 130, 134, 138, 140, 144~145, 152, 155, 157, 235; 개혁 39, 138, 146, 147, 154, 158, 206, 240
지주, 69, 87, 94, 115, 124, 192
톨스토이, 레오Leo Tolstoy 258, 259
통일혁명당(통혁당) 297
투표권 19, 86, 265, 277, 281
트로츠키, 레온Leon Trotsky 176, 263
트로츠키주의운동 23, 36
트베르스카야 거리Tverskaya street 260

ㅍ
파시즘 32, 35, 40~41, 168, 176~178, 181~189, 226, 275, 315, 323~324, 344~345
페트로그라드(상트페테르부르크) 19, 259
평민 급진주의 18
평양 57, 70, 78, 169~170, 173~174, 229, 243, 247, 249, 276, 314, 317
포익트방거, 리온Lion Feuchtwanger 254~255, 281
폴란드 208, 209
풀뿌리 10, 95, 120, 145~146, 150, 238,

찾아보기 445

241, 244, 285~286, 295~296, 305, 308, 314~320
《프라브다Pravda》 274
프랑스 8, 21, 29, 85, 211
프랑크푸르트학파 323, 326
프레이리, 파울루Paulo Freire 298
프로핀테른Profintern 85, 316
프롤레타리아 헤게모니 117, 118, 120, 138
프롤레타리아운동 124~125, 313
피와 땅 신화Blut-und-Boden 226, 325~326
피의 5월Blutmai 27

ㅎ

하산 호수 전투 271
하이데거, 마르틴Martin Heidegger 168, 172, 325~326
하르트만, 니콜라이Nicolai Hartmann 167
학생: 공산주의 지하 79, 166; 국내파 혁명가 73~91; 비합법 사업 69; 일본 학생운동 148; 자기방어용 민병대 148; 학출 활동가 299; 해외 기반 62~69, 312
한국독립운동지혈사(박은식) 203
한국전쟁 11, 91, 154~156, 171, 243, 252, 287, 308
한명세 52, 53
《한성순보》 8
한용운 34, 206
한위건 112, 118~120, 124~126, 144~153, 213~215, 313~314
한인사회당 53, 56, 103
한형권 57
함경도 56, 95, 167, 317
허성택 154
헝가리 15~16, 21, 208~209, 321
혁명: 농업 120, 142, 144; 러시아 체류 조선인 혁명가 망명자 103; 모스크바 261~272; 민주주의 130, 133; 범민족적 반식민주의 140, 153; 부르주아 민주주의 144; 사회주의 135, 137, 157, 185, 223, 224; 운동 311; 유럽의 혁명적 물결 17; 지식인 109; 1917년 10월혁명 17,

71, 82, 130, 157, 162, 344; 2단계 42~43, 136~140
현장운동 104
현춘봉 286
호딘카 비극 277
홉스봄, 에릭Eric Hobsbawm 22, 24
홍기문 218~219, 223
홍양명 116~120
홍인의 272
화요회 31~32, 58~65, 105~108, 112~115, 120~122
황병인 101
황석우 9, 10
《황성신문》 196, 198
황애시덕 206
회른레, 에드빈Edwin Hoernle 20
후쿠모토주의Fukumotoism 115, 116
흄, 데이비드David Hume 99, 100, 114
힌덴부르크, 파울 폰Paul von Hindenburg 27
힐퍼딩, 루돌프Rudolf Hilferding 27, 93

1917년 10월혁명 17, 71, 82, 130, 157, 162, 344
1919년 삼일운동 18, 63, 111, 146, 200
1928년 12월 혁명 121, 142, 314
1960년 4월 민주혁명 295
1987년 6월 대중 시위 300
1997~1998년 아시아 금융위기 300
1일 노동시간 139, 149, 306
2세대 러시아 태생 조선인 인텔리겐치아 50, 80, 312

붉은 시대
ⓒ 박노자, 2025

초판 1쇄 발행 2025년 8월 25일
초판 2쇄 발행 2025년 10월 31일

지은이 박노자
옮긴이 원영수
펴낸이 유강문
편집2팀 김지하 이윤주
마케팅 김한성 조재성 박신영 김애린 오민정 우지윤
펴낸곳 (주)한겨레엔 www.hanibook.co.kr
등록 2006년 1월 4일 제313-2006-00003호
주소 서울시 마포구 창전로 70 (신수동) 화수목빌딩 5층
전화 02-6383-1602~3 **팩스** 02-6383-1610
대표메일 book@hanien.co.kr

ISBN 979-11-7213-305-4   93910

- 이 도서는 2021년 대한민국 교육부와 한국연구재단의 지원을 받아 발간된 도서입니다.(NRF-2021S1A3A2A02096299)
- 값은 뒤표지에 있습니다.
- 파본은 구입하신 서점에서 바꾸어 드립니다.